DIE DONAU

© by Ringier AG, Zürich.
Genehmigte Ausgabe für Karl Müller Verlag,
Danziger Str. 6, D-91052 Erlangen, 1993.

Alle Rechte vorbehalten.
Kein Teil des Werkes darf in irgendeiner Form (durch Fotokopie,
Mikrofilm oder ein ähnliches Verfahren) ohne die schriftliche
Genehmigung des Verlages reproduziert oder unter Verwendung
elektronischer Systeme verarbeitet, vervielfältigt oder verbreitet
werden.

Redaktionelle Koordination: Ria Lottermoser
Buchgestaltung: Gerhard Grigoleit
Donaukarte: Richard F. J. Mayer
Satzherstellung: ABC Fotosatz & Repro GmbH, München

Printed in Spain

ISBN 3-86070-066-9

DIE DONAU

Text: Dieter Maier   Fotos: Erich Lessing

KARL MÜLLER VERLAG ERLANGEN

7 Die schwäbische Donau
Von der Quelle bis Ulm

14 Strom in Sturm und Drang
14 Die Brigach, die Breg und keine Quelle
15 Die hochmütige Pfütze
16 Die junge Donau auf Abwegen
16 Die erste Bewährungsprobe
17 Der oberschwäbische Auslauf

19 Von Rittern und Fürsten
19 Die keltischen Fürsten
21 Die schwäbischen Ritter
22 Die badischen Fürsten
24 Die schwäbischen Fürsten

26 Oberschwäbische Kunstlandschaft
26 Die Beuroner Schule
29 Der oberschwäbische Barock
31 Die reichsstädtische Gotik

33 Schwäbisches Bürgertum
33 Die unbequemen Untertanen
36 Die freien Bürger

39 Die bayerische Donau
Von Günzburg bis Passau

46 Strom unterm Joch
46 Von Rieden und Moosen
49 Die Weltenburger Enge

50 Römische Fundamente
50 Castra Abusina und der Teufelswall
52 Radasbona und Castra Regina

53 Geistliche Macht und Herrlichkeit
53 Geistliche Fürsten in Regensburg
58 Geistliche Strategen in Passau
61 Geistliche Diener in Weltenburg und
Niederalteich

63 Fleckerlteppich weltlicher Macht
63 Schwäbisch-bayerische Beschaulichkeit
69 Reichsstädtische Freiheit
74 Altbayerisches Bürgertum

77 Die bayerisch-österreichische Donau
Von Engelhartszell bis Krems

84 Strom in Bedrängnis
84 Die Schlögener Schlinge
84 Das Machland

84 Der Strudengau
85 Die Wachau
86 Die alte Donauschiffahrt

89 Straße der Nibelungen
89 Das Bistum Lauriacum
90 Die Macht der Bayern
91 Das Ostarriche der Babenberger

96 Barocke Himmelspforten
96 Engelszell und Wilhering
96 St. Florian
100 Stift Ardagger
101 Maria Taferl
101 Die Wiege Österreichs
103 Stift Göttweig

108 Weltliches Selbstbewußtsein
108 Der Kauf der Babenberger
111 Die orientalis urbs

115 Die österreichische Donau
Von Klosterneuburg bis Preßburg

120 Tierparadiese in der Aulandschaft
120 Das Tullner Feld
121 Das Marchfeld

126 Römische Donauwacht
126 Das Castra Vindobona
127 Die Stadt am Stein

BUNDESREPUBLIK DEUTSCHLAND

TSCHECHISCHE
REPUBLIK

Regensburg

Ingolstadt
Straubing

Passau

Linz

SLOWAKEI

Wien
Bratislava

Carnuntum

Esztergom
Viseg

Ulm

Sigmaringen

Donaueschingen

Györ

Szentendre
Budapest

UNGARN

ÖSTERREICH

Kalocsa

SLOWENIEN

Mohács

KROATIEN

N

0   50   100   150   200 km

132 Babenberger Residenzen
132 Der Hof ze Niwenburg
133 Der Hof ze Wienne

138 Habsburger Herrschaft
138 Die Bürgerstadt und die Gotik
140 Das Bollwerk des christlichen Abendlandes
143 Die Kaiserstadt und das Barock
147 Der Aufbruch zur Weltstadt
149 Die Metropole der schönen Künste

153 Die ungarische Donau
Von Raab bis Mohács

158 Weite und Enge
158 Die Kleine Tiefebene
160 Das Donauknie

161 Kelten, Römer, Nomaden und eine Staatsgründung
161 Das Aquincum der Römer
163 Das Esztergom der Könige

168 Staatsausbau und Staatsbedrohung
168 Das alte Buda
170 Das Visegrád der Könige
172 Das Esztergom der Bischöfe

173 Ungarn und die Habsburger
176 Die Hauptstadt des kleinen Ungarn
177 Das ungarische Rom
178 Die Hauptstadt des großen Ungarn

182 Entlang der großen Tiefebene

186 Die jugoslawische Donau
Von der Batschka bis zum Eisernen Tor

192 Aus der Batschka in die Berge
192 Die Batschka
192 Die Weltabgeschiedenheit der Fruška Gora
199 Der Kampf mit Balkan und Karpaten

201 Menschenbilder aus der Nacheiszeit
201 Von der Höhle zur Hütte

204 Serbien in alten Zeiten
204 Das Serbien der Župane
205 Die Herrschaft der Osmanen

212 Die Befreiung vom Türkenjoch
212 Prinz Eugen, der Retter des Abendlandes
215 Der Freiheitskampf der Serben

219 Serbische Weltstadt

221 Die rumänisch-bulgarische Donau
Durch die Walachei bis zum Delta

226 Zwischen Karpaten und Dobrudscha
226 Die Götterfelsen von Belogradčik
229 Baragan und Dobrudscha

223 Von Dakern, Griechen und Römern
233 Die ersten Goldschmiede an der Donau
235 Der Kampf der Daker mit den Römern

239 Von Rumänen und Bulgaren
239 Fürsten und Könige an der unteren Donau
241 Nach der Befreiung vom Türkenjoch

245 Ein Meer aus Schilf

257 Vom Schwarzwald bis zum Schwarzen Meer
Sehenswertes entlang des großen Stromes
271 Bildnachweis

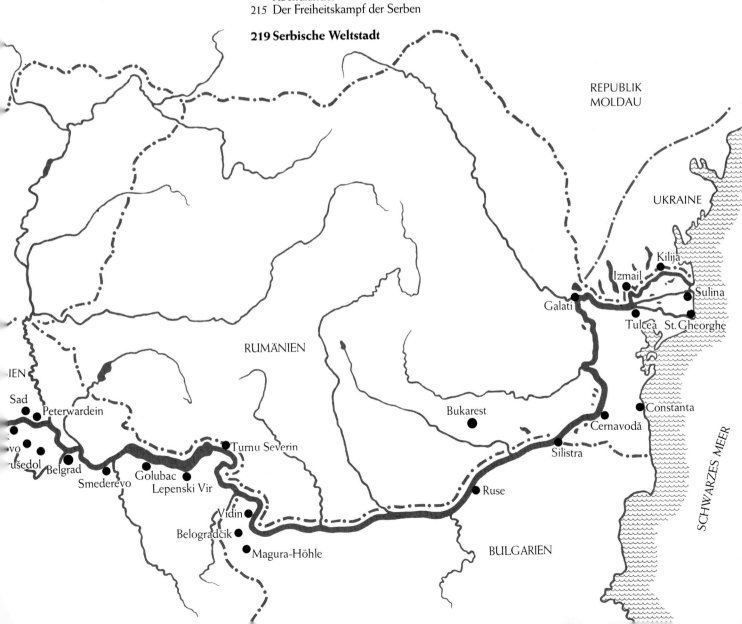

Ihre erste Bewährungsprobe muß die Donau bereits kurz hinter Immendingen bestehen. Die Kalkfelsen ihres Bettes sind so ausgewaschen, daß der größte Teil des Wassers unter leisem Gurgeln und Gluckern in den Spalten und Klüften des Karstes versickert.

Von der Quelle bis Ulm

DIE SCHWÄBISCHE DONAU

Zwischen Fridingen und Beuron mußte die junge Donau einen 300 Meter hohen und 20 Kilometer breiten Riegel aus Jurakalk durchnagen. Dabei schuf sie das Durchbruchtal, das bis heute am unberührtesten geblieben ist. Nur die Eisenbahn und ein Wirtschaftsweg haben hier Platz gefunden.

Der Oberlauf der Donau bietet dem Wanderer ein Naturtheater ohnegleichen. Immer wieder steigen die mächtigen, je nach Beleuchtung fahlgrauen, leuchtend weißen oder strahlend gelben Kalkwände senkrecht aus dem beinahe stehenden schwarzen Donauwasser.

So friedlich sich die junge Donau elfeinhalb Monate im Jahr benimmt, so ungestüm kann sie im Frühjahr werden.
Treffen Schneeschmelze im Schwarzwald und länger anhaltender Regen zusammen, verwandeln sich die Talauen in großflächige Seen.

Zwischen Sigmaringen und Ulm darf sich die Donau in weiten Tälern ausbreiten. In tausend Schleifen windet sie sich wie hier bei Obermarchtal durch die Wiesen, beinahe wie ein Spaziergänger, der mit jedem Schritt beweisen möchte, daß er die Zeit gepachtet hat.

Strom in Sturm und Drang

Sanfte Wiesentäler mit leise murmelnden kleinen Bächen gibt es viele inmitten der runden Waldkuppen an der Ostseite des Schwarzwaldes. Keinem dieser Bäche würde man es ansehen, daß zwei von ihnen, ausgestattet mit badischer Schlitzohrigkeit und schwäbischer Sturheit, es fertigbringen, den Anfang zum zweitgrößten Strom Europas zu bilden. Entgegen jeglicher orographischen Vernunft fließen sie nicht, wie all die anderen Bäche, nach Norden oder Süden, sondern suchen sich einen Weg nach Osten.

Natürlich ist dies ganz und gar widersinnig, denn bekanntlich sollte Wasser eigentlich nach unten fließen. Nach Osten zu aber steigt das Gelände um mehrere hundert Meter. In guter alemannischer Tradition lassen sich die beiden Bäche davon aber keineswegs abhalten; sie trotzen in jugendlicher Unbekümmertheit allen Bemühungen, die von den verschiedensten Seiten unternommen werden, sie doch noch in die »richtige« Richtung zu zwingen. Sie lassen sich weder beeindrucken von heimtückischen Felskavernen, die ihnen das Wasser abzapfen wollen, noch vom schwäbischen Kalk, der ihnen den Weg radikal verlegen möchte. Zwar zollen sie dem einen Hindernis nachhaltig Tribut, doch hindert sie das nicht, das andere mit Elan zu bewältigen und sich Hunderte von Metern tief in den Kalk einzugraben.

Auf nur 80 Kilometer Luftlinie beweisen so die beiden badischen Bächlein Brigach und Breg, daß sie gemeinsam stark genug sind, den Durchbruch nach Osten zu schaffen und der Donau unwiderruflich auf ihren langen Weg zu helfen.

DIE BRIGACH, DIE BREG UND KEINE QUELLE

Eigentlich sollte man meinen, ein Fluß könnte nur eine Quelle haben. Streiten könnte man allenfalls darüber, ob die mit der größten Schüttung oder die mit der größten Entfernung von der Mündung den Zuschlag bekommen sollte. Dies mag überall gelten, nur nicht bei den Alemannen, bei denen nichts so einfach und klar ist, daß nicht trotzdem ein großes »Aber« gefunden werden könnte. Daß nicht der Inn als der eigentliche Quellfluß der Donau akzeptiert wird (er bringt bei weitem das meiste Wasser), mag ja noch angehen. Wer will schließlich schon den Engadinern, den Tirolern und den Bayern die Ehre zubilligen, am Oberlauf der Donau wohnen zu dürfen! Daß aber auch nicht die Quelle mit der größten Entfernung zur

Mündung sich unangefochten Donauquelle nennen darf, diesen Rang vielmehr mit einer 30 Kilometer Luftlinie entfernten zweiten Quelle teilen muß, das ist nur mit dem Blick auf die besondere Mentalität ihrer Anwohner verständlich.

Gäbe es sonst irgendwo in der Welt dieses Problem, dann würde eine Sachverständigenkommission eingesetzt, es würde vielleicht auch eine Zeitlang gestritten; am Ende aber gäbe es eine Entscheidung, und dabei bliebe es dann. Nicht so bei den Alemannen. Schließlich sind sie jahrhundertelang mit ihren mehr oder weniger kleinen Fürstlichkeiten recht gut gefahren, auch wenn daraus noch lange nicht geschlossen werden darf, daß sie deswegen nicht trotzdem schon seit jeher aufrechte Demokraten gewesen wären. Was tut man aber hierzulande, wenn sowohl Fürstlichkeit wie auch Bürger Anspruch zwar auf die gleiche Ehre, aber mit unterschiedlichem Inhalt erheben? Wer die Alemannen kennt, weiß natürlich die Lösung: Man tut keinem weh, sagt »sowohl als auch« und verpaßt dem europäischen Strom eine bürgerliche und eine fürstliche Quelle. Daß die fürstliche erst 30 Kilometer unterhalb der bürgerlichen »entspringt«, ist dabei ein Schönheitsfehler, der allenfalls Nichtalemannen stören könnte.

Umgekehrt stört es die Alemannen und ihre salomonische Lösung überhaupt nicht, daß sich die Geographen auf eine dritte »Quelle« geeinigt haben. Diese stellten fest, daß die Donau genau dort beginnt, wo Brigach und Breg zusammenfließen. Da dieser Punkt unterhalb von beiden natürlichen Quellen liegt, haben weder der fürstliche noch der bürgerliche Quellenbesitzer etwas gegen diesen Entscheid einzuwenden.

Um zur eigentlichen – bürgerlichen – Quelle zu finden, muß man sich weit in den Schwarzwald hinaufwagen. An uralten Schwarzwaldhöfen vorbei geht es hinauf, bis knapp unterhalb zum Paß, wo die jahrhundertealte Martinskapelle sich vor den Weststürmen duckt. Dort ganz oben, neben dem Kulmhof, quillt und brodelt es aus rötlichem Kies: die eigentliche Donauquelle, deren Besitzer, Dr. Ludwig Öhrlein, denn auch per Bronzetafel den Anspruch erhebt:

»Donauquelle!
Hier entspringt der Hauptquellfluß der Donau, die Breg, in der Höhe von 1078 Meter über dem Meer, 2 888 Kilometer von der Donaumündung entfernt, 100 Meter von der Wasserscheide zwischen Donau und Rhein, zwischen Schwarzem Meer und Nordsee.«

Das Rinnsal vom Kulmhof hüpft die steilen Wiesen hinunter ins erste Tal, und recht schnell ist es ein schmales Wiesenbächlein. Hinter Furtwangen schon ist es ein stattlicher Bach, bekommt Verstärkung durch den Eisenbach und die Urach und ist bei Hammereisenbach bereits so gekräftigt, daß die Breg vom 16. bis zum 19. Jahrhundert die Hämmer eines fürstlich-fürstenbergischen Hammerwerkes dröhnen lassen konnte. Heute ist es längst vorbei mit solch harter Arbeit, und die Breg darf ungehindert durch die sich weitenden Täler Donaueschingen und dem fürstlich-fürstenbergischen Schloßpark entgegenfließen.

DIE HOCHMÜTIGE PFÜTZE

Nach der Feststellung des bürgerlichen Quellenbesitzers ist die fürstliche Quelle allenfalls eine »hochmütige Pfütze«, die mit der wirklichen Donauquelle absolut nichts zu tun habe. Dennoch pilgern die Touristen von jeher in Scharen zu dem Topf, den ein gnädiger Landesfürst ehemals als Donauquelle zu deklarieren geruhte. Die Fürstenberger nämlich machten sich zunutze, daß schon die römischen Geographen die Quelle unter dem Donaueschinger Kirchhügel als Donauquelle bezeichneten, als es noch längst kein Donaueschingen, geschweige denn einen Fürstenberger Fürsten gab. Als es sie gab, machten sie aus dem Spiel eine Tugend und gaben dem Ganzen einen offiziellen Anstrich. So wurde als »Auszeichnung« für den Gast die Regel eingeführt, daß jeder »Rechtschaffene« einen Sprung in die Quelle tun dürfe, zur Stärkung dann einen Humpen Wein kredenzt bekäme und sich schließlich in das »Protocollum« eintragen dürfe. Wer auf sich hielt, hatte die Eintragung natürlich mit einem wohlgesetzten Verslein zu verzieren, was wiederum dazu führte, daß aus dem Quellenbuch eine Art Historienbuch fürstenbergischer Besucher wurde – ein Vorsprung natürlich, den kein noch so ehrliches, aber eben nicht von fürstlichen Potentaten besuchtes bürgerliches Bächlein je wird einholen können.

Dem Fürstenberger Karl Egon III. blieb es vorbehalten, 1875 bei seinem fürstlichen Baurat Adolf Weinbrenner eine der Bedeutung der Quelle adäquate Fassung in Auftrag zu geben. Damals entstand der kreisrunde Topf, in dem das Wasser steht, als wäre es bestellt und nicht abgeholt worden. Früher floß die magere Schüttung der Quelle wenigstens schräg durch den Schloßgarten und tat so zumindest ein Weniges zur Rechtfertigung des hohen Anspruches. Heute hat der Topf einen unterirdischen Abfluß, der überschüssiges Wasser auf kürzestem Wege in die Brigach ableitet. Sollten dadurch Böswillige auf die Idee kommen, die Schüttung der Quelle und damit ihr Beitrag zur Stärkung der Donau sei nicht vorzeigbar, so würde dieser an verruchten Frevel grenzende Zweifel im Ländle auf absolutes Unverständnis stoßen.

Die Breg, der eigentliche Quellfluß der Donau, entspringt in einem Schwarzwaldhochtal oberhalb von Furtwangen. Die kleinen Teiche sind die ersten Sammelbecken für das wenige Höhenmeter darüber aus rötlichem Kies herausquellende erste Donauwasser.

Schon die römischen Geographen sahen in der Quelle unter dem Donaueschinger Kirchhügel die eigentliche Donauquelle. Die Fürsten von Fürstenberg machten sich das zunutze, reklamierten die Quelle endgültig für sich und gaben ihr eine angemessene Fassung.

Schließlich hat noch alles, was aus dem Fürstenhause gekommen ist, auf Dauer seinen Wert bewiesen. Wer es nicht glaubt, versuche das Fürstenberger Bier, eventuelle Zweifel an der Echtheit der fürstlichen Quelle werden ihm dann schon vergehen.

Am Ostrand von Donaueschingen endlich ist es dann soweit: Brigach, Breg und das Rinnsal aus dem fürstlichen Topf haben zueinander gefunden, und niemand wagt mehr, der Donau ihren Namen streitig zu machen. Dafür ist es nun sie selbst, die ihre eigene Existenz aufs Spiel zu setzen beginnt. Unverdrossen nämlich sucht sie sich weiter ihren Weg nach Osten, ohne darauf zu achten, daß sie zwar in einer Furche, aber in einer Furche auf einem Höhenrücken fließt. Nicht selten sind es nur wenige Höhenmeter, die sie von den im Norden zum Neckar, im Süden zum Hochrhein hinunterführenden Senken trennt. Auf 35 Kilometer Luftlinie erhält sie denn auch keinen nennenswerten Zufluß.

DIE JUNGE DONAU AUF ABWEGEN

Das idyllische Bild von der sich in weiten Schlingen durch die flachen Wiesen mogelnden jungen Donau wird denn auch rasch getrübt. Keine 20 Kilometer östlich von Donaueschingen wartet der Rücken geradezu mit einer Hinterhältigkeit auf. Jetzt nämlich besteht er nur noch aus Kalk; Kalk ist bekanntlich dem Wasser gegenüber durchaus nachgiebig, ja läßt sich von ihm direkt auflösen – eine Eigenschaft, die der jungen Donau alles andere als gut bekommt.

Kurz hinter Immendingen sind die Auswaschungen im Kalk so groß, daß der Donau jeglicher Mut vergeht, weil unwiderstehliche Kräfte sie nach unten ziehen. Mit leisem Gurgeln und Gluckern verschwindet sie in den Spalten und Klüften des Karstes, ohne darauf Rücksicht zu nehmen, daß damit an beinahe zehn Monaten des Jahres ihr Weg hier schon endet und der Rhein doch noch zu seinem Recht kommt.

Natürlich verschwindet die Donau nicht endgültig im Orkus; sie beginnt vielmehr ein Dasein als Höhlenfluß. Sie durchströmt ein System von Kavernen und Karstgängen, um zwölf Kilometer weiter südlich, nach einem Höhenverlust von 185 Meter als Deutschlands größte Quelle mit einer Schüttung bis zu 25 000 Liter pro Sekunde im Aachtopf wieder aufzutauchen.

Bekannt ist dieser Vorgang seit gut zweihundert Jahren, exakt nachgewiesen wurde er im September 1877, als zuerst Öl und dann Salz dem versickernden Wasser beigemengt wurden. Nach jeweils 55 Stunden tauchten die beiden Beigaben im Aachtopf wieder auf. Trotz aller Forschung aber ist bis heute nicht bekannt, wie die Kavernen im einzelnen auf den zwölf Kilometern verteilt sind und

wie sie aussehen. Noch nicht einmal 500 Meter weit sind bis jetzt die Höhlenforscher vom Aachtopf aus vorgedrungen; was die Taucher auf den restlichen 12 Kilometern erwarten würde, ist noch völlig im dunkeln. Die Geologen jedenfalls haben errechnet, daß es in dem Höhlensystem nicht nur Wasserfälle und »Druckrohre« geben müßte, sondern auch einige Seen mit einem errechneten Volumen von etwa sieben Millionen Kubikmeter. Jedenfalls bildet das Höhlensystem der versickernden Donau die größte bekannte Unterwasserhöhle der Welt.

So alt die Versickerung ist, so lange währt schon der Streit darum, wem nun eigentlich das Wasser gehören sollte. Die Anlieger an der Donau, allen voran die Tuttlinger, die unter der Versickerung ja am meisten zu leiden hatten, versuchten alles, die Karstlöcher im Flußbett zu stopfen. Seit 1719 unternahmen sie immer wieder Versuche, die Löcher mit Erde und Steinen, mit Holz und Lehm und schließlich mit Beton zu stopfen, um das Wasser für sich zu behalten. Auf der anderen Seite ließen die Anlieger der dem Bodensee und damit dem Rhein zueilenden badischen Aache nichts unversucht, um genau das zu verhindern. Zusätzlich kompliziert wurde dieser Streit dadurch, daß die obere Donau zu Württemberg, die Aache aber zu Baden gehörte. Das führte schließlich dazu, daß die beiden Länder 1927 sogar einen Prozeß vor dem Reichsgericht in Leipzig um das Wasser der Donau anstrengten. Da die Richter in ihren Paragraphen keine Lösung finden konnten, blieb alles beim alten.

Als schließlich Württemberg und Baden sogar in einen Staat mußten (die Badener sollen das bis heute nicht verwunden haben), wurde eine beiden Seiten gerechte Lösung gefunden. Heute wird ein Teil der Donau vor der Versickerung in einen 1600 Meter langen und zwei mal zwei Meter großen Stollen geleitet und so um die Versickerungsstelle herumgeführt. Die Aufteilung erfolgt so, daß weder die Donau noch der Aachtopf austrocknet. Kurios bleibt aber dennoch, daß tatsächlich ein Teil der Donau seiner ursprünglichen Richtung untreu wird, die Wasserscheide zwischen Schwarzem Meer und Nordsee untergräbt und dem Rhein zufließt.

DIE ERSTE BEWÄHRUNGSPROBE

In der Gegend von Immendingen verläßt die Donau langsam auch ihre Gratwanderung über die Baar, die Hochebene zwischen Schwarzwald und Schwäbischer Alb. Das heißt allerdings keineswegs, daß es nun für die Donau leichter würde, ganz im Gegenteil. Nun beginnt nämlich die Schwäbische Alb, dem Übermut der jungen Donau ernsthafte Hindernisse in den Weg zu legen. Bis zu 300 Höhenmeter beginnen die Kalkberge links und rechts von der Donau, über den Flußpegel anzusteigen und immer enger zusammenzurücken. Von Kilometer zu Kilometer wird es der Donau schwerer, ein Schlupfloch zu finden – bis es dann schließlich soweit ist, daß sie eigentlich rückwärts fließen müßte, weil sich die Schwäbische Alb als geschlossene Hochfläche in den Weg schiebt.

Hinter Mühlheim wird das Wiesental immer enger, die Donauschleifen werden zunehmend »verwickelter«. In Fridingen schließlich kann die Donau ihre Ostrichtung nicht mehr einhalten, sie muß zunächst nach Süden ausweichen. Dazu kommt noch einmal ein Wegezoll an die Versickerung. Obwohl es von hier über 20 Kilometer bis zur Aachquelle sind, fließt auch von hier noch Donauwasser in den großen badischen Topf.

Trotz allem aber gibt die Donau nicht auf. Wo kein natürlicher Weg mehr vorhanden war, da schuf sie sich ihn mit echt schwäbischer Unnachgiebigkeit; auch wenn das bedeutete, daß dafür auf über 20 Kilometer Luftlinie ein 300 Meter hoher Riegel aus Jurakalk durchnagt werden mußte. Und weil das, zumindest am Anfang, offensichtlich gar nicht so einfach war, ist der erste Abschnitt dieses Durchbruchs zwischen Fridingen und Beuron so eng ausgefallen, daß er der Fahrstraße bis heute glücklicherweise zu schmal war. Wer dennoch dieses landschaftlich wohl imposanteste Stück der ganzen Donau kennenlernen möchte, ist entweder auf die Bahn oder auf Schusters Rappen angewiesen.

Wer die Mühe nicht scheut, und es vorzieht, zu Fuß zu laufen, lernt ein Stück Weltabgeschiedenheit kennen, wie man es heute kaum noch für möglich halten würde: Auf eine Länge von knapp 10 Kilometer übernehmen Kalk, Wald und Wasser gleichzeitig die Regie und die Hauptrollen in einem Naturtheater ohnegleichen. Senkrecht steigen die mächtigen, je nach Beleuchtung fahlgrauen, leuchtend weißen oder warm gelben Kalkwände aus dem beinahe stehenden, schwarzen Donauwasser. Stiegelefelsen, Bettelmannfelsen, Knopfmacherfelsen und Laibfelsen sind die Kalkbastionen, die auf Wanderer wie Kletterer gleichermaßen anziehend wirken. Sie alle nämlich kann man auf zwei Wegen erreichen: auf bequemem Wandersteig durch den für die Schwäbische Alb so typischen Buchenwald oder mit Seil, Haken und Kletterhammer auf dem direkten Weg durch die Wand. Wo der Wanderer die stets wechselnden Ausblicke genießt, sucht und findet der Kletterer die Herausforderung des Felsens, der ihm alle Schwierigkeitsgrade bieten kann. So ist der Donaudurchbruch zwischen Fridingen und Sigmaringen nicht umsonst zu dem Klettergarten der schwäbischen Bergsteiger geworden.

Noch hat der Wanderer den hellen Klang des Kletterhammers im Ohr, da öffnet sich unverhofft das enge Tal. Ein weiter Wiesenplan, eingefriedet und geschützt von hohen Felswänden tut sich auf, als hätte die Donau einst beschlossen, hier eine kleine Verschnaufpause vor der nächsten Grabearbeit einzulegen. Und was der Donau recht war, schien den Menschen billig. Früh schon ließ sich hier die Beschaulichkeit in Form eines Klosters nieder, eines Klosters, das seinen Rang bis heute nicht verloren hat: das Benediktinerkloster Beuron.

Doch allzu schnell ist die Beschaulichkeit wieder vorbei. Erneut treten die Felswände eng zusammen, zwingen die Donau zu immer neuen Kursänderungen und Schleifen, präsentieren immer neue Burgen und Ruinen und schenken dem Wanderer, der die Höhen erklimmt, immer neue Ausblicke. Vom Eichfelsen etwa bietet sich ein Blick über das Donautal, der allenfalls vom Flugzeug aus zu überbieten wäre. Wunderbar ist auch die Aussicht von Wagenburg und Bandfelsen oder den etwas weiter östlich gelegenen Schaufelsen. Neben den ganze Talseiten einnehmenden Felswänden gibt es zahllose stille Winkel, wo die Donau vor einem einzelnen Felsen haltmachen muß, wo sie geheimnisvoll mahlt und strudelt, im Kreise läuft oder manchmal auch ganz stehen bleibt. Solche Winkel zu entdecken, gelingt allerdings nur, wenn man das Auto stehen läßt und sich dem einen oder anderen der vielen vom Schwäbischen Albverein vorbildlich betreuten Wanderwege anvertraut.

Wer dagegen noch weiter in die Tiefe möchte, kann auch das. Gegen Inzigkofen zu verstecken sich alte Wassermühlen der Donau, an denen man die Ergebnisse des Kampfes zwischen Wasser und Kalk in allen Einzelheiten ablesen kann. Noch geheimnisvoller sind die vielen Höhlen, von denen allerdings die wenigsten ohne Spezialausrüstung und besondere Kenntnisse aufgesucht werden können. Einen Besuch etwa der Ziegelhöhle oder der Falkensteinhöhle (sie war schon in der jüngeren Steinzeit bewohnt) sollte sich jedoch niemand entgehen lassen.

DER OBERSCHWÄBISCHE AUSLAUF

Hinter Inzigkofen werden die Wände niedriger, und das Tal weitet sich wieder. Die Donau hat es geschafft, sich den Weg entgegen aller Widerstände nach Osten zu bahnen. Bevor sie sich allerdings in die weite oberschwäbische Wiesenlandschaft davonmacht, mußte sie offensichtlich noch ein letztes Zeichen setzen: den Durchbruch in Sigmaringen zwischen Mühlberg und Schloßfelsen, der wie ein Schlußakkord noch einmal von der Kraft der Donau kündet.

Mit dem Austritt aus dem Kalk bei Sigmaringen bekommt die junge Donau ein neues Merkmal. Bis Ulm markiert sie nicht nur die Grenze des schwäbischen Oberlandes gegen das Altwürttembergische, sie ist auch die Grenze zwischen Schwäbischer Alb und Alpenvorland. Gerade letzteres macht jetzt auf großen Strecken ihren landschaftlichen Reiz aus, weil auf kürzesten Entfernungen die unterschiedlichsten landschaftsbildnerischen Kräfte aufeinanderstoßen. So läßt sich auf der Nordseite von Sigmaringen genau die Linie verfolgen, bis zu der einst die Gletscher vorstießen und die Kalktafeln der Schwäbischen Alb mit dem Kies und Sand ihrer Endmoränen zudeckten. Ein nicht minder augenfälliges Beispiel bietet sich auf der Höhe von Riedlingen. Dort sind eine der schönsten unterirdischen Karstquellen der Alb und das für das Alpenvorland so typische Moorgebiet um den Federsee keine 20 Kilometer Luftlinie voneinander getrennt. Genau in der Mitte markiert die Donau die Grenze beider Einflußgebiete.

Unmittelbar nach dem Sigmaringer Schloßberg darf sich die Donau ausbreiten. In tausend Schleifen windet sie sich gemächlich durch die Wiesen, beinahe wie ein Spaziergänger, der mit jedem Schritt beweisen möchte, daß er die Zeit gepachtet und es wirklich nicht eilig habe. Bis vor wenigen Jahren führte das mit schönster Regelmäßigkeit nahezu bei jeder Schneeschmelze im Schwarzwald dazu, daß die Donau rund um Sigmaringen Wiesen, Dörfer und Bundesstraßen unter Wasser setzte. Erst eine radikale Begradigung der Donau und eine Absenkung des Flußbettes brachten Abhilfe. Dafür jedoch mußte mancher malerische Winkel geopfert werden.

Den besten Überblick über die oberschwäbische Donau hat man von Oberschwabens heiligem Berg, dem 776 Meter hohen Bussen. Der freistehende Tertiärkegel trotzte schon den Eisströmen des Rheingletschers, war bereits in vorgeschichtlicher Zeit der geeignete Ort für eine Fliehburg und bot den Römern Platz für eine Opferstätte; schließlich diente er den alemannischen Herzögen als Herrschaftssitz. Sogar ein Schwager Karls des Großen soll hier seinen Sitz gehabt haben. Im ausgehenden Mittelalter gab es hier immerhin zwei Burgen, um die sich nacheinander die Grafen von Veringen und von Wirtemberg-Grüningen, die Österreicher, die Truchsesse von Waldburg und schließlich die Fürsten von Thurn und Taxis rauften.

Alle geschichtlichen Reminiszenzen aber verblassen, hat man das Glück, hier oben einen klaren Tag zu erleben. Dann nämlich bietet sich ein ungehinderter Rundblick nach allen Seiten; man überblickt die sanften Wellen der Schwäbischen Alb, sieht nach Westen hinüber über den Donaudurchbruch hinweg bis zu den dunklen Schwarzwaldbergen, hat im Süden unter sich den Silberfleck des Federsees mit seinem grünen Schilfkranz, ahnt in der Ferne das Schwäbische Meer und kann das ewige Puzzlespiel mit der Frage spielen, welcher Berg ist welcher, denn die Auswahl reicht immerhin von der Zugspitze über die Allgäuer und Bündner Berge bis zu Eiger, Mönch und

Jungfrau. Und wer das Zählen anfangen möchte: Über fünfhundert Städte, Dörfer, Klöster und Weiler sind von hier oben auszumachen.

Empfehlenswert ist auch ein Besuch in der Wimsener Höhle bei Zwiefalten. Sie ist mit Abstand die schönste Karstquelle am gesamten Südostfuß der Schwäbischen Alb. Ihr besonderer Reiz ist, daß sie nicht, wie viele der anderen Karstquellen und »Bröller«, nur nach ausgiebigen Regenfällen Wasser führt, sondern das ganze Jahr hindurch und zum Besuch per Kahnpartie einlädt.

Um ein Märchen ganz besonderer Art geht es bei der nächsten Quelle im Einzugsgebiet der oberschwäbischen Donau. Bei Blaubeuren versteckt sich der abgrundtiefe Blautopf, den schon Mörike in seiner Geschichte von der Schönen Lau, der Nix, die hier den Besuch ihres Gemahls aus dem Schwarzen Meer erwartet, so beschrieb:

»Der Blautopf ist der große runde Kessel eines wundersamen Quells bei einer jähen Felsenwand gleich hinter dem Kloster. Gen Morgen sendet er ein Flüßchen aus, die Blau, welche der Donau zufällt. Dieser Teich ist einwärts wie ein tiefer Trichter, sein Wasser ist von Farbe ganz blau, sehr herrlich, mit Worten nicht wohl zu beschreiben; wenn man es aber schöpft, sieht es ganz hell in dem Gefäß. Zu unterst auf dem Grund saß ehemals eine Wasserfrau mit langen fließenden Haaren. Ihr Leib war allenthalben wie eines schönen, natürlichen Weibs, dies eine ausgenommen, daß sie zwischen den Fingern und Zehen eine Schwimmhaut hatte, blühweiß und zärter als ein Blatt von Mohn. Im Städtlein ist noch heutzutag ein alter Bau, vormals ein Frauenkloster, hernach zu einer großen Wirtschaft eingerichtet, und hieß darum der Nonnenhof. Dort hing vor sechzig Jahren noch ein Bildnis von dem Wasserweib, trotz Rauch und Alter noch wohl kenntlich in den Farben. Da hatte sie die Hände kreuzweise auf die Brust gelegt, ihr Angesicht sah weißlich, das Haupthaar schwarz, die Augen aber, welche sehr groß waren, blau. Beim Volk hieß sie die arge Lau im Topf, wohl auch die schöne Lau. Gegen die Menschen erzeigte sie sich bald böse, bald gut. Zu Zeiten, wenn sie im Unmut den Gumpen übergehen ließ, kam Stadt und Kloster in Gefahr, dann brachten ihr die Bürger in einem feierlichen Aufzug oft Geschenke, sie zu begütigen, als: Gold- und Silbergeschirr, Becher, Schalen, kleine Messer und andre Dinge; dawider zwar, als einen heidnischen Gebrauch und Götzendienst, die Mönche redlich eiferten, bis derselbe auch endlich ganz abgestellt worden. So feind darum die Wasserfrau dem Kloster war, geschah es doch nicht selten, wenn Pater Emeran die Orgel drüben schlug und kein Mensch in der Nähe war, daß sie am lichten Tag mit halbem Leib heraufkam und zuhorchte; dabei trug sie zuweilen einen Kranz von breiten Blättern auf dem Kopf und auch dergleichen um den Hals.«

Von Rittern und Fürsten

Das Land um die junge Donau ist mit seiner reich gegliederten Landschaft und seinen zahlreichen Felsbastionen für Rittersitze geradezu prädestiniert. Nirgendwo am gesamten Strom gibt es daher so viele Burgen, intakte wie zerfallene, wie auf dem kurzen Stück zwischen Donaueschingen und Sigmaringen.

Doch Burgen und Festungen sah man an der oberschwäbischen Donau nicht erst in mittelalterlicher Zeit. Bereits 1000 v. Chr., zur Hallstattzeit also, siedelten hier die Kelten, die noch heute den Archäologen Rätsel aufgeben und für immer neue Überraschungen sorgen. Allein an der Heuneburg fand man bis heute über zwanzig einzelne Siedlungsschichten und fünfzehn übereinanderliegende Mauerfundamente.

Vor diesem Hintergrund mutet die nur wenige Jahrhunderte alte Geschichte der badischen und schwäbischen Mini-Fürstentümer doch recht jung an. Dafür aber können sie für sich in Anspruch nehmen, nicht geringen Einfluß auf die Entwicklung des schwäbischen Bürgertums an der jungen Donau gehabt zu haben.

DIE KELTISCHEN FÜRSTEN

Nicht die imposanten Felsen des Donaudurchbruchs waren es, die vor dreitausend Jahren die Menschen an die Donau lockten, sondern die wildreichen Auen zwischen Sigmaringen und Riedlingen, in denen Bär und Elch, Hirsch und Wolf und sogar der Wisent zu Hause waren. Das erklärt auch, warum die Keltenfürsten ihre »Burgen« gerade an der Nahtstelle zwischen dem festen Felsenboden der Alb und den Donauauen bauten.

Die etwa 600 v. Chr. entstandene riesige Wehranlage der Heuneburg wurde von Baumeistern konzipiert, die aus Marseille stammten, dem damaligen Massilia. Darauf läßt der gänzlich in mediterranem Stil und in mediterraner Technik errichtete Bau schließen. Auf drei Meter hohem Sockel aus geschichteten Kalksteinen wurden Holzfachwerke errichtet, die mit luftgetrockneten Lehmziegeln ausgefächert wurden, dazu acht befestigte Turmbauten, untereinander jeweils etwa zehn Meter entfernt.

Nach und nach wurden diese Wehr- und Wohntürme zunehmend befestigt. Um 500 v. Chr. gab es einen zusätzlichen Sicherungskranz aus drei Pfostenreihen und einer Steinmauer. Welches Ereignis dazu führte, daß die Heuneburg zur Römerzeit nicht mehr bestand, ist bis heute nicht geklärt. Etwa um 400 v. Chr. muß die Burg zerstört bzw. geräumt worden sein.

Die Grabungen in der Burg und die Öffnung umliegender Grabhügel förderten Erstaunliches zutage. Provenzalische Geräte, Vasen und Amphoren aus Attika zeigen ebenso die griechische Prägung des täglichen Lebens wie die Grabbeigaben, zu denen Schmuck aus Gold, Bronze und Bernstein zählen. Gefäße aus Bronze wurden geborgen, auch ein kleiner vierrädriger Wagen und

Die Heuneburg entstand als keltische Wehranlage in mediterranem Stil aus luftgetrockneten Lehmziegeln und Holzfachwerk. Sie bestand etwa von 1300 v. Chr. bis 400 v. Chr. In unseren Tagen wurden provenzalische Geräte, Vasen und Amphoren aus Attika ausgegraben.

Die Burg Werenwag wurde im 11. Jahrhundert errichtet. Um 1260 hatte hier der Dichter und Sänger Hugo von Werenwag seine Residenz. Von ihm stammen sechs Lieder in der Manessischen Handschrift. Heute gehört die Burg den Fürstenbergern und ist leider nicht zugänglich.

Schmuck aus Glas und Bernstein. Die Grabhügel der Kelten erreichten imposante Ausmaße. Die größten von ihnen erreichten über zehn Meter Höhe und einen Durchmesser von 90 Meter.

Was aus den Kelten geworden ist, liegt ebenso im dunkeln wie das, was auf ihre Herrschaft folgte. Erst im August 15 v. Chr., als die Römer unter Tiberius die Donau erreichten und damit das gesamte Alpenvorland in ihren Besitz nahmen, werden die Kenntnisse über die damaligen Ereignisse wieder reichhaltiger. Die Geschichtsschreiber sprechen von einem »grave proelium« (einer schweren Schlacht); doch es ist bis heute unbekannt, wo und gegen wen diese stattgefunden haben könnte.

Da die schwäbische Donau für die Römer weder ein Hindernis darstellte noch zu einer Grenze wurde, stürmten sie weiter gen Norden, kaum mehr hinterlassend als einige Etappenlager und Verbindungsstraßen.

DIE SCHWÄBISCHEN RITTER

Bewegung in den Dornröschenschlaf der schwäbischen Donau kam erst wieder mit der Siedlungstätigkeit der Alemannen. Siedlungen wie Chisincas, das Dorf des Giso = Geisingen oder Moringas, das Dorf des Mero = Möhringen entstanden. Jede Siedlung hatte einen eigenen Herrscher. So erstarkten in Geisingen die Wartenberger und die Fürstenberger, die ihre Burgen auf zwei gegenüberliegenden Höhenrücken hatten, sich lange befehdeten und erst über eine politische Heirat des Grafen Heinrich II. von Fürstenberg mit der letzten Wartenbergerin im Jahre 1300 Frieden schlossen. Unterhalb von Fridingen saßen die Kallenberger auf ihrer beinahe 800 Meter hoch gelegenen Burg und spielten von dort ihre Macht bis zum 15. Jahrhundert aus. Danach regierten hier die Truchsesse von Waldburg, bis im Jahre 1722 die Herren von Ulm die Burg übernahmen – eine Geschichte, von der heute nur noch bröckelnde Mauern auf senkrechten Felsen künden.

Wie eine kleine Märchenburg liegt Schloß Bronnen auf hohem Felsen gegenüber vom Knopfmacherfelsen. Die Burg gehörte einst den Grafen von Zollern. Als geschäftstüchtige Schwaben verkauften sie die Burg samt Ländereien an das Domstift Konstanz, ließen sich den Besitz aber gleichzeitig als erbliches Lehen zurückgeben. In der heutigen Gestalt entstand die Burg um 1750. In neuer Zeit wurde sie dadurch interessant, daß sie von der Reichsfrauenführerin entdeckt und in Beschlag genommen wurde. Heute dient sie als Ferienheim.

Das Juwel aller Burgen an der schwäbischen Donau thront wenig östlich von Beuron auf senkrechten Felsmauern: die Feste Wildenstein. Sie hat als einzige alle Wirren der Zeit unbeschadet überstanden und vermittelt heute noch das Bild einer mittelalterlichen Trutzburg. Von der Bergseite her ist sie mit Vorwerk und doppeltem Burggraben geschützt, von der Talseite her wachsen ihre mächtigen Mauern übergangslos aus senkrechtem Fels. Meterdicke Mauern bilden den Wehrgang. Eine Exerzierhalle mit ihrer für den Notfall abwerfbaren Decke fehlt ebensowenig wie die abgrundtiefen, nachtschwarzen Burgverliese (in ihnen überstand der fürstlich-fürstenbergische Kunstschatz den letzten Krieg). Idyllisch ist das Burggärtlein mit dem Ziehbrunnen und seinem Schacht bis zum Donaugrundwasser hinunter.

Auf Wildenstein herrschten die Grafen von Zimmern. Hier überlebte der ob seiner Trinkfestigkeit legendäre Graf Gottfried die Pest von 1518 sowie die Bauernkriege. Hier schuf um 1536 der Meister von Meßkirch für die Burgkapelle den berühmten Wildensteiner Altar (das Original ist heute in der fürstlichen Galerie in Donaueschingen), und hier verfaßte zwischen 1564 und 1566 Graf Froben Christoph mit seinem Sekretär die Familiengeschichte der Grafen von Zimmern, die nicht nur eine wichtige Quelle für das ausgehende Mittelalter, sondern ob ihrer deftigen Sprache ein schwäbisches Juwel besonderer Art ist.

Wie autark die Festung war, zeigt nicht allein der tiefe Ziehbrunnen. Sogar für den Ernstfall war vorgesorgt. Unter dem Altarpodest in der Burgkapelle kann man heute noch den geheimen, einst bis zur Donau hinunterführenden Fluchtweg sehen. Er mag den Bewohnern der Burg wohl manch nützlichen Dienst erwiesen haben, zu einer richtigen Flucht aber mußte er weder den Herren von Zimmern noch später den Fürstenbergern dienen.

Die Feste Wildenstein gehörte den Grafen von Zimmern. Graf Froben Christoph verfaßte hier von 1564 bis 1566 die Zimmersche Chronik, eine der wichtigen Quellen für das Leben im ausgehenden Mittelalter. Von der Burgkapelle führte ein unterirdischer Gang bis hinunter zur Donau.

Heute kann der Gast das Bier der Fürstenberger unter den gut vierhundert Jahre alten Fresken der Herren von Zimmern genießen. Der herrliche Blick hinunter auf die Donau ist dabei eine kostenlose Zugabe.

Schräg gegenüber auf der linken Donauseite grüßt Burg Werenwag herüber. Sie bestand schon um 1100. Auf ihr hauste um 1260 der Dichter und Sänger Hugo von Werenwag, von dem sechs Lieder in der Manessischen Handschrift (die größte der drei Sammelhandschriften mittelhochdeutscher Minnedichtung, entstanden zwischen 1300 und 1340) enthalten sind. Heute gehört die Burg den Fürstenbergern und ist nicht zugänglich.

Unterhalb von Hausen im Tal beginnt eine Kette von Burgruinen. Beinahe jeder freistehende Felsen erinnert mit Mauerresten an eine vergangene Zeit. Auf einem hochragenden Felszahn oberhalb von Hausen ist es die Ruine Hausen. Sie war der Wohnsitz des Minnesängers Friedrich von Hausen. Von gegenüber grüßt Ruine Schaufels, und knapp dahinter kündet die Ruine von Burg Falkenstein davon, daß die Grafen von Zimmern nicht nur auf dem Wildenstein saßen. Der wuchtige Klotz der Ruine Dietfurt versucht mit seiner Drohgebärde darüber hinwegzutäuschen, daß sich unter den Burgfundamenten eine ausgedehnte Höhle verbirgt, die allzu bedrängten Burginsassen wieder einmal einen Schlupfweg gelassen hätte.

Gleichsam als Schlußakkord tauchen kurz darauf die Mauerreste von Gebrochen Gutenstein auf. Ihre Herren hatten es offensichtlich nötig, auf einer freistehenden Felsennadel einen nur über Leitern erklimmbaren Bergfried zu bauen.

DIE BADISCHEN FÜRSTEN

Von den vielen Herren auf den verschiedenen Burgen an der schwäbischen Donau haben nur zwei das Burgherrendasein überlebt und dabei ihre Macht sogar noch ausweiten und verstärken können. Die einen sind die Herren von Fürstenberg. Sie hatten ihren Stammsitz einst auf dem »fürdersten« Berg oberhalb von Geisingen und erhielten 1488 das zuvor habsburgische Lehen Tuonoweschingen. Ihre eigentliche Residenz aber hatten sie noch bis 1723 in Stühlingen. Erst danach wurde Donaueschingen Residenz des inzwischen reichsunmittelbar gewordenen fürstenbergischen Ländchens.

Wohl war das »Ländchen« klein und die Macht des jeweiligen Fürsten von Fürstenberg beschränkt, doch haben sie auf gleich drei Gebieten von Kunst und Kultur das Beste daraus gemacht.

Zum einen ist es die weltbekannte Bibliothek. In ihr sind Urkunden und zahllose Akten gesammelt, darunter kostbarste Unikate wie etwa die Hohenemser Hand-

Um 1536 schuf der Meister von Meßkirch – so benannt nach seinem Hauptwerk, dem Dreikönigsaltar und den acht Nebenaltären in der Pfarrkirche zu Meßkirch – den Wildensteiner Altar. Auf seinem rechten Flügel ist die Gefangennahme Christi dargestellt.

Vor einem geradezu unwirklich anmutenden Hintergrund mit phantastischer Renaissance-architektur kniet der Stifter des Wildensteiner Altares in voller Rüstung. Die Stiftungsinschrift weist ihn als Gottfried Werner Graf von Zimmern aus.

Auf der rechten Seite des Altares ist die schwarzgekleidete Stifterin vor einem nicht minder phantastischen Hintergrund im Gebet versunken gezeigt. Die Stiftungsinschrift weist sie als Apollonia Gräfin von Henneberg aus.

schrift des Nibelungenliedes, die Handschrift des Parzival von 1336, die illustrierte Weltchronik von Rudolf von Ems von 1365, der Schwabenspiegel von 1287, das Donaueschinger Passionsspiel aus dem 15. Jahrhundert oder das Original der Zimmerschen Chronik. Nicht weniger als fünfhundert Inkunabeln sind hier zusammengetragen durch die Übernahme der Hausbibliotheken verschiedenster schwäbischer Grafen- und Rittergeschlechter, unter anderem auch der Hausbibliothek der Grafen von Zimmern und der Bibliothek des fürstenbergischen Freiherrn Joseph von Laßberg. Vor gut hundert Jahren arbeitete hier als Bibliothekar der zu frühem Ruhm gelangte Joseph Victor von Scheffel.

Nicht ganz so berühmt, aber kaum weniger wertvoll dürfte die fürstenbergische Gemäldegalerie sein. In ihr finden sich altdeutsche Meister wie Holbein der Ältere, Lucas Cranach und Mathias Grünewald ebenso wie der Meister von Meßkirch, der mit seinem Wildensteiner Altar vertreten ist. Sehr bedeutend sind auch die Sammlungen zur Wohnkultur und zum Kunstgewerbe mit Schwerpunkt im Barock und in der Renaissance. Allein das kostbare Mobiliar aus dem 16. und 17. Jahrhundert in den ehemaligen fürstlichen Prunkräumen wäre schon einen Besuch wert.

Auch in das Reich der Musik wagten sich die Fürstenberger. So finden sich in der Bibliothek wertvollste Notenhandschriften. Und Jahr für Jahr treffen sich hier die berühmtesten Musiker zu den Donaueschinger Tagen für zeitgenössische Tonkunst. Sie setzen damit eine Tradition fort, die schon der junge Mozart, Franz Liszt oder Konradin Kreutzer mit Besuchen am Fürstenhof eingeleitet hatten.

DIE SCHWÄBISCHEN FÜRSTEN

Das andere Herrscherhaus, das das Mittelalter überlebte, residiert am Ostrand der Juraplatte. Wo heute das Schloß Sigmaringen auf steilem Fels unmittelbar über der Donau thront, entstand im 11. Jahrhundert eine Burg, die im Jahre 1399 an die Grafen von Werdenberg überging. Vom letzten Werdenberger wurde die Herrschaft 1535 an dessen Stiefsöhne übertragen, die Grafen von Zollern. Ihnen gelang es 1632, in den Reichsfürstenstand erhoben zu werden und damit ihre Macht zu konsolidieren. Fürst Anton Alois schließlich konnte mit Hilfe der guten Beziehungen seiner Gemahlin zu Josephine, der ersten Frau Napoleons, 1808 verhindern, daß Hohenzollern einem Reichsstand unterstellt wurde. Neben der uneingeschränkten Souveränität erhielten die Hohenzollern sogar noch eine Verdoppelung ihres Gebietes. Doch es sollte nicht für lange sein. Als Folge der Wirren von 1848 sah sich Fürst Karl Anton gezwungen, per Staatsvertrag vom

7.12.1849 Hohenzollern an das Haus Preußen abzutreten (zu verkaufen, sagten die hohenzollerischen Untertanen und konnten den Handel lange nicht verwinden).

Wohl fand damit die Souveränität des Hauses Hohenzollern-Sigmaringen ihr Ende, ihr Einfluß blieb aber bestehen. So trat 1863 Fürst Karl Anton in preußische Dienste, wurde Ministerpräsident und damit ein Vorgänger Bismarcks. Sein Sohn Karl blieb der Donau verbunden und ließ sich 1881 zum König von Rumänien proklamieren. Fürst Leopold schießlich wäre sogar König von Spanien geworden, hätten dagegen die Franzosen nicht ihre Einwände geltend gemacht.

Anders als die Fürstenberger haben die Hohenzollern stets größten Wert auf ihre »Residenz« gelegt. Und das galt nicht nur für das fürstliche Schloß, sondern auch und erst recht für das anmutige Städtchen selbst. Es gruppiert sich mit seinen schwäbisch-sauberen Bürgerhäusern und seinen etwas preußisch-nüchtern anmutenden, im klassizistischen Stil errichteten Repräsentativbauten um den mächtigen Schloßberg. Die schläfrige Stille der kleinen Residenz lugt aus allen Knopflöchern und läßt durchaus verstehen, daß die Bewohner noch heute mehr oder minder wehmütig einer glanzvolleren Vergangenheit nachträumen.

Mittelpunkt des Residenzstädtchens ist nach wie vor das Schloß. Seine Vorgängerburg, von der der Bergfried aus dem 12. Jahrhundert teilweise noch im heutigen Hauptturm erhalten ist, war schon im Mittelalter stark ausgebaut gewesen. Nahezu die gesamte alte Substanz ging dann aber 1893 bei einem verheerenden Brand in Flammen auf. Fürst Leopold nutzte die Gelegenheit, zusammen mit dem Münchener Hofarchitekten Emanuel von Seidl einen völlig neuen Anfang zu machen und das Schloß in neuer Gestalt erstehen zu lassen.

Im Schloß selbst verbergen sich ansehnliche Schätze. Zum einen ist es die Waffenhalle mit einer Waffensammlung von europäischem Rang. Ritterrüstungen vom Mittelalter bis zur Neuzeit sind hier ebenso vertreten wie Lanzen und Säbel aller nur denkbaren Ausführungen. Pistolen, Gewehre und Geschütze verdeutlichen mehrere hundert Jahre waffentechnischer Entwicklungsgeschichte. Ergänzt wird das Ganze von einem umfassenden Marstall-Museum mit Schlitten, Prunkwagen, Equipagen, Geschirren, Uniformen usw.

Der andere und noch weit wertvollere Schatz ist die Sammlung oberdeutscher Kunstwerke, zu der Fürst Karl Anton die Grundlagen schuf. Kostbarste Stücke sind der dreiflügelige Ennetacher Altar, Werke des Meisters von Meßkirch und des Sigmaringers Hans Strüb.

Heute ist auch das Schloß selbst als Museum zugänglich, da es seine Herren vorgezogen haben, sich in ein im Wald wohl versticktes Landhaus zurückzuziehen.

Schloß Sigmaringen geht auf eine bereits im
11. Jahrhundert bestehende Burg der Grafen von
Werdenberg zurück. Nach einem vernichtenden
Brand wurde das Schloß ab 1893 von Emanuel
Seidl im Auftrag der Fürsten von Hohenzollern
in der heutigen Form neu errichtet.

Oberschwäbische Kunstlandschaft

Die Donau ist bis nach Ungarn hinunter mit ganz wenigen Ausnahmen ein Strom des Barock, bei dessen Ausgestaltung weltliche und geistliche Fürsten miteinander wetteiferten. Doch so sehr sich die Ziele der einzelnen Herren auch ähnelten, so verschieden geriet die Ausführung nicht nur im einzelnen Fall, sondern auch in den verschiedenen Stromabschnitten.

Besonders augenfällig ist das an der schwäbischen Donau, ist doch Oberschwaben bis ins 19. Jahrhundert hinein der Raum mit den meisten reichsfreien Staaten mit Mönchs-, Chorherren- und Frauenklöstern als Machtzentren. Im Bereich der Donau waren es die Reichsabteien Zwiefalten, Obermarchtal, Wiblingen und Elchingen, die zugleich eigene Staaten mit eigenen Hoheitsrechten über jeweils einige Bauerndörfer waren. Die Klosterherren sorgten damit nicht nur für das geistliche Wohl ihrer Untertanen; ihnen flossen auch wie jeder anderen Staatskasse die Steuern und Abgaben ihrer Untertanen zu.

Doch die Schwaben wären keine Schwaben, hätten sie sich nur mit dem üppigen Barock zufriedengegeben. So ist es denn keineswegs ein Zufall, daß der schwelgerische Barock eingegrenzt ist auf der einen Seite von der Strenge der Beuroner Schule und auf der anderen Seite, in Ulm, von dem in Kunst umgesetzten Selbstbewußtsein reichsfreier Bürger. Erst alle drei Komponenten zusammengenommen lassen ein wenig von dem schwäbischen Geist ahnen, der letztendlich hinter all diesen Kunstwerken steht.

DIE BEURONER SCHULE

Am schönsten Wiesenfleck, mitten im Donaudurchbruch durch die Juraplatte, wurde gegen Ende des 11. Jahrhunderts das Chorherrenstift Beuron gegründet. Im Jahre 1687 wurde aus dem Stift eine Abtei. Damit war es nicht mehr dem zuständigen Bischof verantwortlich, sondern Rom direkt. Heute ist der Erzabt von Beuron zugleich kirchliches Oberhaupt von zahlreichen Benediktinerklöstern in Deutschland und Österreich und sogar von einem 1949 von Beuron aus gegründeten Kloster in Chile.

Von 1732 bis 1738 entstand die heutige Kirche mit den Deckengemälden von Johann Ignaz Wegschaider. Der Rottweiler Baumeister Scharpf sorgte dafür, daß die Kirche mit zierlichem Barockschmuck und feinsten Stukkaturen ausgestattet wurde. Den Hochaltar schuf J.A. Feuchtmayer.

Doch dieser Herrlichkeit war kein langes Leben beschieden. 1803 wurde das Kloster säkularisiert. Erst sechzig Jahre später wurde diese Maßnahme durch die Fürstin Katharina von Hohenzollern-Sigmaringen rückgängig gemacht, indem sie den Benediktinern Klostergebäude und Liegenschaften überließ. Neun Jahre später begann dann das, was heute landläufig unter Beuroner Schule verstanden wird.

Die schwäbischen Benediktiner besannen sich nämlich nicht nur auf die alten Ordensregeln beim Versuch, die Liturgie zu erneuern. Sie machten sich vielmehr, gleichzeitig in Anlehnung an frühchristliche und romanische Stilelemente, auf die Suche nach neuen, ihren Vorstellungen gemäßen Formen. Unter der Leitung des Malermönches Desiderius Lenz begannen sie im Jahre 1872 mit der »Reinigung« ihrer Kirche. Entstanden ist eine schwermütige, prunkhaft wirkende, an byzantinische Linienführung erinnernde Malerei, deren Strenge aber nie so recht zum Leben kam.

Reinstes Beispiel dieses neuen Stils ist die bereits 1870 fertiggestellte St. Mauruskapelle, die wenige Kilometer vom Mutterkloster entfernt unter den Hängen der Burg Wildenstein vor sich hinträumt. Auch die 1898 entstandene Gnadenkapelle mit einer Pietà aus dem 15. Jahrhundert bietet ein unverfälschtes Bild der neuen Beuroner Kunstschule.

In der Kirche selbst zog in unseren Tagen wieder ein anderer Geist ein. Die Mönche besannen sich auf das Echtere, holten das Zusammenspiel von Weiß und zartem Rosa, wie es so typisch für den schwäbischen Barock ist, wieder hervor, ließen die Putten wieder tanzen und stören sich nun auch nicht mehr an der Polarität zwischen der Strenge ihrer gregorianischen Gesänge und der an festliche Musik von Mozart erinnernden barocken Strahlkraft ihrer Kirche. Bedauerlich ist dabei nur, daß es nicht mehr gelungen ist, die ursprüngliche Pracht des Hochaltars wiederherzustellen.

Wie kein anderes der schwäbischen Donauklöster ist Beuron eine selbständige Gemeinde für sich. Getreu der Maxime des heiligen Benedikt »ora et labora« ist das Kloster über eine eigene Musterlandwirtschaft und eigene Handwerksbetriebe (sogar eine eigene Feuerwehr gibt es) absolut autark. Hier hat jedes Mitglied der Klostergemeinschaft, ob Frater oder Pater, neben den geistlichen Verpflichtungen auch ein gerüttelt Maß an weltlicher Arbeit zu erledigen. Und sei dies auch »nur« die Professorentätigkeit an der ersten Universität an der Donau.

Die Barockkirche des Klosters Obermarchtal ist ein Werk des Vorarlberger Baumeisters Michael Thumb. Das Kloster selbst geht auf das 8. Jahrhundert zurück. 1750 schuf hier Sebastian Sailer die »Schwäbische Schöpfung«, eine einzigartige Umdichtung der Bibel in schwäbische Mundart.

Die riesige Bibliothek mit inzwischen beinahe 300000 Bänden ist nicht umsonst Mittelpunkt theologischer und philosophischer Arbeit. Doch selbst die hochkarätigen Wissenschaftler arbeiten nicht nur theoretisch. Theologen ausbilden können nämlich viele. Mittelalterliche Handschriften mit Hilfe von Fluoreszenzphotographie und ähnlich technischen Finessen daraufhin zu untersuchen, ob unter dem eigentlichen Text nicht vielleicht noch ein zuvor abradierter enthalten sei, dazu gehört außer Wissen auch ein gerüttelt Maß an Fingerspitzengefühl. Es müssen die Beuroner wohl haben, sonst nämlich wären sie mit ihrem Palimsestinstitut kaum so berühmt geworden.

Kaum weniger berühmt ist das Beuroner Vetus-Latina-Institut, in dem die Mönche versuchen, mit wissenschaftlichen Methoden den Geheimnissen der Bibel auf die Spur zu kommen. Erklärtes Ziel ist es, die lateinische Urfassung der Bibel zu rekonstruieren, um damit mögliche Fehler bei der Fassung der Vulgata (die Bibelübersetzung des hl. Hieronymus) richtigstellen zu können. Da die Bibel bekanntlich das meistverkaufte Buch in aller Welt ist, ist verständlich, mit welchem Interesse alle Welt auf die Ergebnisse der Beuroner Forschungen wartet.

In anderer Richtung dagegen trügt die Stille der an schönen Herbsttagen durchaus verträumt wirkenden Abtei. Das »Erz« vor ihrem Namen deutet es an: Der Erzabt von Beuron ist zugleich kirchliches Oberhaupt von zahlreichen Benediktinerklöstern in Deutschland und Österreich und sogar von einem 1949 von Beuron aus gegründeten Kloster in Chile.

Doch selbst dieses Sich-verantwortlich-Fühlen hat in Beuron Tradition: Als hier noch die Augustinerchorherren beteten, stieß zu ihnen der Bauernsohn Hans-Ulrich Megerle aus dem Albdorf Kreenheinstetten oberhalb von Beuron (sein Geburtshaus, wo er am 2.7.1644 auf die Welt kam, steht noch heute in Kreenheinstetten). Dem temperamentvollen, am heimatlichen Wirtshaustisch geprägten Schwaben genügte auf Dauer jedoch die vornehme Art der Augustinerchorherren nicht. Er zog als Augustiner-Barfüßer in die Welt, hielt in Augsburg und Graz derb-deftige, durch Witz und Wortspiele belebte Predigten und wurde schließlich in Wien als Hofprediger unter dem Namen Abraham a Santa Clara weltberühmt. Bei aller Derbheit (von ihm stammt der Spruch: »Auswendig hui, einwendig pfui«) verdankte er ein gut Teil seines Erfolges seiner schwäbischen Doppelbödigkeit. Weil er festgestellt hatte: »In Wien kann man alle Jungfrauen in einem einzigen Wagen zur Stadt hinausfahren« und er deswegen zur Rede gestellt wurde, antwortete er typisch schwäbisch mit dem Hinweis, er habe ja gar nicht gesagt, daß der Wagen nur einmal fahren müsse.

Nirgendwo sonst an der Donau haben die Menschen ein so gespaltenes Verhältnis zum Himmel wie in Schwa-

Die Ausstattung der ehemaligen Klosterkirche Zwiefalten gehört zu den reifsten Leistungen des Rokoko. Hier lieferte Johann Michael Feuchtmayer zusammen mit seinem Gehilfen Melchior Paulus ein absolutes Meisterwerk. Die gewaltigen Fresken schuf F. J. Spiegler.

ben. Wo vor der Reformation barocke Lebenskunst und deftiger Frohsinn den Menschen eigen war, erfolgt seither nur noch eine Unterteilung in protestantische oder katholische Schwaben. Beide Konfessionen haben ihren Schwerpunkt, die protestantische im Unterland, die katholische im Oberland. Die natürliche Grenze zwischen beiden Bereichen wäre wieder die Donau, doch die Reformatoren dachten natürlich nicht daran, sie einzuhalten. So gibt es heute links und rechts von der Donau nicht unbedeutende Enklaven beider Bekenntnisse, und das sonst durchaus zutreffende Kriterium »Wo der Humus weniger als zehn Zentimeter dick ist, da sitzen die Protestanten, und wo er dicker ist, da hocken die Katholischen« gilt an der schwäbischen Donau nur sehr bedingt. Auf der Schwäbischen Alb etwa, wo der Humus meistens recht dünn ist, ist der Anteil der Katholiken groß, und umgekehrt ist in Biberach rechts von der Donau die protestantische Gemeinde so stark, daß lange Zeit alle öffentlichen Ämter doppelt besetzt waren und sogar die Stadtpfarrkirche doppelt benutzt wurde.

Natürlich blieb all das nicht ohne Auswirkungen auf die Kunst, denn die schwäbischen Protestanten hatten es so gar nicht mit der Farbe und der Lebensfreude. Wo immer sie die Oberhand erhielten, wurden die Kirchen »gesäubert«, und somit wurde mit der Lebensfreude auch die Kunst ausgeräumt. Traurigstes Beispiel dafür ist der Bildersturm im Ulmer Münster. Und was die Protestanten nicht schafften, das gelang anschließend noch der Säkularisation. Um so erstaunlicher ist es, daß sich trotz allem an der schwäbischen Donau so manches Kleinod allen Widrigkeiten zum Trotz erhalten hat und noch heute davon kündet, daß einst barocke Lebensart in Schwaben weiter verbreitet war als strenger Pietismus.

DER OBERSCHWÄBISCHE BAROCK

Eines dieser Juwele und ein sehr verstecktes dazu ist das ehemalige Zisterzienserinnenkloster Heiligkreuztal in Altheim bei Riedlingen. Es geht auf eine Beginengemeinschaft (eine nonnenähnliche Vereinigung ohne Klostergelübde) zurück. Die Beginen hatten schon in der zweiten Hälfte des 12. Jahrhunderts zusammengefunden und wurden wegen ihrer Kleidung »graue Schwestern« genannt. 1204 traten sie dem Zisterzienserorden bei. Gräfin Heilwilgilde von Altheim wurde die erste Äbtissin in Heiligkreuztal. 1256 schon konnte die erste Kirche geweiht werden. Bis 1319 wurde sie zur dreischiffigen Basilika ausgebaut, um der wachsenden Bedeutung des Klosters gerecht zu werden. Kaiser und Päpste wetteiferten in der Folge miteinander, das Kloster mit Privilegien auszustatten, so daß es schnell eines der bedeutendsten Frauenklöster von ganz Württemberg wurde.

Eine erste Plünderung durch die Protestanten überstand das Kloster 1546 im Schmalkaldischen Krieg. Dieser folgten 1632 eine zweite durch die Schweden und eine weitere 1803 nach der Säkularisation. Dennoch blieben in der ehemaligen Klosterkirche erstaunliche Schätze erhalten, so etwa das großartige gotische Glasfenster in der geraden Chorwand und die Fresken des Meisters von Meßkirch. Die um das Jahr 1533 entstandenen Wandgemälde mit Szenen aus dem Marienleben und der Kindheit Jesu gehören zum Schönsten, was bisher von diesem Meister bekannt ist.

Bedeutendes findet sich auch unter den plastischen Kunstwerken. So verbergen sich in einer Nische des Chores die eindrucksvollen, mit zarten Farben geschmückten Figuren Christus und Johannes. Sie sind um etwa 1340 entstanden. Auf einem der Nebenaltäre steht eine Kopie der Anbetung der Könige von M. Schaffner. Das Original entstand um das Jahr 1515 und ist heute im Germanischen Nationalmuseum in Nürnberg zu sehen. Eine Kreuztragungsgruppe wird der Schule Multschers zugeschrieben, der spätgotische Sakramententabernakel wurde 1424 gefertigt.

Die Klosterbauten selbst sind noch weitgehend erhalten. Pfisterei und Kornhaus erinnern an das tätige Leben der Nonnen, der Kreuzgang mit seinen Maßwerkfenstern an ihre Frömmigkeit.

Ein ganz anderes Bild bietet sich an der »zwiefachen« Aache, wenige Kilometer nördlich von Riedlingen. Hier in Zwiefalten entstand 1089 das auf Anregung des Abtes Wilhelm von Hirsau von den Grafen Kuno und Luitpold von Achalm gestiftete Benediktinerkloster, das bereits im Jahre 1109 seine erste Basilika einweihen konnte. Trotz Dreißigjährigen Krieges, trotz des Schwedeneinfalls und sonstiger Drangsale wuchs das Kloster stetig, konnte 1668 eine neue Klausur und 1686 ein Kollegium in Ehingen sowie eine Propstei in Mochental errichten.

Umwälzend Neues entstand von 1739 an: In einem Vierteljahrhundert errichtete Johann Michael Fischer aus München eine völlig neue Basilika, die zu einer Glanzleistung des süddeutschen Barock werden sollte. Zum ersten Mal durfte sich an der Donau überschäumende Daseinsfreude ausdrücken, konnte der Versuch gemacht werden, ein Stück schwerelosen Himmels auf der Erde nachzubilden. Mit allen Raffinessen wurde so denn auch eine barocke Schaubühne gestaltet. Illusion und Scheinarchitektur erreichen eine ungeahnte Perfektion.

Den Zwang, auf den Fundamenten der romanischen Basilika zu bauen, münzte Fischer ins Positive um. Anstelle der beiden Seitenschiffe baute er zwei Reihen von dominierenden Doppelsäulen, die den Blick auf Chor und Hochaltar lenken und hinter denen je vier prunkvoll ausgestattete Seitenkapellen untergebracht sind. Der monumentale Hochaltar mit seinen übergroßen Figuren stammt von J.J. Christian und die Fresken von F.J. Spiegler. Ein Meisterstück lieferte der Wessobrunner Stukkateur Johann Michael Feuchtmayer.

Die mit großer Sorgfalt durchgeführte Restaurierung der Abteikirche kann nicht darüber hinwegtäuschen, daß auch Zwiefalten ein Torso ist. Die Säkularisation vertrieb die Mönche; seit 1812 ist die Abtei das Landeskrankenhaus für psychisch Kranke.

Ein Katzensprung nur ist es von Zwiefalten bis zur nächsten Barockperle an der Donau, dem ehemaligen Prämonstratenserkloster Obermarchtal. »Wo sich die Donau unter schöner Krümmung zwischen Mühlen und bebuschten Felsen durchzieht« (Mörike), entstand schon an der Wende vom 8. zum 9. Jahrhundert ein erstes Kloster. Hugo I. von Tübingen stiftete es 1171 neu. Zur Blüte fand es aber erst im 17. und 18. Jahrhundert. Damals entstanden auch die schloßartigen Klosterbauten und die barocke Kirche, zunächst unter der Leitung des Vorarlberger Baumeisters Michael Thumb und nach dessen Tod unter seinem Bruder Christian und seinem Vetter Franz Beer.

Die Klosterkirche folgt ganz dem Bauschema der Vorarlberger Münsterbauschule. Ein mächtiges Tonnengewölbe ruht auf einem Langhaus mit geraden Außenwänden mit eingezogenen Wandpfeilern. Zwischen Langhaus und eingezogenem Chor ist ein rechteckiges Querschiff eingeschoben, das aber eher wie ein zusätzliches, etwas schwach verbreitertes Langhaus wirkt. Die unten geschlossenen Seitenräume des Chores öffnen sich oben als breite Emporen, die mit denjenigen im Langhaus durch schmale Brücken im Querhaus verbunden sind.

Die Klarheit der Anlage bekommt ihren Reiz erst durch die überreichen Stukkaturen und die auf Raum- und Detailwirkung abgestimmte Farbgebung. Einen reizvollen Gegensatz bilden die in der Kirche überall spürbare spröde Strenge frühbarocker Formen und der unendliche Formenreichtum des hochbarocken Chorgestühles.

Ein besonderes Schmuckstück besitzt Fridingen in der altehrwürdigen Sankt-Anna-Kapelle. Nach neueren Forschungen muß die Kirche bereits im 15. Jahrhundert an dieser Stelle gestanden haben. Heute ist sie hervorragend restauriert und überrascht mit einem prachtvollen Hochaltar.

Welcher Geist hier herrschte, läßt sich am besten ermessen an der 1750 in Obermarchtal entstandenen »Schwäbischen Schöpfung« von Pater Sebastian Sailer. Wo sonst ist es auch nur annähernd so gelungen, Biblisches in Schwäbisches und umgekehrt umzumünzen, so daß die Lektüre sogar heute noch für den mit schwäbischem Wesen einigermaßen Vertrauten ein unendliches Vergnügen ist?

Anders in Wiblingen oder Oberelchingen. In beiden Benediktinerkirchen ist zwar noch die barocke Grundrißform gewahrt, alles übrige aber verneigt sich bereits vor dem aufkommenden Klassizismus. Dennoch verbirgt sich auch in Wiblingen ein ausgesprochener Schatz barocker Prägung: die Klosterbibliothek mit ihren marmorierten Holzsäulen, ihren lebensgroßen allegorischen Statuen, mit denen die geistigen Tugenden und Wissenschaften personifiziert werden, ihrer umlaufenden Galerie und der reich mit Stuck und Malerei geschmückten gewölbten Decke. Das Deckenfresko im Muldengewölbe malte der erst 25jährige Franz Martin Kuen in nur 23 Tagen auf den noch feuchten Putz.

DIE REICHSSTÄDTISCHE GOTIK

»Im Jahr 1377 gingen die Ulmer daran, ihre alte Pfarre in die Stadt hereinzuverlegen. Denn sie fürchteten, daß, wenn das Volk sich außerhalb in der Kirche befinde, eines Tages Verrätereien und Übergabe der Stadt stattfinden, die Stadt erobert und das Volk draußen in Gefahr gebracht werden könnte. Die Ratsherren beschlossen, dieses große Gebäude auf Kosten ihrer Stadt anzufangen, zu vollenden und abzuschließen. Keine Bitte hierfür solle außerhalb Ulms stattfinden und keine Fürstenhilfe angerufen werden.« Was Felix Fabri 1488 in seiner Chronik niederschrieb, ist zwar richtig, aber doch wohl nur ein dürrer Abglanz des Begeisterungssturmes, der die Ulmer Bürger 1377 ergriffen haben mußte, als sie beschlossen, ihre außerhalb der Stadt »über Veld« liegende Kirche in den Ring der Stadtmauer hereinzuholen.

Unmittelbarer Anlaß für den Bürgerbeschluß war die Belagerung der Stadt durch den Kaiser im Jahre zuvor gewesen. Mit der Blockade des Weges zur Kirche hatte der Kaiser den Bürgerstolz so entscheidend getroffen, daß der Rat der Stadt sich nicht nur für eine neue Kirche entschied, sondern beschloß, Außerordentliches zur Demonstration eigener Macht und Herrlichkeit in die Welt zu setzen. Nicht umsonst nahm deshalb bei der Grundsteinlegung Bürgermeister Ludwig Krafft »seine Börse, nahm Gold heraus und bedeckte und schmückte mit hundert funkelnden Goldgulden den Felsblock. Nach ihm stiegen auch die übrigen Patrizier hinab und schmückten den Grundstein mit Gold und Silber. Ebenso machten es auch die vom ehrbaren Volk und die Andächtigen vom gemeinen Volk.«

Trotz der laut verkündeten Opferbereitschaft sollte keiner der bei der Grundsteinlegung anwesenden hohen Herren die Fertigstellung auch nur eines Bauabschnittes erleben. Bei den enormen Maßen (Länge 123,55 m, Breite 48,75 m, größte Höhe im Hauptschiff 41,6 m, Grundfläche 5100 qm, Turmhöhe 161 m) und den damaligen Möglichkeiten der Bautechnik ist es nicht verwunderlich, daß bei der Weihe im Jahre 1405 das Mittelschiff erst zwei Drittel seiner Höhe hatte und es nur eine hölzerne Notdecke gab. Bis 1471 sollte es dauern, bis die Gewölbe der drei Schiffe geschlossen werden konnten. Bis gegen Ende des Jahrhunderts gedieh der große Westturm zwar bis zur Glockenstube, doch drohte er dafür jetzt, nach Osten hin einzustürzen und damit auch die Schiffe zu zerstören.

Die größere Katastrophe aber kam von einer ganz anderen Seite. 1530 trat Ulm aufgrund einer Abstimmung der Bürger bei 1621 Ja- gegen 243 Nein-Stimmen zum protestantischen Glauben über. Damit war programmiert, was dann auch ein Jahr später erfolgte: Mit schwäbischer Gründlichkeit und Ausdauer zerstörten die Bürger, was ihre Vorfahren geschaffen hatten. Von den nicht weniger als sechzig Altären wurden bis auf geringe Überreste alle ebenso zerstört wie sämtliche Malereien. Für gut dreihundert Jahre ruhte daraufhin jegliche Bautätigkeit. Erst 1856 wurde der Bau der Chorgalerie und der Osttürme fortgeführt. 1885 bis 1890 schließlich wurde der Turm nach den alten Plänen fertiggestellt.

Nur weniges der Innenausstattung hat den religiösen Fanatismus überlebt. Dieses wenige allerdings ist kostbar. Bei den Altären sind es der Hutzaltar von Daniel Mauch, der Kargaltar von Hans Multscher und der Sebastiansaltar von Ludwig Schongaur. Welcher Formenreichtum hier einst geherrscht haben mag, davon gibt auch das in feinster Steinmetzarbeit ausgeführte Sakramentenhäuschen eine Andeutung. Großartig ist das Chorgestühl, das nicht umsonst als das beste in ganz Deutschland gilt. Es wurde von Jörg Syrlin von 1469 bis 1471 geschaffen und zeigt eine ungeahnte Formen- und Motivfülle.

Wen es in die Höhe zieht, der kann seine Kräfte bei der Turmbesteigung ausprobieren. Nicht weniger als 768 Stufen sind es, die in engen Spindeltreppen zuerst zur 70 Meter hohen Vierecksgalerie, dann zur 102 Meter hohen Achtecksgalerie und schließlich zur 143 Meter hohen Helmkranzgalerie hinaufführen. Spätestens dort oben wird dann deutlich, worum es den Ulmern einst mit ihrem Münsterturm ging: Der Bürger sollte sich und seine Macht in seinem Bauwerk erkennen und verwirklicht sehen. Daß dabei nicht nur irgendein Monumentalkoloß, sondern ein gotisches Bauwerk von Weltrang entstand, ist das eigentliche Wunder von Ulm.

Ulms Wahrzeichen ist sein von Ulrich von Ensingen Ende des 14. Jahrhunderts entworfener Münsterturm, der 1890 vollendet wurde und mit 161 Meter der höchste Kirchturm der Welt ist. Den Metzgerturm brachten angeblich die Mitglieder dieser Zunft mit ihrem Gewicht aus der Senkrechten.

Schwäbisches Bürgertum

Mit den Sueven fing alles an. Sie saßen einst in der Mark Brandenburg, dort, wo die Ostsee damals Mare Suevicum genannt wurde. Im 3. Jahrhundert n. Chr. zogen sie nach Süden und drangen in das zuvor von den Kelten bewohnte römische Siedlungsgebiet zwischen Schwarzwald und Alpen. Alemannen und Schwaben waren zu dieser Zeit noch Synonyme für ein und dasselbe. Erst in der zweiten Lautverschiebung trennte sich der schwäbische vom alemannischen Dialekt. Ganz langsam wurde das lange î zum ei, das wîp zum Weib.

Schwarzwald und Bodensee jedoch waren für diese Lautverschiebung nachhaltige Barrieren: Jenseits dieser Grenze rundete sich das lange i bis heute noch nicht zum ei, es entstand die Teilung in alemannisch und schwäbisch, wobei das Alemannische nichts anderes ist als eine ältere Form des Schwäbischen oder umgekehrt Schwäbisch eine moderne Form des Alemannischen.

So homogen die Anwohner an der jungen Donau von ihrem Ursprung her sind, so heterogen war zeitweise ihre politische Entwicklung. Nirgendwo sonst an der Donau gab es eine solche Vielfalt von Hoheitsgebieten, einen solchen Fleckerlteppich schweizerischer - badischer - württembergischer - bayerischer Möglichkeiten.

Auf nur rund 150 Kilometer Luftlinie trafen zusammen: Ausläufer des ansehnlichen Flächenstaates Württemberg, die kleinen Fürstentümer Fürstenberg und Hohenzollern, Teile des genossenschaftlichen Territoriums Schaffhausen, Überreste von geistlichen oder ritterschaftlichen Einzugsgebieten, protestantisch-pietistische Einflüsse aus Alt-Württemberg, katholisch-konservative Besitztümer aus Vorderösterreich und, nicht zu vergessen, die mächtige Stadtrepublik Ulm. Reduziert auf das nur Politische gab es auf der kurzen Strecke, innerhalb ein und derselben Bevölkerung Reichsstädte, österreichische Erblande, Fürstentümer, Erzstifte, Deutschordensgebiete, Grafschaften, Reichsabteien und reichsfreie Bauernhöfe.

Daß diese Vielfalt den Schwaben an der Donau nicht geschadet hat, hat seinen Grund in einer ihrer ganz besonderen Eigenschaften. Sie soll ein berühmter Nervenarzt so zusammengefaßt haben: »Wenn ein schwäbischer Patient Hochdeutsch spricht, so zeigt das fast immer den Beginn einer schweren Geisteskrankheit an.« Oder andersherum: Es mag kommen, was will - der Schwabe bleibt sich selbst bis zum letzten treu. Von daher ist es auch nur allzu leicht verständlich, daß weder eine fürstliche noch eine geistliche Bevormundung irgendwelche tieferen Spuren hinterlassen hat. Ob Donaueschingen

(fürstlich), ob Riedlingen und Munderkingen (habsburgisch) oder Ulm (freie Reichsstadt mit Selbstverwaltung) - nirgendwo ist es den »Hausherren« gelungen, außer vielleicht einigen Bauwerken bleibende Zeichen ihrer Herrschaft zu hinterlassen.

DIE UNBEQUEMEN UNTERTANEN

Von König Wilhelm I. von Württemberg soll der Seufzer stammen: »Die ersten beiden Wörter, die meine Untertanen lernen, heißen: ›Noi eta‹.« Die doppelte Verneinung »nein nicht« deutet die Unnachgiebigkeit an, mit der schwäbische Untertanen ihr Verhältnis zur Obrigkeit handhaben. So ungewöhnlich nämlich wie die verschiedenen Obrigkeiten, so unbequem waren stets auch die verschiedenen Untertanen, seien es nun Bauern, Bürger oder Geistliche gewesen oder in unserer Zeit Gemeinderäte und Landtagsabgeordnete. Sie alle waren und sind stets wachsam gegenüber allen Bestrebungen, die ihre bürgerlichen Freiheiten oder ihre Selbständigkeit beschränken könnten.

Bis auf ganz wenige Ausnahmen (der Bauernaufstand des Armen Konrads von 1514 gehört dazu) gelang es Obrigkeit und Untertanen, in den unterschiedlichsten Verhältnissen das Tauziehen um die Macht so zu gestalten, daß kein Blut fließen mußte. Seinen Grund hatte das nicht zuletzt in dem im 13. Jahrhundert kodifizierten Schwabenspiegel, dem »guten, alten Recht«, demzufolge es in Württemberg bereits damals einen Landtag als Versammlung nichtadeliger Bürger gab. Der Herrscher hatte zugesichert, nur noch »mit Rat von Ritterschaft, Prälaten und Landschaft zu regieren«. Unter Landschaft waren dabei die Vertreter der Verwaltung und der vermögenden Bürger zu verstehen. Festgelegt war außerdem, daß der Regent sein Land weder verkaufen noch verpfänden durfte, und daß ein Bürger nur von einem ordentlichen Gericht angeklagt oder verurteilt werden dürfe.

Diese vom Grund her liberale Verfassung verlor ihre Gültigkeit selbst dann nicht, wenn zu Zeiten Despoten auftauchten. Da offener Widerstand nicht unbedingt des Schwabens Stärke ist, gab es wohl die in der Tasche geballte Faust und das Warten auf bessere Zeiten, nicht aber den offenen Aufruhr. Diese Haltung führte meistens zu einem auskömmlichen Nebeneinander, in gar nicht so seltenen Fällen sogar zu einem eher innigen Verhältnis.

So erhielten 1849 die Pfarrer in Hohenzollern die amtliche Weisung, den Verkauf des Ländchens an Preußen als göttliche Vorsehung hinzustellen. Die Hohenzollern freuen sich noch heute darüber, daß es einem der so angewiesenen Pfarrer gelungen ist, die vorherrschende Meinung darüber in einem einzigen, zutreffenden Satz zusammenzufassen: »Ich werde heute davon predigen, erstens, wie sehr wir uns freuen sollen, daß wir preußisch geworden sind, und wie wir es zweitens um unserer Sünden willen nicht besser verdient haben.« Daß die Hohenzollern ihrem Fürsten noch heute die Treue halten (und umgekehrt), versteht sich von selbst.

Nirgendwo an der schwäbischen Donau ist das über Jahrhunderte gewachsene bürgerliche Selbstverständnis so handgreiflich sichtbar wie in der Fachwerkkulisse von Riedlingen. Der Schwabe Otto Heuschele hat ähnlich empfunden, wenn er feststellt: »Kann es dem, der heute durch die Gassen der Innenstadt von Riedlingen geht, schwerfallen, die Gestalten der mittelalterlichen Bürger durch das stille, abendliche Städtchen schreiten zu sehen? Fällt es ihm schwer, sich das Leben auf diesem kleinen Raum zwischen den Mauern und Toren, zwischen den Bürger- und Bauernhäusern, zwischen den Kirchen und Kapellen vorzustellen?« Die Antwort auf diese Fragen dürfte wirklich nicht schwerfallen, wenn man an der Donau entlangbummelt und die unterschiedlichen Fachwerke studiert, oder wenn unser Blick der Auftürmung von Giebeln bis hinauf zur frühgotischen Pfarrkirche St. Georg folgt.

Nirgendwo allerdings wird man dabei Spuren davon entdecken, daß Riedlingen einst der äußerste Donauvorposten der Habsburger war, daß es zwischendurch verpfändet, verkauft und zurückgekauft oder daß es von Napoleon an Württemberg gegeben worden war. Den Riedlingern war es – das spürt man überall – einerlei, und bis heute sind sie sich in dieser Auffassung treugeblieben. Nur Nichtschwaben könnten auf die Idee kommen, diese Treue zu sich selbst könnte ein Zeichen von Verschlafenheit sein.

Kaum anders ist es in Munderkingen. Von der Hallstattzeit an ließe sich eine wechselvolle Geschichte nachzeichnen, doch ist davon heute ebensowenig sichtbar wie von vierhundertjähriger Zugehörigkeit zu Österreich oder von der Verpfändung an die Truchsesse von Waldburg.

Schon etwas mehr erzählen könnte der Sommersitz der Marchtaler Äbte. Unter seinen Kassettendecken waren die Generäle Horn und Wrangel während des Dreißigjährigen Krieges ebenso ungebeten zu Gast wie der Kurfürst von Bayern und der Franzosengeneral Villars während des Spanischen Erbfolgekrieges.

Wenn überhaupt, dann hatten die Munderkinger mehr Beziehungen zu den umliegenden Klöstern als zu ihren wechselnden Obrigkeiten. So stammten von hier

Fridingen gilt allgemein als einer der schönsten Orte im wildromantischen Oberen Donautal. Von besonderem Reiz sind die zahlreichen schönen Fachwerkhäuser, unter ihnen das »Scharf-Eck«, das im Jahr 1554 errichtete, jetzt unter Denkmalschutz stehende älteste Fachwerkhaus.

verschiedene Äbte der Klöster Marchtal, Zwiefalten, Wiblingen und sogar von Andechs.

DIE FREIEN BÜRGER

»Des heiligen riches stat ze Ulme« verdankt ihr Dasein der Kreuzung uralter Handelswege und der Tatsache, daß die Donau ab hier als schiffbar angesehen wurde. 854 gab es in dem weiten, fruchtbaren Kessel am Fuße der Schwäbischen Alb bereits eine königliche Pfalz und wenig später eine Marktsiedlung, die um 1100 in staufischen Besitz überging. Im Zuge der staufischen Reichsidee (das Herzogtum Schwaben reichte damals weit ins Fränkische und Bayerische hinein und umfaßte auch die späteren Kantone der deutschen Schweiz und das ganze Elsaß) erhielt Ulm zwischen 1163 und 1181 von Kaiser Friedrich I. das Stadtrecht und wurde 1274 reichsfrei. Damit gehörte Ulm zu den wenigen Reichsstädten mit eigenem Münz-, Brau-, Steuer- und Zollrecht sowie einer eigenen Gerichtsbarkeit.

Nun darf allerdings nicht unterstellt werden, in Ulm sei es einst zugegangen wie heute etwa bei einer demokratischen Gemeinderatswahl. Politischen Einfluß hatten damals keineswegs alle Bürger oder die Zünfte; den übten vielmehr die Patrizier aus, also diejenigen, die entweder von den Erträgen ihres Grundbesitzes oder ihres sonstigen Vermögens lebten. Nicht umsonst lautete damals der gängige Spruch: »Ulmer Geld regiert die Welt.« Wer nur von seiner Arbeit lebte, hatte keinerlei Möglichkeit, am politischen Leben der Stadt teilzunehmen, da er nicht in den Rat gewählt werden konnte. Selbst wenn es einem Angehörigen der Zünfte gelungen war, etwa eine Patriziertochter zu heiraten, so war das noch lange keine Berechtigung zur Aufnahme in den Geldadel. Erst sehr viel später sollten es dann gerade die Zünfte werden, die in den Reichsstädten das politische Heft in die Hand nehmen konnten.

Zur Zeit der Münstergründung (1377) war Ulm mit zwölftausend Einwohnern die in weitem Umkreis mächtigste Stadt. Im Vergleich dazu hatte Stuttgart gerade knapp tausend Einwohner. Noch im Jahre 1312 war es vom etwa fünfmal so großen Esslingen besiegt und zur bedingungslosen Kapitulation gezwungen worden. Solche Waffengänge dagegen hatte Ulm nicht nötig. Es war stark genug, um selbst größeren Gefahren von außen trotzen zu können (etwa die Belagerung durch den Kaiser im Jahre 1336).

Weiträumige Handelsbeziehungen verstärkten nach und nach den Einfluß und den Reichtum der Stadt, so daß sogar noch in der Anfangszeit des Münsterbaues umfangreiche Ländereien von den Grafen von Werdenberg (Langenau und Albeck), Helfenstein (Geislingen)

und Württemberg (Leipheim) gekauft werden konnten. Doch auch in Ulm sollten die Bäume nicht in den Himmel wachsen. Nach Einführung der Reformation traten die Ulmer 1531 dem Schmalkaldischen Bund und 1609 der Protestantischen Union bei. Das Bündnis mit dem Schweden Gustaf Adolf führte 1635 zu einer achtmonatigen Belagerung durch kaiserliche Truppen, die erst mit dem Frieden von Prag aufgehoben wurde.

Freie Reichsstadt aber blieb Ulm bis 1802. Dann sorgte Napoleon für kriegerische Zeiten, als er 1805 seine Grande Armée gegen die Donau marschieren ließ und im Handumdrehen 25 000 Österreicher unter Feldmarschall Karl Freiherr von Mack vernichtend schlug. Napoleon residierte damals im Kloster von Oberelchingen, dessen Barockkirche er einen »Salon des lieben Gottes« genannt haben soll.

Fünf Jahre später, 1810, war es ein Kuhhandel der Könige von Bayern und Württemberg, der für die Stadt dauerhaften Nachteil bringen sollte: Es wurde die Amputation der Stadt beschlossen, das heißt, alles, was nördlich der Donau und westlich der Iller lag, wurde Württemberg zugeteilt, der Rest Bayern. Seither ist die Donau Grenzfluß, seither gibt es ein württembergisches Ulm und ein bayerisches Neu-Ulm. Daß diese Grenzziehung widersinnig und in der täglichen Auswirkung absolut unpraktisch ist, stört dabei die Bayern am wenigsten. Auch wenn sie es inzwischen aufgegeben haben, den immer wieder von den Schwaben gekappten weiß-blauen Grenzpfahl auf der Donaubrücke zu erneuern, werden sie doch wohl nie auf die Idee kommen, Neu-Ulm den Schwaben zurückzugeben.

Als kleinen Trost können die Württemberger für sich verbuchen, daß auf ihrer Seite alle Sehenswürdigkeiten der Stadt versammelt sind: In der Ulmer Prähistorischen Sammlung findet sich die älteste, bisher bekannte Menschendarstellung des gesamten eurasischen Raumes, eine gut dreißigtausend Jahre alte Elfenbeinstatuette. 1439 erhielt Ulm den Grundstock zur ältesten öffentlichen Bibliothek Deutschlands, 1468 entstand mit dem Chorgestühl im Münster das schönste spätgotische Schnitzwerk von ganz Deutschland, 1641 wurde das erste deutsche Stadttheater eröffnet, 1811 versuchte der Schneider Ludwig Berblinger von der Adlerbastei über die Donau den ersten Gleitflug, seit 1890 besitzt Ulm den mit 161,60 Meter höchsten Kirchturm der Welt.

Vieles, was der letzte Krieg vernichtet hat, wurde von den Ulmern wieder neu errichtet, und vieles, was nur teilweise zerstört war, erstrahlt heute in neuem Glanz. So ist heute das Rathaus mit seinen prächtigen Skulpturen (die Kurfürsten und der Kaiser als Träger der Reichsidee aus dem Jahre 1427 von H. Multscher) und seiner astronomischen Uhr am Ostgiebel (von 1520) Anziehungspunkt für

Besucher aus nah und fern. Wiedererstanden ist das Schwörhaus (ursprünglich aus dem Jahre 1613), in dem einst jedes Jahr am Schwörmontag die Zünfte und der Bürgermeister ihren jährlichen Rechenschaftsbericht ablegen und den Eid auf die Verfassung der freien Reichsstadt erneuern mußten. Auch wenn heute in dieser Richtung nichts mehr zu beschwören ist, spricht der Ulmer Oberbürgermeister jährlich am Schwörmontag heute noch die alte Eidesformel – das Signal für die Bürger, ihr jährliches Stadtfest zu feiern.

Besonders reizvoll ist das alte, glücklicherweise im Krieg kaum beschädigte Fischer- und Gerberviertel an der Blau. Die teilweise über das Wasser hinaus gebauten, mit der Zeit ziemlich windschief gewordenen Fachwerkhäuser scheinen sich gegenseitig halten und vor dem Absturz in die Blau bewahren zu wollen. Auf der Insel zwischen Kleiner und Großer Blau waren Fischer und Schiffer zu Hause, befindet sich das Zunfthaus der Schiffsleute und trafen sich in der Weinstube »Zur Forelle« die Räsen (= Fischer). Wehmütig kann sich der Gast heute daran erinnern, daß es in der Donau einst Karpfen gab, »welche alle andere in anderen Flüssen weit übertreffen und für die besten und schmackhaftesten gehalten und zum öftern über 15 Pfund schwer gefangen werden«. Von Hechten, Welsen, Salmen und Barben, Rothaugen und Barschen weiß die Chronik zu berichten, auch von Zindeln, die »ein so köstlich gesundes Fleisch haben, daß auch solche den Kindbetterinnen erlaubet werden, zu essen«. Sie alle sind dem Industriezeitalter ebenso gewichen wie die »schönen und großen Krebse«, von denen der »Antiquarius des Donau-Stroms« noch 1785 zu berichten wußte.

Ähnlich wie den Fischern erging es den Ulmer Schiffern. Sie waren einst mit die Garanten für den Ulmer Wohlstand, sie waren die Erfinder der »Ulmer Schachteln«, und sie waren die »Fuhrleute« für ungezählte schwäbische Auswanderer, die zu Maria Theresias Zeiten an den Unterlauf der Donau gelockt worden waren. Einen Weg zurück konnten die Ulmer Schiffer den Auswanderern nicht bieten, denn ihre Schiffe gingen ohne Wiederkehr nur stromab.

Da die Schleppkosten stromauf die Kosten für einen Neubau bei weitem überstiegen hätten, wurden die von den Wienern »Schwabenplättchen« genannten Ulmer Schachteln am Bestimmungsort jeweils zerlegt und meist als Bauholz verkauft. Den Gegenverkehr stromauf bestritten die von Pferden gezogenen »Bayernschiffe«, mit denen die Ulmer Schiffer aber nichts zu tun haben wollten. Erst 1897 fuhr von Ulm das letzte »Fuhrwerk«, wie die Schachteln offiziell genannt wurden, stromab.

Findige Vergnügungsmanager haben es heute möglich gemacht, daß sich hie und da die Möglichkeit bietet, auf einer nachgebauten Schachtel eine Sommerreise von Ulm nach Wien zu unternehmen. Am lebendigsten aber wird die alte Ulmer Fischer- und Schiffertradition beim alljährlichen Fischerstechen auf der Donau, bei dem im wahrsten Sinne des Wortes weder bei Teilnehmern noch bei Zuschauern ein Auge trocken bleibt.

Die alte Ulmer Fischer- und Schiffertradition ist noch lebendig im nahezu unversehrt erhaltenen Fischer- und Gerberviertel an der Blau. Beim jährlichen Fischerstechen wird der standfesteste Ulmer ermittelt, dem es gelingt, alle anderen ins Wasser zu stoßen.

Es dauerte Jahrtausende, bis sich die Donau durch die Kalkfelsen der Juraausläufer zwischen Weltenburg und Kelheim hindurchfressen konnte. Dadurch entstand eine Flußstrecke, die zu den schönsten von ganz Europa gezählt wird und nur vom Schiff aus erlebt werden kann.

DIE BAYERISCHE DONAU Von
Günzburg
bis Passau

Walhalla, der Sitz von Göttern und Walküren, kam auf Geheiß von König Ludwig I. an die Donau. Bis 1841 errichtete Leo von Klenze die germanische Imitation der Akropolis als Ruhmestempel für mehr oder weniger verdienstvolle Zeitgenossen.

Die weite Auen-, Ried- und Mooslandschaft zwischen Günzburg und der Mündung der Ilm wurde erst im 18. Jahrhundert trockengelegt und urbar gemacht. Vor dieser Zeit war sie ausschließlich Jagd- und Fischrevier.

Noch bis in den Anfang unseres Jahrhunderts hinein war die Donau Heimat zahlloser Fischarten, beispielsweise des Zanders, der Elritze, des Rapfens, der Schleie und anderer sehr schmackhafter Flußbewohner. Und Donaufischer zu sein, war noch dazu ein angesehener Beruf. Inzwischen haben Industrieabwässer und eingeschwemmte Kunstdüngerreste den Fischen das Leben schwergemacht, ja sie zum Teil bereits vollständig ausgerottet.

45

Strom unterm Joch

Bis knapp unterhalb von Ulm darf die Donau eine unbeschwerte Jugend genießen. Industrie und Technik haben sie weitgehend verschont. Schon in Elchingen aber ändert sich das schlagartig. Jetzt folgen Wehre und Staustufen einander in kürzesten Abständen, als wollten die Bayern der Donau beweisen, daß nun ihr Arbeitsleben zu beginnen habe. Jetzt muß sie Kernkraftwerke kühlen, Industrieabwässer schlucken, Schiffe tragen und Schleusen dulden. Es ist sicher nicht allzu überspitzt zu behaupten, ab Ulm ist die Donau den Bedürfnissen der Energiewirtschaft, ab Kelheim zudem denen der Schiffahrt angepaßt worden.

Wäre Hölderlin ein Dichter unserer Tage, würde er die bayerische Donau sicher nicht mehr als »erfrischenden, melodischen Strom« bezeichnen, und Mörike dürfte kaum wie 1850 bei einem Besuch seines Bruders auf dem Pürkelgut bei Regensburg noch feststellen können: »Die hiesigen Verhältnisse sind in vieler Beziehung sehr über meine Erwartungen. Zuerst die heiter freie Lage des Guts auf einer weiten Ebene, nördlich durch einen Höhenzug begrenzt, von welchem Walhalla mit solcher Deutlichkeit herüberschimmert, daß man die Säulen beinahe zählen kann. Diese schön bewachsenen Höhen gehören durch den unbeschreiblich mannigfaltigen Wechsel der Beleuchtung, vornehmlich dem tiefblauen Duft der vorderen Partien, zum lieblichsten, was dieser Aufenthalt darbietet.«

Doch selbst damals schon war die bayerische Donau keineswegs mehr im Naturzustand. Um den aufkommenden Donaudampfschiffen die Zufahrt nach Regensburg zu erleichtern, waren bereits damals die größten Flußschleifen abgeschnitten worden, ohne daß allerdings gleichzeitig das Flußbett weiter ausgebaut worden wäre. Das begann erst ab 1900, als Hochwasserdämme errichtet wurden, und 1927, als bei Passau die Kachlet-Staustufe als erstes künstliches Wehr der Donau den Weg verlegte. In den letzten dreißig Jahren wurden allein auf der bayerischen Donau rund zwanzig Staustufen und Kraftwerke gebaut, die dem Strom als Korsett aufgezwungen wurden.

Heute wirft bereits ab Kelheim der Rhein-Main-Donau-Kanal seine bösen Schatten voraus. Damit Kanalschiffe auch auf der Donau das ganze Jahr und möglichst voll beladen fahren können, soll der Strom mit neuen Deichen und Betonriegeln zu einer lückenlosen Kette von Stauseen verwandelt werden - und das, obschon längst bekannt ist, daß weder der Kanal noch die von ihm ermöglichte Schiffahrt jemals rentabel sein werden.

Nichtsdestotrotz ergeben sich mit dem weiteren Ausbau des Stromes für das bayerische Wirtschaftsministerium schon jetzt verlockende Aussichten für eine zunehmende Industrialisierung...

Wo in solchen Kategorien gedacht wird, hält man natürlich auch mit bürokratischer Zuverlässigkeit an dem einst zwischen dem Deutschen Reich, Württemberg und Bayern geschlossenen Vertrag fest. Er sieht vor, daß die Donau auch von Kelheim bis Ulm schiffbar gemacht werden soll. Was damals kaum mehr als eine Absichtserklärung war, taucht in den Plänen der bayerischen Landesregierung mit schöner Regelmäßigkeit immer wieder von neuem auf.

Daß die Betonmischer bis heute noch nicht aufgefahren sind, ist weniger der Tatsache zu verdanken, daß die Planer die Unwirtschaftlichkeit des Vorhabens eingesehen hätten, sondern vielmehr ihrem Ungeschick, irgendwo genügend Geld für das Vorhaben locker zu machen. Im derzeit gültigen Landesentwicklungsprogramm jedenfalls ist der Ausbau nach wie vor erklärtes Ziel, so daß nur zu hoffen bleibt, daß den Planern die Kosten weiter davonlaufen und das Geld weiter in andere »Kanäle« versickert.

Wird dagegen auch nur ein Teil der in den Schubläden längst fertigen Pläne in Beton umgesetzt, würden die letzten Naturreservate, würden die letzten Reste der Donauauen und Auwälder verschwinden, würden die letzten Feuchtgebiete austrocknen. Wer die letzten Strecken einer naturbelassenen Donau in Bayern kennenlernen will, muß sich also beeilen.

VON RIEDEN UND MOOSEN

Zwischen Günzburg und der Mündung der Ilm durchströmt die Donau auf rund 40 Kilometer Länge ein bis zu 13 Kilometer breites Trogtal, das im Norden eingerahmt ist von den Höhen des östlichen schwäbischen Jura und das im Süden übergeht in das schwäbisch-bayerische Hügelland. Der Taltrog selbst ist eindeutig zweigeteilt: Im südlichen Teil liegen auf Niederterrassenschottern Riede und Moose mit teils eindeutig moorigen, teils mehr sandigen Böden. Im nördlichen, sehr viel schmäleren Teil, liegt auf einer bis zu 15 Meter hohen Steilstufe die lößbedeckte Ebene der alten Hochterrasse der Donau.

Gebildet wurde dieser eigenartige Taltrog während der verschiedenen Eiszeiten. Zu Beginn des Eiszeitalters floß die Urdonau noch in gut 500 Meter Meereshöhe

Die letzten Reste der Auen- und Mooslandschaft sind immer stärker von Landwirtschaft und Flußregulierung bedroht. Dabei wären die wenigen Altwasserarme für die heimischen und durchziehenden Wasservögel wichtige Oasen in der industrialisierten Kulturlandschaft.

über den schwäbischen Jura hinweg. Erst in der vorletzten Eiszeit (Rißeiszeit) rutschte die Donau langsam von der Alb nach Süden hinunter, grub den weiten Taltrog aus und sammelte den Hochterrassenschotter an. In der letzten Eiszeit (Würmeiszeit) grub sich der Fluß noch einmal nach Süden weiter ein, bildete den Niederterrassenschotter, formte die verschiedenen Riede und Moose und fand so langsam sein heutiges Bett.

Die Auen-, Ried- und Mooslandschaft dieser rund 40 Stromkilometer brachte in jüngster Zeit eine Vielfalt von Spuren eiszeitlicher Jäger und Fischer zutage. Bei Haunsheim etwa konnten die Reste einer endeiszeitlichen Jägerstation aufgedeckt werden. Nachweislich wurden dort neben den charakteristischen Kältetieren wie Mammut, Höhlenbär und Wildbär auch schon die Warmtiere unserer gegenwärtigen Fauna gejagt.

In Wittislingen (nördlich von Lauingen) wurde eines der wichtigsten steinzeitlichen Siedlungszentren Süddeutschlands entdeckt. Hier fand sich neben der Feingerätekultur der Jäger auch eine Grobgerätekultur, deren Schöpfer wohl als die ältesten Hackfruchtbauern Süddeutschlands anzusprechen sind. Die Jungsteinzeit ist dann bereits mit über vierzig Fundstellen und bisher zehn voll erschlossenen Siedlungsplätzen vertreten. Sowohl aus der Bronze- wie aus der Eisenzeit belegen zahlreiche Funde einerseits den Wildreichtum in den Auen des Donautrogs und in der Folge davon die Jagdkultur der Anwohner sowie andererseits die Ackerbaukultur der Anlieger auf der Hochterrasse.

Diese natürliche Zweiteilung blieb über Jahrtausende erhalten. Weder die Römer noch die Alemannen noch die Bayern konnten mit dem Ried mehr anfangen, als darin zu jagen. Der Neuzeit war es vorbehalten, die Auen Schritt für Schritt trockenzulegen und in fruchtbaren Ackerboden zu verwandeln. Welchen Aufwand dies erforderte, mag ein zeitgenössischer Bericht über die Kultivierung des Donaumooses zwischen Neuburg und der Ilm illustrieren:

»Mehr als 2275 Millionen Quadratschuh oder mehr als vier deutsche Quadratmeilen lagern hier in einem Sumpf begraben, in dem das darauf weidende Vieh meist bis über die Knie, oft bis an den Bauch im Schlamm waten mußte und öfters ganz und gar in demselben versank. Einige geistreiche und patriotisch gesinnte Männer, Stephan Freiherr von Stengel, Karl Freiherr von Aretin, unternahmen es, des alten Grafen von Pappenheim und des Herrn Lanz Vorschläge zu prüfen, zu berichtigen und zu verbessern, ihrer Zeit und den Umständen anzupassen und durch Herrn von Riedl ausführen zu lassen. Der Sumpf wurde durch die Bemühungen dieser Männer trockengelegt, und die ganze weite Strecke von Pöttmes bis Oberst wurde, auf zwanzig Stunden im Umfang, dem Vaterland wieder geschenkt. Binnen drei Jahren, vom Jahre 1791 bis 1794, geschah diese herkulische Arbeit mit einem Aufwand von etwas mehr als einer halben Million (530 000) Gulden, die teils die Regierung, teils einige Freunde des Vaterlands auf Aktien vorgeschossen haben. 36 000 Tagwerke wurden an die ehemaligen Besitzer, welche diese Moorgründe bloß lehensweise besaßen, als Eigentum verteilt, und 12 000 Tagwerke fielen der Aktiensozietät zur Anlegung neuer Kolonien anheim; denn es wurde eine Gesellschaft für dreißig Aktien, jede Aktie zu 10 000 Gulden, errichtet, um den nötigen Vorschuß zur Bestreitung der Ausgaben zu erhalten. Die Besitzer des Moors gaben ein Drittel desselben der Sozietät als Kulturkosten und erhielten dafür zwei Drittel trockengelegt und beieinanderliegend wieder zurück mit fünfzehnjähriger Steuerfreiheit, außer vier Kreuzern jährlichen Beitrag für jedes Tagwerk zur Unterhaltung der Kanäle. 2307 5/8 Tagwerke hatte die Sozietät gekauft um 21 044 Gulden. Vor der Trockenlegung war das Moor höchstens 400 000 Gulden wert und trug dem Staat 6 000; nach derselben wurde jedes Tagwerk bloß als Wiese auf einhundert Gulden geschätzt: obige 36 000 Tagwerke also auf 3 600 000 Gulden. Von den übrigen 12 000 Tagwerken sind 8 000 Acker geworden, 4 000 Wiesen geblieben. Das Tagwerk zu dreihundert Gulden angeschlagen, gibt 2 400 100 und mit den Wiesen 2 800 000 Gulden. Das ganze Moor wurde also durch die Trockenlegung wenigstens sechs Millionen wert. Zuvor konnte man es kaum auf 160 000 Zentner schlechtes Heu rechnen, dessen es nun an 800 000 Zentner gutes gibt, nebst 16 000 Scheffel Getreide. Der jährliche Ertrag wurde also um 784 000 Gulden erhöht; wobei noch zu bemerken kommt, daß dort, wo zuvor kaum 6 320 Stück Vieh gehalten werden konnten, jetzt über 20 000 genährt werden können.« (Zitiert nach E. Duller »Die Donau«, Leipzig 1850).

Ein lebendiges Beispiel fürstlicher Jagdleidenschaft liefert das Jagdschloß Grünau des »Jägers aus Kurpfalz«, des Fürsten Ottheinrich. Der Erbauer von Heidelberg und Neuburg errichtete ab 1530, damals noch mitten in den Auen, seiner Susanna das Jagdhaus, an dem er dann den Rest seines Lebens immer wieder weiterbaute. Zwar ist von den Jagdwaffen Ottheinrichs lediglich eine Pirschbüchse mit der Jahreszahl 1533 erhalten, dennoch wissen wir aus zeitgenössischen Berichten, daß damals noch keineswegs die Jagd mit der Schußwaffe üblich war. Noch überwog die Reiterhatz mit der Hundemeute und der Fang im eingekesselten Revier. Noch waren der blanke Spieß, die Saufeder und der Hirschfänger die Favoriten der Jäger, wenn es galt, im Winter den Wolf zu jagen, im Sommer dem Hirsch nachzustellen und im Herbst die Sau zu hetzen. Fuchs und Dachs, Hase und Reh waren dann gerade gut genug, die Pausen zu füllen.

In den Glanzzeiten gab es in Grünau »30 Stuben, 30 Kammern und Stallungen für 86 Pferde sowie eine Stiege, die man hinaufreuthen kann«. Nun, diese Zeiten sind längst vorbei. Obwohl erst in jüngster Zeit renoviert, gibt das Schlößchen doch nur einen mageren Abglanz alter Jagdherrlichkeit wieder. Heute sind die Riede und Moose im Trogtal der Donau weitestgehend trockengelegt, urbar gemacht und genutzt, so daß es jetzt nur noch darum gehen kann, die noch verbliebenen Feuchtoasen zu erhalten, um den wenigen Störchen, Fasanen und Wildenten ein Überleben zu garantieren.

DIE WELTENBURGER ENGE

Jahrtausende dauerte es, bis sich die Donau durch die Kalkfelsen der Juraausläufer zwischen Weltenburg und Kelheim hindurchnagen konnte. Ursprünglich verlief der Strom wesentlich weiter nördlich durch das heutige Tal der unteren Altmühl. Erst nach der Eiszeit gelang ihm der Durchbruch. Dieser Durchbruch wird heute sicher nicht zu unrecht zu den schönsten von ganz Europa gezählt.

Dieser Stromabschnitt hat neben senkrecht aus dem Wasser ragenden Felsen und schönstem Mischwald weitere außergewöhnliche Sehenswürdigkeiten zu bieten. Die eine und zugleich älteste liegt im Tal der Urdonau, an der Altmühl, heißt Schulerloch und ist eine riesige Tropfsteinhöhle. Die flache Höhle mit ihren gewaltigen Ausmaßen und einmaligen spiralförmigen Wasserwirbelschliffen konservierte die einzigen Felszeichnungen Mitteleuropas aus der Zeit zwischen 15 000 und 10 000 v. Chr. Im Vergleich dazu ist Weltenburg sehr jung, auch wenn es das älteste Kloster Bayerns ist.

Eigentlich überhaupt noch kein Alter hat bei solchen Zeiträumen die dritte Sehenswürdigkeit am Donaudurchbruch. Der überdimensionale Gasometer, offiziell »Befreiungshalle« genannt, wurde erst 1863 vollendet, obwohl König Ludwig I. den Auftrag zum Bau bereits 1836 gegeben hatte. Sein erklärtes Ziel war es, »zum Andenken an die Befreier Deutschlands aus dem napoleonischen Joch ein würdiges Denkmal zu errichten.« Setzt man würdig mit groß gleich, hat er sogar recht bekommen, der gute König Ludwig, denn in diesem Riesentempel ist einfach alles monumental.

Nicht weniger als sechs Meter groß sind die 18 germanischen Riesenfrauen auf den äußeren Strebepfeilern, riesig sind auch die 34 Siegesgöttinnen im Innern der kuppelgekrönten Halle. Weniger würdig wird es dann allerdings schon, sieht man den von Schwanthaler entworfenen Siegesdamen etwas näher auf die Finger. Zu welchem Sieg mag diese Kreuzung aus antiker Göttin und christlicher Engelvorstellung wohl passen? Da ist es schon ergiebiger, auf die Galerie hinaufzuklettern und zuerst den Siegesdamen aufs Haupt zu schauen und dann von der äußeren Galerie aus zu entdecken, welche landschaftliche Schönheit die Gegend um den Donaudurchbruch zu bieten hat. Zur Konkretisierung des Landschaftserlebnisses fehlt dann nur noch die Fahrt mit dem Schiff durch den eigentlichen Durchbruch zwischen Weltenburg und Kelheim. Die Jurafelsen ragen hier unmittelbar aus dem Wasser senkrecht gen Himmel und drängen die Donau teilweise auf weniger als 70 Meter Breite zusammen. Hier geht es so eng zu, daß nicht einmal Platz für den schmalsten Fußpfad blieb. Nur einzementierte Eisenringe gibt es hie und da an den Felswänden, als Erinnerung an die Zeit, als die Schiffe mit langen Haken von der Mannschaft mühsam stromauf gezogen wurden.

Kulissenartig schieben sich die einzelnen Felsen vor-, hinter- und nebeneinander und zeigen stets neue, phantasieanregende Formationen. Seit Jahrhunderten schon haben deshalb diese Gesteinsmassen Namen bekommen. Es gibt einen »Bayerischen Löwen«, einen »Frommen Bischof«, der für das Heil des Klosters beten soll, einen »Römerfelsen«; es gibt auch »Drei feindliche Brüder«, die zu Stein wurden, weil zwei von ihnen den Dritten in der Donau ertränken wollten, sowie eine »Versteinerte Jungfrau«, einen »Räuberfelsen« oder die »Steinerne Kanzel«, von der Luther angeblich den Fischern das Evangelium erläuterte.

Die Befreiungshalle bei Kelheim wurde von Leo von Klenze im Auftrag von König Ludwig I. erbaut. Der König verwirklichte damit seine Absicht, »zum Andenken an die Befreier Deutschlands aus dem napoleonischen Joch ein würdiges Denkmal zu errichten«.

Römische Fundamente

Rund vier Jahrhunderte lang, von den Feldzügen des Drusus und Tiberius im Jahre 15 v. Chr. bis zum Zusammenbruch der römischen Administration im Anfang des 5. Jahrhunderts, waren weite Teile des heutigen Bayerns Bestandteil des Imperium Romanum. Seine nördliche Grenze verlief etwa parallel zur Altmühl und dann der Donau entlang nach Südosten. Zwischen Eining (oberhalb von Kelheim) und Passau benutzten die Römer die Donau als natürlichen Grenzwall gegen die von Nordosten andrängenden Barbaren.

Daß man an einer Grenze nicht gerade seine Prunkbauten errichtet, ist logisch. So wird man Bauten wie etwa in Augsburg, Trier oder Köln an der bayerischen Donau vergeblich suchen. Um so interessanter ist dafür der auf Schritt und Tritt mögliche Einblick in die Grenzbefestigungsstrategie der die damalige Welt beherrschenden Macht.

CASTRA ABUSINA UND DER TEUFELSWALL

Bei ihrer Eroberung des nördlichen Alpenvorlandes stießen Drusus und Tiberius nur auf geringen Widerstand, weil die Kelten in eine Vielzahl von Einzelstämmen aufgesplittert waren. Lediglich die Vindeliker mußten am 1.8.15 v. Chr. in einer Schlacht bezwungen werden. Bezahlen mußten sie mit der Zerstörung ihres Fürstensitzes bei Manching und mit ihrer Freiheit.

Bereits um die Jahre 79/81 sind Kastelle in Günzburg, Eining, Regensburg, Straubing und Passau belegt. Während es den Römern keinerlei Schwierigkeiten machte, westlich der Altmühlmündung zügig nach Norden vorzustoßen, gelang ihnen das im östlichen Bereich nur unter großen Anstrengungen und auch jeweils nur für kurze Zeiträume.

Germanen und Markomannen nutzten die Gunst des Geländes, überfielen die Römer aus dem Hinterhalt und zogen sich dann wieder in die Tiefe der Wälder zurück. Diese Guerillataktik der Barbaren veranlaßte Kaiser Domitianus Augustus »limites auf einer Länge von 120 Meilen« (Julius Frontinus) anzulegen. Entlang der jetzt erstmals markierten Grenze entstanden viele kleine Kastelle und zahllose Wachtürme zunächst aus Holz. Im Verlauf vieler Jahrzehnte wurde aus diesen ersten Grenzsicherungsbestrebungen der berühmte Limes zwischen Eining an der Donau und Miltenberg am Main. Ein gut erhaltenes Stück der »Teufelsmauer«, wie die Überreste des rätischen Limes bis vor gar nicht langer Zeit unter der einheimischen Bevölkerung genannt wurden, finden sich heute noch auf einer Länge von zwei Kilometern im Hienheimer Forst, etwas nördlich von Eining.

Kaiser Hadrian (117 bis 138) war es schließlich, der die ganze Limeslinie mit einer mächtigen Palisade aus Eichenstämmen verstärken ließ. Unter seinem Nachfolger Antoninus Pius (138 bis 161) wurden dann bereits hohe Steinmauern mit Türmen und festen Toren errichtet; die hölzernen Türme wichen mehrstöckigen Steinbauten.

In diese Zeit fiel auch der Ausbau von Abusina (Eining) zum großen Militärlager an der Nahtstelle zwischen trockenem und »nassem« Limes (die Donau ab Eining). Es ist das in Bayern wohl am vollständigsten ausgegrabene Cohortenkastell an der Donau.

Das Castra Abusina bei Eining war die westlichste Grenzbefestigung der Römer an der Donau. Hier endete der Nasse Limes und begann der »Teufelswall«, der in Miltenberg am Main endete. Er bestand aus einem Erd- und Steinwall und hatte in regelmäßigen Abständen Wachtürme.

Wie bei keinem anderen Bauwerk ist in Eining besonders gut das einheitliche Bauschema der römischen Kastelle aus der mittleren Kaiserzeit erkennbar. Die Rechteckanlage mit abgerundeten Ecken war mit einem Erdwall mit hölzerner Brustwehr und später mit einer über vier Meter hohen Mauer eingefaßt und nach außen mit mehreren Gräben zusätzlich gesichert. Die Innenfläche war schematisch durch ein rechtwinkliges Straßenkreuz aufgeteilt, das an den vier Lagertoren endete. Alle vier, jeweils in der Mitte jeder Seite gelegenen Tore waren mit je zwei hohen Wachtürmen versehen, ebenso die Ecken des Lagers.

Von dem in Feindrichtung gelegenen Haupttor, der porta praetoria, führte die via praetoria zu dem an der Mittelkreuzung gelegenen Stabsgebäude, der principia. Sie enthielt die Kommandantur mit den Verwaltungsräumen, dahinter die Waffenkammern, einen Versammlungsraum sowie einen Raum für die Fahnen, die Feldzeichen und die Götterbilder. Die Lagerkasse war in einem Keller unter der principia versteckt. Die Kasernen waren entlang der via principalis als einfache Baracken für jeweils einhundert Mann (eine centuria) aufgereiht. Auf der gegenüberliegenden Seite, der porta decumana zu, lagen das Kommandantenhaus, ein Raum für die Unterführer, das Vorratshaus mit den Verpflegungsvorräten und die Ställe.

In den Mannschaftsbaracken waren stets Herde aufgebaut, da die Soldaten mit Naturalien versorgt wurden, unter anderem vor allem mit ungemahlenem Getreide. Um das Mahlen, Kochen und Backen hatten sie sich selbst zu kümmern.

Zu jedem Kastell der Römer gehörte ein komfortabel ausgebautes Bad, das jedoch stets außerhalb der Umfassungsmauern lag. Es enthielt Vorrichtungen für Schwitzbäder, für Kalt- und Warmwasserbäder und Ruheräume. Der Gang in die Sauna war bei den Römern bis zum einfachsten Soldaten hinunter das Selbstverständlichste der Welt und verlief nach festen Regeln. Auf ein Schwitzbad

51

in heißer Luft folgte das Reinigungsbad in heißem Wasser, die Abkühlung im leicht gewärmten Wasser und schließlich das Ausruhen im angenehm geheizten Ruheraum.

Abusina erlebte alle Stürme auf dem rätischen Limes, die Brandschatzung durch die Markomannen und die Befriedung unter Pertinax. Trotz allem hatte es Bestand bis zum Ende der Römerzeit. Als um 172 die Legio III Italica Concors nach Rätien verlegt wurde, dürften Teile davon sogar in Eining stationiert gewesen sein. Für die Aufnahme der gesamten Legion reichte hier der Platz jedoch nicht. Abusina erhielt »Konkurrenz«.

RADASBONA UND CASTRA REGINA

Das nördliche Donauknie mit der Einmündung von Naab und Regen war aufgrund seiner strategisch günstigen Lage schon für die Menschen der Steinzeit interessant. Ihren ersten Namen erhielt die Siedlung am Donauknie von den Kelten vor rund zweieinhalbtausend Jahren. Damals tauchte zum ersten Mal der Name Radasbona auf (dem die Franzosen bis heute mit Ratisbonne für Regensburg treugeblieben sind).

Unter Kaiser Vespasian (69 bis 79) entstand an der Regenmündung das erste kleine Militärlager der Römer. Nach hundert Jahren war daraus eine Garnison für über 6 000 Soldaten geworden, und Kaiser Marc Aurel konnte im Jahre 179 auf einer acht Meter langen Steintafel seine Bauleistung eingravieren lassen: »Kaiser Marcus Aurelius, Sohn des vergöttlichten Pius, Bruder des Verus, Enkel des vergöttlichten Hadrian, Urenkel des vergöttlichten Trajan, des Parthersiegers, Ururenkel des vergöttlichten Nerva, Erlaucht, Germanen- und Sarmatensieger, Oberpriester, im sechsunddreißigsten Jahre seiner tribunizischen Gewalt, Feldherr zum neunten Male, Konsul zum dritten Male, Vater des Vaterlandes, und Kaiser Lucius Aurelius Commodus, Erlaucht, Sarmatensieger und größter Germanensieger, Sohn des Kaisers Antoninus, Enkel des vergöttlichten Pius, Urenkel des vergöttlichten Hadrian, Ururenkel des Trajan, des Parthersiegers, Ururenkel des vergöttlichten Nerva, im vierten Jahre seiner tribunizischen Gewalt, Feldherr zum zweiten Male, Konsul zum zweiten Male, haben den Wall mit den Toren und Türmen errichten lassen durch die III. Italische Legion und die 2. Aquitanische Kohorte unter der Leitung des kaiserlichen Provinzstatthalters Marcus Helvius Clemens Dextrianus.«

Was die III. Italische Legion gegenüber der Regenmündung aufgebaut hatte, konnte sich wahrhaft sehen lassen. Mit seinen Ausmaßen von 542 x 453 Meter stand eine gesicherte Fläche von knapp 25 Hektar zur Verfügung. Dieses Riesenareal war eingefaßt mit einer ungefähr acht Meter hohen und zwei Meter breiten Quadermauer aus Kreidesandstein und hatte wie alle römischen Lager vier Tore. Die porta praetoria, das Nordtor zur Donau hin, mit seiner Toröffnung von 4 Meter Breite und 5,80 Meter Höhe ist ebenso noch vorhanden wie ein Turmrest von elf Meter Höhe.

Von den Lagerbauten selbst sind nur wenige Spuren erhalten. Diese allerdings lassen ahnen, wie großartig die Straßenzüge und die einzelnen Bauten gestaltet waren, um dem Sitz des militärischen Oberbefehlshabers der Provinz Rätien auch den ihm gebührenden äußeren Rahmen zu geben.

Westlich des eigentlichen Lagers breitete sich die Lagervorstadt (canabae legionis) aus. In ihr befanden sich größtenteils Fachwerkhäuser auf Steinsockeln, die jeweils aus einem kleineren Wohnteil und einem größeren Wirtschaftsteil bestanden. Händler, Handwerker und Bauern sorgten hier für das Wohl des Militärs. Gasthäuser, Bäder und Theater vervollständigten die Vorstadt, die unter der Kontrolle des Militärs stand.

Ebenfalls zur Versorgung des Castra Regina diente eine Hofstelle bei Regensburg-Burgweinting, an der abzulesen ist, wie ein römischer Truppenstandort mit Naturalien verpflegt wurde. Der Gutshof war in Form eines unregelmäßigen Vierecks aufgebaut und mit einer 70 Zentimeter starken Umfassungsmauer von insgesamt über 400 Meter Länge eingefaßt. Neben den Wohngebäuden und den Bädern war alles vorhanden, was zu einem landwirtschaftlichen Großbetrieb dazugehörte. Es ist bekannt, daß jeder Legionär täglich zwei Pfund Weizen als Grundstock seiner Verpflegung bekam; folglich benötigte eine Legion mit 6 000 Mann pro Jahr rund 1 500 Tonnen Getreide. Die Aufgaben, die die Gutshöfe, wie derjenige in Burgweinting, zu erfüllen hatten, waren demnach nicht unbedeutend.

Noch gut zweihundert Jahre sollte dauern, was die Römer so sorgfältig aufgebaut hatten. Innerer Zerfall und wachsender Druck von außen wirkten so lange zusammen, bis die römische Herrschaft in Rätien wie ein Kartenhaus zusammenbrach. Im Jahre 401 drangen die Vandalen von Osten her entlang der Donau in Rätien ein und zwangen die Römer, Hilfstruppen aus Oberitalien zu senden. Diese Gelegenheit nutzte Alarich zur Eroberung von Aquileia und ganz Oberitalien. Um ihn zu vertreiben, wurden sämtliche Truppen aus Rätien abgezogen. Ob und wieviele von ihnen anschließend wieder nach Rätien und bis an die Donau zurückkamen, konnte bis heute nicht geklärt werden. Wahrscheinlicher dürfte jedoch sein, daß Anfang des 5. Jahrhunderts - spätestens im Jahre 406 fand die ordnungsgemäße Provinzverwaltung der Römer in Rätien ihr Ende - die Wacht an der bayerischen Donau von den Römern auf einzelne germanische Stammesfürsten überging.

Geistliche Macht und Herrlichkeit

Auch wenn die Römer militärisch keine anderen Herren neben sich duldeten, bei ihren Göttern waren sie (teilweise) toleranter. Außer ihren eigenen Gottheiten duldeten sie alte Keltengötter, und selbst erste Christen wurden hie und da toleriert. Dennoch endeten von diesen ersten Christen nicht wenige als Märtyrer, wie etwa im Jahre 304 die heilige Afra in Augsburg. Auch in Regensburg wurde im großen römischen Gräberfeld bei Kumpfmühl ein Grabstein aus dem 4. Jahrhundert gefunden mit der lateinischen Inschrift: »Für Sarmannina, die in Frieden ruht, vereint mit den Märtyrern«.

Im 5. Jahrhundert »zur Zeit, als Attila, der König der Hunnen, starb, kam der hochheilige Diener Gottes Severin aus dem Orient und hielt sich in dem Gebiet zwischen Ufernoricum und Pannonien in der kleinen Stadt Asturis (Kloster Neuburg) auf«. Der spätere Bischof von Lauriacum war der letzte, der auch an der bayerischen Donau in den Wirren des Römerabzuges versuchte, christliches Gedankengut zu bewahren. Nach seinem Tod im Jahre 482 war auch dieser Versuch gescheitert.

Neues sollte aus ganz anderer Richtung kommen. Im 6. und 7. Jahrhundert setzten sich die Bajuwaren zwischen Donauwörth und Passau an der Donau fest und nutzten dabei vor allem die von den Römern gebliebenen Steinbauten. Seinerzeit wurde aus dem Castra Regina Reganespurc, nach der Lex Baiuvariorum der mit Erbrecht ausgewiesene Sitz der agilolfischen Stammesherzöge.

Nach Regensburg, in die Hauptstadt des Herzogtums Bayern, kam gegen Ende des 7. Jahrhunderts Emmeram, der Bischof von Poitiers, als Missionar. Sein Chronist Arbeo von Freising schildert das damalige Regensburg als Stadt, »die aus behauenen Steinen erbaut mit ihrer Burg zur Hauptstadt der Bayern herangewachsen war. Über ihr waltete zu dieser Zeit als Herzog der Bayern der hochgemute Mann Theodo«.

Trotz seiner guten Absichten muß Emmeram auch auf Argwohn und Widerstand gestoßen sein. Keine Geringere als Uta, die Tochter Theodos, bezichtigte ihn nämlich fälschlich der Vaterschaft ihres unehelichen Kindes, wohl wissend, daß dies nicht der Wahrheit entsprach. Sie hetzte damit ihren Bruder, den Herzog Lantpert so auf, daß er Emmeram die Glieder bei lebendigem Leibe abschnitt. Herzog Theodo, der Vater des Mörders, nahm dann dafür am Begräbnis des später heiliggesprochenen Emmeram in der spätromanischen St. Georgskirche teil. Diese Kirche ist der Kern des um 690 gegründeten Klosters St. Emmeram. Die Bayern hatten damit nicht nur ihren ersten Märtyrer vom Leben zum Tode gebracht, sondern sich gleichzeitig den ersten Landesheiligen geschaffen.

Wenige Jahre später sollten schließlich mit zwei an der Donau nahezu gleichzeitig eintretenden Ereignissen die Weichen für die Christianisierung der bayerischen Donau, des bayerischen Herzogtums und großer Gebiete donauabwärts gestellt werden. Zum einen wurde von Herzog Odilo zwischen 737 und 740 das Benediktinerkloster Niederalteich gegründet. Zum anderen machte der heilige Bonifatius im Jahre 739 Passau zum Bischofssitz. Von nun an konnte nichts mehr den wachsenden geistlichen Einfluß an der Donau bremsen.

GEISTLICHE FÜRSTEN IN REGENSBURG

Im Gegensatz zum grausamen Lantpert war sein Vater, Herzog Theodo, ein aus- gesprochen frommer Mann. Unter ihm hatte Emmeram missionieren dürfen, unter ihm durften sich die Christen entfalten, und unter ihm entstand um das Jahr 690 das nach dem heiligen Emmeram genannte erste Kloster in Regensburg. Für nahezu dreihundert Jahre hatte das junge Kloster größte Bedeutung. Sein Abt war zugleich Bischof von Regensburg. Erst im Jahre 975, als der heilige Wolfgang Bischof wurde, trennte er die beiden Ämter, indem er Ramwold zum Abt berief.

Von Anfang an hatte die Abtei mächtige Förderer, allen voran die Karolinger. Einer von ihnen, König Arnulf (850 bis 899), baute direkt neben der Abtei eine neue Pfalz und schenkte dem Kloster den weltberühmten Codex Aureus, ein auf Purpurpergament geschriebenes und in Gold gefaßtes Evangeliar (heute in der Bayerischen Staatsbibliothek München). Arnulf ließ sich, wie sein Sohn Ludwig das Kind (893 bis 911), in St. Emmeram begraben.

Im Jahre 739, also etwa fünfzig Jahre nach der Gründung des Klosters, richtete der heilige Bonifatius das Bistum Regensburg ein. 788 übernahm es die Funktion eines bayerischen Metropolitan-Bistums, hatte also die Oberaufsicht über alle kirchlichen Aktivitäten in Bayern. Diese Funktion ging dann an Salzburg verloren, dem Regensburg im Jahre 798 unterstellt wurde. Beinahe zweihundert Jahre sollte es aber noch dauern, bis der Regensburger Fürstabt und Bischof seinen Einfluß über ganz Böhmen verlor. Erst der heilige Wolfgang sorgte dafür, daß Böhmen seinen eigenen Bischof in Prag bekam.

Auch nach Wolfgang gab es immer wieder illustre Herren auf dem Regensburger Bischofsthron. Von 1260

53

bis 1262 war es der große Philosoph und Naturwissenschaftler Albertus Magnus, in späteren Zeiten waren es immer wieder Wittelsbacher, die hier regierten, wie etwa Philipp Wilhelm, der Sohn von Herzog Wilhelm V. (sein Grabmal steht im Hauptschiff des Domes), oder Franz Wilhelm von Wartenberg, der Sohn Herzog Ferdinands von Bayern.

Ältester Teil der Klosterkirche, die einst als Mutterkirche des Bistums Regensburg den Rang einer päpstlichen Basilika erhalten hatte, ist die 740 entstandene Krypta unter der vom Langhaus getrennten Hauptapsis. Die 1894 wiederentdeckte Krypta ist mit der 980 geweihten Ramwoldkrypta durch einen Gang verbunden. Im westlichen Querschiff fasziniert der Dionysius-Chor mit seinen romanischen Wandmalereien aus dem 11. Jahrhundert und der Wolfgangs-Krypta im Unterbau. An den Pfeilern des Doppelportals aus dem 11. Jahrhundert beeindrucken die Darstellungen der Heiligen Emmeram und Dionysius sowie des thronenden Christus. Die um das Jahr 1050 entstandenen Steinreliefs gehören zu den ältesten deutschen Großplastiken. An der Westseite der Kirche sind zahlreiche Grabsteine noch aus karolingischer Zeit erhalten, darunter der für die 876 gestorbene Königin Hemma.

Das Innere der Kirche erstrahlt in voller Rokokopracht über den romanischen Grundlinien. Egid Quirin Asam als Stukkateur und Cosmas Damian Asam als Maler schufen diesen reichen Schmuck.

Die ehemaligen Stiftsgebäude dienen seit 1812 als Schloß der Fürsten von Thurn und Taxis. Glanzstück der ganzen Anlage ist der aus der Wende vom 13. zum 14. Jahrhundert stammende gotische Kreuzgang, der zu den schönsten Deutschlands gehört.

Doch nicht nur geistliche Herren, auch geistliche Damen hatte Regensburg in seiner Frühzeit zu bieten. In gleich zwei Stiften, in Obermünster und Niedermünster, beide später reichsunmittelbare Damenstifte, konnten sich mehr oder weniger vornehme Damen zurückziehen und sich auf die freundliche Förderung der Karolinger verlassen. Leider ging Obermünster im letzten Krieg bis auf den Turm völlig verloren; Niedermünster dagegen ist nach wie vor eine Fundgrube für den Kunstfreund und für den Archäologen. Seine Stiftskirche wurde 1152 nach dem Stadtbrand als dreischiffige Pfeilerbasilika erneuert und im 17. und 18. Jahrhundert barock gestaltet. Wertvollste Ausstattungsstücke sind der um 1330 entstandene Baldachin-Altar im nördlichen Seitenschiff und die Bronzegruppe mit der trauernden Magdalena vom ehemaligen Kreuzaltar.

Obwohl die heutige Niedermünsterkirche bereits aus dem 12. Jahrhundert stammt, ist sie doch immerhin schon die fünfte Kirche an dieser Stelle. Unter ihren Fundamen-

ten wurde ein unterirdisches Museum ausgegraben, das insgesamt vier Kulturschichten übereinander, von den Römern bis in die späte Karolingerzeit, zeigt.

Den einheimischen Mönchen und Nonnen kamen, wie überall in Bayern, auch in Regensburg immer wieder Missionare zu Hilfe. Besonders die Iren taten sich hier hervor und gründeten schon im 11. Jahrhundert die Schottenkirche, die in ihrer heutigen Form unter teilweiser Übernahme eines Vorgängerbaues zwischen 1150 und 1195 entstand. Im 16. Jahrhundert wurde daraus eine Abtei iroschottischer Benediktiner, die sich als eine Art Emigrantenstation schottischer Katholiken verstand. Aufgrund dieser Sonderstellung fiel die Abtei nicht unter die Säkularisation und wurde erst 1878 aufgelöst.

Das Nordportal der Schottenkirche zählt zu den berühmtesten romanischen Baudenkmälern Deutschlands. Es weist einen für die Romanik so ungewöhnlichen Figurenschmuck auf, daß es bis heute nicht gelungen ist, eine bis ins Detail gültige Erklärung der verschiedenen Figuren zu finden. Christus, Apostel und Heilige sind ebenso vertreten wie Fabelwesen, Menschen und Tiere, Zeichen und Symbole. Wohl ließen sich westfranzösische und lombardische Einflüsse nachweisen, wer aber gegen oder mit wem kämpfen sollte, das hat noch niemand herausgefunden.

Die dreischiffige Säulenbasilika läßt in ihrer Erhabenheit den Ernst und die Reinheit romanischer Frömmigkeit ahnen. Ihre lebensgroße Kreuzigungsgruppe im Triumphbogen ist eine der ältesten Deutschlands. In ihr trägt Christus bezeichnenderweise nicht die Dornenkrone, sondern als Zeichen seines Sieges die Königskrone.

Um 1250 begannen die Regensburger Bürger auf den Resten einer karolingischen Vorgängerkirche mit dem Bau ihres großen Doms. Nur 23 Jahre später zerstörte ein schwerer Brand den größten Teil, ohne daß das Auswirkungen auf den Weiterbau gehabt hätte. Ende des 13. Jahrhunderts war das Werk nahezu zur Hälfte vollendet. Im 15. Jahrhundert entstand die großartige Westfassade, 1525 war der Bau bis auf seine beiden Türme im wesentlichen vollendet. Diese erreichten ihre volle Höhe mit 105 Meter erst 1859 bis 1869.

Zu keiner Zeit wurde an der Ausstattung des Domes gespart. Am eindrucksvollsten sind die farbenprächtigen Glasfenster im Hochchor aus dem 13. und 14. Jahrhundert. Hier zeigt sich die ganze Sorgfalt mittelalterlicher Kunst ebenso wie bei den berühmten Steinplastiken. Es sind dies vor allem der Verkündigungsengel und Maria an den beiden westlichen Vierungspfeilern, die Reiterstatuen des heiligen Martin und des heiligen Georg an der Westwand und die kleinen Nischenplastiken links und rechts vom Hauptportal mit dem Teufel und seiner Großmutter.

Das Benediktinerkloster St. Emmeram wurde im 8. Jahrhundert gegründet. Sein gotischer Kreuzgang zählt zu den schönsten seiner Art in Deutschland. Seit dem Jahr 1812 dienen die ehemaligen Klostergebäude dem Fürsten von Thurn & Taxis als Residenz.

Die Innpromenade von Passau ist Ziel zahlloser Touristenströme. Auf ihr läßt sich in wenigen Minuten zum Dreiflußeck spazieren. Der aus dem 14. Jahrhundert stammende Schaiblingsturm gehört zur ehemaligen Schutzbefestigung um den sich früher anschließenden Salzhafen.

Die Altstadt von Passau mit ihrem südländischen Gassenbild wirkt auf Fremde malerisch und anziehend. Doch was so reizvoll sich dem Blick des Besuchers bietet, war immer wieder bedroht durch die jährlich wiederkehrenden Hochwasser der Donau.

Die »Dreiflüssestadt« Passau wird seit alters als eine von Deutschlands schönsten Städten bezeichnet. Ihre einmalige Lage am Zusammenfluß von Donau und Inn, die von Norden noch Verstärkung durch die Ilz bekommen, hat ihr diesen Beinamen gegeben.

Die Veste Oberhaus auf dem Passauer Georgsberg ist ein weiterer Anziehungspunkt Passaus. Ein ausgedehnter Rundgang um die äußeren Festungsanlagen bietet abwechslungsreiche Blicke auf die Stadt sowie interessante Ansichten der Burg.

Das Oberhausmuseum beherbergt eine Reihe bemerkenswerter Sammlungen. Die im Bild dargestellte Heilige Dreieinigkeit stammt aus der Diözesangalerie kirchlicher Malerei und Plastik, die in den ehemaligen Prunkräumen der Schloßresidenz der Fürstbischöfe untergebracht ist.

Die Veste Oberhaus wurde 1219 von Fürstbischof Ulrich unter dem Namen »Georgsburg« als Trutzburg angelegt, nachdem er zum Reichsfürsten aufgestiegen war. Nach Erweiterungen im 16. und 17. Jahrhundert wurde die Burg im 18. Jahrhundert fürstbischöfliche Landesfestung.

Im 18. Jahrhundert waren die Bürger auf die Idee gekommen, ihren Dom barock auszustatten; im vorigen Jahrhundert haben sie ihn dann wieder regotisiert. Nur der frühklassizistische Hochaltar aus Silber und vergoldetem Kupfer (1785) und das Hochgrab im Mittelschiff für Kardinal Philipp Wilhelm von Bayern (1611) blieben von der »Reinigung« im Dom verschont.

Ein Juwel für sich ist die Allerheiligenkapelle aus der Mitte des 12. Jahrhunderts. Sie war einst als Grabkapelle für Bischof Hartwig II. errichtet worden und beeindruckt mit ihren romanischen Fresken mit Darstellungen aus der Liturgie des Allerheiligenfestes.

Sehr viel älter als der Dom ist Regensburgs älteste Bürgerkirche, die bereits 885 erwähnte Kassianskirche. Die kleine, dreischiffige romanische Basilika ist in ihrem Kern noch karolingisch. Anläßlich eines spätgotischen Umbaues erhielt sie eine schlanke Apsis und Ende des 18. Jahrhunderts eine Rokoko-Ausstattung. Im südlichen Seitenaltar steht die »schöne Maria«, die berühmte Madonna des Landshuter Meisters Leinberger aus dem Jahre 1520. Der dem heiligen Kassian geweihte Schnitzaltar wurde um 1500 geschaffen.

GEISTLICHE STRATEGEN IN PASSAU

Passaus keltische Vergangenheit endete, als die Römer etwa um die Zeitenwende die Stadtburg Bojodurum auf dem heutigen Domberg zerstörten und die strategisch wichtige Grenzstadt ihrer Provinz Noricum mit einem Cohortenlager sicherten. Entsprechend dem Keltenlager nannten sie es Castrum Boiodurum. Rund dreihundert Jahre später verlegten sie das Kastell etwas innaufwärts und nannten es jetzt Boiotro. Gleichzeitig entstand auf Domberg und Altstadthügel eine zweite römische Garnison, in der sich die 9. Batavische (holländische) Cohorte einrichtete. Sie lieferte den endgültigen Namen Batavis, woraus über Patauuia und Pazzawe Passau wurde.

In den Wirren nach dem Abzug der Römer, als die Alemannen und Bajuwaren sich immer nachhaltiger bemerkbar machten, tauchte in Passau das erste christliche Element im heiligen Severin auf, dem Volksführer, Prediger und Organisator aus dem Osten. Sein Biograph Bischof Eugipius erzählt in der sogenannten Severin-Biographie: »Batavis heißt eine Stadt, die zwischen den Flüssen Inn und Donau liegt, wo der heilige Severin nach seiner Gewohnheit eine kleine Zelle für einige Mönche gegründet hatte. Von den Bürgern gerufen, kam er öfters dorthin, vor allem wegen der beständigen Einfälle der Alemannen, deren König Gibuldus ihm mit größter Ehrfurcht begegnete. Einmal kam der König auch in dem dringenden Verlangen herbei, den Heiligen zu sehen. Dieser ging Gibuldus entgegen, damit er nicht die Stadt durch sein Kommen bedränge. Dabei redete er den König mit solcher Festigkeit an, daß dieser anfing, vor ihm heftigst zu zittern. Daraufhin machte der König kehrt und ließ seine Scharen erkennen, daß er weder im Kampf noch in einer anderen schwierigeren Lage jemals von gleichem Schrecken erfaßt worden war.«

Das Beispiel des Heiligen sollte in Passau Schule machen. Über Jahrhunderte hinweg beriefen sich nach seinem Vorbild geistliche Herren auf göttliche Autorität, wenn sie weltliche Macht meinten. Ab dem Jahre 739, als der heilige Bonifatius den in Passau bereits amtierenden Bischof Vivilo im päpstlichen Auftrag bestätigte, fanden Hirtenstab und Schwert zu einer der dauerhaftesten Ehen der bayerischen Geschichte.

Mit der Einrichtung des kanonischen Bischofssitzes in Passau war ein Rechtstitel und ein Auftrag von größter Tragweite geschaffen worden: Vom östlichen Rand des halbwegs christianisierten Abendlandes, schon in der Nähe der großen Grenzlinie zwischen Germanen und Slawen, sollte das Christentum donauabwärts nach Osten weitergetragen werden. Und der Erfolg bestätigte das Konzept. Nur zweihundert Jahre später lagen die Grenzen der Diözese im Osten bereits an March und Leitha, und Passau war das flächenmäßig größte aller Bistümer des Heiligen Römischen Reiches Deutscher Nation (42 000 qkm). Wie selbstverständlich fiel Passau der Missionsprimat in Bulgarien, in Mähren und in Ungarn zu, und der erste christliche König von Ungarn erhielt den Namen des Passauer Dompatrons Stefanus. Die Dome zu Gran (Esztergom) und Wien wurden durch Passauer Bischöfe ebenfalls dem heiligen Stefan geweiht.

Entsprechend der starken Position der Passauer Bischöfe in der Reichspolitik wuchs ihre weltliche Macht. Im Jahre 999 übernahmen sie die unmittelbare Macht in der Stadt, 1193 erhielten sie das »Land der Abtei« (Niedernburg), 1217 bekamen sie die Herrschaft im Ilzgau und schafften den Aufstieg zu reichsunmittelbaren Fürstbischöfen. Ab 1280 konnten sie es sogar wagen, den bayerischen Landtag zu boykottieren und sich von der Oberaufsicht durch das Erzbistum Salzburg zu lösen.

Zur Demonstration ihrer politischen Macht bauten sie sich ihre Residenz. Auf dem Landspitz zwischen Donau und Ilz erstellten sie die Wasserburg Niederhaus, oben auf dem Berg, durch Gänge und Wehrmauern mit der unteren Burg verbunden, die Feste Oberhaus. Immer wenn es die Bürger nach Freiheit gelüstete und sie mit Waffengewalt zu erreichen versuchten, entdeckten die Bischöfe ihre militärischen Talente, zogen sich in die obere Feste zurück und bombardierten die Bürger von oben. 1367 dauerte ein solcher Kampf immerhin gut neun Monate, bis endlich österreichische Truppen den Bischof aus seiner, von den Bürgern belagerten Burg befreiten.

Über Jahrhunderte stritten sich die bayerischen Wittelsbacher mit den österreichischen Babenbergern und dann den Habsburgern um den Vorrang in Passau. Mal stellten die einen, mal die anderen den Herrn auf dem Bischofsthron, und wer ihn gerade inne hatte, versuchte Land und Leute nach seiner Fasson zu prägen. Von 1598 bis zur Säkularisation 1803 waren es nur Österreicher auf dem Bischofsstuhl, und entsprechend war die Ausrichtung auf die Kaiserstadt Wien. Gemäß dem dortigen Vorbild kamen die Künstler des Barock in Passau nahezu ausschließlich aus Italien. Dem schönen Traum machte schließlich die Säkularisation ein jähes Ende. Die Fürstbischöfe verloren endgültig den letzten Rest ihrer schon lange abgebröckelten weltlichen Macht, und die Bürger mußten zurück ins »ungeliebte« Bayern (womit sie ja gar nicht so schlecht gefahren sein sollen).

Neben geistlichen Strategen und weltlichen Herren waren die Passauer Bischöfe nicht selten auch eifrige Bauherren, wobei es ihnen meist schwerfiel, sich zwischen Kirchen- und Festungsbau zu entscheiden. So zog sich der Bau des Domes über Jahrhunderte hin, obwohl die Passauer Dombauhütte ab 1488 zu den vier »Haupthütten des Reiches« gehörte. Daneben entstanden vier als Residenzen dienende Burgschlösser, von denen das 1219 begonnene Oberhaus nach 1674 zur barocken Landesfestung ausgebaut wurde.

Das Kloster Weltenburg gründeten die Kolumbanermönche Eustasius und Agilus bereits im Jahre 617. Es ist damit das älteste Kloster in Bayern; seine heutige Form erhielt es ab 1713 durch die Brüder Cosmas Damian und Egid Quirin Asam.

Bei der Ausstattung der Klosterkirche Weltenburg war es das ganze Bestreben der Brüder Asam, die Grenzen der Realität durch technische Tricks soweit wie möglich aufzuheben. Ritter Georg scheint deshalb unmittelbar aus dem himmlischen Licht herauszureiten.

Wie auch in anderen Städten, sorgte dann auch in Passau 1662 ein alles verheerender Stadtbrand für einen neuen Anfang. Der aus Prag stammende Fürstbischof Wenzeslaus von Thun holte dazu die Künstler aus dem Habsburger Reich. Neuer Dombaumeister wurde Carlo Lurago. Er holte die Architekten Carlo Antonio Carlone und Domenico d'Angeli, die Stukkateure Giovanni Battista und Bartolomeo Carlone und die Maler Carlo Antonio Bussi und den Österreicher Johann Michael Rottmayr.

Die damals im italienischen Barockstil entstandene, fürstlich ausgestattete und österreichisch orientierte Stadt prägt noch heute allerorts den Charakter Passaus. Schließlich wird vom »Venedig an der Donau« nicht nur der vielen Ufer wegen gesprochen.

GEISTLICHE DIENER IN WELTENBURG UND NIEDERALTEICH

Die Macht- und Prachtentfaltung der Herren von Regensburg und Passau läßt nur allzu leicht vergessen, daß sich das Christentum auch in Bayern von Anfang an nicht nur von der strategischen, sondern eben auch – und dies war eigentlich der Nährboden für alles weitere – von der kontemplativen Seite gezeigt hat.

Schon gut hundert Jahre vor dem ersten geistlichen Strategen, dem heiligen Bonifatius, waren es die aus Luxeuil gekommenen Kolumbanermönche Eustasius und Agilus, die an der Donau in Weltenburg das älteste Kloster in Bayern gegründet hatten. Den Beweis für die Gründung im Jahre 617 lieferten ein nach merowingischen Vorlagen in vorkarolingischer Zeit gefertigtes Evangeliar (jetzt in der Nationalbibliothek in Wien) und das um 1047 geschriebene Weltenburger Martyrologium (jetzt im Bayerischen Staatsarchiv in München).

Wiederum hundert Jahre später, als die Benediktiner die Kolumbaner ablösten, blieb das kontemplative Element trotz Krieg, Hunger und Seuchen erhalten. Auch wenn die Regensbuger Bischöfe zwischendurch geistliche oder auch weltliche Administratoren einsetzten oder, wie im 12. Jahrhundert geschehen, für einige Zeit das Kloster sogar ganz in Besitz nahmen, ging die Abtei doch immer wieder gestärkt aus diesen innenpolitischen Kämpfen hervor.

Sehr zu leiden hatte sie im Dreißigjährigen Krieg, als die Schweden 1632 und 1633 das Kloster gleich zweimal plünderten. Der im Kirchturm sich verborgen gehaltene und unentdeckt gebliebene Pater Georg berichtete von den Folgen: »Es ist nit ain rössl oder ander vieh, auch khain schissel, teller, will geschweigen ein ander hausvahrnus oder Khirchenornat beim closter, in summa das geringste nit vorhanden.«

Bis 1713 dauerte es dann, bis mit Abt Maurus II. ein Neuanfang möglich wurde. Er berief den erst 29 Jahre alten Maler Cosmas Damian Asam zum Architekten des geplanten Klosterneubaus, auch dessen jüngeren Bruder, den erst 23 Jahre alten Egid Quirin Asam. In nur zwanzig Jahren schufen die beiden ein Exempel bayerischen Rokokos und das gleich als ein Kapitel der Weltkunst überhaupt.

Wer die Kunst der Brüder Asam nicht so gründlich mißverstehen will wie der Donaureisende aus dem vorigen Jahrhundert, der damals feststellte: »Die Stiftskirche ist ein Werk im verdorbenen neuitalienischen Baustil; alle ihre Gemälde und Schnörkel, alle ihre Marmorarbeiten, selbst ihre gepriesene Rotunde vermögen nicht, uns zu fesseln«, wer in »all ihren Schnörkeln« die dramatische Bühneninszenierung erkennen will, muß sich in die Vorstellungswelt des Barock zurückversetzen. Damals war Theater noch ein Lebensinhalt, nicht ein Mittel der Zerstreuung. Es sollte der Sammlung und der Konzentration auf den Sinn des Daseins dienen und im Glücksfall die eigene Wirklichkeit mit der überirdischen in Verbindung bringen. In der Verschmelzung von Stein und Schein in der Kunst sollte die Macht und die Herrlichkeit christlicher Verkündigung sicht- und spürbar gemacht werden. Oder andersherum: Im idealen Zusammenwirken aller Künste sollte das theatrum sacrum geschaffen und den Gläubigen so der Himmel auf Erden vorgestellt werden.

Das ganze Bestreben der Brüder Asam war es deshalb, die Grenzen der Realität durch technische Tricks und illusionistische Kunstgriffe soweit wie möglich aufzuheben. Architekt, Plastiker und Maler arbeiteten listenreich Hand in Hand, um den Betrachter von der Wirklichkeit weg in eine Scheinmalerei hineinzulocken. Der Italiener Andrea Pozzo hat das Rezept in der prosaischen Formel zusammengefaßt: »Der Künstler hat seine Mittel so einzusetzen, daß die Augen der Zuschauer artig betrogen werden.« Wenn jemand dieses Rezept perfekt beherrschte, so waren es die Brüder Asam, und nirgendwo haben sie sich so selber übertroffen wie in Weltenburg.

All ihr Bestreben gipfelte hier in der Gestaltung der Kuppel. Der Kirchenraum selbst stellt in seiner realen Architektur eine reale Welt dar. Ohne für das Auge sichtbaren Übergang schwebt so über dem Kirchenraum das himmlische Jerusalem in unendlicher Weite und Irrealität, obwohl die Decke der Kuppel eben ist. Um den fließenden Übergang zu erreichen, wurde der Kuppelrand als eine Art Proszenium (Vorbühne) gestaltet, das die dahinterliegenden Fenster völlig verdeckt. Als weiterer Kunstgriff schwebt über dem Kuppelrand ein reich ornamentierter Kronreif, der das Auge zusätzlich verwirrt und so die Illusion perfekt macht – himmlisches Theater in bayerisch-weltlicher Perfektion.

Die zweite Stätte jahrtausendealter christlicher Kontemplation an der bayerischen Donau entstand knapp hundert Jahre nach der Gründung von Weltenburg in Niederalteich. Herzog Odilo von Bayern gründete das Kloster um 740, indem er zwölf Mönche von der Reichenau an die Altwasser (Altaha, daher der Name Alteich) der bayerischen Donau holte. Bald entwickelte sich die Klostergemeinschaft zu einem der bedeutendsten Klöster in Bayern. Mönche von Niederalteich gingen als Äbte in die Ostmark, nach Kärnten und sogar zurück in das Mutterkloster der Benediktiner, nach Monte Cassino, südlich von Rom. In Niederalteich entstanden von 1050 an die Niederalteicher Annalen, die heute zu den wichtigsten deutschen Geschichtsquellen gehören. Daß auch die Pflege der Dichtkunst nicht zu kurz kam, beweist die hier entstandene Übertragung des Nibelungenliedes ins Lateinische.

Weltliche Sorgen gab es zu damaliger Zeit nicht in Niederalteich. Fromme Schenkungen hatten seinen Reichtum sprichwörtlich werden lassen. Zu seinen Besitztümern gehörten unter anderem weite Teile der Wachau, seine Einkünfte überstiegen in nicht wenigen Jahren 100 000 Gulden pro Wirtschaftsjahr.

Ursprünglich floß die Donau nördlich am Kloster vorbei und bedrohte Kirche und Abtei in schöner Regelmäßigkeit. Es soll nicht selten vorgekommen sein, daß man mit Kähnen zwischen den Pfeilern der Kirche umherfahren konnte. Dem von 1343 bis 1361 amtierenden Abt Peter gelang es schließlich, der Donau ein neues Bett im Süden der Abtei zu geben und damit die Hochwassergefahr weitgehend auszuschalten. Dennoch passierte es auch im 15. Jahrhundert noch einmal, daß die Donau für zehn Tage alles unter Wasser setzte. Damals mußten die »Messen auf Gerüsten über den Altären gelesen werden«.

Von der alten, einst riesigen Anlage stammt nur noch der Mauerkern der Kirche aus dem 14. Jahrhundert, alles andere brannte Anfang des 18. Jahrhunderts völlig aus. Nach einem mißglückten Anlauf für einen Wiederaufbau von J. Pawanger (sein Chorbau mußte infolge gravierender Kunstfehler wieder abgerissen werden) entstand unter der Bauleitung von Johann Michael Fischer bis 1726 die heutige Kirche. Ihre Stuckausschmückung zeigt italienische Anklänge, die Fresken in den Kuppelschalen wurden von Andreas Heindl zwischen 1719 und 1732 geschaffen.

Eine Besonderheit, wie sie nur Niederalteich besitzt, hat sich Meister Fischer für die Flachkuppeln der Seitenschiffe einfallen lassen, die er zu den Emporen hin geöffnet hat. So war es zum Beispiel möglich, an einem der Seitenaltäre auf dem Altarblatt selbst die Schmerzensmutter, darüber die Symbole der Sieben Schmerzen und geradezu als Überbau im Deckenfresko der Oberkirche die Gnadenmutter im Himmel darzustellen. Ähnlich wie in Weltenburg sollte auch hier der nahtlose Übergang von weltlicher Realität zu himmlischer Verheißung verkündet werden.

In Niederalteich blüht heute das Klosterleben wieder. Wie schon vor tausend Jahren ist es erneut zum geistigen Zentrum geworden, in dem man sich auch bemüht, den Laien miteinzubeziehen und ihm Klosterleben auf Zeit zu ermöglichen: Missionstätigkeit am Ende des 20. Jahrhunderts.

Gleichermaßen in die Vergangenheit wie in die Zukunft weisend ist ein anderes: Niederalteich besitzt eine Kapelle, die ganz für den byzantinischen Ritus ausgestattet wurde. Eine Ikonostase mit den Bildnissen von Christus und Maria sowie von den Erzengeln Gabriel und Raffael schließt den Chor ab. Zahlreiche wertvolle Ikonen ergänzen die Ausstattung. Wird hier der Gottesdienst nach byzantinischem Ritus abgehalten, schließt sich ein über tausend Jahre währender Kreis: Von Niederalteich aus wurde das Christentum unter Passauer Regie nach Osten getragen, von Byzanz aus kam es in Form des byzantinischen Ritus donauaufwärts. Noch heute haben beide Seiten ihre Sendboten weit im jeweils anderen Gebiet. Die byzantinische Kapelle in Niederalteich ist der westlichste Fühler von Byzanz, von Niederalteich heute verstanden als eine Aufforderung, Wege zur Einheit der Christen zu suchen.

Vom beinahe sprichwörtlichen Reichtum des Klosters Niederalteich, einer schon 731 gegründeten Benediktinerabtei, zeugt dieser Schrank in der Sakristei. Sie wurde 1726 von Johann Michael Fischer erbaut. Die Fresken stammen von Andreas Heindl.

Fleckerlteppich weltlicher Macht

Nirgendwo an der gesamten Donau gibt es eine solch buntbewegte Geschichte, einen solchen Fleckerlteppich kleiner und kleinster Machtzentren wie zwischen Günzburg und Passau. Wie die »Schwalben auf dem Draht« sind sie aneinandergereiht, die freundlichen Dörfer und Städtchen, die schwäbisch kleinbürgerlich angehauchten ebenso wie die mit biedermeierlicher Beschaulichkeit verbrämten oder die mit bayerischer Gemütlichkeit gesegneten. Kirchtürme und Stadttürme, Schlösser und Residenzen, geschmückt und ausstaffiert in allen denkbaren Stilformen der Geschichte, zeugen von den Kämpfen um die Macht. Doch was heute wie die vollendete Idylle aussieht, war über Jahrhunderte ein hartes Gegeneinander einzelner Machtzentren ebenso wie der Stände untereinander innerhalb eines einzelnen Machtgebildes.

Bei allem so kleinkariert anmutendem Hin und Her beim Spiel um die Macht waren es durch die Jahrhunderte hindurch eigentlich doch nur fünf Grundkomponenten, die in stets wechselnden Konstellationen miteinander im clinch lagen. Auf der Seite des Adels waren es zum einen die Österreicher, zuerst die Babenberger, dann die Habsburger, die unermüdlich versuchten, ihren Einflußbereich nach Westen auszudehnen. Zum anderen waren es die Bayern, denen es umgekehrt darum ging, gegen Osten hin Fuß zu fassen und den Habsburgern bereits Errungenes wieder streitig zu machen.

Auf der Seite der geistlichen Herren waren weder die Regensburger noch die Passauer Bischöfe schüchtern, wenn es galt, die eigene weltliche Macht zu stärken. Mit den Protestanten erwuchs ihnen schließlich sozusagen aus dem eigenen Lager ein Gegner, der in seinem Machtanspruch kaum weniger zimperlich war. Daß gegen diese Vier die eigentlich Leidtragenden, um deren Heil die jeweiligen Machthaber zu streiten stets vorgaben, zwischendurch auch noch etwas im eigenen Interesse erreichten, mutet da schon fast wie ein kleines Wunder an. Wie die Feste Oberhaus in Passau jedoch beweist, war auch diese fünfte Komponente gar nicht von so schlechten Eltern.

Und dennoch: Ob man sich wie in Donauwörth während der Fronleichnamsprozession die Köpfe einschlug, ob man wie in Dillingen die katholisch-jesuitische Strenge ertrug, ob man sich wie in Passau mit den Fürstbischöfen anlegte oder ob man wie in Regensburg zu bürgerlichem Selbstbewußtsein und entsprechenden Freiheiten gelangte – nirgendwo waren die Ereignisse wirklich weltbewegend. Die ineinander gewobene schwäbisch-baye-

rische-fränkische Historie blieb ohne größere Auswirkungen, weil alle Beteiligten unter dem Strich doch Schwaben und Bayern waren und man sich doch immer irgendwo wieder auf der allen Beteiligten gemeinsamen Basis bodenständiger Behäbigkeit zusammenfand. Wen wundert es da, daß heute, wo kein Kampf um die Macht mehr zu kämpfen ist, sich diese Komponente noch verstärkt hat und die Überreste der historischen Wirren der Idylle einen beinahe malerischen Anstrich geben.

SCHWÄBISCH-BAYERISCHE BESCHAULICHKEIT

Folgt man der Definition des Schwaben Thaddäus Troll, dann ist derjenige Schwabe, der schwäbisch spricht. Stimmt diese Definition, dann ist die Donau von Leipheim bis Donauwörth urschwäbisch und damit der schwäbische Landesteil, der am längsten von einer »ausländischen« Macht, den Bayern, »besetzt« gehalten wird. Doch keine Sorge: Die »besetzten« Schwaben tragen es den Bayern nicht nach, eher fühlen sie sich ganz wohl unter der etwas krachledernen Herrschaft. Schließlich haben sie auch schon ganz anderes ausgehalten.

So war Günzburg etwa für genau 504 Jahre habsburgisches Verwaltungszentrum und somit der westlichste Brückenkopf der Wiener Strategen. Hier saßen die österreichischen Rekrutenausheber, hier wurden ab 1761 für ganz Vorderösterreich im k.k. Münzamt die Münzen geprägt, hier residierte seit 1609 der vorderösterreichische Markgraf. Hier war man schwäbisch und fühlte wienerisch, hier sonnte man sich ganz bewußt im Glanz von Kaiserin Maria Theresia und huldigte ihrer Tochter Marie Antoinette, als sie am 28.4.1770 mit ihrem Brautzug aus fast vierhundert Pferden und sechzig Wagen auf ihrer Fahrt nach Paris Station machte. Erst 1805 kamen die von Wien träumenden Schwaben als Belohnung Napoleons für treue Dienste unter bayerische Hoheit.

Wenige Kilometer sind es nur von Günzburg hinunter nach Lauingen und doch welch gewaltiger Unterschied. Lauingen war nie kaiserlich, nie nach Osten orientiert, hier war man urschwäbisch und gehörte zu den Staufern. Daß man 1269 als Erbschaft an Bayern-Wittelsbach kam, damit bayerisch wurde und bis heute blieb, empfand man lange als »Ausrutscher« der Geschichte. Da spielte es schon kaum noch eine Rolle, daß man 1542 durch Pfalzgraf Ottheinrich von Neuburg protestantisch wurde, 1546 wieder katholisch und 1552 erneut durch Ottheinrich evangelisch. Pfalzgraf Wolfgang Wilhelm schließlich führte

Der Turm der gotischen Pfarrkirche St. Vitus ist das Kennzeichen der Stadt Leipheim. Leipheim gehörte in den Jahren 1453 bis 1803 zur Reichsstadt Ulm. Neben einer mittelalterlichen Stadtbefestigung besitzt es ein spätgotisches, im 16. Jahrhundert ausgebautes Schloß.

Der Turm des bischöflichen Barockschlosses in Dillingen symbolisiert den Machtanspruch des Fürstbischofs Otto Truchseß von Waldburg, der hier 1554 eine Universität gegründet hatte. Bis 1971 gab es hier noch eine philosophisch-theologische Hochschule.

Den Machtanspruch der Bürger symbolisiert der vom Pfleger von Imhof 1478 errichtete Stadtturm von Lauingen. Der 16 Stockwerke und 55 Meter hohe Schimmelturm ist so geschickt plaziert, daß er von jeder Stelle der Hauptstraße aus sichtbar ist.

Höchstädt an der Donau, gelegen am nördlichen Rand des Donaurieds, ist vor allem bekannt durch zwei Schlachten im Spanischen Erbfolgekrieg. Das Stadtbild ist geprägt durch ein Schloß mit mittelalterlichem Bergfried sowie die spätgotische Pfarrkirche mit dem charakteristischen Turm.

Das wohl schönste Renaissanceschloß an der
Donau steht in Neuburg. Der mit Fresken
geschmückte Arkadenhof gehört zu der bis 1545
entstandenen Residenz des lebenslustigen
Fürsten Ottheinrich, der als Kurfürst 1556 den Bau
des Heidelberger Schlosses begann.

1616 erneut die Rekatholisierung durch und vertrieb 1620 rund 130 der zum Teil vermögendsten Familien aus der Stadt, nur weil sie nicht wieder katholisch werden wollten.

An die Zeiten, in denen Lauingen neben Neuburg zweite Residenz war, erinnert noch das mächtige Herzogsschloß am Südwestende des Städtchens; daß es Mitte des 13. Jahrhunderts so mächtig wie Ulm war und gleichhohe Steuern zahlen konnte, davon ist heute allerdings nichts mehr zu spüren.

Bis heute geblieben ist den Lauingern allerdings der Ruhm, daß hier 1193 einer der größten Universalgelehrten des Mittelalters geboren wurde: Albert von Lauingen, den man schon hundert Jahre später nur noch ehrfürchtig Dominus Magnus Albertus nennt. Der Naturwissenschaftler beherrschte nicht nur das Wissen seiner Zeit (er lehrte in Padua, Straßburg und Paris), war nicht nur Bischof von Regensburg und nicht nur der große politische Schiedsrichter. Er war auch und vor allem der namhafte theologische und philosophische Anreger, zu dem Leute wie Thomas von Aquin in die Schule gingen.

Gerade eine Wegstunde ist es hinüber nach Dillingen und damit schon wieder in eine völlig neue Welt. Über gut dreihundert Jahre hatte dort ein schwäbischer Reichsgrafensitz bestanden, der zuletzt sogar von Kaiser Friedrich II. das königliche Münz-, Zoll- und Marktrecht sowie das Befestigungsrecht erhalten hatte. Dessen ungeachtet hielt es der letzte Sproß des Dillinger Grafenhauses, Hartmann V., mit der Kirche. Von 1248 bis 1286 war er Bischof von Augsburg. 1257 übertrug er die Rechte an seiner Reichsgrafenschaft dem Augsburger Bischofsstuhl. Dessen Inhaber aber war Fürst des Reiches und hatte im Reichsfürstenrat Sitz und Stimme. Weil die reichsstädtischen Augsburger ihrem fürstbischöflichen Landesherrn zuzeiten das Leben durchaus schwerzumachen verstanden, bauten diese die Dillinger Burg zum Residenzschloß und die Burgfeste zur sicheren Zufluchtsstätte aus. Vom ausgehenden Mittelalter bis zur Säkularisation wurde Dillingen der Regierungssitz des größten reichsunmittelbaren Herrschaftsgebietes im östlichen Schwaben.

Einen weiteren Grund gibt es für die Dillinger, stolz auf ihre Vergangenheit zu sein. Von der Mitte des 16. bis zum Ende des 18. Jahrhunderts hatte die Stadt große Bedeutung erlangt durch ihre im Jahre 1549 gegründete Universität, die kurz darauf bereits die Anerkennung durch Papst und Kaiser erhielt. Sie stand gleichrangig neben Städten wie Freiburg, Tübingen oder Heidelberg. Daß diese Universität 1563 von den Jesuiten übernommen wurde, prägt noch heute den Geist Dillingens, auch wenn es demnächst schon zweihundert Jahre her sind, daß diese alma mater zu bestehen aufgehört hat. Geblieben sind Priesterseminar und Philosophisch-Theologische Hochschule, geblieben sind Ordensniederlassungen der verschiedensten Art. Geblieben ist all das, was dem kleinen Dillingen ursprünglich den Beinamen »das schwäbische Rom« eingetragen hat.

In Höchstädt und Blindheim wird man dagegen nach Spuren der Vergangenheit vergeblich suchen. Dabei prallten am 13. August 1704 in den Donauauen bei Blindheim 56 000 vereinigte Franzosen und Bayern unter Kurfürst Max Emanuel von Bayern auf 52 000 vereinigte Briten, Deutsche, Niederländer und Dänen unter dem Kommando von Herzog Marlborough und Prinz Eugen. In der größten Reiterschlacht des 18. Jahrhunderts verlor Ludwig XIV. die Elite seiner Armee (18 000 fielen, 12 000 gerieten in Gefangenschaft), und Bayern kam für zehn Jahre unter österreichische Besatzung. Habsburg war damit gerettet, und Wien mußte nicht französisch werden.

Letzte schwäbische Bastion ist Donauwörth. Hier kreuzte einst die größte europäische Handelsstraße, die von Bergen in Norwegen über Nürnberg und Augsburg bis hinunter nach Sizilien führte, die Donau. Hier hatte man das Markt-, Münz- und Zollrecht, und entsprechend war sein Selbstbewußtsein: Man hatte den östlichsten großen Donauhafen Schwabens, und man gehörte nach München und Ingolstadt zu den steuerkräftigsten Städten. Nicht umsonst also durfte man sich ab 1301 »Freie Reichsstadt« nennen. Ihren Höhepunkt erlebte die Handelsstadt zur Zeit Kaiser Maximilians, des letzten Ritters. Damals hieß die Stadt noch Schwäbischwörth, und man war immerhin so sehr von sich überzeugt, daß man am 8. März 1500 Kaiser Maximilian samt Hofstaat zum Tanz einlud, um die Geburt von Maximilians Enkel, dem späteren Kaiser Karl V., zu feiern.

Das Ende schwäbischer Reichsstadtherrlichkeit kam 1607, als während der vom Abt des Heiligkreuzklosters veranstalteten Fronleichnamsprozession die Protestanten über die Katholiken herfielen und sich beide Parteien gegenseitig arg verprügelten. Die Folge war die Verhängung der Reichsacht durch den Kaiser, der Herzog Maximilian von Bayern damit beauftragte, in der Stadt für Ordnung zu sorgen. Dieser tat es auf seine Weise, kassierte die Stadt und zwang die sich mittlerweilen dem protestantischen Glauben zugewandten Bürger, wieder katholisch zu werden. Diese »Vergewaltigung« sollte dann mit eines der auslösenden Momente für den Dreißigjährigen Krieg werden.

Unterhalb von Donauwörth, an der Mündung des Lech, ist die eigentliche, nämlich die Sprachgrenze zwischen den Schwaben und Bayern erreicht. Ein Ende der Beschaulichkeit ist aber deswegen noch lange nicht abzusehen. In Neuburg etwa tritt sie gleich so verstärkt auf, daß man sich sicher nicht zu unrecht an Dornröschen erinnert fühlt. Dabei war gerade hier der Anspruch alles andere als bescheiden, mit dem das aus der Retorte geschaffene Fürstentum antrat.

Im Jahre 1505 war Pfalz Neuburg als »Abfallprodukt« eines Erbschaftsstreites im Hause Bayern entstanden. Seine neue Residenz richtete das Fürstentum in Neuburg ein, und 1522 übernahm Ottheinrich seine Regierung. Der allem Schönen und auch Neuen zugetane, lebensfrohe Fürst ging ab 1530 daran, die seinen Vorstellungen entsprechende Residenz auf dem Stadtberg zu errichten. Bis 1545 entstand das wohl schönste Renaissanceschloß an der Donau. Gerade einmal im Jahr wecken es die Neuburger Bürger im Rahmen eines Stadtfestes aus seinem Dornröschenschlaf. Für wenige Stunden erwacht dann der Arkadenhof zu neuem Leben, wenn die Bürger zur Feier des Tages ihre Renaissancegewänder aus dem Schrank holen und der Steckenreitertanz nach der Art der von Ottheinrich so geliebten Roßballette aufgeführt wird.

Ottheinrich war der erste bayerische Fürst, der protestantisch wurde. 1542 bekannte er (und in der Folge mit ihm seine Untertanen) sich zu der neuen Lehre Luthers. Er büßte dafür im Exil. Dennoch wurde er 1556 Kurfürst und begann in Heidelberg mit dem Bau des schönsten Renaissanceschlosses Deutschlands. Auch nach Ottheinrich blieb man in Neuburg protestantisch, bis 1614 Fürst Wolfgang Wilhelm die besseren Chancen wieder auf der katholischen Seite sah und damit die endgültige Richtung bestimmte. Erst 1808 schließlich, in der napoleonischen Ära, wurden die pfalzneuburgischen Landstände aufgelöst; seine süddeutschen Gebiete gingen im Königreich Bayern auf, die niederrheinischen kamen zu Preußen. Damit zerrissen auch die über zweihundert Jahre alten kulturellen Wechselbeziehungen zwischen Donau und Niederrhein unwiderruflich.

Endgültig vorbei mit der Beschaulichkeit ist es weitere zehn Kilometer stromab. Plötzlich dominiert das Militär: Über sieben Jahrhunderte lang war die Stadt befestigt. Ihre älteste Schutzwehr, eine rechteckige Stadtumwallung, entstand bereits im 13. Jahrhundert, zu der Zeit also, als der Besitz des Klosters Niederalteich langsam in Wittelsbacher Hände geriet. 1392 war sie zur Residenz des Herzogtums Bayern-Ingolstadt aufgestiegen. Damals erhielt sie ihren berühmten Stadtmauerring, der von nicht weniger als 86 Türmen gekrönt war. Diesen dreifachen Sicherungsring konnte sogar Gustav Adolf im Dreißigjährigen Krieg ebensowenig durchbrechen wie es ihm gelang, die 1539 begonnene Landesfestung zu knacken. Erst Napoleon nahm sie geraume Zeit später kampflos und erzwang den Abbruch der Renaissancefestung, wohl mehr, um den Bayern zu zeigen, wer Herr im Hause ist, denn aus Notwendigkeit.

Das junge Königreich Bayern schließlich machte Ingolstadt erneut zur Festungsstadt und gab ihm geradezu eine Schlüsselstellung in seiner Landesverteidigung. Ab 1828 entstand der klassizistische Festungsgürtel mit den vorgelagerten Außenforts. Für rund ein Jahrhundert wurde so das bis zu den Zähnen bewaffnete Ingolstadt die stärkste und wichtigste Garnison in Bayern. Erst die Amerikaner ließen die Forts und weitläufige Teile der Wälle und Mauern sprengen. Verschont blieben glücklicherweise jene Türme und Tore, die besonders von der Gestaltungskraft des großen Leo von Klenze zeugen.

Doch Ingolstadt war keineswegs ausschließlich Soldatenstadt. 1392 zur Residenz aufgestiegen, erhielt sie ihren großartigen gotischen Akzent, der noch heute überall zu spüren ist: die mittelalterliche Stadtmauer etwa mit ihren Toren, das hochgiebelige Pfründnerhaus, das einst 1472 die erste bayerische Universität aufnahm, das als wehrhafte Burg aufgebaute Herzogschloß (heute Bayerisches Armeemuseum) oder das gleichfalls noch gotische Münster.

Für gut drei Jahrhunderte bestimmte die Universität die Geschichte der Stadt. Engagierte Professoren förderten ihren Ruf, und ihre Mediziner gingen sogar soweit, in Eigeninitiative für ihre damals vorbildliche Anatomie zu sorgen. Die Forschungsstätte, die einst alle zeitgemäßen Möglichkeiten zum Experimentieren in den Fächern des medizinischen Physikums bot, beherbergt heute das Deutsche Medizin-Historische Museum. Weniger rühmlich war es dann, als man die Hochburg der Gegenreformation zerstörte, die die Universität tragenden Jesuiten vertrieb, die Universität nach Landshut verlegte und ihre Bibliothek als Altpapier für lächerliche 667 Gulden versteigerte.

Der 1735 von der marianischen Studentenkongregation errichtete und von den Brüdern Asam gestaltete Versammlungsraum ist da weit rühmlicher. Die thematischen Schwerpunkte »Heilsgeschichte der Welt« und »Verehrung der Mutter Gottes« haben die berühmten Brüder in einem perspektivisch und kompositorisch genial gestalteten Raum meisterhaft verwirklicht.

25 Jahre später wurde durch Einbau eines Altares aus dem Versammlungsraum die Kirche Maria de Victoria, deren Prunkstück noch heute die Türkenmonstranz des Augsburger Goldschmiedes Johann Zeckl ist. Das 1,23 Meter hohe und über 18 Kilogramm schwere Werk aus Gold und Silber entstand von 1678 an in dreißigjähriger Arbeit. Auftraggeber war die Ingolstädter Bürgerkongregation »Maria vom Siege«, die mit der Erinnerung an die Seeschlacht von Lepanto (am 7.10.1571 hatten die Katholischen den Türken an der griechischen Küste bei Lepanto eine vernichtende Niederlage zugefügt – ein Sieg, aus dem der Papst flugs ein Symbol für die Unbesiegbarkeit der Kirche machte) einen Beitrag im Kampf gegen die Türken leisten wollte.

Obwohl Ingolstadt stets eine blühende Stadt war, entstanden hier im Mittelalter nicht wie anderswo die protzigen Patrizierburgen. Und das hatte seinen Grund nicht in fehlenden Dukaten, sondern in einem System, das verhinderte, daß allzu viele Dukaten in wenige Hände gelangten. Die Bürger hatten vielmehr ihr eigenes System entwickelt und über eine Art Vermögensverteilung erreicht, daß jeder Bürger einen Anteil aus den Handelsgewinnen der Stadt bekam. Deshalb stehen an den zahlreichen Gassen der Altstadt die meisten Gebäude mit der schmalen Giebelseite zur Straße und strahlen noch heute wohl große Behäbigkeit, weniger aber Prunk und großen Reichtum aus. Betrachtet man das Stadtmodell des Drechslermeisters Sandtner aus dem 16. Jahrhundert, dann zeigt sich, daß sich an dieser Grundlinie zwischen Gestern und Heute in Ingolstadt wenig verändert hat.

REICHSSTÄDTISCHE FREIHEIT

»Der Brucken gleicht keine in Deutschland«, sagte Hans Sachs und bestätigte damit nur, was schon die hohen Räte der freien Reichsstadt empfanden, als sie dieses Bauwerk in das Siegel der Stadt, in das Sigillum gloriosi pontis Ratispone aufnahmen. Die Rede ist von der älte-

Die Lepanto-Monstranz ist ein Werk des Augsburger Goldschmiedes Johann Zeckel. Er stellte in dreißigjähriger Arbeit das Geschehen in der Seeschlacht von Lepanto dar (oben). Das herzogliche Schloß in Ingolstadt beherbergt heute das Bayerische Armeemuseum (unten).

69

sten, noch heute bestehenden und voll funktionsfähigen Brücke am Strom, der Regensburger Reichsbrücke. Sie entstand von 1135 bis 1146 und ist ein Markstein im doppelten Sinne.

Zum einen kennzeichnet sie bereits einen politischen Wandel, der in seiner vollen Auswirkung erst ein Jahrhundert später zum Tragen kommen wird, wenn Regensburg 1245 seine Reichsunmittelbarkeit erhält. Daß die Wurzel dafür weit zurückreicht, dafür ist die Steinerne Brücke der beste Beweis. Wohl gab 1135 der Bayernherzog Heinrich der Stolze den Auftrag für den Brückenbau, doch war der Bau von Anfang an weniger eine Sache des Herzogs als der reichen Kaufleute, die ein Interesse daran hatten, die Reichsstraße Nord-Süd attraktiv zu erhalten. Sie waren es, die das Geld für den elf Jahre währenden Bau aufbrachten, sie waren es damit auch, die dokumentierten, wer in Regensburg damals schon das tatsächliche Sagen hatte.

Zum anderen war die Brücke ein bautechnischer Markstein. Wohl gab es Vorbilder, wie etwa die Trajansbrücke südlich von Kladovo, doch wußte man davon im Mittelalter kaum etwas. Zumindest die von den Römern ein Jahrtausend vorher angewandte Technik war unbekannt. Zieht man dann noch ins Kalkül, wie wenige technische Hilfsmittel die Brückenbauer vor 850 Jahren zur Verfügung hatten, läßt sich erst so richtig abschätzen, welch technisches Wunderwerk der Brückenschlag damals war.

Bei einer Länge von 350 Meter überspannt die Brücke mit sechzehn halbkreisförmigen Bögen die Donau dort, wo die zwei Inseln Oberer Wöhrd und Unterer Wöhrd ihre Fühler gegeneinander strecken. Für jeden der wuchtigen Pfeiler wurden eine eigene Insel aufgeschüttet und ein äußerer und ein innerer Ring aus mächtigen Eichenpfählen in das Flußbett gerammt. Die beiden Pfahlringe wurden mit Bruchsteinen gefüllt und so das Fundament für die eigentlichen Brückenpfeiler geschaffen. Die Pfeiler und die Bögen wurden aus behauenen Quadersteinen zusammengefügt und mit heißem Kalkmörtel ausgegossen – eine Technik, die dem Zahn der Zeit bis heute widerstanden hat. Selbst den Eichenpfählen konnten die Jahrhunderte nichts anhaben, sie wurden allenfalls mit den Jahren immer noch härter. Schenkt man der modernen Statik Glauben, könnte die Brücke mühelos Lasten über 60 Tonnen tragen. Ob so etwas von unseren Bauten in 800 Jahren auch noch gesagt werden kann?

Ein weiteres Indiz für die Macht des reichen Kaufmannspatriziates sind die parallel zum Brückenbau emporstrebenden Geschlechtertürme. Über sechzig dieser in ganz Deutschland einmaligen Türme entstanden allein im 12. Jahrhundert in Regensburg und dokumentierten den Reichtum und das Ansehen der Besitzer. Nicht wenige dieser mittelalterlichen Wohn-, Wehr- und Vorratstürme sind erhalten und zeigen, wie etwa der Baumburger Turm am Watmarkt, wo die Patrizier ihre wichtigen Handelsverbindungen hatten.

Trotz des Einflusses, den die Patrizier zweifelsohne hatten, war aber den Fürsten in Regensburg die Macht noch nicht aus der Hand genommen. Noch fungierte die Stadt offiziell als bayerische Hauptstadt, doch häuften sich langsam aber sicher die Anzeichen für den Umschwung. Kaiser Friedrich Barbarossa trennte auf dem Reichstag von 1156 die Ostmark der Babenberger von Bayern ab und entthronte 1180 den Welfen, Heinrich den Löwen, als bayerischen Herzog. Zu dieser Zeit begann langsam der Aufstieg der Wittelsbacher, doch Herren in Regensburg sollten sie nie werden.

Sie konzentrierten sich klugerweise auf Landshut und München. Die Regensburger dagegen hielten es mehr mit dem Kaiser, ließen sich von ihm 1211 ein eigenes Stadtsiegel und 1233 eine eigene Stadtkanzlei genehmigen. Krönender Abschluß war dann die von Kaiser Friedrich II. 1245 verliehene Reichsunmittelbarkeit. Direkte Folge der Anerkennung des Aufstieges und der neu gewonnenen Macht war der fünf Jahre später gefaßte Beschluß der neuen Reichsbürger zum Bau eines neuen Domes. Am 23.4.1275 durfte der zum Bischof von Regensburg aufgestiegene Patriziersohn Leo Thundorfer dafür den Grundstein legen.

Doch die neue Würde, einzige freie Reichsstadt in Altbayern zu sein, hatte nicht nur Vorteile. Augsburg und Nürnberg überflügelten die Stadt am Strom, die zudem vom Umland weitgehend isoliert wurde. Zwar hielten die Altpatrizier dem Kaiser die Treue, nicht wenige Handelsherren aber und vor allem die Handwerker sahen dagegen mehr und mehr die besseren Chancen bei einem Wiederanschluß an Bayern. Erst versuchte man es mit Herzog Ludwig dem Reichen, dem Landshuter Wittelsbacher, um sich schließlich auch mit dem Münchener Wittelsbacher, dem Herzog Albrecht dem Weisen zusammenzufinden. Er zog 1486 mit großem Gepränge in die ehemalige Hauptstadt seiner Väter ein und gründete ein Jahr später die Regensburger Universität.

Kaiser Friedrich III. war all dies natürlich alles andere als recht. Er verhängte die Reichsacht über die Stadt, setzte die Ratsherren fest, demütigte und folterte sie. 1492 war der Ausflug ins herzogliche Lager beendet, die Stadt ging wieder an den Kaiser zurück. Daran änderte auch ein 1514 neuerlich auflodernder Aufstand nichts mehr. Die Anführer endeten auf dem Schafott, die Stadt blieb kaiserliche freie Reichsstadt.

Trotz des zeitweise heftigen Kampfes um die Macht gab es zur Zeit der Renaissance nirgendwo sonst an der Donau so viel Freiheit für die Bürger wie in Regensburg.

Nirgendwo sonst wurde aber auch so viel darüber diskutiert wie hier. Allein bis zum 16. Jahrhundert tagte hier beinahe 50 mal der Reichstag. Kaiser und Kurfürsten, geistliche und weltliche Standesvertreter, Gesandte und Vertreter der Reichsstädte redeten sich hier die Köpfe heiß – alle mit dem Anspruch, das Beste für das Reich zu wollen.

Anfang des 16. Jahrhunderts, als die Parteien langsam nicht mehr Kaiser und Papst, sondern Papstanhänger und Lutheranhänger waren und der politische Kampf nicht selten identisch war mit dem Kampf um das richtige Seelenheil, ließ Kaiser Karl V. hier den Katholiken Dr. Eck mit dem Lutherfreund Philipp Melanchton disputieren, um Kriterien für die »richtige« Entscheidung des Reichstages zu gewinnen. Daß die Absicht edel, der Erfolg aber mäßig war, dürfte man ihm kaum als Schuld ankreiden können. Der Rat von Regensburg jedenfalls entschied sich 1543 und führte für die Stadt die protestantische Lehre ein. Natürliche Folge war es, daß fürderhin nur Protestanten Mitglieder des Rates sein durften, auch wenn die Katholiken unter ihrem Fürstbischof ein starkes Eigenleben in ihrer Domstadt bewahren konnten.

Die Toleranz dem Andersdenkenden gegenüber zahlte sich für die Regensburger aus. Obschon die freie Reichsstadt völlig von katholischen Bayern umgeben war, und obwohl der Fürstbischof und gleich drei Abteien ebenfalls reichsunmittelbar, aber natürlich nicht dem Kaiser, sondern dem Papst treu waren, hielt man sich nach allen Seiten offen. Man hatte ein gutes Verhältnis zu den Habsburgern in Wien und zu den Wittelsbachern in München und bot allen Parteien jederzeit ein freies Forum auf nahezu neutralem Boden.

Daß die Regensburger niemals kleinlich und stets darauf bedacht waren, ihren hohen Gästen möglichst jeden Wunsch zu erfüllen, dafür ist Karl V. das beste Beispiel. Als er 1546 zum Reichstag kam, erhielt er als »Hostess« die hübsche Bürgerstochter Barbara Blomberg, die sich ihrerseits für die Zuwendung des Kaisers mit einem Sohn bedankte. Daß daraus Don Juan d'Austria, der spätere Sieger

Um 1500 war Albrecht Altdorfer, der Hauptmeister der »Donauschule«, Ratsherr und Stadtbaumeister von Regensburg. Für die Bischofsresidenz schuf er die Fresken des »Kaiserbades«, die das sinnenfrohe Treiben einer Badegesellschaft zeigen.

Die Regensburger Reichsbrücke ist die älteste, noch heute bestehende und vollfunktionsfähige Brücke am Strom. Sie entstand von 1135 bis 1146 im Auftrag von Herzog Heinrich dem Stolzen, bezahlt jedoch wurde sie von den nicht gerade unvermögenden Regensburger Kaufleuten.

von Lepanto und damit der Bezwinger der Türkengefahr wurde, hatten die Regensburger zwar weder geahnt noch beabsichtigt – stolz sind sie dennoch noch heute darauf.

Während des Dreißigjährigen Krieges ging es nicht ganz so hoffähig in Regensburg zu. 1630 wurde Wallenstein entlassen, Bernhard von Weimar eroberte die Stadt, verlor sie aber kurz danach wieder an die Kaiserlichen. Arg mitgenommen ging die Stadt aus dem Krieg hervor, und 1646 erhielt sie als eine Art Entschädigung den Sitz des »Immerwährenden Reichstages« zugesprochen. Das bedeutete aber bereits das Ende des alten Reichstages. Jetzt kam der Kaiser nicht mehr selbst, er ließ sich durch einen Prinzipalkommissär vertreten, die Fürsten schickten Gesandte, disputiert wurde demnach nur noch vertretungsweise. Da riecht es schon nach feiner Ironie, wenn die Regensburger heute behaupten, der Immerwährende Reichstag sei das erste deutsche Parlament gewesen. Ganze 139 Jahre nach seiner Institution fegte Napoleon das ehrenwerte Gebilde genauso hinweg wie vieles andere.

Geblieben ist das Alte Rathaus mit seinen auf das 11. Jahrhundert zurückgehenden Bauteilen und seinem 1360 entstandenen Reichssaalbau. Der 8 Meter hohe Sitzungssaal war ursprünglich als Tanz- und Festsaal des Rates errichtet worden und ist mit einer großartigen Balkendecke aus dem Jahre 1408 ausgestattet. Die Anordnung der Sitze spiegelt die hierarchische Ordnung wieder, mit der das Scheingebilde des Heiligen Römischen Reiches aufrecht erhalten werden sollte. Um den Reichssaal sind die Beratungszimmer der Reichsstände angeordnet.

Gut sechs Jahrhunderte lang gingen Fürsten, Könige und Kaiser in Regensburg ein und aus, das Sagen in der Stadt aber hatten ihre Patrizier und ihre reichen Bürger. Seit 1748 vertraten die mit der Post reich gewordenen Erbgeneralpostmeister des Heiligen Römischen Reiches aus dem Hause Thurn und Taxis den Kaiser als Prinzipalkommissäre und nisteten sich 1812 in die ehemaligen Stiftsgebäude von St. Emmeram standesgemäß ein. Seither beherbergt Regensburg in seinen Mauern auch noch das reichste deutsche Fürstengeschlecht.

ALTBAYERISCHES BÜRGERTUM

Der Gäuboden, die im Norden von den Bergen des Bayerischen Waldes, im Süden vom niederbayerischen Hügelland begrenzte fruchtbare Ebene zwischen Regensburg und Passau, wurde seit jeher für Ackerbau und Viehzucht genutzt. Kelten, Römer und schließlich Bajuwaren hatten hier eine Kornkammer entdeckt, die zu allen Zeiten größten Wohlstand erlaubte. Hatten die Römer ihren Reichtum noch in Paraderüstungen, Bronzestatuetten und kostbaren Gesichtsmasken dokumentiert

(Römerschatz im Straubinger Gäubodenmuseum), so legten die mittelalterlichen Bayern in Straubing, dem Zentrum des Gäubodens, ihren Reichtum hauptsächlich in stattlichen Bürgerhäusern an. (Was da so alles an Bürgerpracht entstanden war, zeigt das Modell der mittelalterlichen Stadt von dem Straubinger Drechsler Jakob Sandtner aus dem Jahre 1568, heute im Bayerischen Nationalmuseum, München.) Reiche Patriziergeschlechter, wie die Lerchenfelder, Kastenmayr, Zeller oder Höller, entfalteten sich und bauten ihre Häuser mit den typischen Treppengiebeln und den kunstvoll gestalteten Fassaden. Bei solch wirtschaftlicher Macht spielte es kaum eine Rolle, daß ab und zu ein Herzog in die Stadt einzog, wie etwa Ludwig der Kelheimer, der 1218 die Neustadt gründete und eine Burg baute, oder daß Herzog Stefan II. 1352 das Herzogtum Straubing-Holland (mit den Lehen Hennegau, Holland, Seeland und Friesland) schuf und damit Straubing neben München und Landshut zur dritten Residenzstadt in Bayern machte (bis 1425). Die Bürger ließen es sich gefallen und bauten dennoch von 1316 bis 1393 aus eigener Kraft ihren Stadtturm, mit seinen fünf schlanken Spitzen bis heute Wahrzeichen der Stadt.

Als man 1429 zu den Wittelsbachern kam, hatte das ebenfalls kaum weitere Auswirkungen. Die Kornkammer gedieh wie eh und je, und München war weit. Da störte selbst das Schicksal der bildschönen Baderstochter Agnes Bernauer höchstens am Rande. Am 12. Oktober 1435 starb sie den nassen Tod in der Donau, weil Herzog Albrecht III. es gewagt hatte, die so gar nicht standesgemäße Augsburger »Badhur« zu heiraten und damit die politischen Pläne seines Vaters Herzog Ernst zu durchkreuzen. Im Oktober 1435 mußte Herzog Heinrich der Reiche von Landshut auf Geheiß von Herzog Ernst seinen Straubinger Nachbarn Albrecht zur Jagd laden. Herzog Ernst ließ die in Straubing allein im Schloß sitzende Agnes gefangennehmen und nach kurzem Prozeß wegen »Verhexung« seines Sohnes im Strom ertränken. Wie schon so oft, hatte auch hier die Staatsraison die Liebe besiegt.

Daß Herzog Albrecht gegen den eigenen Vater und dessen Komplizen, Herzog Heinrich, zu Felde zog, ist dann nur noch eine Episode. Nur dreizehn Monate nach dem gewaltsamen Ende der Bernauerin heiratete Albrecht die standesgemäße Anna von Braunschweig. Herzog Ernst stiftete im Petersfriedhof zu Straubing eine Sühnekapelle, und Albrecht III. konnte ab 1438 als Albrecht der Fromme in München das Regiment antreten. Geblieben sind der schöne Grabstein der Bernauerin auf dem Petersfriedhof und die dichterische Verarbeitung der Tragödie durch Friedrich Hebbel (Agnes Bernauer, Ein deutsches Trauerspiel, 1852) und die musikalische durch Carl Orff (Die Bernauerin, Ein bairisches Stück, 1947).

Der Gäuboden zwischen Regensburg und
Passau wurde zu allen Zeiten für Ackerbau und
Viehzucht genutzt. Kelten, Römer und Bayern
machten aus der fruchtbaren Ebene eine Kornkammer, die der Bevölkerung zu allen Zeiten
größten Wohlstand erlaubte.

Von Maria Taferl aus schweift der Blick weit über den Strudengau. Wiesen, Felder und Wälder wechseln sich hier auf das angenehmste ab und wetteifern miteinander, dem schönen und vielbesungenen Strom einen ihm gebührenden Rahmen zu bieten.

DIE BAYERISCH-ÖSTERREICHISCHE DONAU **Von Engelhartszell bis Krems**

Im Machland verliert sich die Donau in einem weiten im Tertiär ausgebildeten Trog. Zahllose Altwasserarme bilden zusammen mit den aus dem umliegenden Hügelland in vielfältigen Windungen hereinströmenden Bächen ein dichtes Netz von Wasseradern und Altwasserarmen.

Bei Schlögen war der Granit stärker als die Donau und zwang den Strom zu einer riesigen Schleife. Auf der schmalen Landzunge kämpften schon Römer und Germanen gegeneinander. Die Truppen Kaiser Maximilians I. zerstörten die einst hier stehende Burg Haichenbach.

Schon in den Tagen Karls des Großen spielte der Weinbau in der Wachau eine dominierende Rolle. Bereits in der ersten Blütezeit des Weinbaues zogen und kelterten hier die Weinhauer für immerhin 32 Bischöfe und Äbte aus Bayern den Wein.

Bei Dürnstein scheint der Strom das gesamte Durchbruchtal zu füllen. Doch der Schein trügt: Die Südhänge am linken Ufer mit ihren nicht selten schroffen Felspartien sind immer wieder auf weite Strecken unterbrochen durch die mächtigen Himmelsstiegen der Weinterrassen.

Strom in Bedrängnis

Nichts deutet zunächst darauf hin, daß die von Inn und Ilz gestärkte und auf europäisches Format gebrachte Donau gleich dreimal hintereinander in kurzen Abständen immer gewaltigere Kraftproben mit Gneis und Granit bestehen muß. Wohl kann sie sich an den nördlichen Ausläufern des Sauwaldes und seinen dunklen, dichtbewaldeten Berghängen gerade noch vorbeischlängeln, wohl täuscht das ruhig dahinfließende, von den immer höher werdenden Bergen mehr und mehr eingeengte Wasser sogar vor, dieser Weg sei dem Wasser ohne größeren Kampf eingeräumt worden. Auch das hinter Engelhartszell wieder breiter werdende Flußbett läßt vermuten, die erste Kraftprobe sei bereits überstanden, da zeigt sich schon bei Schlögen, daß all das nicht so ganz stimmt.

DIE SCHLÖGENER SCHLINGE

Die stillen Wasser unter der Nordseite des Sauwaldes, Folge der Staumauer am Jochenstein, und das breite Flußbett danach können nicht darüber hinwegtäuschen, daß es die Donau bei Schlögen nicht geschafft hat, den Granit zu durchfressen und ihrer Richtung treuzubleiben. Hätte ein übermächtiger Arm ihr Halt geboten, hätte der Richtungswechsel nicht stärker sein können. Als Reverenz vor seiner Stärke forderte der Granit nicht nur ein einfaches Ausweichmanöver, sondern einen Richtungswechsel um volle 180 Grad, so als wollte der Fels die Donau zum Schwarzwald zurückschicken.

Um die schmale, vom Strom eingeschlossene Landzunge gibt es bis heute keinen Talweg. Für ihn läßt die Donau, wie zur Revanche für das aufgezwungene Ungemach, einfach keinen Platz. Wer dennoch das »Amphitheater, in dem man auf einem gebirgsumschlossenen See zu fahren glaubt« (Graf von Platen), erleben möchte, ist auf das Schiff angewiesen.

Beim Umrunden der schmalen Landzunge kommt dafür die Phantasie zu ihrem Recht beim Gedanken an die heute fast völlig verfallene Burg Haichenbach. Gleich von drei Seiten aus kann man hinaufsehen und sich vorstellen, wie hier schon Römer und Germanen gegeneinander kämpften, aufständische Bauern die Feste zu stürmen versuchten oder wie die Truppen Kaiser Maximilian I. die Feste schließlich schleiften.

Wie zum Abschied zwingt der Fels die Donau noch um einige weitere Schlingen und Schleifen, bis er sie endlich bei Aschach in weites Wiesengelände und damit zu einer längeren Verschnaufpause bis zum nächsten Hindernis entläßt.

DAS MACHLAND

Auch die Berge auf der linken Donauseite westlich und östlich von Linz stören den gemächlichen Flußlauf und damit die Ruhepause vor dem nächsten Kampf nicht. Dafür erlauben sie einen umfassenden Rück- und Vorblick auf das Zusammenspiel von Bergen und Fluß.

Vom Pöstlingsberg etwa, zu dem man mit der altehrwürdigen, ersten und steilsten Adhäsionsbahn der Welt hinaufrattern sollte, zeigt sich dieses Schauspiel am eindrucksvollsten. Von Norden her drängen die Ausläufer des Böhmischen Waldes, die sanften Kuppen des Wald- und Mühlviertels. Gegen den Fluß, nach Süden hin baut sich hinter der Voralpenlandschaft von Horizont zu Horizont die Gipfelkette der Alpen vom Dachstein bis zum Wilden Kaiser auf. Nach Osten öffnet sich die Weite des Machlandes, in dem sich der Strom wie in einem weiten Trog zu verlieren scheint.

Diese riesige Wanne war auch schon im Tertiär vorhanden und bildete damals einen eigenen flachen Meeresarm. Es muß eine Art Lagunenlandschaft gewesen sein, die eine subtropische Vegetation ermöglicht hatte. Nur so jedenfalls sind die flachen Kohlenflöze zu erklären, die unter zwanzig und mehr Meter hohen Sandablagerungen versteckt sind.

Auch heute noch ähnelt dies alles einer Lagunenlandschaft, konnte die Donau doch hier über Jahrhunderte sich immer wieder ein neues Bett suchen, immer wieder neu ändern und dann und wann seeartige Ausbuchtungen bilden. Zahllose Altwasserarme bilden zusammen mit den aus dem umliegenden Hügelland in vielfältigen Windungen hereinströmenden Bächen ein dichtes Netz von Wasseradern, das auf weite Strecken nur per Boot zu erforschen ist. Teilweise undurchdringliches Erlen- und Weidengebüsch und weite Schilfflächen tun ein übriges, den Menschen fernzuhalten und den Tieren einen Zufluchtsort zu bieten, die auf das Wasser angewiesen sind.

DER STRUDENGAU

Nach nur 25 Kilometer Länge verengt sich das an der breitesten Stelle etwa 10 Kilometer breite Machtal bei Ardagger auf wenige hundert Meter: Der Donau steht der nächste Kampf mit dem Granit bevor. Wieder sind es die Ausläufer des Böhmischen Massivs, die sich der Donau als natürliche Barriere in den Weg stellen. Und hier war kein Ausweichen möglich, hier mußte es ein Hindurch geben.

Der Härte des Gesteins entsprechend entstand so auch ein schmaler fjordartiger Einschnitt, der den Fluß auf weniger als die Hälfte seiner normalen Breite einengt und der dafür sorgte, daß bis vor noch gar nicht langer Zeit Strudel, Stromschnellen und Untiefen das Bild in der Enge zwischen den steilen Waldhängen beherrschten. Bei Niedrigwasser ragten die polierten Felsen aus dem Wasser, bei Hochwasser bedrohten die tosenden Strudelwellen die Schiffe.

So ist es nicht verwunderlich, daß die für diesen Abschnitt so typischen Strudel zwischen der Insel Wörth und der Burg Werfenstein dem ganzen Donaustück zwischen der Greinburg und Schloß Persenbeug den Namen Strudengau gaben. In den Zeiten der alten Donauschiffahrt war es das gefürchtetste Stück des gesamten Stromes, auf dem so manches Schiff zerbrach und so mancher Schiffer Ladung und Leben verlor.

Die düstere, unheilverhangene Enge beeindruckte den Romantiker Joseph von Eichendorff so sehr, daß er den Tod unmittelbar ins Spiel brachte, als er sein Erlebnis des Strudengaues beschrieb: »Kein Mensch ist hier zu sehen, kein Vogel singt, nur der Wald von den Bergen und der furchtbare Kreis, der alles Leben in seinen unergründlichen Schlund hinabzieht, rauschen hier seit Jahrhunderten gleichförmig fort. Der Mund des Wirbels öffnet sich von Zeit zu Zeit dunkelblitzend wie das Auge des Todes. Der Mensch fühlt sich auf einmal verlassen in der Gewalt des feindseligen, unbekannten Elementes, und das Kreuz auf dem Felsen tritt in seiner heiligsten und größten Bedeutung hervor ...«

Das heutige, malerische Bild einer ruhig durch die engen Granithänge fließenden Donau gibt es dagegen noch nicht lange. Erst die Staustufe bei Ybbs und die Sprengung der Felsen im Flußbett, mit denen man schon zu Maria Theresias Zeiten begonnen hatte (die kaiserliche Yacht war auf Grund gelaufen), haben es geschafft.

Auch wenn die Donau heute keine tödlichen Gefahren mehr birgt und die Enge ihre Schrecken verloren hat, eine freundliche Landschaft ist der Strudengau dennoch auch heute noch nicht. Das wird erst wieder anders, wenn die Donau den Staumauern des Kraftwerkes in Persenbeug entronnen ist und sich durch die Hügellandschaft des Nibelungengaues winden darf.

Wiesen, Felder und Wälder wechseln sich jetzt ab und wetteifern miteinander, dem Strom einen möglichst abwechslungsreichen Rahmen zu bieten und eine Vorahnung von dem zu geben, was Berge und Strom zu schaffen in der Lage sind, wenn sie nicht gegeneinander arbeiten müssen, sondern sich wechselseitig ergänzen dürfen.

DIE WACHAU

Zwischen Melk und Krems drängt noch einmal das riesige Granit-Gneis-Plateau des Böhmerwaldes gegen den Strom. Und aus welchem Grunde auch immer, der Strom nahm die Herausforderung an. Er nahm nicht den bequemeren Weg um den Wald herum von Melk über St. Pölten zum Tullner Feld, sondern grub sich nordostwärts durch den Granit. So geriet der Dunkelsteiner Wald, der geologisch zum Böhmischen Massiv zu rechnen ist, auf die südliche Seite der Donau.

Mit seinem Durchbruch durch den Granit schuf der Strom den unbestritten schönsten Abschnitt seines gesamten Laufes, die in der ganzen Welt bekannte und berühmte Wachau.

Wohl ist auch sie ein recht enges Durchbruchstal, in dem sich die Donau viele hunderte Meter durch den Granit sägen mußte, wohl begleiten auch hier bewaldete steile dunkle Berghänge den Strom. Dennoch ist diese Flußlandschaft von einer Heiterkeit, wie sie uns bisher an der Donau noch nicht begegnet ist. Die Südhänge am linken Ufer mit ihren nicht selten schroffen Felspartien sind auf weite Strecken immer wieder unterbrochen durch die mächtigen Himmelsstiegen der Weinterrassen, die oft kaum mehr als wenige Meter breit in Rängen, wie in einem großen Theater, die Hänge hinaufstreben. Der Strom fließt trotz der steilen Abbrüche ohne Wirbel und Theaterdonner ruhig und gleichmäßig dahin, als wollte er die das Tal durchflutende milde und gar südländisch anmutende warme Luft nicht stören.

Hierfür gibt es natürlich eine einfache Erklärung. Die wichtigste ist zweifellos, daß die Steilhänge die Kraft der rauhen Nordwestwinde aus dem Waldviertel brechen. Der östlich und westlich der Wachau so gefürchtete böhmische Wind kommt, wenn überhaupt, in die Wachau nur als abgeschwächter und bereits erwärmter Hauch. Das hat zur Folge, daß es in der Wachau nicht nur sehr viel wärmer als außerhalb des geschützten Tales ist, es fallen hier auch wesentlich weniger Niederschläge, es gibt weniger Gewitter und weniger Schnee.

Natürliche Folge ist, daß in der Wachau nicht nur seit Jahrtausenden Wein wächst und Aprikosenbäume gedeihen. Zwischen den Reben, an Rainen und Böschungen sind Pflanzen zu finden, die sonst nur in den östlichen Steppen beheimatet sind; an den Hängen fliegen Insekten, die im allgemeinen nur in sehr viel wärmeren Regionen vorkommen. So konnte beispielsweise der Apollo-Falter hier sogar eine eigene Spielart entwickeln, den »Wachau-Apollo«.

85

Prägendes Element in der Wachau waren und sind zweifellos die Weinberge. Auch wenn der Weinbau vor Jahrhunderten noch nicht so weit die Hänge hinaufreichte wie heute, so bestimmte er doch schon in den Tagen Karls des Großen das Leben auf den 20 Kilometern zwischen Schwallenbach und Krems.

Schon im 9. Jahrhundert war hier vertreten, was Rang, Namen und Einfluß hatte. Das Kloster Niederalteich hatte in Spitz den Anfang gemacht, gefolgt vom Erzbistum Salzburg, den Bistümern Passau, Freising, Regensburg und Eichstätt und den Klöstern Tegernsee und Metten. Zur ersten Blütezeit des Weinbaues in der Wachau zogen und kelterten die Weinhauer für immerhin zweiunddreißig Bischöfe und Äbte aus Bayern den Wein.

Die zu damaligen Zeiten schon relativ freien und selbständigen Weinhauer richteten sich nach der offensichtlich kaum begrenzten Nachfrage und weiteten nach und nach die Anbauflächen aus. Die Wälder wichen auf den Südhängen den Reben, die größeren Steine wurden zu den für die heutige Wachau so charakteristischen Steinterrassen verbaut; auf diese Weise entstand das älteste zusammenhängende Weinanbaugebiet Österreichs.

Heute reichen die Reben immerhin bis in etwa 400 Meter Seehöhe, also etwa 200 Meter über den Strom. Weitere 400 Höhenmeter darüber sind mit schützenden Wäldern bewachsen, die gleichzeitig den Übergang auf das Hochplateau des Waldviertels bilden.

Die Winzer der Wachau brachten es im Laufe der Zeit zu einer erstaunlichen Kellerkultur. Schönstes Beispiel dafür dürfte das Kellerschlössel sein, das Jakob Prandtauer ab 1693 für das Chorherrenstift Dürnstein erbaute. Das liebenswerte, dem Frohsinn dienende und mit allegorischen Fresken fröhlicher Zecher und zahllosen Stichen geschickt ausgestattete Kellerschlössel steht über Kelleranlagen, deren Hauptstollen allein schon über 400 Meter lang ist. Die gesamten Kelleranlagen sind gut doppelt so lang.

DIE ALTE DONAUSCHIFFAHRT

Was der Kenner am heutigen Wein aus der Wachau schätzt, ist die vollendete Harmonie von eindeutig lokalisierbarem Aroma, charakteristischem Bouquet, feiner Säure und angenehmer Leichtigkeit. Ob all die Eigenschaften auch schon vor tausend Jahren den edlen Rebensaft auszeichneten, weiß niemand. Sicher aber ist, daß es die Flaschen mit dem Dürnsteinring damals noch nicht gegeben hat. Der Wein mußte vielmehr ganz prosaisch in mehr oder weniger großen Holzfässern die Reise in den bischöflichen Keller antreten. Und was lag da näher, als die Fässer auf der natürlichen Straße über den Strom zu schicken?

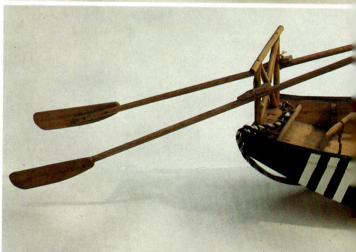

Die Donauschiffahrt hatte einst große Bedeutung. Stromauf brachten die Kähne Wein, stromab Salz und Waren aller Art. Im Schiffsmuseum in Spitz sind die wichtigsten Modelle zu sehen: Eine Inngams, ein Pesterfloß, eine Ulmer Schachtel und eine Stockplätte (von oben nach unten).

Stromauf entwickelte sich so eine regelrechte Weinschiffahrt, stromab brachten die Kähne Waren aller Art. Natürlich mußten sie bei diesen Fahrten auch den Gefahren im Strudengau trotzen. Wie eine solche Fahrt ausgesehen haben könnte, beschreibt Adalbert Stifter:

»Bald hinter Grein kamen drei Lotsen an Bord des Schiffes, das zwischen dem immer enger werdenden Waldtal hindurchfuhr. Da kündigte sich der eigentliche Strudel in der Ferne durch eine schneeweiße, aus Schaum und Gischt bestehende Fläche auf dem dunklen Gewässer an. Die Fahrgäste versammelten sich an Deck und richteten ein Gebet zum Himmel. Indessen hatten die Lotsen alle Hände voll zu tun, das Schiff in das schnellerfließende, tiefe Wasser zwischen der Insel Wörth und dem drohenden Strudel zu steuern. Pfeilschnell schoß das Fahrzeug dahin und mußte um einen Felsen gelenkt werden. Hinter diesem Riff sah man eine weitere Gefahr, einen mächtigen Wirbel, der sich in weiten Ringen ankündigte. Auch an diesem Höllenschlund wußten die Männer das Schiff mit viel Geschick vorüberzulenken. Dann ruhten sie und ließen das Fahrzeug in stillerem Wasser gleiten. Nach überstandener Gefahr verwandelte sich das Bittgebet der Menschen in ein Dankgebet. Die tüchtigen Lotsen erhielten ihren Lohn, bestiegen ihr Beiboot und fuhren ans Ufer zurück.«

Um die Gefahr der Strudel für die Ladung zu umgehen, zogen es die Schiffer nicht selten vor, ihre Schiffe vor der gefährlichen Strecke zu entladen und die Fracht über den Uferweg zu befördern. Über diese Transporte aber hielt die Bürgerschaft von Grein die offene Hand. Grein nämlich hatte das Ladstattrecht für die ganze Strecke von Neheim bei Perg bis zur Burg Werfenstein. Niemand durfte auf dieser Strecke ohne Wissen und Zustimmung der Bürgerschaft Kaufmannswaren auf Schiffe laden oder von ihnen an Land bringen. Die Genehmigung war an die Entrichtung von Ladstattgebühren und Stegerechtsgeldern für die Anlegeerlaubnis gekoppelt.

Und noch ein weiteres Privileg hatten die Greiner: Auf alle Waren, die auf der Strecke des Ladstattrechtes ein- oder ausgeladen wurden, hatten sie ein Vorkaufsrecht. Ob es um Salz, Getreide oder Wein ging, die Greiner konnten alles zu Vorzugspreisen einkaufen. So ist es kein Wunder, daß die Bürger von Grein über Jahrhunderte einen erstaunlichen Wohlstand erhalten konnten.

Die Bedeutung, die Grein und seine Privilegien für die Donauschiffahrt hatten, wird lebendig in dem im Greiner Schloß eingerichteten Schiffahrtsmuseum. In ihm ist ein Überblick über die Flußschiffahrt von der illyrisch-keltischen Bevölkerung über die Römer und die alte Weinschiffahrt bis heute gegeben.

Neben bürgerlichen Privilegien gab es aber auch bürgerliche Einzelinitiativen. Die wohl herausragendste Reederpersönlichkeit im Bereich der bayerisch-österreichischen Donau war der in Persenbeug residierende Matthias Feldmüller. In der ersten Hälfte des 19. Jahrhunderts hatte er bereits eine Werft, die jeden Monat rund vier Donauschiffe produzierte. Bis zu dreihundert Schiffer und Knechte hörten auf sein Kommando. Täglich ließ er ein Schiff donauaufwärts in Richtung Regensburg und zwei bis drei Schiffe donauabwärts in Richtung Wien und Budapest fahren.

Während des letzten Türkenkrieges war es seine Donauflotte, die die kaiserliche Armee bei Belgrad versorgte. Ebenso schaffte er es 1809, die Armee von Erzherzog Karl über die Donau mit Nachschub zu versorgen. Sein Erfolg ließ ihn zum »Admiral der Donau« werden. Dennoch stieg ihm sein Erfolg nicht zu Kopf, sein bürgerliches Selbstbewußtsein war vielmehr so ausgeprägt, daß er den ihm angebotenen Adelstitel mit der Begründung ausschlug: »Ein Schiffer taugt nicht zum gnädigen Herrn.«

Die Donauschiffahrt ist vor allem Verkehrsträger für Massengüter, beispielsweise für Erz, Kohle, Düngemittel, Bleche u. a. Das Bild zeigt ein ungarisches Schleppschiff in der Nähe von Dürnstein in Niederösterreich, im Vordergrund ist das Heck der dieselgetriebenen »Austria« zu sehen.

Straße der Nibelungen

Es ist nur ein winziges Stück am Strom, der kleine Abschnitt zwischen Ybbs und Weitenegg, der die Nibelungen speziell für sich reklamiert, als Nibelungengau firmiert und sich bei jeder passenden und unpassenden Gelegenheit auf die Helden vom Rhein beruft. Allzu leicht wird nur darüber vergessen, daß die Straße der Nibelungen, wenigstens solange man dem Nibelungenlied glauben will, keineswegs nur den Nibelungengau ausmacht.

Nimmt man das Lied selbst beim Wort, dann zieht sich die Nibelungenstraße von Worms bis hinunter nach Gran, dem heutigen Esztergom, wo der Dichter König Etzels Palast plaziert hatte. Zwischen Ingolstadt und Kelheim bei Pförring stößt die Straße auf die Donau und bleibt dann dem Strom treu bis hinunter nach Gran.

Könnte man der Hohenemser Nibelungen-Handschrift folgen (die Handschrift wurde 1755 von einem Lindauer Arzt auf Schloß Hohenems, südlich von Dornbirn gefunden; sie wird heute in der fürstlich-fürstenbergischen Hofbibliothek in Donaueschingen aufbewahrt), dann hätte man den schönsten Reiseführer für eine Donaureise zwischen Regensburg und Wien.

Dem jedoch steht einiges entgegen: Zum einen ist das die Zeitdiskrepanz. »Gelebt« haben die Burgunder im 5. Jahrhundert in der Gegend von Worms am Rhein. In die endgültige Form gebracht wurde das Lied der Helden aber erst um das Jahr 1200, und der Dichter, Kind seiner Zeit, konnte sich von dieser nicht lösen.

So bleibt im Lied die Strecke zwischen Worms und Pförring völlig im dunkeln. Erst in seiner eigenen Heimat (er lebte vermutlich in Passau; sein Gönner dürfte Bischof Wolfger von Erla, der damalige Bischof von Passau, gewesen sein, der gleiche Bischof, von dem belegt ist, daß er am 12. November 1203 dem Sänger Walter von der Vogelweide einen Pelzmantel bezahlte) wird der Dichter konkret; in den Donaulanden kennt er sich aus. Was er an Örtlichkeiten beschreibt, dürfte um 1200 so ausgesehen haben; ebenso dürfte er die höfische Gesellschaft seiner Zeit durchaus realistisch beschrieben haben. Einige historische Fakten, die erwähnt werden, sind nachweislich richtig, so zum Beispiel die vernichtende Niederlage, die ein bayerisches Heer um 900 bei Preßburg von den Ungarn einstecken mußte. Danach beherrschten die Ungarn das Land bis zur Enns und setzten verschiedene Bayern als Grenzgrafen mit Sitz in Pöchlarn ein. Einer von ihnen könnte Rüdiger gewesen sein.

Auch für die Burgunder gibt es ein historisches Faktum. In den Jahren 435 und 436 wurden sie erst vom römischen Feldherrn Aetius und dann von einem von den Römern geschickten Hunnenheer vernichtend geschlagen. Die Niederlage der Bayern wie die der Burgunder wird im Lied zur Not der Nibelungen.

Alles zusammengenommen aber bedeutet, daß im Nibelungenlied Elemente der gerade vergangenen Römerzeit mit der Gegenwart des Babenberger Hofes vermischt erscheinen, daß Jahrhunderte im Übergriff plötzlich lebendig werden. So gesehen wird aus der Straße der Nibelungen auch der Grenzwall der Römer oder das Ostarriche der Babenberger.

DAS BISTUM LAURIACUM

Im Nibelungenlied ist die Enns die Grenze zum Hunnenreich von König Etzel, obwohl es diese Grenze nur im 10. Jahrhundert gab und zur Zeit der Burgunder an der Enns völlig andere Besitzverhältnisse herrschten. Die einzig wichtige Grenze nämlich war damals immer noch die zwischen den Markomannen nördlich und den Römern südlich der Donau. Rund vier Jahrhunderte lang existierte diese Grenze schon, und sie war heftiger denn je umkämpft. Wohl hatten die Römer entlang der Donau immer noch eine lückenlose Kette wohlgeschützter Kastelle, doch hatten die Markomannen immerhin schon im zweiten Jahrhundert bewiesen, daß sie die römischen Grenzbefestigungen sehr wohl zu überwinden vermochten, als sie weit gegen die Alpen vorgedrungen waren.

Daraufhin wurde die berühmte Legio Secunda Italica aufgestellt und an der Ennsmündung dort stationiert, wo schon seit der Mitte des ersten Jahrhunderts ein kleineres Kastell bestanden hatte. Ab dem Jahre 180 wurde ein Kastell für etwa sechstausend Mann Besatzung und eine Zivilsiedlung gebaut. Den Namen Lauriacum, das heutige Lorch, übernahmen die Römer dafür von den Kelten. Schon im Jahre 212 erhielt die Zivilsiedlung Stadtrecht.

Weder die diokletianische Christenverfolgung noch der Märtyrertod des heiligen Florian, den die Römer in der Enns ertränkten, konnte etwas daran ändern, daß bereits 360 mit dem Bau einer christlichen Basilika begonnen wurde. Sie entstand über einem ehemaligen heidnischen Heiligtum, dessen Reste heute im Chorraum der Ennser St. Laurentius-Basilika ebenso zu sehen sind wie die rund 23 Meter langen Fundamente der christlichen Basilika.

Obwohl im Jahre 450 die Hunnen Lauriacum überfielen und verwüsteten, war die strategische Bedeutung dieses Platzes den Römern für ihre Provinz Noricum so wichtig, daß die Anlagen umgehend wieder aufgebaut wurden. Hier nämlich war der Heimathafen der gesamten Donauflotte, und hier entstand schließlich auch 476 der erste Bischofssitz für die Provinz Noricum.

Doch der Wiederaufbau war auch bereits der Beginn des endgültigen Niederganges römischer Herrschaft. Diese letzte Epoche war im Bistum Lauriacum gekennzeichnet vom Wirken des heiligen Severin, das sich außer auf die Seelsorge auch auf politische, organisatorische und militärische Bereiche erstreckte.

Um das Jahr 460 tauchte er in Asturis (dem heutigen Klosterneuburg) auf. Danach kam er nach Favianis (Mautern). Als er dort eintraf, herrschte gerade Hungersnot, weil »zahlreiche mit Waren übervoll beladene Schiffe aus Raetien« auf dem Inn im Eis festsaßen. Dem Gebet Severins wurde es zugeschrieben, daß überraschendes Tauwetter dem Hungern ein Ende machte. Gegen die Einfälle und Plünderungen der Rugier versuchte der Heilige sein Glück dagegen mit Diplomatie. So erreichte er von den Rugiern und Alemannen nicht nur die Herausgabe von Gefangenen, sondern auch die Zusicherung, auf Plünderungen zu verzichten.

Je mehr sich die Römer zurückzogen (zum Schluß hatten sie kaum noch eine Verbindung mit Italien, und sie erhielten weder Nachschub noch Sold), desto mehr versuchte Severin, den Widerstandswillen der Bevölkerung zu stärken. So sind seine Klostergründungen in Batavis (Passau) und Favianis nicht nur als Christianisierungsbemühungen, sondern auch als das Bestreben zu verstehen, der allgemeinen Auflösung feste Punkte entgegenzusetzen.

Die Zeit der großen Umbrüche ließ sich damit aber nicht aufhalten. Die romanische Bevölkerung war inzwischen so geschwächt, daß sie dem Druck der Rugier und Alemannen nicht mehr standhalten konnte. So wurde der kämpferische Heilige zum Organisator des Rückzuges. Er war es, der die Bevölkerung zur Aufgabe von Passau bewegte und sie nach Lauriacum holte, kurz bevor die Germanen in Passau jedes Leben zerstörten. Auch der von ihm noch in die Wege geleitete Rückzug von Lauriacum nach Favianis war nur noch ein Zwischenspiel beim Untergang der römischen Macht. Severin selbst starb 482 in Favianis, sechs Jahre bevor Odoaker den größten Teil Noricums von den Romanen räumen ließ.

Noch einmal fünf Jahre später, im Jahre 493, war es dann auch um diesen germanischen Söldnerführer im Dienste der Römer geschehen. Ihn besiegte und ermordete der Ostgotenkönig Theoderich der Große, der damit gleichzeitig die Herrschaft des Römischen Reiches durch die der Ostgoten ersetzte. Er ist derselbe Theoderich, dem wir in der Heldensage dann als Dietrich von Bern begegnen.

DIE MACHT DER BAYERN

Derselbe Theoderich ist es denn auch, dem heute eine nicht unwesentliche Rolle bei der Förderung der Stammesbildung der Bayern im beginnenden 6. Jahrhundert zugeschrieben wird. Die aus Noricum abziehenden Römer hinterließen ja keineswegs ein Vakuum, das etwa lange bestanden hätte oder durch größeren Zuzug von außen hätte gefüllt werden müssen. Die lange vertretene These, die jetzt aus dem Dunkel der Geschichte auftauchenden Bayern seien aus Böhmen zugewandert, hielt den Funden der Archäologen nicht stand. Bajuwarische Reihengräber aus dem 5. Jahrhundert weisen vielmehr daraufhin, daß sich unter dem Sammelnamen »Bajuwaren« Reste der Vorbevölkerung und versprengte Teile der nach und nach aus verschiedenen Stammesgruppen eingewanderten Germanen zusammenfanden.

Die Zeit der sich konsolidierenden bayerischen Stammesherzogtümer konnte beginnen, bis im Jahre 591 die große Stunde schlug, von der Paulus Diaconus, der Geschichtsschreiber der Langobarden, berichtet: »In diesen

St. Severin in Mautern, im Vordergrund ein Rest der Römermauer. Hier hatte der große Heilige des Donaulandes, Severin von Noricum, in der zweiten Hälfte des 5. Jahrhunderts seinen letzten Stützpunkt, bevor er 482 starb. Sein Leichnam ruht im Kloster Lucullanum bei Neapel.

Tagen wurde Tassilo vom Frankenkönig Childebert in Bayern als König eingesetzt.«

Könige wie Stammesherzöge hatten offensichtlich nichts gegen Neues einzuwenden. So ließen sie es zu, daß fromme Mönche ihren »Untertanen« die christliche Lehre predigten. Die drei ersten – Ruppert, der Sohn des Grafen von Worms, Emmeram aus Poitiers und Korbinian von Arpajon bei Melun – wurden die ersten Bischöfe in Bayern: Ruppert in Salzburg, Emmeram in Regensburg und Korbinian in Freising.

Doch erst im Jahre 716 konnte Herzog Theodo anläßlich einer Romreise mit Papst Gregor II. die Organisation der Kirche in Bayern in die richtigen Wege lenken. Ihre Beschlüsse setzte wenige Jahre später der angelsächsische Missionar und spätere Heilige Bonifatius in die Tat um. Er wurde 739, gut 250 Jahre nachdem hier der heilige Severin gewirkt hatte, erster Bischof von Passau.

Salzburgs Bedeutung nahm zwar stetig zu. Schließlich war es Sitz der Erzbischöfe und damit auch der Metropoliten über die altbayerischen Bistümer, somit auch über Passau (798). Dennoch wurde Passau das Zentrum der Missionstätigkeit in Ostrichtung. Diese Missionstätigkeit ging Hand in Hand und in engstem Zusammenspiel mit den bayerischen Herzögen und ihrem Expansionsdrang. Mal hatte bei diesem Spiel die Kirche die Nase vorn, mal waren es die Herzöge. Aufs Ganze gesehen jedoch waren die Grenzen des bayerischen Herzogtums mit denen der Diözese Passau über lange Zeit identisch, da sich geistliche und weltliche Macht in ihrem Herrschaftsanspruch in nichts nachstanden.

So weit ging der Machtanspruch Passaus, daß er weder vor Stammes- noch vor Sprachgrenzen haltmachte. Selbst als die Missionare tief in den Slawenreichen auf die Missionare von Byzanz stießen, war das kein Grund für eine Umkehr. Schließlich hielt man das Evangelium aus Rom dem aus Byzanz für überlegen. Wo heute in Jugoslawien die Sprachgrenze zwischen lateinischer und kyrillischer Schrift verläuft, bildete sich damals die Anhängerschaft zum römischen und zum orthodoxen Glauben. Natürlich errichteten dabei beide Seiten ihre Vorposten jeweils weit in den Bereich der Gegenseite hinein. So gibt es etwa noch heute in Szentendre und Wien orthodoxe Gotteshäuser.

Noch zu Zeiten des Heiligen Römischen Reiches Deutscher Nation, als die Grenzen geistlicher und weltlicher Macht längst schon nicht mehr identisch und den bayerischen Herzögen die Flausen übergroßer Machtansprüche längst vergangen waren, umfaßte das Bistum Passau noch beinahe ganz das heutige Ober- und Niederösterreich und war damit mit Abstand die größte Diözese des Reiches. Im Jahre 1147, als in Wien die erste größere Kirche geweiht wurde, war die geistige Abhängigkeit von Passau noch so groß, daß der Patron der Passauer Bischofskathedrale St. Stephan auch für den »Ableger« in Wien das Patronat übernehmen mußte. Nicht anders übrigens als in Ungarn, wo der erste Bischofssitz auf dem Domberg in Esztergom ebenfalls dem hl. Stephan geweiht wurde.

Selbst als die weltlichen Machtverhältnisse längst völlig neu geordnet waren, hielt die geistliche Macht an ihrem alten Einflußbereich noch eisern fest. Erst 1469 erreichte Kaiser Friedrich III. beim Papst, daß Wien und Wiener Neustadt eigene Bischöfe bekamen. Dennoch behielt Passau bis 1728 die Oberaufsicht. Bis 1784 schließlich dauerte es, bis Linz und St. Pölten von Passau unabhängige Diözesen wurden und damit die tausendjährige Hegemonie des Hochstiftes Passau über die Länder an der bayerisch-österreichischen Donau ihr Ende fand.

DAS OSTARRICHE DER BABENBERGER

Während die geistliche Macht über Jahrhunderte mit dem gleichen Anspruch und innerhalb der gleichen Hierarchie arbeiten konnte, erwies sich die weltliche Macht dagegen als recht unstet. Wohl waren die Bayern unter ihren agilolfischen Herzögen bereits um das Jahr 700 bis in den Wiener Wald vorgedrungen, hatten im 8. Jahrhundert die Ostalpen weitgehend besiedelt und auch höhere Lagen in den Bergen südlich der Donau urbar gemacht, doch waren sie auch und gerade in diesem Bereich nie wirklich unabhängig. Stets hielt das mächtige Frankenreich seine schützenden, aber auch gebietenden Hände darüber.

Zum ersten Mal zeigte sich das im Jahre 788, als Karl der Große den bayerischen Herzog Tassilo III. kurzentschlossen absetzte, vermutlich weil er ihm zu mächtig geworden war. Alle Treuegelöbnisse und Vasalleneide den Franken gegenüber nutzten da nichts, denn die konnten einen de facto bayerischen König nicht dulden. Der Gründer von für das Land so wichtigen Klöstern wie Kremsmünster, Innichen im Pustertal oder Mattsee und der Sieger über die Awaren mußte es hinnehmen, daß Karl der Große 788 mit päpstlichem Bann und großer Streitmacht gegen ihn vorging und seinen eigenen Sohn als Geisel nahm.

Nur ein Jahr später zitierte Karl den Bayern auf den Reichstag nach Ingelheim, setzte ihn dort gefangen, klagte ihn des Hochverrates an und schob ihn samt Gemahlin und Kindern in eines der von ihm gegründeten Klöster ab. Sein Hochzeitskelch aus dem Jahre 768, als er die langobardische Prinzessin Luitbirga heiratete, ist bis heute der kostbarste Schatz des Klosters Kremsmünster.

Die Probleme waren damit nicht gelöst. Sechs Jahre lang, von 791 bis 797, mußte sich der Kaiser mit den Awa-

92

Der Stammbaum der Babenberger, eines fränkischen, zu herzoglichem Rang aufgestiegenen Adelsgeschlechtes, entstand zwischen 1489 und 1493 als Temperagemälde auf Holz. Links: Schiffahrtsszene auf der Donau; oben: Markgraf Leopold; unten: Leopold der Schöne.

ren schlagen, bis es endlich gelang, die karolingische Ostmark zwischen Enns, Raab und Drau zu errichten. Der Regierungssitz war jetzt Aachen, später Regensburg.

Mit der Niederlage Tassilos III. kam für die Bayern bereits das Ende einer gewissen Selbständigkeit, bevor sie richtig begonnen hatte. Doch es sollte noch schlimmer kommen. Markgraf Luitpold war es beschieden, zusehen zu müssen, wie um das Jahr 900 die Reiterscharen der Ungarn immer frecher durch die bayerischen Donauländer streiften und bis über die Enns vordrangen. Um das drohende Unheil abzuwehren, stellte er sich 907 zur Schlacht von Preßburg und beschwor damit das Unheil vollends herauf. Die Niederlage war vernichtend, und die Ostmark zerfiel.

Erst 955 gelang es Kaiser Otto I., die Ungarn auf dem Lechfeld bei Augsburg endgültig zu schlagen. Erst jetzt kehrte wieder Ruhe im Lande ein, und es konnte mit dem Aufbau der von den Ungarn zerstörten und ausgeraubten Orte und Klöster begonnen werden. Langsam entstand so die Ostmark östlich der Enns neu, wobei die Ostgrenze langsam von der Traisen über die March und die Leitha vorgeschoben wurde.

976 schließlich war das entscheidende Jahr. Die Babenberger wurden mit der Mark im Osten belehnt und konnten damit beginnen, ihr Ostarriche aufzubauen. Als wollten sie ein Zeichen setzen, errichteten sie ihre erste Residenz am Eingang der Wachau, genau auf dem Felsen, den heute einer der größten und prunkvollsten Barockbauten Europas, die Abtei Melk krönt.

Für 180 Jahre leiteten die Babenberger von hier aus den Aufbau des Donaulandes zwischen Enns und Leitha. In diese Zeit fällt die Gründung zahlreicher Orte und Burgen entlang der Donau, die Gründung so bedeutender Stifte wie Göttweig (1072), Melk (1089) und Lilienfeld (1202). 1156 schließlich wurde die Ostmark selbständiges erbliches Herzogtum. Heinrich II. verlegte seinen Regierungssitz nach Wien, das damit nach Melk die zweite österreichische Hauptstadt wurde.

Welche Blüte das Land in jener Zeit erlebte, beweist nicht zuletzt die Produktivität der schönen Künste. Nicht Zufall ist es daher, daß das Nibelungenlied gerade um 1200 in den bayerisch-österreichischen Donaulanden entstand; nicht Zufall ist es auch, daß in der Zeit zwischen 1194 und 1198 der größte höfische Sänger, Walther von der Vogelweide, am Babenberger Hof zu Wien seine Kunst pflegen konnte.

1246 starb der letzte Babenberger, und der Böhmenkönig Ottokar II. versuchte 1251, die Lücke zu füllen. 1278 verlor er jedoch auf dem Marchfeld den Kampf gegen Rudolf von Habsburg. Niemand ahnte damals, daß damit eine völlig neue Epoche, die jahrhundertelange Herrschaft des Hauses Habsburg, eingeläutet wurde.

Die Burg Aggstein geht auf das 13. Jahrhundert zurück. Im 15. Jahrhundert hauste hier Graf Scheck vom Wald, den man auch den Schreckenwalder nannte, weil er seine Gefangenen zwang, vom »Rosengärtlein« in den Tod zu springen. Im 18. Jahrhundert wurde die Burg dem Verfall überlassen.

Barocke Himmelspforten

Nirgendwo an der gesamten Donau gibt es so viele Kirchen, Klöster und Stifte wie an der bayerisch-österreichischen Donau, dem eigentlichen Kernland Österreichs. Unter der Generalregie des Vatikans wetteiferten nacheinander die Passauer Bischöfe, die Babenberger, die Habsburger und nicht zuletzt die Bürger selbst darum, die schönsten Pforten zum Himmel zu schaffen.

Eine Reise von Passau nach Krems bietet so nicht nur die Besichtigung vieler interessanter Kirchen, sondern offenbart vielmehr ein Jahrtausend europäischer Geschichte, dessen geistliche und weltliche Machtentfaltung hier zu Stein und Kunst geworden ist.

ENGELSZELL UND WILHERING

In Wilhering machte die weltliche Macht den Anfang. 1146 gründeten die Brüder Ulrich und Cholo von Wilhering das Kloster zwischen Kürnberger Wald und Donau. Auch in der Folgezeit unterstützten die Schaunberger die Abtei mit reichen Stiftungen, so daß sich bald ein reges Klosterleben entfalten konnte. 1293 war die Gemeinschaft bereits so stark, daß die Passauer Bischof Wernhart von Prambach 50 Kilometer stromauf eine neue »cella angelica« gründen und vom Zisterzienserkloster Wilhering aus besiedeln konnte. Aus der Neugründung, laut Urkunde »eine Stätte des Friedens, ein Hospiz für Reisende und ein Erholungsplatz für die Domherren«, wurde das Stift Engelszell.

Wilhering selbst wuchs und gedieh weiter, ging aber 1733 völlig in Flammen auf. Daß dies geradezu Glück im Unglück war, sollte sich erst später zeigen. Schließlich fiel der Brand in eine Zeit, in der das Kaiserhaus im Rokoko nur den Niedergang des Barock sah und Bauten nach der neuesten Mode schlicht verbot.

Zum Glück hielten sich die Äbte nur beim äußeren Erscheinungsbild an die kaiserlichen Richtlinien. So wurden vom romanischen Bau das Stufenportal und der kreuzförmige Grundriß übernommen. Schauseite und Turm der Stiftskirche verraten deshalb auch nicht in Andeutungen, welche Pracht im Inneren verborgen ist. Wie in einer Symphonie durchdringen sich Architektur, Malerei und Stukkatur, führt jeder Farbton sein Eigenleben und ordnet sich doch spielerisch und wie von selbst zum Ganzen.

Vater dieser schönsten Rokokokirche Österreichs ist Abt Johann Baptist Hinterhölzl, dem der Brand gerade recht gekommen war, um den anderen Donauklöstern nacheifern und sie nach Möglichkeit in den Schatten stellen zu können. Dazu waren ihm die besten Meister seiner Zeit gerade gut genug. Er engagierte die Wessobrunner Johann Georg Übelherr und Johann Michael Feuchtmayer, der allein schon gut achthundert Putten schuf und sie als kleine himmlische Wesen um Altäre, Pfeiler und Orgelpfeifen wirbeln ließ.

Die Malerei ist ein Gemeinschaftswerk der Familie Altomonte. Vom Vater Martino stammen die Altarbilder, vom Sohn Bartolomeo die in Fresken umgesetzte Marien-Litanei und vom Vetter Andrea der Hochaltar. Höhepunkt ist das geniale Deckenfresko im Langhaus. Ob der Abt aus seiner Zeitbefangenheit heraus selbst überhaupt empfunden hat, welches Juwel sinnlicher Marienverehrung er hier ermöglicht hatte?

Auch in Engelszell war es ein Brand, der 1699 einen Neubau notwendig und möglich machte. Die damals entstandene Einturm-Fassade ist wohl eine Anlehnung an das Mutterkloster Wilhering, ebenso wie manches andere, was später dazukam. So schuf Bartolomeo Altomonte Fresken mit den Motiven Engelskonzert und Marienkrönung über Chor und Vorchor. Auch übernahm er die gesamte Ausmalung des Langhauses. Davon allerdings ist heute nichts mehr vorhanden, da das Langhausgewölbe 1839 wegen Baufälligkeit abgebrochen werden mußte. Erhalten dagegen sind die völlig in weiß gehaltenen hervorragenden Stuckfiguren von Meister Johann Georg Übelherr aus Wessobrunn. Im Kloster selbst leisten heute Trappisten den ewigen Dienst.

ST. FLORIAN

Das Stift über dem Grab des heiligen Florian dürfte in der Gegend die am weitesten zurückreichende Geschichte haben. Sie beginnt mit dem 4. Mai des Jahres 304, als der in Lorch residierende Amtsvorsteher der römischen Verwaltung wegen Hochverrates (er hatte den Versuch gemacht, vierzig zum Tode verurteilte Christen zu retten) in der Enns ertränkt wurde. Das Grab des Märtyrers wurde zur Pilgerstätte, die noch zur Römerzeit eine Kirche erhielt. Um 800 gab es bereits ein erstes Kloster, das Bischof Altmann von Passau im Jahre 1071 in ein Augustinerchorherrenstift umwandelte, das sich im Mittelalter zu einem geistigen und wirtschaftlichen Zentrum ersten Ranges entwickeln sollte.

Wo heute der Barockbau beinahe eine Burganlage für sich bildet, stand früher eine romanische, später eine goti-

Bei der Ausstattung der Klosterkirche Wilhering wirkten die ersten Künstler ihrer Zeit mit und schufen eine Symphonie aus Architektur, Malerei und Stukkatur. Der Bauherr dieses schönsten Rokokojuwels Österreichs war Abt Johann Baptist Hinterhölzl.

Die Geschichte des Stiftes St. Florian beginnt eigentlich am 4. Mai 304, als der heilige Florian in der Donau ertränkt wurde. 1071 übernahmen die Augustinerchorherren das Kloster, ab 1688 erbauten C. A. Carlone, J. Prandtauer und G. Hayberger die heutige Barockanlage.

Die riesige Bruckner-Orgel mit rund sieben-einhalbtausend Pfeifen und über hundert Registern wurde von Franz Xaver Krismann von 1770 bis 1774 im Auftrag von Propst Matthäus Gogl gebaut. Sie war damals die größte Orgel der Welt und Bruckners Lieblingsinstrument.

Anton Bruckner, genannt auch der »Musikant Gottes« (1824 bis 1896), befand sich schon als Singknabe im Stift St. Florian. Auf der nach ihm benannten Orgel fand er seine Inspiration. Das Bildbeispiel zeigt ein von ihm beschriebenes Notenblatt.

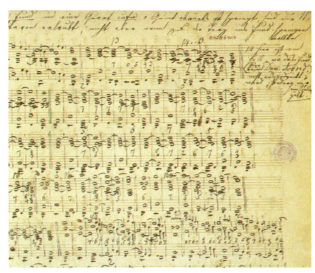

Neben dem einzigartigen Treppenhaus des Stiftes St. Florian sowie seiner umfangreichen Bibliothek ist es vor allem auch die Stiftskirche, die über ein kunstgeschichtlich bedeutsames Inneres verfügt. In ihr befindet sich auch diese Madonna mit Kind.

sche Kirche. Letztere mußte dem 1686 begonnenen Barockbau weichen. Bevor es aber soweit war, entstand das, was heute noch den größten Schatz des Stiftes darstellt: der Sebastiansaltar, für den Probst Peter Maurer Albrecht Altdorfer um 1509 den Auftrag gab.

Zu Ehren des heiligen Sebastian entstanden bis 1518 insgesamt vierzehn Tafeln für den Flügelaltar in der damals noch gotischen Kirche. Das alte Thema Passion wird hier in einer bisher nie gekannten Form umgesetzt. Das Entzücken an der Natur, das die Humanisten gerade entdeckt hatten, wird dazu genutzt, eine apokalyptische Realität in einer an Intensität nicht mehr zu überbietenden Farbenglut zu gestalten. Wie in einer Vision enthalten diese Bilder alle Erschütterungen an der Wende vom Mittelalter zur Neuzeit, an der Wende von der festen Lebensordnung mit ihrer treuen Bindung an die römische Kirche zu einer Zeit tiefgreifendster sozialer und religiöser Spannungen.

Beinahe zweihundert Jahre sollte es dauern, bis die weltlichen und die geistlichen Gefahren (Bedrohung durch die Türken, Reformation) gebannt waren und ein neues Lebensgefühl erstarken konnte. An Mariä Himmelfahrt 1686 wurde der Grundstein für den Prachtbau von St. Florian gelegt. Drei große Baumeister (C.A. Carlone, J. Prandtauer und G. Hayberger) trugen dazu bei, der weltlichen wie der geistlichen Macht eine ihnen adäquate Residenz zu schaffen.

Begonnen wurde mit der Stiftskirche, der Carlone einen ungewöhnlich eindrucksvollen Innenraum gab. Durch eine raffinierte Scheinarchitektur der Deckengemälde und einer geschickten Anordnung der weißen Halbsäulen ist es ihm gelungen, ein unendlich hoch wirkendes Gewölbe zu schaffen. Nicht minder eindrucksvoll ist der mächtige Hochaltar aus rotem Untersberger Marmor, eine Kanzel aus schwarzem Marmor und die riesige Orgel mit ihren 7 500 Pfeifen und über hundert Registern.

Zum Kaiserkloster schließlich geriet der Bau, als Jakob Prandtauer den 1708 verstorbenen Carlone ablöste. Er schuf den so endlos anmutenden rund 200 Meter langen Kaisertrakt mit einem für den Barock eigenartigen Stiegenhaus. Den Marmorsaal fügte er als pavillonartigen Risalit geschickt in die Fassade des Südflügels ein und akzentuierte ihn damit als weltliches Gegenstück zur Kirche.

Entsprechend der das Ganze durchziehenden Grundlinie gestaltete Bartolomeo Altomonte das Deckenfresko, in dem der kaiserlichen Macht und dem Triumph der Christenheit über die Türken gehuldigt wird.

Nicht weniger prunkvoll ist auch die als kaiserliches Absteigequartier gedachte Zimmerflucht aus dreizehn Gemächern. Der Ostflügel enthält die zwischen 1744 und 1750 errichtete Bibliothek. Hier macht sich bereits die veränderte Raumaufteilung des Rokoko bemerkbar, das Monumentale weicht dem Intimeren. Das Deckenfresko schuf ebenfalls Bartolomeo Altomonte.

Nach all dem monumentalen Prunk wirkt es schon beinahe wie ein Symbol, betritt man die stille Kammer, die Anton Bruckner zwanzig Jahre bewohnte. Hier gibt es auch nicht ein einziges Stück, das mehr als einen ideellen Wert hätte. Der Spielmann Gottes brauchte keinen persönlichen Prunk, er fand ihn im Umgang mit »seiner« Orgel und in seiner Musik.

Wer St. Florian erlebt hat und Bruckners Symphonien hört, wird in beidem eine Einheit entdecken und die Bemühungen der Baumeister des Barock in der Musik wiederentdecken und heraushören können. Nicht umsonst war es Bruckners größter Wunsch, in St. Florian, und zwar unter seiner geliebten Orgel, begraben zu werden. Dort steht denn auch heute der Marmorsarg des 1896 verstorbenen Meisters.

STIFT ARDAGGER

Die Gründung des Stiftes Ardagger geht auf eine Sage zurück. Danach gelobte Agnes von Poitou, die zweite Gattin von Kaiser Heinrich III., im Wald von Ardagger, als sie plötzlich von vorzeitigen Wehen überfallen wurde, der heiligen Margarete, der Patronin werdender Mütter, die Stiftung eines Klosters, wenn sie nicht im Wald gebä-

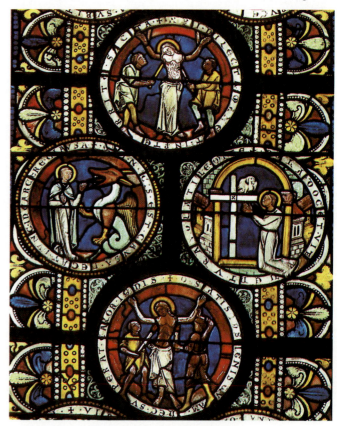

Propst Heinrich I. gab die Glasgemälde mit Motiven aus der Martyriumsgeschichte der heiligen Margarethe in Auftrag. Das im Ostchor der ehemaligen Stiftskirche eingebaute Fenster wurde um 1240 gearbeitet und gehört heute zu den ältesten Glasmalereien von ganz Österreich.

ren müßte und ihre schwere Stunde gut überstehen würde. Ihr Flehen wurde erhört. Ihre Tochter Itha, die spätere Mutter des Markgrafen Leopold, gründete später das Stift Ardagger. Im Jahre 1063 wurde seine Kirche von Erzbischof Anno von Köln geweiht. Er war der Bischof, der gerade ein Jahr zuvor den jungen König Heinrich IV. entführt und Königin Agnes gestürzt hatte.

Bis zum Tode von Probst Heinrich I. im Jahre 1236 geschah offensichtlich in Ardagger nicht allzuviel. Dafür gelang es Probst Heinrich um so nachhaltiger, sich in der Kunstgeschichte zu verewigen. Er nämlich gab noch jene Glasgemälde mit Motiven aus der Martyriumsgeschichte der heiligen Margarete in Auftrag, die heute zu den ältesten Glasmalereien in ganz Österreich gehören.

Das beinahe vier Meter hohe, in allen Farben leuchtende Fenster im Presbyterium hinter dem Hochaltar ist der absolute Mittelpunkt der Kirche. Auf vierzehn großen Medaillons ist die Geschichte der heiligen Margarete nach der legenda aurea von Jakobus de Voragine wiedergegeben. Die eindrucksvollen Szenen zeigen, wie der Präfekt Olibrius die Schafe hütende Margarete verführen und die Getaufte zum Heidentum zwingen will. Weil sie den Götzendienst verweigert, wird sie gegeißelt, gebrannt und in den Kerker geworfen. Der Teufel erscheint ihr als Drachen und in menschlicher Gestalt, bis die Unanfechtbare schließlich in ein Faß geworfen und enthauptet wird. Auf dem Schlußbild tragen Engel ihre Seele in den Himmel.

Die reiche Stuckverzierung der Kirche schuf Giovanni Colomba um 1678, die gegenüber dem großen Fenster aber genauso zurücktritt wie das reiche Schnitzwerk des Chorgestühls oder die großen Ölgemälde. Einen Reiz besonderer Art strahlt der älteste Teil der Kirche, die aus der ersten Hälfte des 13. Jahrhunderts stammende Krypta aus. Der etwa 13 Meter lange kreuzgewölbte, spätromanische Raum ist durch vierzehn, auf wuchtigen Sockeln stehende Säulen gegliedert.

MARIA TAFERL

Das gemütlichste und wohl auch österreichischste Donauheiligtum thront mitten im Nibelungengau, hoch über der Donau. Hier gibt es kein Produkt renomeeträchtiger Bauwut kirchlicher oder weltlicher Seite zu bewundern. Hier gibt es weder protzenden Barock noch hohe Kunst, hier gibt es die Marienverehrung des kleinen Mannes.

Wohl schon in vorgeschichtlicher Zeit zog der so einzig gelegene Platz hoch über der Donau die Menschen an, deren größte Sehnsucht es war, dem Irdischen zu entfliehen. Schon die Kelten hatten hier ihren Opferstein, bevor die frühen Christen ihr Kreuz danebenstellten. Mit

der Zeit wurde ein Marterl daraus, das wiederum zur Ortsbezeichnung »beim Taferl« führte.

Zwei Wunderheilungen brachten schließlich die größte Marienwallfahrt Österreichs in Gang, die Wallfahrt nach Maria Taferl. Am 14.1.1633 wollte ein Viehhirte die Eiche fällen, an der das »Taferl« befestigt war. Daß er sich dabei ins Bein hackte, nahm er als Strafe für den vermeintlichen Frevel, sank in die Knie und bat um Vergebung.

Die Wunde verheilte. Acht Jahre später wurde ein nervenkranker Richter gesund, als er das verwitterte Kreuz durch eine kleine Statue der Schmerzhaften Mutter Gottes ersetzte.

1660 wurde deshalb mit dem Bau einer der Größe der Wallfahrt angemessenen Kirche begonnen. Ihre Meister waren Carlo Lurago und Jakob Prandtauer, die Stukkateure Conselio und Beduzzi schmückten sie, und der Kremser Schmidt durfte sie ausmalen.

Kitsch, Kunst und Wunderglaubigkeit fanden in dieser Wallfahrt einen wohl einmaligen Ausdruck. Bläulicher Marmorprunk und glitzernder Goldputz gehören ebenso dazu wie das Spalier der Andenkenbuden und die Gasthäuser für das leibliche Wohl. Zur ersten Jahrhundertfeier 1760 zogen nicht weniger als 700 Prozessionen hinauf zur Kirche, und über 360 000 Menschen empfingen die heilige Kommunion. Zwar steht heute die Wallfahrt zur Himmelskönigin nicht mehr im Vordergrund, doch hat der Besucherstrom eher noch zugenommen - es sollen sogar noch echte Pilger darunter sein.

DIE WIEGE ÖSTERREICHS

Der malerischste Abschnitt der gesamten Donau ist sicher die Wachau, der malerischste Punkt aber ist zweifellos dort, wo das Benediktinerstift Melk ihren Eingang markiert. Nirgendwo sonst am gesamten Strom gibt es ein solch perfektes Zusammenspiel von Landschaft, Bauwerk und Strom.

Dabei hatte der Burgfelsen über dem Fluß zunächst nur strategische Bedeutung; er bewog die Römer, ihr Kastell Namare zu bauen, ließ die Ungarn um 900 ihre Grenzfeste errichten und veranlaßte Leopold I. im Jahr 976 nach dem Sieg über die Ungarn, hier seine Residenz aufzuschlagen.

Schon Leopold II. aber lud Benediktiner aus Lambach zum Siedeln ein; 1089 übergaben die Babenberger den Benediktinern ihre Burg. Damit der Ruhm nicht allein der weltlichen Macht bliebe, beeilte sich auch Bischof Ulrich von Passau 1113, das Kloster mit einem bischöflichen Stiftungsbrief zu sanktionieren. Danach erlebte das Hauskloster der Babenberger (immerhin fünfzehn von ihnen sind hier begraben) wechselvolle Jahre. Sogar protestantisch wurde das Kloster für einige Zeit. Schließlich ermöglichte – wie so oft – ein verheerender Brand 1683 einen völligen Neuanfang.

Abt Berthold Dietmayr war dazu ausersehen, das große Werk in Angriff zu nehmen. Er begann damit, zunächst die gesamten, noch vorhandenen Reste des alten Klosters niederreißen zu lassen. Dann beauftragte er 1702 den aus Stanz in Tirol stammenden Jakob Prandtauer mit der Bauausführung. Doch weder der Abt noch sein Baumeister sollten die Vollendung des Werkes erleben. Zuviele Hindernisse stellten sich in den Weg. Politische Wirren, kaiserliche Griffe in die Klosterkasse und die Pest setzten der Bauwut Dietmayrs immer neue Grenzen. Dennoch wurden über mehrere Jahrzehnte bis zur Hälfte der jährlichen Gesamteinnahmen des Klosters in den Bau gesteckt. 1726 starb Prandtauer, fand aber in Josef Munggenast einen durchaus ebenbürtigen Nachfolger. Und obwohl 1739 auch der Bauherr starb, konnte Kaiserin Maria Theresia dennoch 1742 die in der heutigen Form fertiggestellte Anlage anläßlich eines Staatsbesuches mit 35 Schiffen besuchen.

Die Stiftskirche von Jakob Prandtauer besticht vor allem durch ihren einzigartigen Innenraum. Architektur und Malerei sind hier so genial aufeinander abgestimmt, daß alles andere beinahe wie eine Zugabe wirkt. Die von Johann Michael Rottmayr geschaffenen Deckenfresken zeigen die Heilige Dreifaltigkeit und die triumphierende Kirche.

In der immerhin 64 Meter hohen Kuppel (mit ihr sollte St. Peter in Rom Konkurrenz gemacht werden) schweben musizierende Engel und unterstreichen den Eindruck, als würde dort oben der Himmel sich öffnen. Der Säulenhochaltar aus Marmor von Beduzzi ist eine in sich geschlossene Komposition, in der alle Elemente seiner Säulen, Kronen, Baldachine oder Medaillons den ihnen gemäßen Platz haben.

Das Stift selbst hat gewaltige Ausmaße. Seine Südfront ist nicht weniger als 362 Meter lang. Marmorsaal und Bibliothek, verbunden durch die offene Spange einer Bogenhalle, bilden eine vor die eigentliche Kirchenfassade gezogene Prunkpforte, die für sich allein schon den gesamten Macht- und Prachtanspruch barocken Lebensgefühls ausstrahlt. Dieser Eindruck setzt sich fort im immerhin 84 Meter langen Pralatenhof (der zweischalige Brunnen aus dem 17. Jahrhundert stammt aus dem Kloster Waldhausen), in dem mit Putten und Steinplastiken von Matielli geschmückten Treppenhaus oder in den jetzt als Museum zugänglichen Kaiserzimmern.

Einer der Schätze des Klosters ist die Bibliothek mit nahezu 100 000 Bänden, darunter nicht weniger als 2 000 Handschriften und Inkunabeln (sogar eine Gutenberg-Bibel ist darunter). Wertvollstes Stück des eigentlichen Klosterschatzes ist das Melker Kreuz, das Rudolf der Stif-

ter 1362 dem Kloster als Vortragekreuz schenkte. Es besteht aus vergoldetem Silber und ist mit Edelsteinen, Perlen und einer römischen Kamee (einem erhaben geschnittenen Stein) reich geschmückt.

Kaum weniger wertvoll ist das Tragaltärchen, das Swanhild, die erste Gattin von Markgraf Ernst, aus dem Rheinland mit in die Ehe gebracht hatte. Dieses Elfenbeinaltärchen ist der älteste Teil des Schatzes und stammt noch aus Babenberger Besitz. Eine Kostbarkeit ganz eigener Art ist ein mit einer Krone geschmücktes Kopfreliquiar aus dem 13. Jahrhundert.

Bei aller Schönheit und Pracht im einzelnen ist aber Melk dennoch mehr als die Summe vieler Einzelschönheiten. Die Gesamtanlage ist der Ausdruck des neuen Lebensgefühls, die Erkenntnis, mit den Türken und der Reformation fertiggeworden zu sein, der Ausdruck des Lebenswillens sowohl der Kirche als auch der Habsburger, der Ausdruck Österreichs großer Zeit.

STIFT GÖTTWEIG

Auf einem 449 Meter hohen Tafelberg liegt wie ein Königsschloß Kloster Göttweig, die bedeutendste aller Passauer Gründungen. Das 1083 auf der strategisch so günstig gelegenen Erhebung des Dunkelsteiner Waldes errichtete Kloster sollte nach den Plänen seines Gründers Bischof Altmann gleich im zweifachen Sinne ein Bollwerk der Kirche werden. Zum einen sollte es eine sichere Stätte

Maria Taferl ist wohl das österreichischste Donauheiligtum. Geschaffen wurde es weder von Äbten noch von Fürsten, sondern vom kleinen Mann und seiner Marienverehrung. Die 1660 begonnene Wallfahrtskirche ist ein Werk von Carlo Lurago und Jakob Prandtauer.

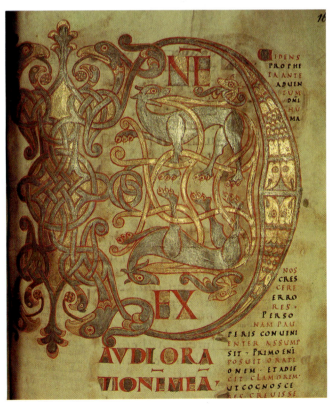

Das Stift Göttweig war eine sichere Heimat für Kunst und Wissenschaft. In seinen Schreibstuben wurden Handschriften gesammelt und neu gefertigt. Aus der Sammeltätigkeit stammt die noch im irischen Stil gehaltene Goldinitiale eines Manuskriptes aus dem 10. Jahrhundert.

für Frömmigkeit, Kunst und Wissenschaft sein, zum anderen eine Trutzburg gegen alle weltlichen Gefahren (es widerstand später sogar den Türken).

1094 übernahmen Benediktiner aus St. Blasien im Schwarzwald das Kloster und lösten die Augustinerchorherren ab. Ab etwa 1200 wurde es für rund 350 Jahre durch Aufnahme eines Frauenkonvents zum Doppelkloster. Welche Bedeutung das Stift schließlich erreichte, zeigt allein schon die Verleihung des Pontifikalienprivilegs (das Recht, bischöfliche Amtshandlungen auszuüben) im Jahre 1383. 1401 wurde das Stift sogar direkt dem Papst unterstellt.

Aber auch Göttweig wurde weder von der Reformation noch von Bränden, weder von den Türkenkriegen noch von der Pest verschont. Erst Abt Gottfried Bessel konnte Lukas von Hildebrandt den Auftrag zum großartigen Aus- und Neubau des Klosters geben.

Vom ersten Kirchenbau übriggeblieben sind die frühbarocke Stiftskirche, ein Teil des alten gotischen Schlosses mit Rundtürmen und ein alter Wassergraben sowie die Ehrentrudis-Kapelle aus dem Anfang des 13. Jahrhunderts. Doch wurde – im Gegensatz zu Melk – die Anlage noch wesentlich monumentaler geplant und angelegt. Fertig geworden ist sie aber bis heute nicht. Hätten es die vier verschiedenen Baumeister dagegen vermocht, mehr als die jetzt vorhandenen zwei Drittel der ursprünglichen Planung auszuführen, wäre das mit Abstand gewaltigste Donaukloster entstanden.

Die Stiftskirche Maria Himmelfahrt sollte nach Hildebrandts Plan zu einem prächtigen Kuppelbau mit großartiger Zweiturm-Fassade umgestaltet werden. Doch schon die beiden Türme aus den Jahren 1750/65 blieben unvollendet, dafür blieb der gotische Hochaltar aus dem Jahre 1402 erhalten. Die gesamte Ausstattung stammt im wesentlichen aus dem 18. Jahrhundert. Nur Kanzel und Hochaltar entstanden schon im 17. Jahrhundert. Die ältesten Ausstattungsstücke sind die zwölf gotischen Glasfensterfragmente hinter dem Hochaltar, die zwischen 1430 und 1440 entstanden sind.

Wie das Traumstift von Abt Bessel hätte einmal aussehen sollen, ist einem Kupferstich zu entnehmen, den der Abt anfertigen ließ, als er wohl selbst schon nicht mehr recht an die Verwirklichung seiner Träume glaubte. Daraus ist zu ersehen, daß nicht nur die große Kuppel der Kirche fehlt, sondern auch die großzügig geplanten kaiserlichen Gemächer, der große Kaisersaal und ein zweites großes Treppenhaus.

Fertig wurde allein ein Treppenhaus, für das von F.A. Pilgram bis 1739 ein eigener dreigeschossiger Trakt errichtet wurde. P. Troger schuf das Deckenfresko mit Kaiser Karl VI. als Apoll. Die Steinbalustraden tragen Stuckvasen.

Die durch drei Geschosse führende Kaiserstiege im Benediktinerstift Göttweig ist mit diesem Fresko von Paul Troger geschmückt. Es wurde im Jahr 1739 gemalt und zeigt die Apotheose Kaiser Karls VI. als Helios und Musengott Apoll.

Nirgendwo am gesamten Strom gibt es solch ein perfektes Zusammenspiel von Landschaft, Bauwerk und Strom wie dort, wo das Stift Melk den Eingang zur Wachau markiert. Hier errichtete Leopold I. 976 die Residenz der Babenberger, die die Benediktiner 1089 als Kloster erhielten.

Den Bibliothekssaal des Stiftes Melk erbaute Jakob Prandtauer, die Fresken schuf Paul Troger. Hier sind über zweitausend Handschriften und Inkunabeln verwahrt. Diese umfangreiche und wertvolle Sammlung ist auch heute noch Ziel zahlreicher Forscher und Wissenschaftler.

Weltliches Selbstbewußtsein

Nach allem Bisherigen könnte beinahe der Eindruck entstehen, an der bayerisch-österreichischen Donau gäbe es nur Kirchen, Klöster und Stifte, allenfalls klerikale Kunst als Produkt des Wetteifers zwischen geistlicher und fürstlicher Macht. Dabei wird nur allzu leicht übersehen, daß es trotz oder – vielleicht besser ausgedrückt – neben diesem Wettlauf um die Macht und damit verbunden um das größere Gepränge gerade an diesem Abschnitt der Donau schon sehr früh ein sehr ausgeprägtes bürgerliches Selbstbewußtsein gegeben hat. So sind die Bürger von Krems noch heute stolz darauf, daß ihre Stadt bereits ein reicher Handelsplatz war, als von Wien noch kein Mensch redete.

Naturgemäß sind die Zeugnisse eines bürgerlichen Selbstbewußtseins nie so unübersehbar in die Landschaft gestellt wie ein aus der kaiserlichen Schatulle geförderter klösterlicher Prunkbau. Nicht selten aber kann, was bürgerlicher Schönheitssinn zustandebrachte, sehr wohl den Vergleich mit dem aushalten, bei dessen Schaffung Geld keine Rolle spielte. Es lohnt sich also, auch Kleinerem und Versteckterem nachzuspüren. Nicht selten wird man dann sogar auf das Echtere stoßen.

DER KAUF DER BABENBERGER

Das römische Lentia war schon ganz zu Anfang der bayerischen Expansionsbestrebungen nach Osten ein so wichtiger Vorposten, daß die Agilolfinger Anfang des 8. Jahrhunderts bereits eine erste Kirche bauen ließen. 788 taucht erstmals der Name Linze auf, und um 1100 gab es bereits eine geschlossene Stadtmauer sowie eine Brücke über die Donau.

Zu Wohlstand aber kam Linz erst, als der Babenberger Leopold VI. um 1210 das Städtchen samt Umland dem Grafen von Kirnberg, einem Passauer Ministerialen, abkaufte. Nun gehörte die ehemalige Grafschaft zur Ostmark der Babenberger und damit zu Österreich.

Obwohl mit sämtlichen städtischen Rechten ausgestattet, standen den Bürgern unruhige Zeiten ins Haus. So belagerten im 13. Jahrhundert der Böhmenkönig, der Bayernherzog, die Bischöfe von Passau, Freising und Bamberg und sogar der Patriarch von Aquileja die Stadt. Zur Zeit Rudolfs von Habsburg gelang es Herzog Heinrich von Bayern, die Stadt einzunehmen, doch sollte diese »bayerische Restauration« nicht von langer Dauer sein. Ende des 15. Jahrhunderts schließlich förderte Kaiser Friedrich tatkräftig die Erweiterung der Stadt und erklärte

sie zur Hauptstadt des Landes Ob der Enns, ein Status, der ihr bis heute geblieben ist.

Ähnlich wie die Klöster und Stifte litt die Stadt unter Bränden und vor allem unter der Pest. Dagegen war die Reformation keine Bedrohung, da sich die Bürger 1550 nahezu geschlossen für die evangelische Lehre entschieden. Keinen leichten Stand hatten die Bürger auch in den Oberennsischen Bauernkriegen im Jahre 1626. In Aschach, etwa 25 Kilometer stromauf, war damals das Hauptquartier der Bauern, die dort den Strom mit Ketten zu sperren versuchten, um den Linzern den Nachschub über die Donau abzuschneiden. Dabei hatten die Linzer ohnehin schon ein hartes Los zu tragen, war das Land Ob der Enns damals doch dem Kurfürsten Maximilian von Bayern verpfändet, und dessen Statthalter, Adam Graf von Herberstorf, übte eine grausame Herrschaft mit dem Henkerschwert aus.

Nicht weniger als 70 000 Männer erhoben sich gegen die Unterdrücker und versuchten unter Stephan Fadinger, Linz zu stürmen. Erst nach sechzehnwöchiger Belagerung gelang es Heinrich von Pappenheim, den Belagerungsring der Bauern zu durchbrechen.

Ein Jahrhundert später, 1741, waren es die Franzosen, die die Stadt für Karl VII. einnahmen, eine Besatzung, die sich aber schon am 31.1.1742 dem Grafen Khevenhüller, dem Feldmarschall Maria Theresias, ergeben mußte. 1785 vollends mußte es werden, bis Linz seinen eigenen Bischof bekam und damit die geistliche Abhängigkeit von Passau ihr Ende fand.

Doch die letzte Abhängigkeit sollte dies noch nicht gewesen sein. Nur 100 Kilometer von Linz entfernt wurde nämlich 1889 der Mann geboren, der nach dem Anschluß Österreichs an das Reich aus Linz die Reichsstadt an der Donau machen wollte, mit der selbst Wien und Budapest überholt werden sollten. Mit ihr sollte an der Donau der Stein gewordene Beweis germanischer Überlegenheit geliefert werden.

Hitlers Oberbaumeister Speer lieferte dazu unter unmittelbarer Führeraufsicht nicht nur das Konzept, sondern auch schon die bis ins Detail gehende Einzelplanung. Einzig dem Glücksfall, daß das Tausendjährige Reich bereits 1945 zu Ende war, hat es die Patenstadt des Führers zu verdanken, daß von all den für die Donaumetropole vorgesehenen Monumentalbauten lediglich die Nibelungenbrücke Wirklichkeit wurde. An ihr trafen sich 1945 Russen und Amerikaner beim Versuch, die Trümmer zu teilen. Immerhin waren sie dabei so vernünftig, nur die

Der Kampf um Linz nahm im Jahr 1742 dramatische Formen an. Graf Khevenhüller, der Feldmarschall Maria Theresias, mußte die von den Franzosen für Karl VII. eingenommene Stadt für das Kaiserhaus zurückerobern.

Übergangsmöglichkeit zu beschränken, die Brücke selbst aber stehen zu lassen.

Heute erinnert die Brücke genausowenig an ihre großdeutsche Vergangenheit wie das größte österreichische Industrieunternehmen, die Vereinigten Österreichischen Eisen- und Stahlwerke AG (VOEST), denen auch niemand mehr ansieht, daß sie einst als Reichswerke Hermann Göring aus den Linzer Donauwiesen gestampft wurden, um aus steierischem Erz deutsche Kanonen gießen zu können. Heute ist der Stahlgigant der wichtigste industrielle Devisenbringer Österreichs.

Glücklicherweise haben weder Führerträume noch alliierte Bombenteppiche noch die ausufernde Industrie Linz im Kern etwas anhaben können. Das erfährt der Besucher spätestens dann, wenn er aus der Altstadt zum nächstgelegenen höheren Punkt, zu dem zwischen Altstadt und Donau gelegenen Schloßhügel, auf dem schon die Kelten sich eingerichtet hatten, hinaufgeht.

Aus mittelalterlicher Zeit stammen zwar nur noch einige Vorwerke und das Friedrichstor von 1481, während der gesamte Rest im 16. Jahrhundert als Residenz für Kaiser Friedrich III. entstand und nach 1800 wegen eines Brandes erneuert werden mußte. Das äußerlich nicht sehr ansprechende Gebäude enthält das Oberösterreichische Landesmuseum und bietet einen nahezu lückenlosen Überblick über die kunst- und kulturgeschichtliche Entwicklung im Land ob der Enns.

Zeitlich reicht sein Bogen von der Frühgeschichte bis zur Gegenwart, thematisch von der funkelnden Monstranz bis zu einem Wagen der ersten Schienenbahn Europas, die ab 1836 zwischen Linz und Budweis verkehrte und noch von Pferden gezogen war. Zudem bietet das Museum den prächtigsten Ausblick auf Donau und Altstadt sowie die umliegenden Berge.

Wer dann durch den infolge seiner Größe und Unversehrtheit beeindruckenden Altstadtkern von Linz wandert, unternimmt einen Spaziergang durch eine zwölfhundertjährige, auf Schritt und Tritt lebendig werdende Geschichte.

Optischer Mittelpunkt ist die 1723 zum Dank für die überstandene Türkenbedrohung und Pestgefahr aus Untersberger Marmor errichtete, 26 Meter hohe Dreifaltigkeitssäule. Sie steht auf dem 1260 angelegten Hauptplatz, gleichsam einer Erweiterung der alten Landstraße, die ein Jahrtausend lang die Nord-Süd-Verkehrsachse der Stadt war und die ihre heutige Gestalt weitgehend im Barock fand. Alles, was unter den Baumeistern und Künstlern dieser Zeit Rang und Namen hatte, hat sich hier in Bürgerpalästen, Barockkirchen und Arkadenhöfen verewigt. Zwischen Nibelungenbrücke und Mozartstraße entstand so eine der schönsten Barockstraßen Österreichs, an der so verschiedene Bauten wie der palastartige Bischofshof oder das Feichtingerhaus mit seiner barocken Pilasterfassade einträchtig nebeneinander stehen können.

Das älteste Gebäude der Stadt ist die äußerlich so unauffällige Martinskirche, die gleichzeitig die älteste Kirche Österreichs ist. Ihre Anfänge reichen in das 8. Jahrhundert, in die Zeiten der Agilolfinger zurück. Im ersten Bauabschnitt war es ein offener Pfeilerbogenbau, dessen Arkaden erst in karolingischer Zeit ausgefüllt wurden. Die gotischen Fenster und der Triumphbogen in der Ostwand wurden später aus der karolingischen Substanz herausgebrochen.

Unter den zahlreichen Sakralbauten nimmt die ehemalige Deutschordenskirche als architektonische Kostbarkeit den vordersten Platz ein. Sie ist ein Werk von J.L. von Hildebrandt und besticht schon von weitem durch ihre überaus gelungene Fassade. Auch das Innere der elliptischen Kreuzkuppelkirche erfüllt alle Erwartungen, wurde die Einrichtung doch ganz genau nach dem Entwurf von Hildebrandt ausgeführt. So ziert etwa die Decke nicht ein Gemälde, sondern ein äußerst zartes Relief, in dem Gottvater mit Engeln dargestellt ist.

Das Schönste an Linz aber sind seine zahllosen Profanbauten aus dem 17. und 18. Jahrhundert. Besonders auffallend sind dabei die über mehrere Geschosse hinweg ausgebildeten Erker, die an den Hausecken häufig eine beinahe turmähnliche Wirkung haben.

Von dem einst prächtigen, 1564 bis 1571 anstelle eines alten Minoritenklosters erbauten Landhaus ist beim Stadtbrand von 1800 vieles verloren gegangen. Erhalten geblieben aber ist das prächtige Portal mit einer Renaissanceportal-Fenstergruppe und den Wappen der öster-

Nordwestlich von Linz, über dem Ortsteil Urfahr, thront auf dem Pöstlingberg das Wahrzeichen von Linz: die doppeltürmige Wallfahrtskirche. Sie wurde in den Jahren 1738 bis 1748 erbaut und birgt das Gnadenbild einer holzgeschnitzten Pietà aus dem 18. Jahrhundert.

reichischen Kernländer. Der stimmungsvolle Laubenhof mit seinem Bronzebrunnen aus dem Jahre 1582 ist der richtige Rahmen für die regelmäßig im Sommer stattfindenden Mozart-Serenaden.

Im Sitz der Landesregierung von Oberösterreich war im 17. Jahrhundert auch die landständische Schule untergebracht, an der 1612 bis 1626 Johann Kepler lehrte, der 1619 das Dritte Gesetz der Planetenbewegung fand und in seiner Schrift »Harmonice mundi« beschrieb.

Doch nicht nur die Wissenschaft, auch die Kunst war zu Zeiten heimisch in Linz. So schuf Mozart 1783 hier seine Linzer Symphonie, Anton Bruckner wirkte jahrelang als Domorganist an der Orgel des alten Domes, und die »Schöne Linzerin«, die wohl romantischste Gestalt der Literaturgeschichte, bekannt als Marianne von Willemer, wurde hier geboren. Sie fand ihren Platz als Suleika in Goethes Westöstlichem Divan. Alle mit Suleika überschriebenen Gedichte stammen von der jungen Marianne aus Linz.

Nicht vergessen werden darf an dieser Stelle der weit berühmtere Bürger von Linz, der von 1850 bis 1865 als Inspektor der Volksschulen Oberösterreichs hier wirkte und in einmaliger Weise Autorität und poetische Freiheit zu vereinen wußte: Adalbert Stifter. Der Meister des »sanften Gesetzes« zählt nicht nur zu den größten deutschen Erzählern, sondern verstand es auch wie kein anderer, kosmisches Naturgefühl durch strengste künstlerische Disziplin glaubhaft zu vermitteln.

DIE ORIENTALIS URBS

Auf nicht minder selbstbewußte Weise demonstrieren auch die Städte Krems und Stein selbstbewußten Kaufmannsgeist und Bürgerstolz. Die Mündung der Krems in die Donau war früh ein Schnittpunkt wichtiger Handelswege, hauptsächlich für Wein und Salz. Beide Waren zogen Kaufleute aus ganz Europa an und brachten den Kremser Bürgern frühen Wohlstand.

Noch früher war es die strategische Bedeutung gewesen, die Krems zum Zentrum des Rugierreiches hatte werden lassen. Zumindest ist in der Vita des heiligen Severin, dem eifrigen Apostel von Noricum, Krems dieser Rang zugesprochen. Konkret definiert wird die Vorrangstellung dann in einer kaiserlichen Urkunde von 995, in der die orientalis urbs als chremisa bezeichnet wird. 125 Jahre später berichtet die Chronik von einem Herzogshof der Babenberger - wohl eine Gründung des Herrscherhauses im Rahmen der Absetzbewegung von Melk.

Im 12. Jahrhundert schließlich erlebte Krems seine erste große Zeit. Der Handel blühte zusehends auf; zwischen 1130 und 1190 wurde die älteste österreichische Münze geprägt. Es war der Kremser Pfennig, den ein Bild des heili-

gen Leopold ziert. Bis 1153 hatte sich die Bürgerschaft die erste, dem heiligen Veit geweihte Kirche gebaut.

Friedrich III. immerhin war es, der Krems und Stein das gemeinsame Wappen mit dem goldenen Doppeladler auf schwarzem Grund verlieh. Wie der Handel damals geblüht hat und wie einträglich er gewesen sein muß, zeigt die Gozzo-Burg, die sich der reiche Handelsherr Gozzo als eine Art Stadthaus in Burgform im Jahre 1275 bauen ließ. Ihm genügte dabei keineswegs ein einfaches Patrizierhaus; er benötigte eine eigene Kapelle, einen Bergfried, einen Palas und einen Saalbau. Bereits 1249 war er zum ersten Mal zum Kremser Stadtrichter berufen worden, später brachte er es zum Kammergrafen von König Ottokar von Böhmen (den er großzügig finanziert hatte).

Und das Beispiel Gozzos scheint auf seine Mitbürger im doppelten Sinne gewirkt zu haben. Nicht wenige haben es zu Wohlstand und Reichtum gebracht, nicht wenige setzten den Geldsegen nach Gozzos Vorbild in prunkvolle Häuser um. Noch heute sind rund vierhundert Gebäude aus dem 13. bis 18. Jahrhundert erhalten - nicht zuletzt deshalb, weil es im 19. Jahrhundert mit der Kremser Wirtschaft gewaltig bergab ging und die Bürger deshalb keine Möglichkeit hatten, Altes abzureißen und Neues zu bauen.

Heute rettet wiedergewonnener Wohlstand, was von früher Blüte noch zu verfallen droht. Und wieder sind es hauptsächlich die Bürger, deren geschärftes Bewußtsein für die Zusammenhänge nun die Eigeninitiative fördert, und die sich vereint bemühen, den charakteristischen Reiz der alten Stadtteile zu erhalten.

Krems und Stein waren seit jeher unmittelbar aufeinander angewiesen. Ihre Politik und ihre Entwicklung verliefen stets so parallel, daß sie heute in ihrer Ähnlichkeit kaum auseinanderzuhalten wären, gäbe es eben nicht doch die äußerst klare Trennung, markiert durch das Steiner Tor im Westen von Krems und das Kremser Tor im Osten von Stein. Trotz der räumlichen Grenze war die Verwaltung über Jahrhunderte auf ein enges Miteinander hin angelegt. So stellte Krems in einem Jahr den Bürgermeister und Stein den Stadtrichter, im folgenden Jahr war es dann umgekehrt. Stets übernahmen auch Bürger aus Stein Aufgaben in Krems und Kremser Bürger Aufgaben in Stein. Erst in neuer Zeit wurde Stein endgültig Stadtteil von Krems.

Ein Spaziergang durch die Stein gewordene Geschichte von Krems und Stein sollte denn auch in Stein beginnen, dessen einzige lange Hauptstraße wie eine Hinführung auf Krems wirkt. An ihr ist, wie an einer Perlenschnur aufgereiht, was in Stein sehenswert ist und dessen Bauherr einst hier Rang und Namen hatte. Ob es nun der große Passauer Hof aus dem 13. Jahrhundert ist, der einst

111

Das schönste Museum von Krems und seinem Ortsteil Stein ist seine Altstadt. Ein Stadtbummel in diesem malerischen Ort ist eine Reise in tausendjährige Geschichte. Der historische Baubestand ist zum großen Teil erhalten und wird von den Eigentümern vorbildlich gepflegt.

Zehenthof des Bischofs von Passau war oder das ehemalige kaiserliche Mauthaus aus dem Jahre 1536, ob es das vom kaiserlichen Salzamtsverwalter errichtete Holzingerhaus ist oder die noch gotische »Grüne Burg« – beinahe an jedem Haus zeigt sich ein anderes Stück tausendjähriger Geschichte.

Einen besonderen Hinweis verdient die ehemalige Minoritenkirche St. Ulrich (1264 geweiht). Wie in Krems aus der Dominikanerkirche, so wurde auch hier aus der Kirche ein Museum. Im Rahmen einer großzügigen Restaurierung wurden im Chor eindrucksvolle Fresken eines italienischen Wanderkünstlers aus der zweiten Hälfte des 14. Jahrhunderts freigelegt. Besonders eindrucksvoll sind auch die gotische Sakristei, die gleichzeitig als Kapelle diente, und der Kapitelsaal mit seinem gotischen Chor und der einen tragenden Säule.

Ein ganz besonderes Schmuckstück ist die hinter dem Kremser Tor verborgene Kapelle des ehemaligen Hofes vom Stift Göttweig. Die Farbigkeit der Wände und Sitznischen zeugt ebenso vom hohen Können der damaligen Künstler wie die 1346 datierten Fresken mit Szenen aus dem Alten Testament und dem Leben Mariens.

Die Kostbarkeiten von Krems bewacht als Rest der ehemaligen Stadtbefestigung das Steiner Tor mit seinem barocken Hauptturm und seinen zwei kleinen Rundtürmen aus dem Jahr 1480.

Allem voranzustellen ist die Pfarrkirche St. Veit. Sie steht auf dem Platz der ältesten Kremser Kirche und ersetzt in ihrer heutigen Form (fertiggestellt von Cypriano Biasino im Jahre 1630) eine gotische Vorgängerin. Die frühbarocke Anlage überrascht mit einem großzügigen Innenraum. Das weite Langschiff hat acht Seitenkapellen, und Meister wie Josef Matthias Götz, Anton Maulpertsch und Martin Altomonte wetteiferten bei der Ausstattung. Die Fresken in den Gewölbefeldern stammen von M.J. Schmidt.

Dominierendstes Bauwerk von Krems aber ist die Piaristenkirche, zu der man über eine steile, teilweise gedeckte Stiege hinaufsteigen muß. Die »Unserer lieben Frau« geweihte gotische Kirche entstand zwischen 1475 (Chor) und 1515 (Langhaus). Ihr unverwechselbares Kennzeichen ist der gedrungene Westturm mit seinem Spindelhelm und seinen vier kleinen, sechsseitigen Ecktürmchen. Die dreischiffige Hallenkirche könnte beinahe als Museum des Kremser Schmidt durchgehen, da nahezu die gesamte Ausmalung von ihm stammt.

Ein weniger dauerhaftes Schicksal – zumindest was die Dauer ihrer ursprünglichen Bestimmung anbetrifft – hatte die Kirche des ehemaligen Dominikanerklosters. Schon im 15. Jahrhundert nämlich verwaiste das Kloster; die Gebäude wurden anderweitig benützt, auch als Pulvermagazin. Seit 1891 ist in der dreischiffigen Basilika mit einem frühgotischen, freskenverzierten Chor das Stadtmuseum untergebracht. Erst in unseren Tagen wurde der eindrucksvolle Kreuzgang freigelegt und zusätzlich ein Weinbau-Museum eingerichtet.

Nicht aufzählbar sind all die prächtigen Bürgerhäuser und Paläste, die allein schon eine kleine Kunstgeschichte füllen würden. Ob »Alte Post« mit ihrem arkadenumsäumten Innenhof, ob Göglhaus mit seinem spätgotischen Erker und seinen Säulenarkaden, ob Mesmerhaus mit seiner Reliefplastik vom heiligen Nepomuk, ob Rathaus mit seinen Renaissancesäulen oder das große Sgraffitohaus mit den Motiven aus dem Alten Testament, sie alle zeugen vom Kunstsinn und der Liebe zur Prachtentfaltung der Kremser Bürger.

Natürlich begegnet man auch nicht nur in der Piaristenkirche den Werken des berühmtesten Bürgers von Krems, des Kremser Schmidt, geboren 1718. Als er 1801 starb, hatte er nicht nur mehrere hundert Kirchen im Donauraum in unverwechselbarer Manier ausgemalt, er hatte auch unzählige Bürgerhäuser, Gaststuben und öffentliche Gebäude mit seiner Kunst verschönert. So bemalte er den Faßbindern ihre Zunftfahne mit Motiven von der Weinlese – ein Exponat, auf das das Weinbau-Museum nicht wenig stolz ist.

Viele der alten Patrizierhäuser in Stein und Krems haben so schöne arkadengeschmückte Innenhöfe wie der im 15. und 16. Jahrhundert errichtete Einzinger Hof in Stein. Seine Fassade ist mit spätbarockem Dekor und reizvollen Fensterkörben verziert.

Die alte Babenberger Residenz Kloster Neuburg wollte Karl VI. zum österreichischen Escorial ausbauen und damit dem habsburgischen Anspruch auf Weltmacht Ausdruck geben. Nach seinem Tode 1740 wurde der mit Kronenkuppeln geschmückte Bau nicht fertiggestellt.

DIE ÖSTERREICHISCHE DONAU Von
Klosterneuburg
bis Preßburg

Im Dreieck zwischen Donau, Rußbach und March gibt es noch heute ausgedehnten Auwald, weiträumige Überschwemmungsgebiete, Überschwemmungsinseln, zahlreiche Teiche und Altwasserarme. Entsprechend vielfältig ist hier noch die heimische Tierwelt.

Die Donau an der Ungarischen Pforte, genannt auch »Porta Hungarica« oder »Hainburger Pforte«. So wird der Teilabschnitt der Donau zwischen Hainburg in Österreich und Preßburg (Tschechoslowakei) genannt. Die Donau trennt hier die Hainburger Berge von den Kleinen Karpaten.

Tierparadiese in der Aulandschaft

Nach Krems und Mautern, am Ostrand des Dunkelsteiner Waldes scheint sich für die Donau die Unendlichkeit zu öffnen. Im Norden wie im Süden werden die Hügel flacher, weichen weit zurück und geben dem Strom das Spiel mit der Ebene frei. Erst die Ausläufer des Wiener Waldes im Südwesten und der Bisamberg im Nordosten engen die Freiheit wieder für ein kurzes Stück ein, bevor unterhalb von Wien sich die Weite neuerlich auftut.

Die beiden jeweils etwa 50 Kilometer langen Stromabschnitte waren einst wegen ihres Wildreichtums in den Auwäldern berühmt. Noch Kronprinz Rudolf konnte feststellen: »Die Donauauen sind eine Welt für sich, und wer nur die Wälder und Gebirge und die Ebenen Niederösterreichs kennt, ahnt nicht, daß in unmittelbarer Nähe der Weltstadt eine noch recht einsame und ganz für sich allein charakteristische Wildnis besteht.« Auch wenn heute von dieser charakteristischen Wildnis kaum noch etwas übriggeblieben ist, so reichen doch sogar die Reste allemal noch aus, eine Vorstellung einstiger Vielfalt zu vermitteln.

Die Weite des Donaulandes zwischen Krems und Korneuburg erschließt sich so richtig nur von oben. Im Westen bietet sich dafür das Stift Göttweig, im Osten der 495 Meter hohe Tulbinger Kogel an. Von beiden Punkten aus schweift der Blick über eine unendliche Auenlandschaft mit dem breiten Band des Stromes als Rückgrat. Zahllose Seitenarme und Altwasser sorgten bis heute dafür, daß die Siedlungen mit ganz wenigen Ausnahmen die unmittelbare Lage am Strom meiden mußten.

DAS TULLNER FELD

Wohl haben inzwischen Aufschüttungen und Regulierungen so manches alte Stück Aulandschaft unter den Pflug gebracht, wohl haben die harten Fakten fruchtbarer Mais- und Getreidefelder die Forderungen der Naturschützer weitgehend überstimmt, dennoch aber haben diese Angriffe des Lebens in den Auen noch nicht völlig ausgelöscht. Nicht umsonst hat kein Geringerer als Konrad Lorenz die Grundlagen für seine Verhaltensforschungen gerade in diesen Donauauen gefunden. Von einem Spaziergang, den er dort unternommen hatte, berichtet er: »Merkwürdig tropisch wirkt ein solcher Donauarm: die nicht regulierten Ufer brechen steil, fast lot-

Im östlichen Teil des Marchfeldes ist für das Wild die Welt noch in Ordnung. Die Hirsche fühlen sich hier genauso wohl wie Wildschweine und sogar noch Luchse. Störche, Kormorane, Löffler und Säbelschnäbler sind ebenfalls noch weitgehend ungestört.

recht ab, bestanden von einem typischen »Galeriewald« aus hohen Weiden, Pappeln und Eichen, zwischen denen üppig wuchernde Waldreben die Lianen markieren, Eisvogel und Pirol, Charaktervögel eben dieser Landschaft, sind beide Vertreter von Vogelgruppen, deren weitaus meiste Mitglieder Tropenbewohner sind, im Wasser wuchert Sumpfvegetation. Tropisch ist auch die feuchte Hitze, die über dieser wundervollen Landschaft lagert und die nur von einem nackten Menschen mit Würde ertragen werden kann, und schließlich sei nicht verschwiegen, daß Stechmücken, Malariamücken und eine Unzahl Bremsen dazu beitragen, den tropischen Eindruck auch nach der unerfreulichen Seite zu verstärken. In den breiten Schlammstreifen, welche den Donauarm beiderseits umfassen, dauern bis zum nächsten Hochwasser, wie in Gips gegossen, die Spuren verschiedenster Aubewohner. Wer hat behauptet, es gäbe hier keine Hirsche mehr? Den Spuren nach zu urteilen, leben in diesen Wäldern noch viele starke Hirsche, wenn man sie auch zur Brunftzeit nicht mehr hört. So heimlich sind sie nach den Gefahren und Beunruhigungen des letzten Krieges geworden, der am Ende gerade hier schlimm gehaust hat. Reh und Fuchs, Bisamratte und kleinere Nager, unzählige Flußuferläufer, Flußregenpfeifer und Bruchwasserläufer haben den Schlamm mit den verschlungenen Ketten ihrer Fährten verziert.«

Neben der nur dem Geduldigen zugänglichen Schönheit der Auen scheint die Gegend um Tulln allenfalls noch die ganze Eintönigkeit einer Intensivlandwirtschaft zu bieten. Das allerdings ist erst in unseren Tagen so geworden. Folgt man etwa dem Nibelungenlied, dann stand in Traismauer eine Burg König Etzels, auf der Helche, seine erste Frau, residierte. Im Lied heißt es da:
»Bi der Treisen hête der künec
us hiunenlant eine burc, diu
was wol bekant geheizen Treisenmure
vrou Helke saz dâ ê und pflag
so grôzer tugende daz waetlich
nimmer mêr ergê.«

Auf der gleichen Burg soll der Hunnenkönig dann auch auf seine Kriemhild gewartet und sie schließlich feierlich empfangen haben. Auch Tulln selbst kommt dann nicht zu kurz, wenn davon erzählt wird, daß die Helden nach dem Kampfspiel »von Tulne nach Wien in die Stadt« zogen, wo die Hochzeit auf einen Pfingsttag fiel und das Fest schließlich 17 Tage dauerte. Schade ist dabei nur, daß von all dem kein einziges Zeugnis übriggeblieben ist, da die Hunnen als Nomaden nur in Zelten, bestenfalls in hölzernen »Burgen« hausten.

Schon greifbarer ist da die Tatsache, daß in der Nähe von Tulln das römische Comagene, der Standort des größeren Teils der römischen Donauflotte, lag. Bei Tulln

auch war es, daß Karl der Große eine Schiffsbrücke über den Strom schlug und die Grenzgrafschaft 803 an Passau schenkte. Im 11. Jahrhundert residierten hier die Babenberger; Tulln war damit die Hauptstadt Österreichs, Wien dagegen erst eine Sammlung von Einzelhöfen. Doch die Babenberger zog es weiter nach Klosterneuburg, und Tulln hätte das Dasein eines friedlichen Landstädtchens haben können, wäre da nicht die Weite des Tullner Feldes gewesen.

Strategen aller Zeiten gefiel es, auf dem überdimensionalen Exerzierplatz die Truppen aufmarschieren zu lassen: Hier sammelten sich die Ungarn unter Bela, um gegen Wien zu ziehen, hier rückten die Böhmen gegen die Habsburger vor, hier marschierte der Heldenkönig Matthias Corvinus 1477 und 1485 auf, 1683 ordnete hier der Polenkönig Sobieski seine Mannen, um zusammen mit Herzog Karl von Lothringen die Kaiserstadt zu befreien, und als die vorerst letzte Truppe formierte sich hier 1945 die Rote Armee.

DAS MARCHFELD

In dem riesigen, topfebenen Becken östlich von Wien, westlich der March und nördlich der Donau lediglich ein landwirtschaftlich genutztes Gebiet zu sehen, aus dem hie und da Bohrtürme oder Ölpumpen aufragen, hieße, dem Marchfeld nicht gerecht werden. Die heute harmlos anmutende endlose Ebene war vielmehr die Voraussetzung für ein nicht unbeträchtliches Stück europäischer Geschichte und für das Entstehen einer Weltstadt.

Alpen und Karpaten waren seit jeher natürliche Hindernisse bei der Verschiebung größerer Truppenverbände oder gar ganzer Völkerscharen. Die natürliche und daher von der Donau genutzte Lücke zwischen beiden Gebirgen ist damit zugleich die Schleuse zwischen Mitteleuropa und dem südöstlichen Raum. Wer immer die beiden Großräume trennen oder verbinden wollte, war deshalb auf das Wiener Becken angewiesen. So ist es nicht weiter verwunderlich, daß gerade hier die großen Schlachten zwischen Ost und West stattfanden. Ebenso ist es nur logisch, daß gerade hier die Zentrale entstehen mußte, wenn es darum ging, Mitteleuropa mit Südosteuropa unter einen Herrschaftsanspruch zu stellen. Daß Wien ein halbes Jahrtausend Mittelpunkt der europäischen Großmacht war, hat seine eigentliche Ursache in der Schleusenfunktion des Marchfeldes.

Während die Römer noch alles taten, um die Schleuse dicht zu halten und Markomannen und Quaden nicht über die Donau zu lassen, trat ein Jahrtausend später der erste Herrscher mit der erklärten Absicht an, die Schleuse zu öffnen und ein neues Großreich mit einem Zentrum an der Nahtstelle von Ost und West zu errichten. Weder

Babenberger noch Habsburger erkannten als erste den ungeheuren Vorteil des Wiener Beckens für ein solches Vorhaben, sondern der legendäre Böhmenkönig Ottokar aus Prag.

Der abwechselnd mit den Beinamen »der Goldene« oder »der Eiserne« titulierte Herrscher hatte als erster die Vorstellung von einem Riesenreich, das von der Ostsee bis zur Adria reichen und von Wien aus regiert werden sollte. Um dieses Ziel zu erreichen, hatte er 1251 noch als böhmischer Kronprinz und Markgraf von Mähren die letzte Babenbergerin geheiratet und sich mit den Ungarn angelegt. Da deren König genau in umgekehrter Richtung durch die Schleuse wollte und sowohl die Steiermark als auch das heutige Oberösterreich bereits besetzt hatte, war die Konfrontation unausweichlich.

Im Jahre 1260 war es dann bei Kressenbrunn soweit: Bela IV. stellte sich Ottokar II. zur Schlacht auf dem Marchfeld. Ottokar ging als Sieger hervor und war damit Herr über Böhmen, Mähren, Ober- und Niederösterreich, die Steiermark, Kärnten und Krain. Nach der Gründung von Königsberg in Ostpreußen reichte sein Reich nicht nur vom Riesengebirge bis an die Adria, sondern sogar bis zur Ostsee.

Zur gleichen Zeit herrschte im Reich eine Art Interregnum. Wohl hatte man einen spanischen und dann einen englischen Prinzen zum König gewählt, doch keiner kam nach dem Aussterben der Babenberger zur Herrschaft. Erst 1273 gelang die Wahl des Grafen Rudolf von Habsburg aus dem alemannischen Brugg (im heutigen Kanton Aargau) zum neuen deutschen König. Ottokar II., obwohl als böhmischer König zugleich deutscher Kurfürst, boykottierte diese Wahl und erkannte sie entsprechend dem geltenden Lehensrecht nicht an. Weder Unglück im eigenen Land noch Kirchenbann hinderten ihn daran, zielstrebig gegen den von ihm nicht anerkannten König und für seine Reichsidee aufzurüsten.

Fünf Jahre nach der Wahl Rudolfs, am 12. August 1278, schlug dann die Stunde für einen neuen Kampf auf dem Marchfeld: Bei Dürnkrut wurde Ottokar II. in einer langwierigen und äußerst blutigen Schlacht von Rudolf besiegt und von österreichischen Rittern noch auf dem Schlachtfeld erschlagen. Verloren war damit zunächst die große Reichsidee, für Habsburg gewonnen dagegen waren die Herzogtümer Österreich und Steiermark. Daß damit, wenn auch auf ganz andere Weise, dennoch wieder der Grundstein für ein neues Riesenreich gelegt war, sollte sich erst später zeigen. Zumindest sollte es ein halbes Jahrtausend dauern, bis das Marchfeld erneut Schlachtfeld wurde und ein anderer wieder für ein Ende sorgte: Napoleon I. gegen Erzherzog Karl im Jahre 1809.

Doch das Marchfeld war nicht nur Schlachtfeld. In dem Dreieck zwischen Donau, Rußbach und March zog

Die Donau als Reiseweg. 1628 reiste der Kaiserliche Botschafter Baron Knefstein mit Gefolge in die Türkei ab (oben). Das Marchfeld war zu allen Zeiten Kampffeld. Gegen die latente Bedrohung wurden Wehrbauten errichtet wie dieser Turm in Markgrafneusiedl (unten).

Der schönste und größte Karner Österreichs steht in Tulln. Spätromanik und Frühgotik sind hier aufs harmonischste vereint. Das reich ornamentierte fünfeinhalbstufige Trichterportal unterstreicht die einstige Bedeutung dieses Baues.

Über dem romanischen Portal der Pfarrkirche St. Stephan in Tulln hängt dieses Symbol des Türkenkrieges: Der österreichische Doppeladler hält Türkenschädel in den Krallen. Von Tulln aus war 1683 das kaiserliche Heer zum Entsatz von Wien gezogen.

es den Adel seit jeher zur Jagd, die in dem Mischgebiet zwischen fruchtbarer Ebene und Aulandschaft stets sehr ergiebig war. Selbst heute noch gibt es hier ausgedehnten Auwald, weiträumige Überschwemmungswiesen, Überschwemmungsinseln, zahllose stille Teiche und Altwasserarme.

Entsprechend vielfältig ist die hier heimische Tierwelt. Noch sind Nachtreiher, Störche und Kormorane sowie Wildschweine hier zu Hause; selbst Luchse soll es ab und zu noch geben. Löffler und Säbelschnäbler sind ebenso zu finden wie zweimal im Jahr ganze Scharen von Zugvögeln. Ab und zu verirrt sich sogar die eine oder andere Großtrappe, der schwerste flugfähige Vogel der Welt mit einem Lebendgewicht von bis zu 20 Kilogramm, in die Donauauen.

Daß die Park- und Auwaldlandschaft des Marchfeldes einst Jagdrevier des Wiener Adels war, davon zeugen viele in der Umgebung verstreute und zum Teil heute noch zugängliche Jagdschlösser. Das älteste der Marchfeld-Schlösser dürfte das spätgotische Schloß Orth sein, das auf eine Wasserburg aus dem Jahre 1140 zurückgeht. Seine vier mächtigen Ecktürme und die abweisenden Mauern geben dem jetzt teilweise landwirtschaftlich genutzten Schloß ein finsteres Aussehen. Das noch von Kaiser Maximilian I. genutzte und dann an den Grafen Salm geschenkte Schloß kam schließlich 1824 in kaiserlichen Besitz und wurde der Lieblingsaufenthalt von Kronprinz Rudolf. An ihn erinnert nicht zuletzt der Schrammelwalzer »Die Rose von Orth«, der seiner Gemahlin Stefanie von Belgien gewidmet war. Heute sind in einem Teil des Schlosses das österreichische Bienenmuseum und ein Fischereimuseum untergebracht. Zahlreiche Präparate und historische Fanggeräte veranschaulichen die Entwicklung der Donaufischerei.

Schloß Eckartsau, nur wenige Kilometer von Orth entfernt, ist mehr als ein herrschaftliches Jagdschloß. Es ist fast so etwas wie ein Symbol für das österreichische Kaisertum. Hierher war Kaiser Karl I. im November 1918 von der jungen Republik »verschickt« worden, hier endete mit der Unterzeichnung des Eckartsauer Briefes, der die offizielle Abdankung des Kaisers enthält, das Kaiserreich, das ein halbes Jahrtausend vorher auf demselben Marchfeld von Graf Rudolf von Habsburg begründet worden war. Am 23.3.1919 verließ der abgedankte Kaiser sein Österreich im Salonwagen, um seiner Ausweisung zuvorzukommen.

Eckartsau war einst der schönste barocke Jagdsitz im Marchfeld, entstanden aus dem Umbau einer wehrhaften Wasserburg und geschaffen und ausgestaltet vom Wiener Hofarchitekten Joseph Emanuel Fischer von Erlach zwischen 1722 und 1732. Der junge Baumeister deutete dort im Treppenhaus und Festsaal bereits an, was er später in der Hofreitschule in Wien zur Vollendung bringen sollte.

Von der einst überreichen Ausstattung ist heute nur ein schwacher Abglanz erhalten. Was davon das Ende des letzten Krieges erlebt hatte, wurde von den sowjetischen Truppen vollends »aufgeräumt«. In blinder Wut zerstörten sie alles, was in ihren Augen an die Monarchie erinnerte. Sie verheizten das Mobiliar, zerrissen die Seidentapeten und montierten sogar die Schlösser aus den Türen. Dennoch ist die Restaurierung gut gelungen.

Zwei weitere Marchfeld-Schlösser konnten inzwischen vor dem Verfall und dem endgültigen Untergang gerettet werden: das von Fischer von Erlach für Rüdiger von Starhemberg erbaute Jagdschloß Niederweiden und das von Hildebrandt als Jagdresidenz des Savoyerprinzen Eugen erbaute Schloßhof. 1725 hatte der siegreiche Feldherr das mit Wall und Graben umgebene Wasserschloß erworben und standesgemäß ausbauen lassen. Nur zwei Jahre später erwarb er Schloß Niederweiden dazu, um seinen Besitz abzurunden. 1755 schließlich wurden beide Schlösser für 400 000 Gulden an die kaiserliche Familie verkauft. Maria Theresia ließ das Erworbene grundlegend umgestalten, sah eine neue Geschoßeinteilung vor und ließ das flache Dach durch einen französischen Mansardendachstuhl ersetzen. Im Schloßhof wurde ein Wasserwerk für die Fontainen und Wasserkaskaden der Gartenterrassen eingebaut, zwischen beiden Schlössern wurde 1770 eine Allee angelegt. In der barocken Kapelle von Schloßhof mit ihrem prächtigen Kuppelfresko von Carlo Carlone heiratete am 8.4.1766 die Lieblingstochter Maria Theresias, Prinzessin Marie Christine, den Prinzen Albert von Sachsen-Teschen, der als Begründer der weltberühmten graphischen Sammlung Albertina in die Geschichte eingehen sollte.

Auch das nördlichste der Marchschlösser, Marchegg, hat eine uralte Geschichte. Es geht auf eine mittelalterliche Wehranlage zurück, die 1268 im noch von König Ottokar II. errichteten Mauerring erbaut wurde. Heute ist in dem Schloß das niederösterreichische Jagdmuseum untergebracht.

Ganz besonders interessant ist die Pflanzenwelt um Marchegg. Am Sandberg gegen Oberweiden ist eine seltene Steppenflora zu entdecken, bei Baumgarten gibt es in der Salzsteppe einen Alkalisteppenwald mit hochwüchsigen Salzpflanzen, wie sie sonst nur noch an der oberen Theis in Ungarn zu finden sind. In der Nanni-Au südwestlich von Marchegg (sie hat ihren Namen von der Gräfin Nandina Pálffy) wächst der schönste Schwarzerlenbestand Europas. Daß es hier auch mächtige Stieleichen gibt, wußten die Störche auf ihre Art zu nutzen: Marchegg hat die größte Weißstorchkolonie Österreichs und bietet den letzten Kormoranen eine Heimat.

Das schmiedeeiserne Portal schützte den Park des von Hildebrandt für Prinz Eugen erbauten Jagdschlosses Schloßhof. 1755 erwarb das Kaiserhaus die Anlage, Maria Theresia machte sie später zu einer ihrer Sommerresidenzen.

Römische Donauwacht

Kaiser Augustus bescherte den Römern nicht nur das »goldene Zeitalter«; von ihm stammt auch die Vision vom römischen Weltreich, in dem das ganze heutige Westeuropa aufgehen sollte. Im Rahmen dieses Konzeptes gelang es den Römern bereits bis zum Jahre 15 v. Chr., die Ostalpenländer und das Wiener Becken zu besetzen. Daß ihnen am Ziel selbst keine nennenswerten Widerstände erwuchsen, heißt aber nicht, daß sich nicht auch noch andere für diesen strategisch so bedeutenden Raum interessiert hätten. Ähnlich wie an der bayerischen Donau begannen die Römer daher sofort, die in ihren Augen damals noch »vorläufige« Grenze, die Donau, zu sichern. An der Wende des ersten Jahrhunderts entstand so eine ganze Kette von Befestigungsanlagen mit Mauern, Wachtürmen sowie Reit- und Infanterielagern.

Zentren der römischen Aktivitäten waren das Legionslager Vindobona als Schutz der Westflanke des Wiener Beckens und das Legionslager Carnuntum an der Kreuzung der Via del ambra, der Bernsteinstraße mit der Donau.

Wie verletzbar die Grenze an der Weite des Wiener Beckens trotz des natürlichen Wassergrabens der Donau war, zeigte sich zwischen 167 und 180 n. Chr., als die Markomannen und Quaden alle Grenzbefestigungen überrannten und bis zur Adria vordrangen. Erst Kaiser Marc Aurel gelang es, die verlorenen Gebiete wieder zurückzuerobern und die Donau neuerlich als Grenze zu sichern. Welche Bedeutung diese Feldzüge für die Römer im pannonischen Donauraum einst hatten, veranschaulicht die Siegessäule, die der römische Senat zu Ehren von Marc Aurel errichten ließ und die heute auf der Piazza Colonna in Rom steht.

DAS CASTRA VINDOBONA

Nach der völligen Zerstörung durch die Markomannen ließ Marc Aurel Vindobona als Legionslager für sechstausend Mann neu aufbauen. Ähnlich wie in Regensburg entstand ein durch ein Straßenkreuz in vier nahezu gleiche Teile geteiltes Rechteck, dessen Umrisse sich noch heute im Stadtplan Wiens klar abheben. Wie stets bei der Anlage größerer Garnisonen, waren die Römer auch hier bemüht, möglichst natürliche Geländevorteile zu nutzen. Für Vindobona gab es sie für immerhin drei Seiten. Im Nordosten grenzte die Anlage an einen Seitenarm der Donau (heute Donaukanal), im Nordwesten floß ein Bach, der später Ottakringer Bach genannt werden

sollte (heute Tiefer Graben), im Südosten bot sich eine natürliche Geländestufe zwischen dem »Hochplateau« um den heutigen Hohen Markt und der heutigen Rotenturmstraße an. Lediglich im Südwesten gab es keinen natürlichen Schutz. Hier wurde deshalb ein künstlicher durch einen dreifachen und bis zu fünf Meter tiefen Graben geschaffen. Eine bescheidene Erinnerung daran ist die heutige Straßenbezeichnung Graben.

Obschon die Grenzregion an der Donau nach den Markomannenkriegen für einen wirtschaftlichen Aufschwung kaum sehr geeignet schien, blühte doch gerade die Zivilstadt erstaunlich schnell auf. Bereits zu Beginn des dritten Jahrhunderts stieg Vindobona zum municipium (Landstadt) auf, zu deren Bezirk Siedlungen bis hinaus zu den heutigen Stadtteilen Sievering, Heiligenstadt, Meidling und Gumpendorf gehörten. Etwa zur selben Zeit brachten die römischen Soldaten die ersten Reben mit, um in ihrer Freizeit eigenen Wein anzubauen. Unter Kaiser Probus (276 bis 282) war diese »Freizeitbeschäftigung« bereits weit verbreitet.

Eigenartigerweise gibt es im gesamten Umkreis des Castra Vindobona, seine Zivilstadt eingeschlossen, kaum ein Zeugnis über den gewiß auch hier vorgedrungenen christlichen Glauben. Nicht einmal Grabsteine fanden sich bisher aus dem dritten oder wenigstens aus dem vierten Jahrhundert. Eine frühchristliche Kirche mag es wohl gegeben haben (vermutet wird sie unter der heutigen St. Peter Kirche am Graben – nachgewiesen aber konnte sie bisher nicht werden).

Auch vom Castra Vindobona selbst ist nur weniges unter dem Hohen Markt erhalten geblieben. Rund fünf Meter unter dem heutigen Straßenniveau fanden sich die Reste von zwei Häusern, die als Stabsoffizierswohnungen identifiziert werden konnten. Ihre Wohn- und Wirtschaftsräume waren um einen Mittelhof mit umlaufendem Säulengang angeordnet. Da in den Häusern verschiedene Schichten übereinander abgetragen werden konnten, fanden die Archäologen interessante Details zu den Heizungssystemen, den Fußböden und dem Wandverputz.

Wenige Straßen weiter, Am Hof, wurde unter der heutigen Feuerwache der Hauptkanal der Lagerentwässerung freigelegt. In einem Ausstellungsraum ist zu sehen, wie die Römer die gesammelten Abwässer ihrer Siedlung über einen gemauerten Kanal in die Donau leiteten. Alles, was sich sonst noch an Einzelfunden ergab, ist im Historischen Museum von Wien zu besichtigen.

Eine der ältesten Handelsstraßen ist die Verbindung von der Ostsee zum Mittelmeer. Sie hatte ihre Bedeutung wegen des an der Küste des Samlandes (Bernsteinküste) gefundenen Bernsteins. Weil der honiggelbe und fettig glänzende Brennstein (niederdeutsch: bernen = brennen) im Altertum den Edelsteinen gleich geachtet wurde, entwickelte sich früh ein Handel mit den aus dem Harz von Nadelhölzern in der Tertiärzeit entstandenen Steinen. Bis hinunter nach Ägypten wanderten die Kostbarkeiten auf festen Handelswegen, den Bernsteinstraßen. Eine der bedeutendsten kreuzte die Donau östlich von Wien.

DIE STADT AM STEIN

Schon in illyro-keltischer Zeit entstand an diesem Kreuzungspunkt zweier wichtiger Handelswege eine Siedlung: die Stadt am Stein – auf keltisch Carnuntum genannt. Ihre Bedeutung wuchs schlagartig, als die Römer in Erscheinung traten und die Siedlung auch noch strategische Bedeutung erhielt. Bereits im Jahre 6 n. Chr. führte der spätere Kaiser Tiberius von hier aus seine Legionen gegen die von König Marobod geführten Markomannen – ein Vorgehen, das die Römer an diesem Abschnitt der Donau noch für mehrere Jahrhunderte beschäftigen sollte. Welche strategische Bedeutung Carnuntum damals erhielt, zeigt allein schon die Tatsache, daß Tiberius im Jahre 15 die Elitetruppen der XV. Legion, der Legio Apollinaris, von Emona (Laibach) hierher holte und ihr Lager zwischen Petronell und Bad Deutsch-Altenburg errichten ließ.

Der strategischen Bedeutung entsprechend entwickelte sich die Zivilstadt schon im ersten Jahrhundert geradezu stürmisch. Zwischen 103 und 107 wurde die Provinz Pannonien geteilt und Carnuntum zur Hauptstadt der neuen Provinz Oberpannonien gemacht. Die Stadt war jetzt militärischer, politischer und wirtschaftlicher Mittelpunkt, damit auch Sitz des Statthalters und des Oberbefehlshabers über die Truppen der gesamten Provinz. Entsprechend ihrer neuen Bedeutung wurde Carnuntum von Kaiser Hadrian zwischen 125 und 138 (also lange vor Vindobona) zum municipium erhoben. Damit kam endgültig römisches Recht zum Tragen, ein Stadtrat mit hundert Mitgliedern wurde eingerichtet und als ausführendes Organ, vergleichbar einer Stadtverwaltung, ein Kollegium von vier Männern eingesetzt.

Der Einfall der Markomannen im Jahre 171 brachte die Zerstörung einer blühenden Stadt, in der Handel und Handwerk bereits Erstaunliches geleistet hatten. Der Bernstein von der Ostsee wurde hier zu Schmuck verarbeitet und gegen Leder und Schlachtvieh aus Italien getauscht. Daß hier wertvoller Schmuck aus Gold, Silber und Bronze gefertigt wurde, daß Steinbildhauer Altäre und Grabsteine schufen, daß Gemmenschneider vom Götterbildnis bis zum Tierornament alles auf Wunsch in Japis schnitten und daß es sogar eine richtige Keramik-»Industrie« gab – das alles zeigt die Blüte Carnuntums in der Mitte des zweiten Jahrhunderts überdeutlich.

Nach der totalen Zerstörung der Stadt, der mühseligen Rückeroberung und nach der Vertreibung der Markomannen durch Marc Aurel übernahm die legio XIV gemina Martia victrix den Wiederaufbau von Stadt und Lager. Wie energisch und erfolgreich dieser Wiederaufbau gewesen sein muß, sollte sich kaum zwanzig Jahre später zeigen. Da nämlich war die XIV. Legion bereits so mächtig, daß sie im Jahre 193 den Sohn und Nachfolger Marc Aurels, den Kaiser Commodus, ermorden lassen konnte. Mit der Wahl ihres Oberbefehlshabers Lucius Septimius Severus zum ersten Soldatenkaiser in der römischen Geschichte war ihre absolute Vormachtstellung eindeutig bestätigt. Zum Dank ließ es sich der Erwählte seinerseits nicht nehmen, seiner ehemaligen Garnisonsstadt Carnuntum den Rang einer »colonia« (Tochterstadt) zu verleihen.

Kaum 70 Jahre später gab es in Carnuntum bereits die zweite Kaiserausrufung: 261 ließ sich Caius Publius Regalianus, der Oberbefehlshaber der pannonischen Truppen, von seinen Soldaten zum Kaiser ausrufen – nicht ahnend allerdings, daß ihn dieselben Soldaten bereits wenige Wochen später erschlagen sollten. Rom hatte damit jedenfalls den ersten Usurpator, und er kam ausgerechnet aus Carnuntum.

Ein letztes Mal kam Carnuntum im Jahre 308 ins Rampenlicht, als Kaiser Diocletian zusammen mit seinen beiden Mitkaisern Maximianus und Galerius hier in einer großen Konferenz Wege aus der Unregierbarkeit des Riesenreiches suchen wollte. Zur Lösung der Probleme hatte er versucht, das Imperium in eine östliche und eine westliche Hälfte zu teilen, jeder Hälfte einen eigenen Kaiser (augusti) und diesem wiederum einen Unterkaiser (caesari) zu geben. An das wichtige Ereignis von Carnuntum erinnert heute noch ein steinerner Altar. Er ist geradezu symptomatisch für den damaligen Zeitgeist: Er ist nicht mehr einem römischen Gott, sondern dem persischen Lichtgott Mithras als neuem Schirmherrn des Reiches (fautor imperii) geweiht.

Obwohl Carnuntum für mehrere Jahrhunderte das Zentrum der Verteidigungsanstrengungen an der Donaugrenze und unter Marc Aurel für mehrere Jahre sogar Kaiserresidenz war, ging die »Großstadt« (hier lebten zeitweise über 30 000 Menschen) sang- und klanglos unter. Schon im Jahre 375 berichtet der in den Diensten von Kaiser Valentinian stehende Geschichtsschreiber Ammicanus Marcellinus nur noch von einem »öden, schmutzi-

127

gen Dorf«. Wie Carnuntum aber wirklich unterging, ob es ein langsamer Zerfall war oder ein plötzlich-gewaltsames Sterben (in einem Backofen fanden die Archäologen noch halbgebackene Brote), konnte bis heute nicht geklärt werden, zumal die Ruinenstadt für ein Jahrtausend ein willkommenes Selbstbedienungslager für prächtige Baumaterialien war. Wer immer etwas zu bauen hatte, bediente sich: die Bauern beim Einfassen ihrer Felder und beim Bau ihrer Häuser ebenso wie die Kirchen bei der Errichtung der ersten romanischen Kirche.

Das »Heidentor« am Stadtrand von Carnuntum war ein als Vierpfeilerbau ausgeführter Triumphbogen. Die vier Pfeiler waren durch ein Kreuzgewölbe verbunden, unter dem vermutlich die Statue eines Kaisers oder Gottes stand.

Und dennoch ist all das, was in den letzten dreihundert Jahren zu Tage kam, erstaunlich genug. Den Anfang machte der Wiener Forscher Dr. W. Lazius, der ab 1545 öfter in Carnuntum war und damit begann, die zugänglichen Inschriften an Ehrentafeln, Altären und Grabsteinen systematisch aufzuzeichnen. Auf einem Kupferstich aus dem Jahre 1649 taucht dann erstmals das »Heydnisch Thor der Alten Statt Carnunta« in der heutigen, uns bekannten Form mit den zwei wuchtigen Pfeilern und dem Tonnengewölbe auf. Nur elf Jahre später holte sich der Hofbibliothekar Lambeck von Kaiser Leopold I. die Erlaubnis zur Schatzsuche, wurde fündig und lieferte brav 29 Münzen ab.

Nicht ausgegraben werden mußte in Carnuntum das Heidentor. Es steht als einziges Bauwerk in ganz Österreich seit knapp zwei Jahrtausenden sichtbar als Denkmal römischer Baukunst mitten in der Weite der Felder. Wie wenig die Menschen an der Donau einst mit diesem Bau anzufangen wußten, beweist schon sein Name. Unserer Zeit war es vorbehalten, dem Heidentor seinen richtigen Stellenwert zu geben. Jetzt gilt als sicher, daß das Tor ein als Vierpfeilerbau ausgeführter Triumphbogen ist. Vermutlich waren die vier Pfeiler durch ein Kreuzgewölbe miteinander verbunden, unter dem die Statue eines Gottes oder Kaisers stand.

Systematische Grabungen seit 1885 haben inzwischen das gesamte Lager der XIV. Legion sowie große Teile der Zivilstadt ans Licht gebracht. Das Lager war nach den allgemeingültigen Regeln für gut sechstausend Mann gebaut. Neben der nordöstlichen Lagerecke, neben der porta principalis dextra, konnte das für die Soldaten gebaute Amphitheater freigelegt werden. Es entstand in der zweiten Hälfte des zweiten Jahrhunderts unter Caius Domitius Zmaragdus.

Die immerhin 44 x 72 Meter große Arena bot etwa achttausend Besuchern Platz, hatte vier prächtig ausgestattete Logen für die Bürgermeister und gegenüber eine besonders große Loge für den Oberbefehlshaber. Am Westtor der Arena stand eine Statue der Göttin Diana Nemesis (heute im Museum Carnuntinum), vor der wohl die Gladiatoren opferten. Neben dem Haupteingang wurden die Tierzwinger freigelegt. In ihren Mauern sind noch gut die Rillen für die Gitter und Falltüren zu erkennen. In der Mitte der Arena gab es ein 6,5 x 8 Meter großes Wasserbecken, in das ein Kanal das zur Reinigung benötigte Wasser einleitete. Unter den Tribünen führte ein Gang direkt hinaus zur Donau. Durch ihn konnten die Opfer, ob Bestie oder Gladiator, bequem abtransportiert werden.

Welche Bedeutung Carnuntum einst hatte, beweist allein schon die Tatsache, daß die Zivilstadt über ein eigenes Amphitheater verfügte, das zudem nahezu doppelt so groß war wie das der Legionäre. Zwischen 13 000 und 14 000 Zuschauer dürften in ihm Platz gefunden haben! Der Riesenbau entstand bereits in der ersten Hälfte des zweiten Jahrhunderts. Er hatte zwei nur bei besonders festlichen Anlässen benutzte Prunktore, Logen und Sitzreihen für die Ehrengäste und eigens gekennzeichnete Sitzbereiche für die verschiedenen »Ränge« der Bevölkerung. Am Südtor konnte ein sechseckiges Steinbecken mit Abfluß freigelegt werden. In ihm sehen die Archäologen ein frühchristliches Baptisterium. Sollte diese Annahme richtig sein, wäre das im gesamten Wiener Becken der einzige Hinweis auf die Existenz einer frühchristlichen Gemeinde.

Die Zivilstadt selbst ist bis heute noch nicht völlig ausgegraben. Doch längst hat sich gezeigt, daß Carnuntum eine wohlfunktionierende Stadt gewesen ist. Es gab hier nicht nur viele stattliche Privathäuser, sondern auch vorbildliche Gemeindeeinrichtungen wie öffentliche Bäder, Thermen, Magazine, Heizungs- und Kanalsysteme sowie gepflasterte Straßen. Auf dem knapp drei Quadratkilometer großen Siedlungsgebiet waren die Häuser wohl nach römischem Schema am rasterförmigen Straßennetz angeordnet, die Häuser selbst folgten jedoch nicht der im Süden üblichen Atriumsbauweise. In Carnuntum bauten die Römer nach dem Vorbild der Kelten, die ein kompaktes Haus mit zentralem Korridor bevorzugten. Nicht ohne Grund wird deshalb vom pannonischen Haustyp gesprochen. Seine eindeutige Ausbildung hat er in der Hauptstadt der Grenzregion gefunden.

Ein Bauwerk ganz besonderer Art ist schließlich die große Therme in der Zivilstadt. Mit einer Grundfläche von 104 x 143 Meter ist sie der größte bisher in Österreich bekannte Bau aus der Römerzeit. Er entstand in der zweiten Hälfte des zweiten Jahrhunderts nach den Markomannenkriegen und bot alles, was für einen luxuriösen Badebetrieb notwendig war. Vom kleinen Nichtschwimmerbecken (Wassertiefe 60 cm) bis zum 9 x 21 Meter großen Schwimmbecken mit 1,60 Meter Wassertiefe, von der Sauna bis zum geheizten Ruheraum war alles nur Denkbare in großzügiger Ausführung geboten. Und es wäre keine Einrichtung der Römer gewesen, wäre das Ganze nicht kunstvoll mit Wandverkleidungen aus Marmor, Wandmalereien und Mosaiken geschmückt gewesen.

Die Therme wurde von 308 an als Palast (daher auch der Name »Palastruine«) für die Gipfelkonferenz der Kaiser hergerichtet und erweitert. Im Süden wurde ein Kultbau angeschlossen. Der von einem Arkadengang umschlossene Hof erhielt zwei Oktogone und einen Rundbau, die wohl Altäre und Statuen aufgenommen hatten. Große Ereignisse warfen also auch schon zur Römerzeit große Schatten voraus!

Die obere Donau, Danubius, bildete seit Oktavian die Nordgrenze des Imperium Romanum. Sie wurde durch ein System militärischer Stützpunkte hervorragend geschützt, und von der Donau her sollte ein funktionierendes Straßennetz das römische Reich sichern.

Nahezu vierhundert Jahre währte die militärische Herrschaft der Römer an der Donau. Beredte Zeugen dieser Geschichte sind die Kunstwerke der Römer, vor allem Plastiken, die heute in den Museen von Wien, Budapest, Carnuntum und anderen aufbewahrt werden.

Die Abbildungen auf dieser Doppelseite zeigen beispielhaft das meisterhafte Können der Römer, vor allem in der Porträtkunst. Das Kopf- oder Büstenbildnis hatte bereits im 1. Jahrhundert das zunächst von den Römern bevorzugte Statuenbildnis abgelöst.

Die historischen Reliefs zeigen eine in etwa entsprechende Entwicklung. Im dritten Jahrhundert entstehen teppichartige Gewebe aus Stein mit interessanten Hell-Dunkel-Kontrasten, eine höchst wirklichkeitsferne, eigengesetzliche Bildwelt.

Babenberger Residenzen

Die Markgrafen und späteren Herzöge der Ostmark des Reiches fanden erst nach und nach ihre endgültige Residenz. Während Wien noch kaum mehr als ein Bauerndorf war, residierten sie in Melk, später zog es sie nach Klosterneuburg, und erst ganz zum Schluß fanden sie in Wien ihren endgültigen Herrschaftssitz. Der zweimalige Wechsel der Residenz war jedoch weniger Ausdruck herrschaftlicher Willkür, sondern vielmehr die natürliche Folge der Ausdehnung des Reiches nach Osten. Analog dieser Ausdehnung verschob sich auch das Machtzentrum der Ostmark nach Osten.

Noch im Jahre 1030 notierte der Chronist des Klosters Niederalteich, Kaiser Konrad II. sei mit seinem Heer bei Vienni von den Ungarn geschlagen worden. Noch während der ganzen ersten Hälfte des 11. Jahrhunderts gelang es nicht, die slawisch-ungarische Mischbevölkerung zwischen Wiener Wald und Leitha endgültig unter den Einfluß des Reiches zu bringen. Erst gegen Ende des Jahrhunderts war der Einfluß bis zur Leitha so gefestigt, daß es Leopold III., genannt der Heilige, 1106 wagen konnte, seine Residenz nach Klosterneuburg zu verlegen. Daß diese Entscheidung richtig war, bestätigte sich spätestens 1135, als er die Stadtherrschaft über Wien übernehmen konnte. Zwei Jahre später erhielt der Passauer Bischof von Leopold IV. das Patronat über die Stadtkirchen, im Vertrag von Mautern wurde Wien erstmals »civitas« genannt, und es wurde der Grundstein für die erste Stephanskirche gelegt.

Dennoch sollten noch einmal nahezu zwanzig Jahre vergehen, bis die Lage so gesichert war, daß Heinrich II., genannt »Jasomirgott«, die Residenz im Jahre 1155 endgültig nach Wien verlegen konnte. 1156 schließlich mußte er das Herzogtum Bayern abgeben, handelte sich dafür aber bei Friedrich Barbarossa die Erhebung Ostarriches zum Erbherzogtum ein. Leopold VI. war es dann vorbehalten, dem »Hof ze Wienne«, wie ihn Walther von der Vogelweide nannte, beinahe »europäischen« Rang zu geben. Er war es auch, der Wien 1221 das Stadtrecht verlieh und damit die Voraussetzung für die Entwicklung Wiens schuf.

DER HOF ZE NIWENBURG

Wollte man der Legende Glauben schenken, dann hätte Markgraf Leopold III. seine Residenz auf dem Kahlenberg gehabt. Seine Gemahlin Agnes sah eines Tages zum Fenster hinaus, da riß ihr ein Windstoß den Schleier vom Kopf und entführte ihn in die Lüfte. Jahre danach fand der Markgraf auf der Jagd den Schleier auf einem Holunderstrauch, sah das als Fingerzeig des Himmels und stiftete an dieser Stelle ein Kloster.

Die fromme Sage hat lediglich den einen Fehler, daß sie frei erfunden ist. Leopold III. hatte weder auf dem Kahlenberg noch auf dem benachbarten Leopoldsberg eine Residenz, wohl aber in Melk, und die verlegte er um 1106 nach »Niwenburg«, dem heutigen Klosterneuburg. Auch entstand das Kloster keineswegs irgendwo mitten im Wald, sondern an derselben Stelle, wo schon die Römer ein Kastell errichtet hatten und bereits seit 791 eine Siedlung bezeugt war.

Anläßlich der Residenzverlegung stiftete Leopold III. zusammen mit Adeligen seines Hofes ein weltliches Kollegiatsstift. Erst etwa sechs Jahre danach trat er als alleiniger Gönner des Stiftes auf und unterstützte es mit großzügigen Schenkungen. Im Jahre 1114 legte er gar den Grundstein zu einer groß angelegten Stiftskirche. Sie konnte bereits zwölf Jahre später als dreischiffige Basilika mit fünf Jochen, Querschiff und einem Chor mit drei Apsiden sowie einem mächtigen, achteckigen Turm eingeweiht werden. Damit hatte die junge Residenz und das inzwischen in ein Augustinerchorherrenstift umgewandelte Kloster eine ihm gemäße, das Land seine wohl prächtigste und größte Kirche bekommen.

An der Ostseite der Stiftskirche wurde schon damals ein romanischer Kreuzgang mit einem zweischiffigen Kapitelsaal im Süden angebaut. Aus ihm entstand die heutige Leopoldskapelle, der Begräbnisplatz des 1485 heiliggesprochenen Stifters von Klosterneuburg, des Markgrafen Leopold III. von Babenberg.

Noch auf die Regierungszeit von Leopold III. geht das älteste Ausstattungsstück der romanischen Klosterkirche zurück. Es ist der heute ebenfalls in der Leopoldskapelle aufbewahrte und in Leopolds Auftrag in Verona geschaffene siebenarmige Leuchter. Seine Form geht auf den siebenarmigen Leuchter der Juden zurück, ist hier aber in Form eines Baumes gestaltet, mit der die »Wurzel Jesse«

Im Zeitalter der Gotik wurden wunderbare und besonders kostbare Kleinkunstwerke geschaffen. In den Klöstern des Donauraumes fanden einige dieser Werke Aufnahme: links ein Bischofsstab aus Göttweig, in der Mitte eine Mariendarstellung aus Zwettl, rechts ein Bischofsstab aus Klosterneuburg.

symbolisiert werden sollte. Die sieben Arme sollten die sieben Gaben des hl. Geistes verdeutlichen. Die Gläubigen des ausgehenden Mittelalters hinderte aber all das nicht, in dem Leuchter den Holunderstrauch der Stiftungslegende zu sehen und ihn als wundertätig andächtig zu verehren.

Das kostbarste Ausstattungsstück des Stiftes entstand ebenfalls noch in der Regierungszeit der Babenberger, allerdings erst, als sie schon in Wien residierten. Der heute in der Leopoldskapelle aufgestellte Verduner Altar entstand 1181 als biblia pauperum und war als Verkleidung einer Kanzelbrüstung eingebaut. Auf 45 kleinen Täfelchen (Maße der gesamten Bilderwand: Höhe 108 cm, Breite 265 cm, Seitenflügel 120 cm) sind Motive aus dem Neuen Bund alttestamentlichen Vorbildern gegenübergestellt. Nach einem Brand wurden die Tafeln (man hat sie durch Übergießen mit Wein vor dem Schmelzen gerettet) von Wiener Goldschmieden zum bestehenden Flügelaltar umgearbeitet.

Der Altar ist das Werk von Nikolaus von Verdun und gehört zu den eindrucksvollsten Arbeiten seiner Zeit. In aufwendiger Technik (vergoldetes Kupfer mit Emaillierung in den Vertiefungen) ist es dem Meister gelungen, nahezu vollplastische Figuren zu schaffen und bei den Ornamenten eine Perfektion der Zeichnung zu erreichen, die ihresgleichen sucht.

Zwar nicht mehr zur Zeit der Babenberger, wohl aber zur Erinnerung an sie entstand 1485 anläßlich der Heiligsprechung von Leopold III. der Babenberger Stammbaum. Das Triptychon ist im wesentlichen ein Werk von Hans Port und zeigt im Mittelstück, verteilt auf die Zweige eines goldenen Baumes, 27 Rundbilder mit Szenen aus der Geschichte der Babenberger. Den Hintergrund bilden jeweils Städteansichten (darunter Wien, Melk, Klosterneuburg und sogar Regensburg). Auf den beiden Seitenflügeln sind die Frauen der Babenberger zu sehen.

Gerade zwanzig Jahre später entstand vor dem Hintergrund der landesweiten Leopoldverehrung ein eigener Leopoldaltar. Auf ihm stellt Rueland Frueauf auf vier Tafelbildern die Schleierlegende romantisierend idealistisch dar. Das unmittelbar empfundene Naturerlebnis ist gekonnt eingefangen und zeigt den Meister als einen würdigen Vertreter der Donauschule.

Als Heinrich II. seine Residenz nach Wien verlegte, errichtete er seine Pfalz in der westlichen Ecke des Castra Vindobona der Römer. Im Nordwesten schützte ihn der Ottakringer Bach (Tiefer Graben), im Südwesten der alte Römergraben (Graben).

DER HOF ZE WIENNE

Noch heute läßt sich der Umriß dieser ersten Pfalz am heutigen Alten Hof gut ablesen. Auch alle anderen Bauten waren bis dahin innerhalb der Mauern des Römerlagers errichtet worden. In der Nordostecke war es die Stadtburg, der Amtssitz des Wiener Amtschefs vor der Babenberger Zeit. Zusammen mit der Ruprechtskirche und dem Kienmarkt bildete sie eine eigene Verteidigungseinheit. Eine weitere gab es in der südlichen Ecke mit St. Peter als Zentrum. Die nördliche Ecke hatte die Kapelle Maria am Gestade zum Mittelpunkt, so daß alle vier Ecken des alten Römerlagers ausgebaut waren. Außerdem war der ebenfalls noch von den Römern vorhandene Donauhafen unterhalb von Maria am Gestade nicht nur wieder in Betrieb, sondern auch durch wehrhafte Mauern wohl geschützt.

In den neunzig Jahren, die den Babenbergern als Regierungszeit in Wien vergönnt sein sollten, nahm die neue Hauptstadt an der Donau einen ungeahnten Aufschwung. Dabei spielten (außer friedlichen Zeiten) mehrere Komponenten eine Rolle. Zum einen war es das von den Babenbergern den Wienern gebrachte Stapelrecht. Alle ausländischen Kaufleute waren durch dieses Gesetz verpflichtet, Transitwaren vor dem Weitertransport zunächst den Wiener Kaufleuten zum Kauf anzubieten. Natürlich wären die Wiener keine Wiener gewesen, hätten sie aus diesem Recht nicht ansehnliche Gewinne geschlagen. Der »Zoll durch die Hintertür« verhalf Wien immerhin für fast drei Jahrhunderte zu einer dauerhaften wirtschaftlichen Blüte.

Zum anderen sorgte bereits Heinrich II. auf geistlichem Gebiet für eine gesunde Rivalität. Noch 1155 berief er aus Regensburg, seiner alten bayerischen Residenz, irische Mönche und trug ihnen auf, ein Kloster zu gründen. Dafür erhielten sie direkt gegenüber seiner Residenz ein ausgedehntes Gelände mit der Auflage, auch eine Kirche

Der Verduner Altar von Nikolaus von Verdun kam 1181 als Amboverkleidung in den Besitz des Stiftes Klosterneuburg. 1330 wurden die 45 Platten aus vergoldetem Kupfer mit Emaillierung in den Vertiefungen zum bestehenden Flügelaltar umgearbeitet. Die Bilder zeigen einige Ausschnitte.

zu bauen, in der Heinrich selbst begraben sein wollte. Indirekt war damit jedoch wesentlich mehr ausgedrückt als nur der Wunsch nach einer angemessenen Grabeskirche. Mit dem Schottenmünster wurde vielmehr ein nahezu gleichgroßer Kirchenbau unter der Regie des Landesherren errichtet – und das nur wenige hundert Meter entfernt von der unter dem Machtanspruch der Passauer Bischöfe entstehenden Stephanskirche. Weniger aus Frömmigkeit denn aus dem großen Bedürfnis, der eigenen Stärke Ausdruck zu verleihen, holte Heinrich auch zahlreiche Ordensniederlassungen nach Wien. Sie sollten ihm helfen, dem Machtanspruch der Passauer Paroli zu bieten.

Zum dritten gelang Leopold V. ein regelrechter Husarenstreich. Aus seinem Streit mit Richard Löwenherz wußte er so geschickt Kapital zu schlagen, daß er mit dem Erlös einen gewaltigen Stadtausbau finanzieren konnte. Richard hatte Leopold auf einem Kreuzgang beleidigt, worauf Leopold den Engländer in Erdberg bei Wien festnehmen und auf die Feste Dürnstein in der Wachau bringen ließ. Er war geschickt genug, in seinen Ehrenhandel Kaiser Heinrich VI. einzubeziehen und auf seine Seite zu bringen. Wohl mußte er deshalb das Lösegeld mit dem Kaiser hälftig teilen, doch kam er dadurch überhaupt erst an den Schatz heran. Und der war nicht gerade klein. Insgesamt mußte der Engländer 23 380 Kilogramm Silber liefern. Leopold erhielt aus dem Handel (der wohl eher eine Erpressung war) also immerhin mehr als zehn Tonnen Silber!

Während der Kaiser seinen Anteil in einen Feldzug nach Sizilien steckte, war der Babenberger klüger. Er befestigte Enns und Hainburg, gründete Wiener Neustadt (als Grenzfestung) und ließ um seine Wiener Residenz eine neue 3,5 Kilometer lange Ringmauer errichten. Dennoch wendete er für diese umfangreiche Bautätigkeit weniger als die Hälfte seines Schatzes auf. Den gesamten Rest brachte er in seine wichtigste Unternehmung ein, die Gründung der Wiener Münze, die in dieser Zeit von Krems abgezogen wurde. Dort entstand der Wiener Pfennig, eine der großen europäischen Münzen, die für über zwei Jahrhunderte den österreichischen Geldverkehr beherrschen und in Schwung halten sollte.

Die Regierungszeit der Babenberger war nahezu identisch mit der Romanik in Wien. Besonders unter Leopold VI., genannt der Glorreiche (1198 bis 1230), erlebten Kunst und Kultur eine erstaunliche Blüte. Über dreißig Kirchen und Kapellen entstanden allein in Wien und seiner engeren Umgebung. Wohl haben die wenigsten die Bauwut späterer Zeiten überlebt, die wenigen sind dafür aber um so kostbarer, zeugen sie doch von einer Zeit, die sonst allenfalls über dürftige schriftliche Quellen Gestalt gewinnen kann.

Das wohl eindrucksvollste Zeugnis aus dieser Zeit ist zugleich das wahrscheinlich älteste Gebäude von Wien: die Ruprechtskirche. Der Legende nach geht sie auf das 8. Jahrhundert zurück, die Bausubstanz weist jedoch auf die Mitte des 12. Jahrhunderts, in die Zeit also, als die Babenberger gerade nach Wien gekommen waren. Der wuchtige Westturm mit seinen markanten Rundbogenfenstern dürfte um 1170, kurz nach der Errichtung des romanischen Langhauses fertiggestellt worden sein. Ein Jahrhundert später, nach dem Stadtbrand von 1276 wurde der frühgotische Chor angefügt. Sein Ostfenster ist das einzige Beispiel spätromanischer Glasmalkunst in Wien. Das für die Kirche um 1170 geschnitzte Kruzifix befindet sich heute in der Kapelle des Melker Hofes.

Etwa zur gleichen Zeit wie die Ruprechtskirche entstand die Schottenkirche. Sie wurde auf jeden Fall vor 1160 begonnen und war einst eine mächtige, dreischiffige Basilika mit Querschiff. Von der Grabeskirche der Babenberger zeugen heute nur noch Bögen, Halbsäulen und Pfeilersockel in der Sakristei und in der Romanischen Kapelle. Alles übrige ist barocke Zutat.

Nur rund sechzig Jahre jünger ist die Michaelerkirche, auch wenn das ihre klassizistische Fassade zunächst überhaupt nicht vermuten läßt. Hinter der »Maskierung« versteckt sich ein Bau, der wie kaum ein anderer den Übergang von der Spätromanik zur Frühgotik zu zeigen vermag. Die dreischiffige Basilika mit angebauten Kapellen hat ein mächtiges Querschiff. Statt der heutigen Chöre schlossen einst Apsiden das Chorquadrat.

Die erste Stephanskirche entstand in der gleichen Zeit wie die Ruprechtskirche und die Schottenkirche unter der Regie der Passauer Bischöfe. Der älteste Bau wurde bereits 1147 von Bischof Reginbert geweiht und um 1160 fertiggestellt. Von dieser dreischiffigen Basilika und ihren zwei Westtürmen ist leider nichts erhalten, da die gesamte Anlage einem zwischen 1230 und 1240 begonnenen Neubau auf gleichem Grundriß weichen mußte. 1263 wurde der neue Bau geweiht. Er gilt als einer der letzten Dome der ausgehenden Romanik. Zwar mußte auch er zum größten Teil späteren Neubauten weichen, doch blieben immerhin einige bedeutende Teile erhalten.

Damals wohl aus Kostengründen (heute wohl zum Glück) wurde die gesamte Westseite mit dem Riesentor, den Heidentürmen und der Empore in den späteren gotischen Neubau integriert. Damit wurden vor allem das großartige Trichterportal mit seinem überreichen Schmuck (um 1230 bis 1240) und die beiden Doppeltürme erhalten. Die 65 Meter hohen, unten quadratischen und oben achteckigen Türme haben ihre frühgotischen Spitzhauben zwar erst später erhalten, doch können sie sehr wohl eine Ahnung von den Dimensionen des romanischen Baues vermitteln.

Nördlich von Korneuburg, etwa sechs Kilometer von Stockerau, erhebt sich auf den Hügeln, die der Wienerwald über die Donau vorschiebt, die Burg Kreuzenstein. In ihr hat sich einer ihrer Besitzer im 19. Jahrhundert ein würdiges Denkmal gesetzt, indem er die Burg zu einem großartigen Museum machte.

Die Bilder auf dieser Doppelseite zeigen einige der schönsten Beispiele der sich auf Kreuzenstein befindenden Ausstellungsstücke. Die Wohnräume und insbesondere die Burgküche sind hervorragend ausgestattet.

Burg Kreuzenstein, erstmals genannt im Jahr 1120, war Sitz der Grafen von Formbach, die das Gebiet um die Burg als Lehen besaßen; in späteren Zeiten hatte sie weit berühmtere Herren, beispielsweise Graf Niklas Salm, der 1529 die Verteidigung Wiens gegen die Türken leitete.

Einige Zeit später war der neue Besitzer von Kreuzenstein Graf Ferdinand von Hardegg, der 1595 wegen vorzeitiger Übergabe der Festung Raab an die Türken hingerichtet wurde. Während des Dreißigjährigen Krieges waren auch die Schweden zeitweise Besitzer der Burg.

Der Tisch in der Burgküche mit den gigantischen Maßen von 7,50 x 1,50 Meter war ehemals eine Brücke im Salzburger Land. Überzeugend in ihrer Schlichtheit sind die Holzplastiken, wie beispielsweise der Soldatenheilige (links), oder die schönen Glasfenster.

1702 gelangten die Grafen Wilczek in den Besitz der Burg, die Graf Johann Nepomuk von Wilczek ab 1879 als Modellburg des ausgehenden 15. Jahrhunderts unter Verwendung echter Bauteile aus ganz Europa aufbauen ließ und der hier wertvolle Kunstsammlungen unterbrachte.

Habsburger Herrschaft

Nach dem Tod des letzten Babenbergers (1246 Friedrich II., der Streitbare; er starb im Kampf gegen die Ungarn) riß der Böhmenkönig Ottokar II. die Macht über das von den Babenbergern in ihrer Zeit vervierfachte Gebiet an sich und versuchte von Prag aus, ein Reich mit Nord-Süd-Achse zu gestalten. Dabei setzte er weniger auf die Fürsten als auf die wohlhabenden Bürgerschaften der Städte. Nach seiner schicksalhaften Niederlage im Jahre 1278 gegen Herzog Rudolf I. wurden deshalb die Habsburger keineswegs mit offenen Armen empfangen. Die Bürgerschaft stellte sich vielmehr gegen die ungeliebten »Schwaben« und versuchte gleichzeitig, die eigene Macht zu festigen. Dieses Gegeneinander führte unter anderem dazu, daß es bis zum Ende des 15. Jahrhunderts dauern sollte, bis die landesfürstliche Macht der Habsburger endgültig griff.

Das 16. Jahrhundert brachte den Habsburgern schließlich den endgültigen Durchbruch und einen geradezu kometenhaften Aufstieg bis zur europäischen Großmacht. Man erwischte Burgund, erhielt die spanische Königswürde, vereinigte alle bisher geteilten Erblande und erbte schließlich noch Böhmen und Ungarn. Da fiel es dann schon nicht mehr ins Gewicht, daß sich mit Humanismus und Renaissance ein neues Zeitalter mit all seinem Wissen ankündigte, daß Glaubenskämpfe Wien und das Reich erschütterten und daß schließlich 1529 dreihunderttausend Türken unter Soliman II. vor den Mauern Wiens erschienen, um das Bollwerk der westlichen Welt zu schleifen.

Das alles aber sollte in den Schatten gestellt werden von der größten Epoche österreichischer Geschichte, dem »Heldenzeitalter«. Es wurde – auch wenn es danach zunächst wirklich nicht aussah – eingeläutet von dem zweiten Türkensturm 1683, der Leopold I. immerhin zwang, wenig ruhmreich nach Linz zu flüchten. Doch das »Bollwerk der Christenheit« hielt stand, das Blatt wendete sich, es begann die große Zeit von Prinz Eugen, und Wien war beinahe über Nacht zum Mittelpunkt eines Weltreiches geworden. Wen würde es da wundern, daß Wien jetzt die »Kaiserstadt« wurde, daß Karl VI. aus Kunst und Kultur an seinen Hof holte, was Rang und Namen hatte, und daß eine Bauwut einsetzte, die mit dem schlichten Namen Barock nur höchst unzureichend charakterisiert werden kann.

All das wurde in Frage gestellt, als Maria Theresia 1740 die Regierung übernahm. Kurfürst Karl Albert beanspruchte das Erbe Karls VI., und der preußische König Friedrich II. verlangte Schlesien. Der aus diesen Ansprüchen resultierende Erbfolgekrieg brachte Maria Theresia jedoch eher eine Stärkung ihrer Position, so daß die 32jährige Monarchin 1749 jene Reformen einleiten konnte, die den Weg zum absolutistischen Zentralstaat ebnen sollten. Für Wien wurden damit endgültig die Weichen gestellt: Es wurde Zentrum des neuen habsburgischen Großreiches.

Dennoch sollte es noch einmal über hundert Jahre dauern, bis die Entwicklung soweit war, daß Franz Joseph I. am 20.12.1857 gegen den Rat und erklärten Willen seiner Militärs verkünden konnte: »Es ist Mein Wille, daß die Erweiterung der inneren Stadt ehemöglichst in Angriff genommen und hiebei auch auf die Regulierung und Verschönerung Meiner Residenz- und Reichshauptstadt Bedacht genommen werde. Zu diesem Ende bewillige Ich die Auflassung der Umwallung und der Fortifikationen der inneren Stadt sowie der Gräben um dieselbe.« Damit endlich war erreicht, daß Wien sich zur Weltstadt entwickeln konnte - eine Entwicklung, von der die Wiener angeblich gerne hätten, daß sie auch heute noch anhalte.

DIE BÜRGERSTADT UND DIE GOTIK

Die Anfänge habsburgischer Herrschaft in Wien waren gekennzeichnet vom Herrschaftsanspruch alter Erbbürgergeschlechter und reich gewordener Handwerker, die sich zudem nicht ungern vor den Karren der Passauer Bischöfe spannen ließen. So bauten die Bürger nicht zuletzt auf Betreiben der Passauer ihre Stephanskirche gotisch aus. Daß bei der Einweihung ihres Chores im Jahre 1340 der Kürschner Konrad Wiltwerker als Bürgermeister amtierte, zeigte den ganzen Machtanspruch des Handwerks.

Natürlich konnte das die eigentliche weltliche Macht nicht dulden: Den Grundstein für den Südturm von St. Stephan legte 1359 Rudolf IV. Weil er 1365 auch noch die Wiener Universität gründete, nannten ihn seine Zeitgenossen »den Stifter«. Die Mischung aus kirchlichem, fürstlichem und bürgerlichem Machtanspruch, aus unendlicher Gottesverehrung und höchst irdischer Eitelkeit war denn auch in Wien die Grundlage für die Entfaltung gotischer Kunst.

Das Wien der Gotik beschrieb 1438 ein höchst prominenter Besucher: Enea Silvio Piccolomini, der Sekretär des Basler Konziles und spätere Papst Pius II. Er stellte fest: »Wien wird von einem Mauerring, der zweitausend Schritt lang ist, eingeschlossen; es hat bedeutende Vorstädte, die von breiten Gräben und Wällen umgeben sind. Aber auch die Stadt selbst hat einen mächtigen Graben und davor einen sehr hohen Wall. Hinter dem Graben kommen die dicken hohen Mauern mit zahlreichen Türmen und Vorwerken, wie sie für die Verteidigung geeignet sind.«

Knapp zwanzig Jahre jünger als diese Beschreibung ist der älteste Plan von Wien, der »Albertinische Plan«. Er zeigt in schematischem Grundriß die Ringmauer, die wichtigsten Kirchen und Klöster sowie die kaiserliche Burg und die Universität. Um 1470 entstand dann eine

Die noch auf römischen Grundmauern errichtete Kirche Maria am Gestade erhob sich einst unmittelbar über der Donau. Der jetzige Bau ist ein Werk der Gotik aus der Wende vom 14. zum 15. Jahrhundert. Sein zierlicher Turmhelm mit dem kuppelförmigen Abschluß wurde um 1400 errichtet.

weitere wichtige Ansicht der Stadt. In einem Tafelbild des »Schottenmeisters« ist die Stadt von Süden als Hintergrund für das Hauptmotiv »Flucht der Hl. Familie nach Ägypten« verwendet (heute im Schottenkloster). Auch der um das Jahr 1490 in Klosterneuburg entstandene Babenberger Stammbaum enthält eine Stadtansicht, diesmal von Norden.

Der gotischen Bürgerstadt war ein ähnliches Schicksal beschieden wie ihrer romanischen Vorgängerin: Die Bauwut späterer Generationen ließ wenig von ihr übrig. Vor allem von den prächtigen Bürgerhäusern, auch von öffentlichen Gebäuden, ist nahezu nichts erhalten.

Ganz anders sieht es hingegen bei den Kirchen aus. Hier wurde offensichtlich mit dem Chorbau von St. Stephan (1304 bis 1340) das große Signal gesetzt. Allein bis zum Ende des 14. Jahrhunderts entstanden über zehn große Kirchen neu oder wurden gotisch umgestaltet (darunter Maria am Gestade, 1330 bis 1360).

Die Bezeichnung »Albertinischer Chor« ist schlicht eine Untertreibung. Der »Chor« von St. Stephan entstand vielmehr als dreischiffige Halle, als eine Art Kirche vor der Kirche, als Zeichen der anbrechenden neuen Zeit, vorgebaut dem aus dem 13. Jahrhundert noch vorhandenen romanischen Langhaus. Besonders auffällig ist dabei, daß der Chor bereits die Ausmaße der heutigen Dombreite erhielt, also nahezu dreimal so breit wie das romanische Langhaus war.

Erst neunzehn Jahre nach der Weihe des Chores legte Rudolf IV. den Grundstein für das neue Langhaus. Es wurde als gestaffelte Halle um das schmale romanische Langhaus in der Breite des neuen Chores herumgebaut. Das jedoch dauerte so lange, daß erst 1426 unter Hans Prachatitz der Abbruch des alten Langhauses in Angriff genommen werden konnte. 1446 schließlich wurde unter Hans Puchsbaum mit der Wölbung des neuen Langhauses begonnen. Dreizehn Jahre später war das neue Langhaus vollendet.

Eine eigene Geschichte haben die Türme von St. Stephan. Da bereits Rudolf IV. das Ziel verfolgte, nach Wien ein selbständiges Bistum zu bekommen, mußten für St. Stephan mehrere Türme vorgesehen werden (Mehrtürmigkeit = Zeichen der Bischofskirche). Neben den in der Westfassade integrierten romanischen Heidentürmen wurde am östlichen Ende des Langhauses auf beiden Seiten jeweils ein mächtiger Turm vorgesehen.

Noch bevor die Türme allerdings größere Dimensionen erreichten, übernahm 1395 die Bürgerschaft die Bauherrenwürde (und Bürde) von den Habsburger Fürsten. Und natürlich erhielten nun die Türme schlagartig einen anderen Stellenwert. Den Bürgern ging es nicht mehr um den mit zwei Türmen verbundenen symbolischen Machtanspruch einer möglichen Bischofskirche, ihnen ging es schlicht darum, ein Zeichen ihrer eigenen Macht- und Prachtentfaltung zu setzen. An dem am weitesten fortgeschrittenen Südturm bauten sie deshalb kräftig weiter, den Nordturm strichen sie dagegen völlig aus der Planung. 1407 ließen sie sogar unter Bürgermeister Vorlauf einen Teil des Turmes wieder abreißen, da er ihnen zu niedrig zu werden drohte. Der als Erzherzogskathedrale geplanten Kirche gab die Bürgerschaft den bürgerlichen Namen »Steffel«.

Von der gotischen Ausstattung des Domes ist Bedeutendes erhalten. Allem voran ist es der Wiener Neustädter Altar aus dem Jahre 1447 (im linken Seitenschiff des Chores). Der bedeutende Schnitzaltar zu Ehren Marias ist auf seinen Innen- und Außenflügeln mit nicht weniger als 72 auf Goldgrund gemalten Heiligenfiguren geschmückt. Eine für St. Stephan typische Besonderheit sind die Figurenbaldachine an den Pfeilern. Insgesamt gibt es über siebzig von ihnen, und teilweise sind sie von höchster Qualität. Ebenfalls von besonderer Kunstfertigkeit zeugt die Kanzel im Mittelschiff. Sie ist wie der Orgelfuß ein Werk von Meister Anton Pilgram (1515).

Das schönste Beispiel der Gotik in Wien aber ist ohne Zweifel die Kirche Maria am Gestade. Sie erhob sich einst unmittelbar über dem Abhang von der Altstadt hinunter zum Donauarm und dem Ottakringer Bach und entstand am Platz einer 1158 genannten Kapelle zunächst als romanische Kirche.

Der jetzige Bau wurde von 1343 bis 1414 errichtet. Ähnlich wie bei St. Stephan wurde auch hier mit dem Chor begonnen, der 1360 fertiggestellt werden konnte. Erst 34 Jahre später wurde mit dem siebenjochigen Langhaus begonnen, das gleich mit zwei Überraschungen aufwartet: Es ist wesentlich schmaler als der Chor, und es ist mit einem deutlichen Knick an den Chor angebaut. Die wohl schönsten Details von Maria am Gestade sind die Westfassade über der Treppengasse, die zum Teil mit Baldachinen überdeckten Portale, die Glasfenster im Chor und der siebeneckige Turm mit seinem in feinstem Maßwerk durchbrochenen Turmhelm (beendet 1430).

Mit der Fertigstellung von Maria am Gestade waren zunächst die ruhigen Zeiten für die Wiener vorbei. Es begannen neue Händel der Bürgerschaft mit den Landesfürsten. 1462 wurde Friedrich III. in seiner Wiener Burg belagert, 1463 wurde gar Bürgermeister Wolfgang Holzer hingerichtet. Die Blüte gotischer Baukunst mußte in solchen Wirren ein natürliches Ende finden.

Auch das 16. Jahrhundert brachte den Wienern kaum ruhigere Zeiten. Wohl sorgte Maximilian I. (1493 bis 1519) als erster Renaissance-Mäzen dafür, daß zahlreiche Künstler und Gelehrte (darunter Konrad Celtes, der Gründer der Sodalitas Danubiana, der Donaugesellschaft) an den Wiener Hof kamen. Dem Bürgertum brachte er dagegen neue Schwierigkeiten durch die Privilegierung der oberdeutschen Kaufleute und durch die Beschneidung ihrer politischen Möglichkeiten. Diese Bevormundung führte bereits 1522 zur nächsten Hinrichtung eines Bürgermeisters. Diesmal war es Martin Siebenbürger, der den Widerstand gegen fürstliche Willkür mit dem Tode büßen mußte. Dafür durften die Wiener vier Jahre später »aus Lieb und Gnad« ihres Landesherren eine neue Stadtordnung in Empfang nehmen, mit der alle bisherigen Rechte erloschen und für über drei Jahrhunderte die absolute Vorherrschaft des Landesfürsten zementiert wurde.

DAS BOLLWERK DES CHRISTLICHEN ABENDLANDES

1529 stand den Wienern dann neues Ungemach ins Haus: Dreihunderttausend Türken unter Soliman II. versuchten, Wien zu erobern und dem christlichen Abendland das Heil auf türkisch zu bringen. Um dem Feind keine Möglichkeit zum Überwintern zu bieten, mußten die Vorstädte niedergebrannt werden – ein ungeheurer Verlust, nachdem erst vier Jahre zuvor die halbe Stadt durch einen Großbrand vernichtet worden war. Dennoch gelang es dem Stadtkommandanten Niklas Graf Salm, alle Attacken der Türken und auch ihren Hauptangriff am 14.10.1529 erfolgreich abzuwehren. Zum Dank wurde von Ferdinand I. eine Grabtumba gestiftet. Sie ist mit Schlachtszenen von Loy Hering ausgestaltet worden (1530 bis 1533) und steht heute in der Votivkirche.

Obwohl Graf Salm siegreich geblieben war, hatte sich doch gezeigt, daß die alten Festungsanlagen weitere Stürme kaum noch aushalten würden. Ferdinand blieb daher gar nichts anderes übrig, als seine Residenz neu zu befestigen. Die riesige und verantwortungsvolle Aufgabe übernahm Hermes Schallautzer (1503 bis 1561), dem Bonifaz Wolmuet aus Überlingen zur Seite stand. Was die beiden mit riesigem Aufwand schufen, zeigt die Stadtansicht von Hans Sebald Lautensack aus dem Jahre 1588: Aus der »primitiven« mittelalterlichen Wehranlage wurde ein »moderner« Verteidigungsring nach italienischem Vorbild. Nicht weniger als zwölf vorspringende mächtige Basteien wurden so in die Mauern integriert, daß sie sich jeweils gegenseitig unterstützen konnten. Im vorgelagerten Graben waren zusätzlich elf Unterstände vorgeschoben, über die erste Angriffe abgewehrt werden konnten. Bei einem Gesamtumfang von etwa 4,5 Kilometer war die Anlage natürlich eine gewaltige Leistung. Uns mag sie eine Vorstellung davon geben, wie tief sich die Angst vor den Türken eingenistet hatte – eine Angst, die immerhin dazu führte, daß Wien am Ende des 16. Jahrhunderts die stärkste Festung des Reiches war.

Der zweite Türkensturm erfolgte im Jahr 1683. Leopold I. sah sich gezwungen, vorsichtshalber donauaufwärts nach Linz zu flüchten; doch die Stadt Wien, das »Bollwerk der Christenheit« hielt stand, und das sogenannte »Heldenzeitalter« konnte beginnen.

Die kaiserliche Sommerresidenz Schönbrunn war das Lieblingsschloß von Maria Theresia. In ihrem Auftrag wurden die prächtigen Rokokoräume gestaltet. Von dem Zimmer, in dem Napoleon 1805 und 1809 wohnte, geht der Blick hinüber zur Gloriette.

DIE KAISERSTADT UND DAS BAROCK

So gesichert die militärische Lage an der Wende vom 16. zum 17. Jahrhundert in Wien war, so verworren war sie, wo es um den »richtigen« Glauben ging. Während unter Maximilian II. gut 80 Prozent der Bevölkerung protestantisch war und es zwischendurch sogar einen protestantischen Bürgermeister gab, änderte sich das mit der Machtübernahme von Rudolf II. schlagartig. Er verbot 1577 jeglichen protestantischen Gottesdienst und läutete damit die Gegenreformation ein. Noch während seiner Regierungszeit wurde Bischof Khlesl in sein Amt eingeführt (1602), der mit seiner »Klosteroffensive« in die Geschichte eingehen sollte. Innerhalb kürzester Zeit gab es keinen Orden, der in Wien nicht mehr oder weniger stark vertreten gewesen wäre und keinen, der nicht der Bauwut verfallen gewesen wäre. Damit war die erste Bedingung für die Entwicklung des Barock erfüllt: das Galoppieren der Gegenreformation.

Mit der Machtübernahme durch Kaiser Matthias im Jahre 1612 kehrte der Hof von Prag nach Wien zurück: Es begann die Entwicklung der »Kaiserstadt«, die unter dem ersten Barockkaiser Leopold I. (1658 bis 1705) ihren ersten Höhepunkt erreichte. Damals wurde das spanische Hofzeremoniell eingeführt und damit die absolutistische Vormachtstellung des Hofes (als zweite Bedingung zur Entfaltung des Barock) unterstrichen.

Noch aber hatten die Türken nicht aufgegeben. Noch einmal versuchten sie, Wien und damit das Abendland zu erobern. Unter Kara Mustapha rückte ihre geballte Macht gegen die Kaiserstadt und schloß sie am 16.7.1683 ein. Wohl hatte Ernst Rüdiger von Starhemberg als Kommandant der Verteidiger alles versucht, Wien auf den Ansturm vorzubereiten (so waren auch diesmal die Vorstädte niedergebrannt worden), doch schien ihm dies zunächst alles nichts zu nützen. Die aus dem Reich, den Erblanden und Polen versprochene Hilfe ließ auf sich warten, und die Türken waren zäh. Nahezu zwei Monate dauerte die Belagerung, und der Feind drang bereits in die Burgbastei ein, als in letzter Minute, am 12.9.1683, die Hilfe über den Kahlenberg kam. Herzog Karl von Lothringen war es schließlich, der in der offenen Feldschlacht den entscheidenden Durchbruch erzielte, die Türken ins Wanken brachte und das Abendland rettete. Damit war die dritte Bedingung für das Werden des Barock erfüllt: die endgültige Beseitigung der Türkengefahr.

Natürlich wurden sowohl die »Erfolge« der Gegenreformation als auch die auf dem Schlachtfeld von der absolutistischen Gewalt für sich in Anspruch genommen und zur eigenen Glorifizierung genutzt. Um dem Äußeren Ausdruck zu geben, war jedes Mittel recht. Das eine war, den Hof zum Mittelpunkt der europäischen Thea-

Die große Galerie in Schloß Schönbrunn wurde 1760 nach Plänen von Nicholas Pacassi erbaut. Ein Jahr später schuf Gregorio Guglielmi die wundervollen Deckenfresken im Stil des Rokoko (oben). Ein besonders eindrucksvolles Bild bieten Schloß Schönbrunn und die Gloriette bei Nacht (unten).

ter- und Musikwelt zu machen; das andere war, aus der Residenz ein Fürstenschloß zu zaubern. Den Anfang dafür machte bereits Leopold I. mit dem Ausbau des Leopoldinischen Traktes der Hofburg. Nach den Plänen von Philibert Lucchese und nach dem Vorbild der Münchner Residenz wurde der Erweiterungstrakt 1668 fertiggestellt. Daß der Neubau schon kurz darauf ausbrannte, störte nicht weiter – man baute eben noch einmal.

So richtig in Schwung aber kam die barocke Bauwut unter Karl VI. (1711 bis 1740). Unter so prominenten Architekten wie Johann Bernhard Fischer von Erlach, Joseph Emanuel Fischer von Erlach und Johann Lukas von Hildebrandt wurde der Ausbau der Residenz zum Kaiserpalast in Angriff genommen. Jetzt entstanden die Hofbibliothek, die Winterreitschule, die Bauten um den Josephsplatz, die Hofstallungen und der Reichskanzleitrakt.

Selbstverständlich war das Repräsentationsbedürfnis keineswegs allein auf den Kaiser beschränkt. Sowohl der reich gewordene Adel wie die aus der Gegenreformation gestärkt hervorgegangene Kirche waren ihm nicht minder verfallen. Alle zusammen wetteiferten miteinander, dem übersteigerten Lebensgefühl einen möglichst kongenialen Ausdruck zu verleihen: Architektur, Malerei, Plastik, Musik und Theater fanden sich im Wiener »Großen Welttheater« zum Gesamtkunstwerk zusammen.

Vor allem beim Hochadel wütete das Baufieber. Nachdem Leopold I. 1687 Johann Bernhard Fischer mit der Planung eines Sommerschlosses an der Wien (das spätere Schönbrunn) beauftragt hatte, beeilte sich alles, was Rang und Namen hatte, dem Beispiel zu folgen. Jetzt entstanden das Palais Lobkowitz, das Palais Liechtenstein und neben zahllosen kleineren auch das Schwarzenberg-Palais. Da an ihm gleich alle drei großen Wiener Architekten bauten, ist es ein besonders prägnantes Beispiel für die Ziele der Bauherren wie für die ihrer Architekten.

Für Johann Lukas von Hildebrandt war es 1697 der erste Auftrag in Wien, doch sollte es ihm nicht vergönnt sein, ihn auch vollends auszuführen. Das Gartenpalais mit der Front zum Befestigungsgürtel und zur Hofburg wurde halbfertig 1716 von Fürst Schwarzenberg erworben. Er beauftragte Johann Bernhard Fischer mit dem Weiterbau. Ab 1723 bis zur Fertigstellung 1728 trug Joseph Emanuel Fischer die Verantwortung. Von Hildebrandt stammt der großzügige Entwurf, die Form des französischen Ehrenhofes, der elegante Schwung der Seitenflügel und der Terrasse sowie die festlich geschmückte Fassade. Der ältere Fischer schuf die Fassade an der Gartenseite und den vorspringenden Festsaaltrakt.

Parallel zum Schwarzenberg-Palais – Hildebrandt war inzwischen zum kaiserlichen Hofingenieur, Fischer zum Hofoberinspektor avanciert – entstanden so bedeutende Bauten wie das Palais Starhemberg, das Gartenpalais Schönborn, das Palais Auersperg, das Trautson-Palais oder das Palais Bartolotti. Alle aber verblassen vor dem Palais des Herrn, der nahezu zeit seines Lebens als Feldherr und Diplomat im Mittelpunkt auch des gesellschaftlichen Lebens stand: Prinz Eugen von Savoyen (1663 bis 1736), der Befreier von Wien. Er gab 1700, nachdem er gerade ein Jahr zuvor den Frieden von Karlowitz unter Dach und Fach gebracht hatte, den ersten Bauauftrag.

Anders als die anderen Bauherren fing er jedoch mit dem großen Park an, ließ die Wasserspiele installieren und gab die Plastiken in Auftrag. Erst Jahre danach engagierte er Johann Lukas von Hildebrandt als Architekten für sein Palais. Von 1714 bis 1716 entstand, wie als Vorübung für den Hauptbau, zunächst das Untere Belvedere mit seinem an einen Triumphbogen erinnerndes Eingangsportal.

Erst 1721 bis 1723 wurde das eigentliche Schloß, das Obere Belvedere gebaut. Beide Häuser wurden auf das exquisiteste ausgestattet. M. Altomonte, G. Fanti und der Stukkateur G. Stanetti wetteiferten miteinander, das »Lusthaus« zur glanzvollsten Schöpfung der Barockarchitekten in Wien werden zu lassen.

Auch bei den Kirchenbauten dieser Zeit glänzten die gleichen Architekten. Den Neubau der Peterskirche übernahm Hildebrandt im Jahre 1703. Obwohl er Pläne des Italieners Gabriel Montani zumindest teilweise übernehmen mußte, gelang ihm doch einer der schönsten

Prinz Eugen, der Oberbefehlshaber der kaiserlichen Armee und der Retter des Abendlandes, dargestellt von Balthasar Permoser, heute im Österreichischen Barockmuseum. Prinz Eugen wird als der fähigste Feldherr und vorausschauendste Politiker seiner Zeit angesehen.

barocken Sakralräume. Wesentlicher Anteil daran ist allerdings auch den Ausstattern zuzuschreiben: Johann Michael Rottmayr schuf das Kuppelfresko, Antonio Galli-Bibiena und Johann Georg Schmidt malten die Chorkuppel aus.

Der »Dauerkonkurrent« von Hildebrandt Johann Bernhard Fischer erhielt von Karl VI. den Auftrag für die Karlskirche. Von 1716 bis zu seinem Tode 1723 arbeitete er an diesem Werk, das sein Sohn Joseph Emanuel 1737 vollendete. In dem Bau lediglich eine Kirche sehen zu wollen, hieße den kaiserlichen Auftrag gründlich mißverstehen. Karl wollte nur vordergründig eine dem Pestpatron Karl Borromäus geweihte Kirche. In Wirklichkeit sollte daraus ein dynastisches Denkmal für das Haus Österreich werden. Entsprechend wurde vor der Auftragsvergabe an den Architekten eine Art Objektbeschreibung erstellt, an der neben dem Hofantiquar auch der Philosoph Leibniz mitwirkte.

Die »Ausschreibung« basierte auf Kaiser Karls Losung: »Ein neuer Salomo, ein neuer Augustus!« – So ist es nur logisch, daß der mächtige Zentralbau mit seiner riesigen Ovalkuppel und den flankierenden Säulen der Konzeption von Salomos Tempel entspricht, daß der römische Tempelportikus an den Jupitertempel in Rom erinnert und daß mit den beiden reliefverzierten Säulen die Verbindung zur Trajanssäule hergestellt wird. Ebensowenig ist es »Zufall«, daß die beiden Triumphsäulen nicht vom Kreuz überhöht sind, sondern von Kronen, unter denen Reichsadler Wache halten.

All diese imperialen Ansprüche in einer Symbiose von Architekturelementen aus Athen, Rom und Konstantinopel verwirklicht und dennoch ein barockes Gesamtkunstwerk geschaffen zu haben, das ist bei der Karlskirche die eigentliche Leistung Fischers. Die Genialität dieses Werkes sollte im barocken Wien nicht mehr übertroffen werden, der Höhepunkt barocker Baukunst in der Kaiserstadt war erreicht.

Bereits beim anderen Auftrag Kaiser Karls (der den gleichen Machtanspruch als Hintergrund hatte) wurde das Ziel weit verfehlt. Joseph Emanuel Fischer sollte Stift Klosterneuburg zum österreichischen Escorial, zum kaiserlichen Klosterschloß ausbauen. Fischer wollte (oder sollte) gleich vier Höfe bauen, doch konnten bis zum Tode Kaiser Karls ganze zwei Flügel fertiggestellt werden. Der Anspruch aber wurde dokumentiert: Über der gewaltigen Kuppel thront auf einem Kissen als das alles überragende die Kaiserkrone!

Karls Nachfolgerin auf dem Kaiserthron, Maria Theresia (1740 bis 1780), dachte überhaupt nicht daran, den Klosterneuburger Escorial weiterzubauen. Weder das Heroische noch das Martialische lagen ihr. Ihre Liebe galt mehr der gefälligen Form. Sie bezog deshalb auch nicht die Hofburg, sondern kaufte aus dem Nachlaß des 1736 verstorbenen Prinzen Eugen dessen Belvedere und machte es zum Wohnsitz der kaiserlichen Familie. Vor dem gleichen Hintergrund ist ihre Entscheidung zu sehen, das von Karl VI. »vergessene« Schönbrunn auszubauen.

An Selbstbewußtsein konnte es die junge Kaiserin durchaus mit ihrem Vater aufnehmen. Drei Jahre nach ihrer Amtseinführung beschloß sie (sie war gerade 26 Jahre alt geworden), daß Schönbrunn »nicht nur reparirt, sondern auch erweitert und zu bequemer Unterbringung der Hofstatt ausgebauet werden solle«. Den Auftrag dafür erhielt der spätere k.k. Oberhofarchitekt Nikolaus Pacassi aus Wiener Neustadt, ohne den von Maria Theresia kein Bauvorhaben in Angriff genommen wurde.

Pacassi erhielt für sein Vorgehen weitgehend freie Hand, da die Monarchin ihn völlig auf ihrer Seite wußte. Und der wiederum wußte in ihrem Sinne zu handeln. Er ließ den ursprünglich quer eingebauten Prunksaal des alten Schlosses völlig abreißen und baute dafür in der Längsachse die Große und die Kleine Galerie ein. Zusammen mit dem Oval- und Rundkabinett gestaltete er so ein Repräsentationszentrum, das bis heute nichts von seinem Reiz verloren hat. Daß bei dieser Umgestaltung keineswegs mehr die strengen Regeln des Barock eingehalten wurden, empfand niemand bei Hofe als Mangel, sondern eher als Vorzug – die Lieblichkeit des Rokoko hielt Einzug.

Erzherzog Karl, der Gewinner der Schlacht von Aspern, dargestellt von Johann Peter Krafft. In dieser Schlacht fügten die Österreicher dem bis dahin unbesiegten Napoleon I. erstmals eine Niederlage zu, die dieser später, in der Schlacht von Wagram, wieder zum Sieg umwandelte.

Der kolorierte Stich von Carl Schütz zeigt den Kohlmarkt, wie er 1786 aussah. Im Michaelerhaus (rechts vorne) lebte und starb Pietro Metastasio. Der sechzehnjährige Joseph Haydn wohnte ebenfalls hier. In der 2. Hälfte des 19. Jahrhunderts wurden viele der alten Häuser abgerissen.

Die alte Universität und die Fassade der Jesuitenkirche. Die Aula der ehemaligen Universität birgt ein wertvolles Deckenfresko von Gregorio Guglielmi (1755). Die Fassade der ehemaligen Universitätskirche erneuerte Andrea Pozzo von 1703 bis 1707 (Stich von Carl Schütz).

DER AUFBRUCH ZUR WELTSTADT

Weder Napoleon und der Einfluß der Franzosen, weder der »tanzende« Wiener Kongreß noch die Revolution von 1848 bewirkten für die Kaiserstadt an der Donau Entscheidendes. Als am 31.10.1848 die kaiserlichen Truppen unter Fürst Windisch-Graetz die Stadt »eroberten«, als der erst 18jährige Franz Joseph I. geschützt von der Macht des Militärs auf dem Thron saß, schien alles wie früher zu sein. Wien war offiziell wieder der »Mittelpunkt des Reiches« und Sitz der Zentralverwaltung. Daß schon wenige Jahre später die Schlacht gegen die Preußen bei Königsgrätz verlorengehen sollte, ahnte in Wien noch niemand.

Noch ging es Franz Joseph nur darum, »seine Metropole« zu gestalten. Als ersten Schritt verfügte er bereits 1850 mit einem Federstrich die Eingemeindung aller 34 Vorstädte. Entlang der wichtigsten Radialstraßen entstanden daraufhin die Verwaltungsbezirke, die noch heute als Gemeindebezirke vorhanden sind. Noch aber existierten als größtes Hindernis für das Zusammenwachsen der Metropole die alten Befestigungsanlagen. Sie fielen mit kaiserlichem Handschreiben vom 20.12.1857 (»Ich bewillige die Auflassung der Fortifikationen«). Nun erst konnte darangegangen werden, die immer noch in Wall und Graben gezwängte alte Kaiserstadt mit ihren Vorstädten zu verbinden.

Der Graben nach einem 1784 entstandenen, kolorierten Stich von Carl Schütz. Im heutigen Haus Nr. 17 lebte Wolfgang Amadeus Mozart von September 1781 bis Juli 1782. Von Januar bis September 1784 lebte er zusammen mit Constanze im Trattnerhof (vorne rechts).

Die Peterskirche wurde 1702 von Gabriele Montani begonnen und von Johann Lukas von Hildebrandt fertiggestellt. Das Gesamtkunstwerk – J.M. Rottmayr schuf das Kuppelfresko, A. Galli-Bibiena und J.G. Schmidt malten die Chorkuppel – ist der schönste sakrale Barockbau der Innenstadt.

Das kaiserliche Handschreiben war weit mehr als eine »Bewilligung«. Es war Teil eines großen Planes und wirkte wie ein Signal und Aufruf zur Selbstdarstellung einer ganzen Epoche. Im kaiserlichen Auftrag wurde ein »Stadterweiterungsgrundplan« in Angriff genommen, zu dessen Ausarbeitung nicht weniger als 85 Architekten mit ihren Entwürfen beitrugen. Eine große, mit Hofbeamten, Offizieren und Architekten besetzte Jury prüfte und ließ schließlich einen Gesamtplan für den Bereich um den heutigen Ring erstellen. Er wurde am 1.9.1859 vom Kaiser genehmigt. Zur Ausführung ließ er eine Stadterweiterungskommission einrichten, die die Vergabe der Plätze, der Baugenehmigungen und der Gelder verwalten sollte.

Rückgrat des gesamten Planes war es, die alten Befestigungsanlagen durch eine großzügige Prachtstraße zu ersetzen – geboren war der Ring. Entsprechend der Bedürfnisse der Zeit war am äußeren Rand des Befestigungs-Vorfeldes eine Lastenstraße und anstelle des alten Linienwalles eine Gürtelstraße vorgesehen. Reserviert blieben Plätze für Kasernen am Ring und Streifen für Reitalleen auf beiden Seiten des Prachtboulevards. Sie sollten Kavallerieeinheiten den schnellen Ritt von Kaserne zu Kaserne ermöglichen. Vorgegeben war eine Liste öffentlicher Gebäude und Parks. Sie reichte vom Hofmuseum über die Hofoper bis zu Universität und Justizpalast; bezeichnenderweise war kein Sakralbau vorgesehen.

Der goldene Saal im Musikvereinsgebäude am Karlsplatz wurde 1867 bis 1689 nach Plänen von Theophil Hansen errichtet. Dieser aus Dänemark gebürtige Baumeister war mitbestimmend für den »Wiener Stil«, der seinen Ausdruck auch fand in der Akademie der bildenden Künste und vor allem im Parlamentsgebäude.

Die eigentliche »Ringstraßenära« begann mit dem Bau des ersten öffentlichen Gebäudes, der Hofoper. Adel, Großbürgertum und Geldleute aller Herkünfte wetteiferten miteinander, sich gegenseitig »am Ring« auszustechen und den eigenen Rang in Stein zu präsentieren. Architekten und Künstler aus aller Herren Länder strömten nach Wien, um den ungeheueren Bedarf an Fachleuten vom Bau zu decken. Daß es dabei nur zu oft weniger um die Funktionalität als um das schöne Äußere ging-- wen hätte das schon gestört. Daß das Burgtheater nach der Fertigstellung umgebaut werden mußte, weil die Akustik zu miserabel war, daß bei manchem bürgerlichen Protzbau das Treppenhaus mehr verschlang als der gesamte Rest, das störte niemanden, nicht einmal die heutigen Kunstkritiker, die in der Wiener Ringstraße ein Gesamtkunstwerk des Historismus sehen, einer Kunstrichtung also, in der die Kontinuität anerkannt wird und die Künste unter Führung der Architektur zu einer Einheit zusammenwirken.

Der letzte Schritt zur Weltstadt »Groß-Wien« erfolgte am 19.12.1840. Noch einmal wurden mit kaiserlicher Genehmigung 43 Vorstädte eingemeindet. Wien wurde zur ersten Millionenstadt an der Donau.

DIE METROPOLE DER SCHÖNEN KÜNSTE

Wenn heute Wien »die Hauptstadt der Musik« genannt wird, so ist das sicher nur die halbe Wahrheit. Zweifellos wurde hier bei Hofe und in den Palästen unter Haydn, Mozart, Beethoven und Schubert konzertiert. Joseph Haydn war in Wien Musiklehrer und schrieb 1759 seine erste Symphonie. 1762 kam Mozart zum ersten Mal nach Wien, und 1803 erklang im Palais Lobkowitz zum ersten Mal Beethovens Eroica. Natürlich war und ist Wien die Stadt der »Sträuße«. Die Walzerdynastie mit Johann Strauß Vater (1804 bis 1848) an der Spitze und seinen Söhnen Johann (1825 bis 1899), Joseph (1827 bis 1870) und Eduard (1835 bis 1916) traf mit ihren Kompositionen mitten in das Herz der Wiener, ob beim Marsch (Radetzkymarsch), ob beim Walzer (An der schönen blauen Donau) oder bei der klassischen Operette (Die Fledermaus); stets gelang es ihnen, Musik zu verwirklichen, die um Wien herum in der Landschaft und in ihren Bewohnern steckt.

So ist es alles andere als ein Zufall, daß viele Wiener die österreichische Nationalhymne nicht kennen, den Donauwalzer dagegen als ihre ureigenste Volkshymne ansehen. Wer etwa käme in Wien auf die Idee, das neue Jahr anders als mit dem Donauwalzer zu begrüßen? Bei dieser Vorliebe für diese so typische »Melange« aus Ausgelassenheit und Melancholie ist es nicht weiter verwunderlich, daß für andere Musik wenig Raum blieb: Mozart

erlebte in Wien tiefste Enttäuschung und landete in einem Massengrab; Schubert wäre ohne seine wenigen Freunde verhungert, und Rossini stach Beethoven mühelos aus. Auch Gustav Mahler kapitulierte als Operndirektor ebenso vor der Mittelmäßigkeit wie Herbert von Karajan, denn noch heute gilt in Wien, daß »gegangen wird«, wer zu bedeutend wird.

Und dennoch »ist gerade in Wien das Centrum der musischen Strahlung«, wie Albert Paris Gütersloh so treffend feststellte. Wenn er bescheiden neben dem Hinweis auf die Schriftsteller Robert Musil, Hermann Broch und Karl Kraus die »fantastischen Realisten« Brauer, Fuchs, Hausner, Lehmden und Hutter erwähnt, ohne sich selbst als deren Lehrer zu nennen, offenbart er sich damit durchaus als echter Wiener, nämlich bescheiden. Dabei war es der zuvor Vertriebene, der 1945 mit seiner Malklasse an der Akademie der Bildenden Künste die Voraussetzung für all das schuf, was als »Wiener Schule« Weltruhm erreichen sollte.

Als verbindendes Element der sonst so verschiedenartigen »Mitglieder« dieser Schule erwies sich schnell Güterslohs Liebe zu allem, was mit phantastisch-symbolischen Traditionen zu tun hatte. Dem vom Lehrer noch nach Kräften geförderten Reiz verfiel der erst 15jährige Ernst Fuchs ebenso wie der zwei Jahre ältere Wolfgang Hutter, Anton Lehmden ebenso wie Erich Brauer. Nur Rudolf Hausner und Friedensreich Hundertwasser sind keine direkten Schüler von Gütersloh, der eine, weil nahezu eine ganze Generation älter, der andere, weil in die »falsche« Malklasse geraten. Zur Gruppe aber stießen sie beide.

Die »Wiener Schule« könnte man als eine von vielen sehen, wäre da nicht etwas Besonderes, etwas nur in Wien Mögliches. Wieland Schmied hat es zusammengefaßt: »Wien ist aber nicht nur ein Ort der Tradition, es ist auch immer ein Ort der Synthese gewesen. Die Malerei der ›Wiener Schule‹ müßte uns nicht interessieren, versuchte sie nicht auch, die Errungenschaften der Abstraktion sich einzuverleiben, die Formerfindungen und Formerfahrungen anderer Künstler, zeitgenössischer wie lange vorausgegangener, auszunutzen und sie in einer großen Synthese dienstbar zu machen der eigenen Aufgabe einer umfassenden Sinngebung.«

Beides, das Streben nach der Synthese und nach der Sinngebung hebt die Wiener Schule über die »gewöhnlichen« Surrealisten hinaus. Ihre so typische Mischung von phantastischer Vision und realistischer Beschreibung führt zu einer neuen Einheit, zu einem logisch begründeten Surrealismus unter Wiener Bedingungen. Sie geben nach Hundertwassers eigener Erkenntnis »die Möglichkeit, in unerforschte Regionen vorzustoßen, die sehr, sehr weit weg sind von uns...«

Wien ist die Stadt der Musik und der Lebensfreude, und sie ist vor allem auch die Stadt der »Sträuße«, denen Wien seit jeher ein ehrendes Andenken bewahrt. Dieses Denkmal für den Walzerkönig Johann Strauß im Stadtpark von Wien schuf Edmund Hellmer 1921.

Die für die Wiener so typische Mischung, auf wienerisch »Melange«, aus Ausgelassenheit und Melancholie fand ihren mitreißenden Ausdruck im Wiener Walzer. Nicht umsonst wurde der Donauwalzer von Johann Strauß die heimliche Nationalhymne Österreichs.

Etwa gut die Hälfte des Ackerlandes in Ungarn dient der Viehhaltung. Die größten zusammenhängenden Weideflächen befinden sich heute unter anderem im Donau-Theiß-Zwischenstromland. Auf ihnen werden neben Rindern, Pferden und Schweinen vor allem Schafe gehalten.

DIE UNGARISCHE DONAU **Von Raab bis Mohács**

»Paradisum terrestris« nannte Bischof Castelli das Schloß und die Umgebung von Visegrád. Hier hatte Karl Robert von Anjou 1316 seine Residenz aufgeschlagen und einen spätgotischen Palast errichten lassen. König Matthias Corvinus machte daraus seinen legendären Marmorpalast.

Nichts verkündet eindeutiger den Beginn der ungarischen Tiefebene als die zahlreichen Gänseherden. Die dschungelartigen Sumpfgebiete, Totwasserarme und Inselirrgärten entlang des Stromes bieten zahlreichen wilden Wasservogelarten ideale Lebensbedingungen.

Weite und Enge

Am Marchfeld scheint sich die Donau in der Weite zu verlieren, scheint sie nun völlig für sich in Anspruch genommen zu haben. Doch wie noch oft, so trügt auch hier der Schein. Schon an der Ungarischen Pforte deuten die Ausläufer der Kleinen Karpaten an, daß noch manches Hindernis bezwungen werden muß. Auch wenn gleich anschließend die Kleine Tiefebene wieder alles tut, diesen Eindruck mit ihrer unendlich scheinenden Auenlandschaft, den zahllosen Schlingen der Kleinen Donau und den ergiebigen Jagdrevieren zu verwischen, so beweisen doch bald die schnell wieder höher werdenden Hügel das Gegenteil.

Hinter Esztergom schließlich zeigt sich endgültig, daß die Kleinen Karpaten mit ihrem Hinweis so unrecht nicht hatten. Unvermittelt wachsen die Hügel zu richtigen Bergen. Die Donau verschwindet hinter 600 Meter hohen, dicht bewaldeten Steilhängen, die sich kulissenartig vor- und nebeneinander schieben, die dem Strom keinen Ausweg zu lassen scheinen. Die Visegráder Berge im Süden und das Börzsönygebirge im Norden zwingen dem Strom ihren Willen auf, ja zwingen ihn sogar, für eine kurze Strecke nach Norden zu fließen und damit seiner eigenen Richtung völlig untreu zu werden. Um so größer wird dafür der Bogen, mit dem der Strom dann in seine eigentliche Richtung schwenkt: Nach einem riesigen Dreiviertelkreis fließt er endgültig seiner eigentlichen Bestimmung entgegen, nach Süden.

Burghügel und Gellértberg in Budapest sind nicht nur die letzten Ausläufer dieser Berge, für die Donau sind sie auch gleichzeitig die letzten Berge bis hinunter zur jugoslawischen Grenze. Auf über 150 Kilometer Länge kann sich der Strom jetzt geruhsam ausbreiten, Seitenarme und riesige Schleifen bilden und damit die Voraussetzungen schaffen für weite Sumpfgebiete und große Wälder.

DIE KLEINE TIEFEBENE

Über der Mündung der March in die Donau, auf dem südwestlichsten Ausläufer der Kleinen Karpaten thront die Ruine der uralten Festung Theben oder Devin (vom jugoslawischen Dewojna = Jungfrau). Um das Jahr 860 diente sie bereits als gut befestigte Grenzanlage des Großmährischen Reiches. Hierher flüchtete sich der Slawenfürst Wratislaw vor Kaiser Ludwig. Da die March auch den Ungarn als Westgrenze diente, wurde die Felsenburg von ihnen weiter ausgebaut. Dem letzten Babenberger, Friedrich II., gelang 1233 die erste völlige Zerstö-

rung. Ottokar II. gab den Ungarn ihren Besitz wieder zurück. 1621 eroberten die Österreicher die Festung neuerlich, und Kaiser Ferdinand III. schenkte sie sowie umliegendes Land dem Fürsten Pálffy. 1683 war die Anlage immerhin noch so intakt, daß die gen Wien stürmenden Türken unverrichteter Dinge weiterziehen mußten. Erst 1809 zerstörten die Franzosen endgültig, was von der Festung noch übriggeblieben war.

Auch wenn heute außer bröckeligen Mauerresten nichts mehr erhalten ist, lohnt sich ein Besuch der »Vormauer der Christenheit gegen die türkische Barbarei« allemal, bietet sich doch von dem Schloßfelsen eine prächtige Aussicht über das gesamte Marchfeld bis hinüber nach Wien und an klaren Tagen sogar bis zur weißen Kuppe des Schneeberges über den dunklen Hängen des Wienerwaldes. Eine noch schönere Aussicht öffnet sich dem, der auf den Kobel hinter dem Schloßfelsen steigt. Nicht umsonst hatten die Franzosen diese Kuppe einst völlig abgeholzt; einen besseren Beobachtungsposten zur Überwachung der österreichischen Truppenbewegungen hätte es weit und breit nicht gegeben.

Doch die Kleinen Karpaten haben nicht nur alte Geschichte und schöne Aussicht zu bieten. Vor allem der Weinfreund kann hier manch edlen Tropfen entdecken, der so ganz von den übrigen Weinen der Gegend abweicht. Auf der Südostseite des Bergzuges wachsen Grüner Veltliner, Müller-Thurgau, Silvaner und Walachinger Riesling, natürlich auch nicht zu vergessen der nach dem Preßburger Vorort Rača genannte feurige Rotwein aus der Frankovka-Traube. Nirgendwo sonst an der gesamten Donau wachsen so viele unterschiedliche Rebsorten einträchtig nebeneinander wie auf den Terrassen der Weinberge an den Kleinen Karpaten.

Völlig anders sieht die Donauwelt dagegen östlich von Preßburg aus. Auf über 100 Kilometer Länge verteilt sich die Donau auf nahezu 50 Kilometer Breite. Neben der Großen Donau (Öreg Duna), dem Grenzfluß zwischen der Tschechoslowakei und Ungarn, fließt im Norden, auf slowakischer Seite, die Maly Dunaj und im Süden, auf ungarischer Seite, die Kis Duna. Die beiden riesigen Inseln zwischen den drei Stromarmen sind auf slowakischer Seite die Große und auf ungarischer Seite die Kleine Schütt.

Beide, die Große wie die Kleine Schütt waren und sind sogar heute noch ausgesprochene Tierparadiese. Besonders die Große Schütt ist nach wie vor das Vogelparadies

158

der Slowakei. Die Unzugänglichkeiten des Geländes mit seinen Sumpfgebieten, Todwasserarmen und Inselirrgärten kam zum großen Vorteil der Vögel den Abgrenzungsbedürfnissen der roten Brüder sehr entgegen. Niemand machte auch nur den Versuch, Feuchtgebiete trocken zu legen oder Auwälder zu roden, denn damit hätte man ja Menschen in das Grenzgebiet lassen müssen. Das »Sicherheitsbedürfnis« der roten Brüder bescherte so Kormoranen und Graureihern ein wohlbewachtes Paradies.

Das Zentrum der Kleinen Tiefebene bildet auf ungarischer Seite der Zusammenfluß von Kis Duna, Rábca und Rába. Dieser strategisch so einladende Platz ist seit Jahrtausenden besiedelt, hieß zur Römerzeit Arrabona, zur Kaiserzeit Raab und heißt heute Györ. Im Mittelalter entstand eine befestigte Burganlage, im 11. Jahrhundert sorgte Stephan I. dafür, daß die Christen nicht nur nicht behindert wurden, sondern sogar einen Bischof erhielten. Nach dem Abzug der Türken entwickelte sich Raab nach Pest zum zweitwichtigsten Getreideumschlagplatz Ungarns.

Der mit Abstand älteste Teil von Györ ist der Káptalan-Domb, der Burgberg unmittelbar über der Mündung der Rába in die Kis Duna (auch Mosoni Duna genannt). Mitten auf dem Burgplatz steht die alte Kathedrale aus der Zeit von König Stephan I.. Der im 11. Jahrhundert begonnene Bau dürfte gegen Ende des 12. Jahrhunderts vollendet gewesen sein. Um 1404 kam die gotische Héderváry Kapelle dazu, zwischen 1635 und 1650 wurden die Schäden der Türkenzeit im Barockstil behoben. Damals entstand auch die Innenausstattung unter der Leitung

Das Zentrum der kleinen Tiefebene am Zusammenfluß von Kis Duna, Rábca und Rába ist das Arabona der Römer, das Raab der Kaiser und heißt heute Györ. Der Wetterhahn und das Weinfaß mit dem Trauben segnenden Papst stammen beide aus dem 18. Jahrhundert.

von F.A. Maulbertsch. Kostbarster Schatz ist die Herme (= Büstensäule) aus vergoldetem Silber aus dem frühen 15. Jahrhundert. Sie zeigt die Kopfreliquie von König Ladislaus I., dem Heiligen (1040 bis 1095).

Auf der Westkante des Burghügels wurde im 12. Jahrhundert der Wehrturm (im 14. Jahrhundert umgebaut) errichtet und später das bischöfliche Palais. Von der eigentlichen Wehranlage sind nur Mauerreste erhalten. Um so mehr ist von der barocken Altstadt am Fuße des Burgberges übriggeblieben. Zwischen dem Széchenyi Tér, dem alten Hauptplatz, und der Rába finden sich zahlreiche im Barock- und Zopfstil gestaltete Häuser wie etwa das ehemalige Ordenshaus der Benediktiner (Stuckverzierung von 1654), die ehemalige Jesuitenapotheke (jetzt Apothekenmuseum) oder das alte Eisenstockhaus (gegenüber stand einst ein mit Blech verkleideter Baum, in den wandernde Handwerksbursche ihre Gedenknägel schlugen). Das alte Abtshaus (entstanden 1741 bis 1743) war einst das Stadtpalais des Erzabtes der Benediktinerabtei Pannonhalma.

Die Wirren der Zeit unversehrt überstanden hat auch die zweitürmige Benediktinerkirche am Hauptplatz. Sie entstand von 1635 bis 1641 nach den Plänen von Baccio del Bianco. Die Fassade ist von 1727. Bei der Innenausstattung wirkte Paul Troger (Deckenfresken) mit. Die Seitenaltäre, der Stuck und die Fresken in den Kapellen entstanden bereits 1662.

Um den großartigsten Überblick über die Kleine Tiefebene genießen zu können, muß man der Donau ein wenig untreu werden. 20 Kilometer sind es von Györ hinüber zu dem demnächst ein Jahrtausend alten Kloster der Benediktiner auf dem 280 Meter hohen Hügel von Pannonhalma. Wohl ist der Hügel nur 160 Meter höher als die Ebene, doch werden über 200 Meter Differenz daraus, wenn man den Turm der Abtei dazunimmt - und das reicht aus für eine überwältigende Aussicht über die pannonische Ebene.

Auch wer für Landschaft und Aussicht wenig übrig hat, sollte den Abstecher nicht versäumen, denn Interessantes gibt es in dem auf das Jahr 996 zurückgehenden Komplex in Hülle und Fülle zu entdecken. Damals gründete Fürst Géza die Abtei, deren erste Kirche 1001 geweiht wurde. Anfang des 13. Jahrhunderts entstand jene spätromanische Anlage, auf die weite Teile des heutigen Komplexes zurückgehen (wie etwa die dreischiffige Krypta). Größte Bedeutung hat das Kloster aufgrund seiner äußerst wertvollen Sammlungen. Weil schon König Ladislaus hier eine Bibliothek gegründet hatte, überlebte in ihr das älteste Zeugnis ungarischer Schrift, die Stiftungsurkunde der Abtei Tihany von 1055, alle Wirren der Jahrhunderte. Wertvolle mittelalterliche Handschriften und mehrere Wiegendrucke unterstreichen die Bedeutung dieser Bibliothek, die zu den größten ganz Ungarns zählt. Auch die kirchengeschichtliche Sammlung und die Bildergalerie suchen ihresgleichen.

DAS DONAUKNIE

»Donauknie« ist die arg untertreibende Bezeichnung für den landschaftlich zweifellos schönsten Abschnitt der gesamten ungarischen Donau. Auf rund 20 Kilometer wird der Strom noch einmal eingezwängt zwischen dunkle Berghänge - Zeugen eines Kampfes über Jahrmillionen um den Durchlaß, Zeugen des Kampfes zwischen Wasser und Fels.

Auf der Höhe von Kismaros teilt sich der Strom und bildet die 31 Kilometer lange Insel Szentendre. Ihr nördliches Ende liegt noch im Bereich des Börzsönygebirges, während ihr südlicher Zipfel schon beinahe in den Stadtbereich von Budapest hineinragt. Verständlich, daß die ganze Insel von den Budapestern am liebsten völlig als Wochenendparadies vereinnahmt würde. Wesentlich stiller ist es dagegen in den Pilis Bergen zwischen Esztergom und Szentendre und erst recht auf der anderen Seite der Donau mit ihren noch höheren Bergen.

Am rechten Donauufer locken vor allem der Szent László-hegy (590 Meter; von Viségrad aus), der Dobogókö (700 Meter) oder der Pilis selbst (757 Meter; beide von Esztergom aus). Sehr viel eindrucksvoller sind allerdings die Berge am linken Donauufer. Sie sind nicht nur höher, sondern auch schon eher richtige Berge. Die passende Einstimmung ergibt sich, wenn man das Auto an der Donau läßt und von Kismaros aus mit der Wäldler-Bahn durch das Morsótal nach Királyrét fährt. Von dort aus sind dann gleich mehrere, zwischen 800 und 900 Meter hohe Gipfel besteigbar. Der schönste und zugleich höchste ist der 939 Meter hohe Csóványos, für dessen Besteigung man jedoch unbedingt Bergschuhe benötigt. Wer dann aber auf dem Gipfel steht, erlebt die Gegend um das Donauknie aus einer völlig neuen Perspektive.

Wer es vorzieht, an der Donau zu bleiben, kann den Botanischen Garten in Vácrátót besuchen. Der im vorigen Jahrhundert vom Grafen Sándor Vigyázó gegründete Garten ist mit über 23000 verschiedenen Blumen-, Baum- und Strauchsorten heute die größte Pflanzensammlung ganz Ungarns, gleichzeitig ein großzügig angelegter Park mit Teichen, Bächen und Wasserfällen. Betreuerin des Gartens ist die Ungarische Akademie der Wissenschaften, die zu über fünfhundert ausländischen botanischen Gärten Tauschbeziehungen unterhält. So kann man hier etwa genauso gut eine amerikanische Sumpfzypresse mit ihren unendlich vielen Luftwurzeln wie einen aus Turkestan stammenden Bärenklau bewundern.

Kelten, Römer,
Nomaden und eine Staatsgründung

Das Karpatenbecken gehört zu den ältesten bisher nachgewiesenen Siedlungsgebieten der Erde. Den endgültigen Beweis für diese von den Forschern schon lange vermutete Tatsache lieferte 1963 eine Kalktuffhöhle bei Vértesszölös, südlich von Tata. Damals wurden in der Höhle steinzeitliche Spuren einer menschlichen Siedlung entdeckt, die sich bei näherer Untersuchung als 500 000 Jahre alte Urmenschensiedlung entpuppte (die wichtigsten Fundstücke sind im Nationalmuseum in Budapest zu sehen).

In der Bronzezeit gab es hier bereits Stammesgemeinschaften, die mit Ochsen bespannte Wagen benutzten, die spinnen und weben konnten sowie Tongefäße zu fertigen wußten. Illyrer, Skythen und Kelten folgten ihrem Beispiel, und eigenartigerweise hatten auch sie ihre Siedlungsschwerpunkte im Karpatenbecken, am Donauknie und in der Gegend um Budapest.

In derselben Gegend entfalteten die Römer nach dem Sieg über die Kelten eine intensive Siedlungstätigkeit, und ein halbes Jahrtausend später folgten ihrem Beispiel die ersten Ungarn. Als sie daran gingen, den Sprung vom Nomadenvolk zur Seßhaftigkeit und zum organisierten Staat zu wagen, war das räumliche Zentrum wieder das Donauknie und wenig später der Burgberg von Budapest.

DAS AQUINCUM DER RÖMER

In der langen Kette römischer Verteidigungsanlagen entlang des nassen Limes gab es zwei mit besonderer Vorrangstellung, beide schließlich im Rang einer colonia, beide Sitz eines Statthalters und mit jeweils mehr als 30 000 Einwohnern. Obwohl beide kaum mehr als 200 Kilometer auseinander lagen, hatten sie dennoch verschiedene Aufgaben.

Während Carnuntum vor allem die Gefahr aus dem Norden bannen sollte, hatte Aquincum die Aufgabe, Bedrohungen aus dem Osten und Südosten zu begegnen. Und genau dafür war seine Lage ausgezeichnet geeignet: Im Rücken der Verteidigungsstadt lagen die westlichen Ausläufer der Karpaten, und weiter im Süden breiteten sich auf der Ostseite der Donau großräumige Sumpfgebiete aus – in der damaligen Zeit ein perfekter Sperriegel gegen unwillkommene Besucher. Wer aus dem Südosten angreifen wollte, mußte das zwangsläufig in Richtung des heutigen Budapest tun und stieß damit auf das stark gesicherte Aquincum, zu damaliger Zeit die bedeutendste und größte Römersiedlung an der Donau.

Zunächst aber mußten die Römer die Kelten vertreiben. Sie hatten auf dem heutigen Gellért-Berg ihren Stammsitz, den die Römer allerdings so gründlich zerstörten, daß nichts davon übrigblieb. Anschließend errichteten sie entlang des rechten Donauufers mehrere Stützpunkte zur Befestigung der Grenze und gegen Ende des ersten Jahrhunderts ein erstes richtiges Castrum im Zentrum vom heutigen Óbuda. Im Anschluß daran entstand eine Siedlung für die im Lager beschäftigten Handwerker und Händler sowie für die Frauen und Kinder der Soldaten (die durften zwar offiziell nicht heiraten, jeder Soldat aber hatte meist Frau und Kinder).

Die eigentliche Zivilstadt entstand etwa zwei Kilometer weiter nördlich und bot alles, was römische Baukunst damals zu leisten vermochte. Kaiser Hadrian gab ihr im Jahre 124 den Rang eines municipium, 194 erhob sie Kaiser Septimus Severus zur colonia, einer Stadt also mit dem höchsten Rang in der Verwaltungshierarchie. Kaiser Trajan schließlich machte Aquincum zur Hauptstadt der Provinz Unter-Pannonien und zum Sitz des kaiserlichen Statthalters. Sein Palast stand einst auf der Donauinsel oberhalb der Arpád Brücke, dort, wo heute die Schmiedehämmer einer Schiffswerft dröhnen.

Wie Carnuntum, so hatte auch Aquincum je ein eigenes Amphitheater für das Militär und für die Zivilstadt. Die für das Militär erbaute Arena entstand bereits um das Jahr 160 und faßte etwa 16 000 Zuschauer. Es gehörte damit zu den größten Theatern in den römischen Provinzen. Gegen Ende der Römerzeit, als die Völkerwanderung begann, diente es als eine Art Fluchtburg und Festung, um die mehrmals hart gekämpft worden sein muß. Nicht wenige Forscher neigen sogar zur These, das Amphitheater könnte die im Nibelungenlied beschriebene Burg König Etzels gewesen sein.

Vom Militärlager selbst ist wenig übriggeblieben, da jahrhundertelang an der gleichen Stelle Siedlungen und Städte gebaut wurden – und das natürlich, zumindest am Anfang, unter Nutzung des vorhandenen Baumaterials. Auch heute noch werden bei Bauarbeiten so prächtige Dinge entdeckt wie der Mosaikfußboden mit Szenen aus dem Herkules-Mythos. Er ist heute im Garten einer neuen Schule zu bewundern (Meggyfastr).

Aquincum war neben Carnuntum das wichtigste Zentrum der Römer am Nassen Limes. Im Rang einer »colonia« war die Stadt mit ihren mehr als 30 000 Einwohnern Sitz eines Statthalters und des militärischen Oberbefehlshabers an der unteren Donau.

Wesentlich mehr Glück hatten die Archäologen mit der Zivilstadt. Auch wenn sie bis heute bei weitem noch nicht ganz ausgegraben ist, so gelang es doch, wenigstens die Siedlung als Ganzes vor der Zerstörung zu retten. Freigelegt werden konnte bisher der mittlere Teil der Stadt. Dabei zeigte sich, daß sie von einer Stadtmauer geschützt war, in jeder Himmelsrichtung ein Tor besaß und durch rechtwinklig aufeinanderstoßende Straßen erschlossen war. Am Schnittpunkt der beiden Hauptstraßen lagen das Forum und der Versammlungsplatz. Daneben standen die Markthalle und das große Badehaus. Die Hauptstraßen säumten Geschäfte und öffentliche Räume. In den Straßen waren Kanalisation und Wasserleitung eingebaut, die Straßendecke selbst bestand aus Steinpflaster. Die Privathäuser waren einzeln an Wasser und Kanalisation angeschlossen, ihre Aborte funktionierten schon damals mit Wasserspülung, und die Gebühr für den Wasserverbrauch richtete sich nach der Größe der Wohnung.

Außerhalb der Stadtmauern war all das angesiedelt, was nicht unbedingt geschützt werden mußte oder was man nicht in den Mauern haben wollte. So hatten die Gerber und die Töpfer ihre Werkstätten außerhalb des »Burgfriedens«. Vor den Toren lag auch das Amphitheater mit seiner Gladiatorenkaserne und eine Gastwirtschaft. Die Ausfallstraßen waren mehrere Kilometer weit von prunkvollen Grabmälern gesäumt.

Wohl zeigt das riesige Freigelände im Museum Aquincum hauptsächlich mehr oder weniger restaurierte Fundamente und Mauerreste. Wie luxuriös und geschmackvoll die Stadt allerdings einst ausgestattet war, zeigen Details wie etwa die zwei Ringkämpfer auf dem Mosaikboden im Bad des collegium juventutis oder die Reste eines Mithras-Heiligtums.

Um zumindest in Friedenszeiten auch das linke Donauufer nutzen zu können, errichteten die Römer sogar einen regelrechten Brückenkopf in »Feindesland«. Zum Schutz des Hafens und des Flußübergangs bauten sie Ende des dritten Jahrhunderts etwa auf der Höhe der Erzsébet-Brücke den Brückenkopf Contra-Aquincum. Noch während der Zeiten der Völkerwanderung war diese Festung als Schutz des Donauübergangs in Betrieb. Während des Mittelalters entstand um diesen Brückenkopf herum das alte Pest.

DAS ESZTERGOM DER KÖNIGE

Ab dem fünften Jahrhundert – die Römer waren kaum verdrängt – stritten sich die Hunnen, die Awaren und die Slawen um die Herrschaft im Karpatenbecken. Auf die Dauer aber konnte keiner dieser drei Stämme die Macht für sich sichern. Dies gelang erst dem vierten, den räuberi-

schen Ungarn. Sie lebten in einzelnen Stammesverbänden und waren Nomaden. Ihre leichten Reiterheere terrorisierten halb Europa und verbreiteten Furcht und Schrecken. Ihre Überlegenheit verdankten sie ihrer aus der Steppe gewohnten Reitertaktik: »Eine kleine Schar stürzte sich auf den Feind und lockte ihn durch vorgetäuschte Flucht in einen Hinterhalt, so daß er, bei der Verfolgung in Unordnung geraten, unerwartet von der auf der Lauer liegenden Haupttruppe aus mehreren Richtungen angefallen wurde. Dann stoppte die kleine Schar ihre Flucht, drehte um und schloß den Ring um die in die Falle gelockten Feinde. Auf einen Nahkampf ließen sich die Magyaren nur notgedrungen ein, lieber überfielen sie den Feind mit einem Pfeilregen« (István Dienes).

Auf ihren kleinen, schnellen Pferden jagten sie bis nach Frankreich und Spanien, bis nach Thüringen und Rom. Dabei hausten sie mit nicht zu übertreffender Grausamkeit. Sie zerstörten ganz Pannonien, und »dort kam es im Jahre 906 zu dem bekannten Vorgang, bei dem die Magyaren die Frauen nackt und mit den Haaren aneinandergebunden wegführten. Man hat den Eindruck, daß diese Angriffswelle von einem gänzlich barbarischen Volk ausging, das in eine ihm völlig fremde Welt vorgedrungen, dort seinen niedrigsten Instinkten freien Lauf ließ« (Jan Dhont).

Erst Otto dem Großen war es beschieden, dem barbarischen Treiben ein Ende zu setzen. Zunächst gelang ihm, was vor ihm keinem vergönnt gewesen war: Er vereinte Sachsen, Franken, Bayern und Schwaben zur »ersten gesamtdeutschen Leistung« (Theodor Heuss). Mit dieser vereinten Streitmacht stellte er 955 die Ungarn, als sie Augsburg einzunehmen versuchten. Und zum ersten Male gelang, was bisher unmöglich schien: Die unendlich schwerfällige deutsche Reiterei, gepanzert und mit langen Schwertern gerüstet, schlug die Beweglichkeit der Steppenreiter in Grund und Boden. So fand die Barbarei der durch Europa streunenden Heerscharen ihr Ende, eine bis auf die Vorgeschichte zurückgehende Epoche wurde am Lech abgeschlossen.

Offensichtlich begriff das damals niemand so gut wie die Ungarn selbst. Ihr Fürst Géza (972 bis 997) erkannte die Alternative: beim Nomadenleben bleiben und untergehen oder einen ordentlichen Staat gründen und in Europa einen angestammten Platz bekommen. Er entschied sich für die Vernunft, rief weltliche und geistliche Berater ins Land (sehr zur Freude der Passauer Bischöfe) und bereitete all das vor, was sein Nachfolger Stephan I., der Heilige (997 bis 1038) schließlich vollenden konnte.

Unter dessen Herrschaft wurden die bisher maßgebenden Stammes- und Sippenverbände zerschlagen und dafür Bezirke mit vom König ernannten Verwaltern (Comes) geschaffen. Er sorgte dafür, daß nicht weniger

163

als zehn Bistümer errichtet wurden und daß für je zehn Dörfer eine Kirche gebaut wurde. Bei so viel Verdienst um den rechten Glauben konnte es natürlich auch nicht ausbleiben, daß der Papst sich entsprechend erkenntlich zeigte. Von ihm erhielt Stephan die Krone geschickt, mit der er sich zum ersten König der Ungarn krönen ließ.

Auch wenn es nicht eindeutig nachweisbar ist, so spricht doch vieles dafür, daß der bei Kalocsa gefundene Königskopf aus rotem Marmor diesen so tatkräftigen ersten ungarischen König darstellt. Der Härte, Unnachgiebigkeit und Energie ausstrahlende Kopf verrät neben gnadenloser Zielstrebigkeit gleichzeitig Weisheit und Einsicht – Eigenschaften, die nur in der Verbindung die Voraussetzung schaffen für so schicksalsträchtige Ereignisse wie eine Staatsgründung.

Zu seinem Regierungssitz wählte schon Fürst Géza im letzten Viertel des zehnten Jahrhunderts das Strigonium der Römer, das heutige Esztergom. 972 ließ sich Géza hier einen Palast bauen, in dem bereits sein Sohn Vajk, der spätere König Stephan, geboren wurde. Hier ließ Stephan sich mit der päpstlichen Krone zum König krönen, hier ließ er zehn Jahre nach seiner Krönung auf dem Berg über der Donau die erste ungarische Kathedrale errichten. Bis gegen Ende des zwölften Jahrhunderts war die

Anlage zum bedeutendsten Palastkomplex in ganz Südosteuropa herangewachsen. In ihrer Glanzzeit empfingen die ungarischen Könige hier die ins Heilige Land ziehenden westeuropäischen Ritter von Gottfried von Bouillon über König Ludwig VII. bis zu Kaiser Barbarossa.

Aus dieser ersten Glanzzeit von Esztergom sind bedeutende Reste erhalten. So konnte der Eingang zum mittelalterlichen Königspalast und zur Kapelle freigelegt und restauriert werden. Es fanden sich Bruchstücke der Porta Speciosa, dem Hauptportal der St. Adelbert-Kathedrale, die bereits im elften Jahrhundert errichtet worden war, und es fand sich nahezu unversehrt ein Gewölbesaal aus dem zwölften Jahrhundert, der heute als der älteste erhaltene Wohnraum Ungarns gilt.

Ein Kleinod für sich ist die im 12. Jahrhundert entstandene königliche Kapelle mit ihrer halbkreisförmigen Apsis. Die romanische Kapelle ist wahrscheinlich ein Werk burgundischer Meister, die Margarete von Capet, die französische Gemahlin von Béla III. nach Ungarn geholt hatte. Weil ihr Chorgewölbe bereits frühgotisch ist, ist sie das erste Beispiel der Gotik außerhalb Frankreichs. Die Fresken in der Kapelle sind deshalb besonders interessant, weil sich in ihnen die byzantinische Erziehung König Bélas III. zeigt. Bereits das älteste Fresko vom Ende des

Im Strigonium der Römer ließ sich Fürst Géza 972 den ersten Palast bauen, in dem sein Sohn Stephan sich mit der päpstlichen Krone zum König der Ungarn krönen ließ. Nur zehn Jahre danach stand auf dem Berg über der Donau die erste ungarische Kathedrale.

12. Jahrhunderts ist in einem byzantinischen Palmettenrahmen (Palmette = eine fächerförmige Verzierung ähnlich einem Palmblatt) gefaßt und verrät damit deutlich den Auftraggeber.

Die kostbarsten Stücke aus jener Zeit finden sich aber in der Schatzkammer im nordwestlichen Teil des Domes: ein Kristallkreuz aus der Zeit der Karolinger, eine Staurothek (Kreuzbehälter für eine Relique des Heiligen Kreuzes) aus dem 12. Jahrhundert, verziert mit byzantinischem Zellenschmelz und Malerei oder das goldene Krönungsschwurkreuz aus dem 13. Jahrhundert.

Esztergoms große Fürstenzeit endet mit dem Mongolensturm im Frühjahr 1241. An den Karpatenpässen tauchten in Leder und Eisen gepanzerte Mongolen in Scharen auf und probierten die Widerstandskraft der Ungarn aus. Unter Batu Khan, einem Nachfahren von Dschingis Khan, vernichteten sie die Hauptstreitmacht von Béla IV. und hatten bis zum Herbst den ganzen Nordosten Ungarns unter ihrer Kontrolle. Die zugefrorene Donau erlaubte ihnen das Vordringen bis zur Westgrenze. Béla selbst floh bis nach Trogir, und niemand konnte ahnen, daß der Satz eines deutschen Chronisten: »Nach 300jährigem Bestehen hörte Hungaria auf zu existieren« doch etwas verfrüht niedergeschrieben wurde. Im Sommer 1242 nämlich zogen die Mongolen sang- und klanglos ab: Sie hatten zu Hause zu tun.

Béla machte sich sofort an den Wiederaufbau von Burgen und Städten. Seine Residenz schuf sich der »zweite Gründer« des ungarischen Königreiches auf dem Gelände des römischen Aquincum, dem heutigen Óbuda. Bald schon wurde auf dem heutigen Burgberg das erste königliche Schloß erbaut, zu dessen Füßen das erste Buda in einem Mauerring entstand. Óbuda war dann wohl noch eine Zeitlang die Stadt der Königinnen, verlor aber rasch an Bedeutung. Dafür verlieh Béla IV. Buda und Pest den Stadtrang und gründete auf der Haseninsel, heute bekannt als Margareten-Insel, jenes Dominikanerinnenkloster, in dem seine Tochter, die später heiliggesprochene Margarete, als Nonne lebte. Ruinenreste der Anlage auf der Insel zeigen, daß das Kloster eine einschiffige Kirche mit einem achteckigen Turm, einen Kreuzgang und einen großen Klosterhof gehabt hatte.

Bei aller zielstrebigen Aufbauarbeit sorgte Béla IV. unbewußt für künftigen Ärger: Um gegen Bedrohungen von außen besser geschützt zu sein, spornte er seine Fürsten an, befestigte Burgen zu bauen. Die nutzten die Gelegenheit, eigene kleine Privatheere aus ihren Gefolgsleuten zu bilden und damit der Zentralmacht des Königs Konkurrenz zu machen. Als gar nur 31 Jahre nach Bélas Tod der letzte männliche Arpade starb, begannen am Budapester Burgberg und am Donauknie wechselvolle Zeiten.

Nichts stört die beschauliche Ruhe im Innenhof der alten Burg von Esztergom, Residenz der von Großfürst Arpad (890–907) begründeten Dynastie der Arpaden. Heute ist das ehrwürdige Bauwerk, Zeuge einer wechselhaften Geschichte des Landes, Sitz des Erzbischofs.

Staatsausbau und Staatsbedrohung

Wie vorteilhaft stürmische Zeiten für ein Land sein können, zeigte sich nach dem Aussterben der Arpaden. Wohl war die Macht des Königs nicht mehr sehr groß, wohl lieferten sich die Landbarone untereinander Kämpfe, wohl gab es sogar die Erhebung von Buda gegen den König, doch da war auch der aus dem neapolitanischen Zweig des Hauses Anjou stammende Karl Robert. Er brachte italienische Lebensart und Tüchtigkeit ins Land. Nach florentinischem Muster stellte er die Währung um und führte den ungarischen Goldforint ein. Bei dem von ihm veranlaßten Treffen mit den Königen von Böhmen und Polen in Visegrád ermöglichte er entscheidende Verbesserungen der Handelsbeziehungen zwischen den drei Ländern. Daß sein Sohn Ludwig I. 1380 auch König von Polen wurde, ist die natürliche Folge einer auf wirtschaftliches Gedeihen angelegten Politik.

Ganz anders dagegen der verwöhnte, sich mit Luxus umgebende und von der Tochter Ludwigs angeheiratete Sigismund von Luxemburg. Er konnte weder die innere Bedrohung der Königsmacht noch die Bedrohung von außen durch die Osmanen abwenden, sorgte jedoch für eine im Karpatenbecken vorher nie gekannte Bautätigkeit. In Várpalota, Tata, Visegrád und Buda war er gleichzeitig Bauherr und Förderer der schönen Künste.

Seine eigentliche Blüte aber erlebte das Land an der ungarischen Donau in der Zeit zwischen dem Mongoleneinfall und der Türkenherrschaft unter dem legendären Matthias Corvinus. Als der Fünfzehnjährige im Winter 1458 zum König gewählt wurde, weil die auf der zugefrorenen Donau wartenden Adeligen drohten, sonst das Schloß von Buda zu stürmen, ahnte niemand, welch glückliche Wahl da getroffen worden war.

Mit einer Energie sondergleichen nahm der Jüngling die Zügel in die Hand, reformierte an allen Ecken und Enden, sorgte für Ruhe und Ordnung und schuf damit die Voraussetzung für ein blühendes Ungarn. Als Freund von Kunst und Wissenschaft holte er ausländische Lehrer ins Land und schickte die einheimischen an die ausländischen Universitäten.

DAS ALTE BUDA

Der erfolgreichen Innenpolitik folgte eine aktive und aggressive Außenpolitik. Die Eroberung von Wien im Jahre 1489 und die Verlegung seiner Residenz dorthin schien die Richtigkeit seiner Bestrebungen zu bestätigen. Doch es sollte anders kommen: Nur ein Jahr später starb

Matthias, 36 Jahre später bereits endete die Freiheit und Unabhängigkeit der Ungarn auf dem Schlachtfeld von Mohács, und nicht einmal 50 Jahre später war sein Palast in Buda die Residenz eines türkischen Paschas.

Auch wenn der Burgberg von Buda sich nur ganze 67 Meter über die Donau erhebt, so reichte das doch aus, in Zeiten ohne Feuerwaffen dem Plateau strategische Bedeutung beizumessen. Auch für Béla IV. war das Mitte des 13. Jahrhunderts der Grund, an der Südspitze des Tafelberges sein königliches Schloß zu errichten. Nördlich davon schloß sich die von einem starken Mauerkranz umgebene Stadt an.

Natürlich hatte diese strategisch so günstige Lage keineswegs nur Vorteile. Wer immer im Karpatenbecken Kriegerisches im Sinn hatte, rüstete zum Sturm auf den Burgberg von Buda. Zerstörungen, Besetzungen und Wiederaufbau lösten einander denn auch durch die Jahrhunderte hindurch kontinuierlich bis in unsere Zeit ab. Dennoch fanden die Archäologen Erstaunliches: So zeigte sich etwa, daß die heutigen Straßenzüge, die Baulinien und teilweise sogar die Grundrisse der einzelnen Häuser über weit mehr als ein halbes Jahrtausend hinweg unverändert geblieben sind. In der längsten und ältesten Straße des Burgberges, der Úri utca, die den Burgkomplex mit dem Magdalenenturm verbindet, wurde sogar auf der gesamten Länge das Originalstraßenpflaster aus dem 13. Jahrhundert freigelegt. An dem »Rückgrat« des alten Buda wurden bei Renovierungen alter Häuser immer wieder gotische Bauelemente wie Fenster und Sitznischen mit Spitzbögen sichtbar.

Kaum ein Haus gibt es an dieser Straße, das nicht seine eigene jahrhundertealte Geschichte aufzuweisen hätte. Die blutrünstigste ist sicher mit dem der Hausnummer 53, einem einfachen Barockgebäude verbunden. Es entstand einst als Franziskanerkloster, wurde dann aber als Militärkommandantur zweckentfremdet. 1795 saßen hier die Führer der ungarischen Jakobinerbewegung in Gefangenschaft, und von hier wurden die Gefangenen über den westlichen Berghang hinunter zur Vérmezö (Blutwiese) geführt und hingerichtet.

Kaum weniger blutrünstig und dazu auch noch gruselig ist das, wozu sich im Haus Nummer 9 der Eingang befindet: das über zehn Kilometer lange Höhlensystem unter dem Budaer Plateauberg. Das Labyrinth diente schon zu Bélas Zeiten als letzte Zuflucht vor dem Feind. Während der Türkenzeit ließ man hier unliebsame Gefangene verhungern und ertränkte in den unterirdischen Brunnen überflüssig gewordene Haremsdamen. Natürlich diente es auch zu allen Zeiten allen möglichen dunklen Elementen als ideales Versteck. Und selbst gräfliche Räuberhauptleute sollen von hier aus nicht nur zu Maria Theresias Zeiten ihre Banden befehligt haben.

Ebenfalls bis auf Béla IV. geht die Liebfrauenkirche im Mittelpunkt des Budaer Burgviertels zurück. Mitte des 13. Jahrhunderts legte er ihren Grundstein, im folgenden Jahrhundert wurde beim Umbau zu einer Hallenkirche das südliche Marienportal errichtet. Noch einmal ein Jahrhundert später ließ Matthias Corvinus den Südturm errichten, den noch heute sein Rabenwappen ziert und dem die Kirche ihren heutigen Namen verdankt. Wenig später diente sie den Türken als Hauptmoschee, wurde von den Ungarn bei der Rückeroberung im Jahre 1686 schwer beschädigt, im 18. Jahrhundert barock wieder aufgebaut und schließlich im 19. Jahrhundert gotisch restauriert.

Immer wieder stand die Kirche auch im Mittelpunkt des politischen Geschehens. In ihr wurde 1308 Karl Robert, der erste ungarische König aus dem Hause Anjou gekrönt; hier fand 1463 die Trauung von König Matthias mit Katherina Podiebrad und 1470 die mit Beatrix von Aragonien statt; hier wurden die Könige Franz Joseph I. (1867) und Karl IV. (1916) aus dem Hause Habsburg gekrönt. Zur Krönung von Franz Joseph I. schrieb Franz Liszt seine Krönungsmesse.

Das Südende der Úri war einst im Mittelalter durch einen tiefen Graben und eine hohe Mauer vom eigentlichen Burgkomplex getrennt. Lediglich eine einzige Zugbrücke ermöglichte über einen Torturm den Zugang zu einem der imposantesten Königspaläste des ausgehenden Mittelalters.

Erster Bauherr für einen noch recht bescheidenen »Palast« war Béla IV. in der zweiten Hälfte des 13. Jahrhunderts. Wesentlich großzügiger wurde das Ganze dann schon unter Karl Robert von Anjou. Aus dieser Zeit konnten die Unterkirche der königlichen Kapelle aus dem 14. Jahrhundert, das Erdgeschoß des Stephansturmes sowie verschiedene unterirdische Säle freigelegt wer-

Das sinnlose Gesicht des Krieges und des Todes: Budapest, brennend, verwüstet, geplündert von den kaiserlichen Truppen. Die tiefste Erniedrigung des Menschen durch seinesgleichen, bewegend dargestellt in einem zeitgenössischen Gemälde.

den. Unter Sigismund von Luxemburg entstand an der Wende vom 14. zum 15. Jahrhundert der Palast nahezu völlig neu im gotischen Stil. Von diesem Bau wurde der große Rittersaal rekonstruiert. Matthias Corvinus schließlich brachte die Renaissance nach Buda, holte italienische Architekten und Kunsthandwerker ins Land und erweiterte seinen Palast um einen mächtigen Renaissanceflügel in der Nordostecke der Burg.

Als echtem Humanisten ging es Matthias dabei weniger um das rein Äußerliche als um die Einheit der Kunst. Entsprechend groß war sein Aufwand, wenn es um die Ausstattung ging. In seinem Auftrag streiften Agenten durch halb Europa, um Gemälde und wertvolle Handschriften aufzuspüren. Seine Bibliotheca Corvina, für deren Betreuung und Erweiterung er allein rund dreißig Abschreiber und Illustratoren beschäftigte, erlangte Weltruhm und zählt noch heute zu den großen Schätzen Ungarns.

Weniger als fünfzig Jahre nach dem Tod von Matthias fiel die Prachtanlage nahezu unversehrt in die Hände der Türken. Wohl nahm sie ein türkischer Pascha sofort als Residenz in Beschlag, doch änderte das nichts daran, daß der Palast kontinuierlich verfiel. Die Belagerung durch die Ungarn im Jahre 1686 und die Kämpfe bei der Rückeroberung von Buda ließen auch die letzten Reste fallen. Den Burgberg zierten wieder einmal mehr nur noch Ruinen.

DAS VISEGRÁD DER KÖNIGE

»Paradisum terrestris« nannte Bischof Castelli, ein Gesandter von Papst Sixtus IV., das Schloß von Visegrád, und Nikolaus Oláh, der humanistische Erzbischof von Esztergom, beschrieb es 1536 in seinem nicht nur für Historiker interessanten Buch »Hungária« in überschwenglichen Tönen: »In Front des Ortes, gegen Morgen zu, ist die Königsburg mehr als man sagen kann schön und reich, strahlend durch Paläste und wahrhaft königliche Gebäude, die zu gleicher Zeit vier Königen mit ihrem Hofstaate bequeme Wohnung darbot. Man sagt, daß sie mehr als 350 Zimmer enthalte. Das Tor öffnet sich gegen die Donau, die an zweihundert Schritt entfernt ist. Auf der anderen Seite der Burg ist der Garten, angenehm durch Weinreben und Obstbäume. Wer durch das Tor in die Burg schreitet, gelangt in den großen Burghof, der, von allen Seiten grün, eine Menge Feldblumen weist. Beiläufig hundert Schritt vom Tor beginnt die Stiege aus Mauerquadern. Sie führt wieder zu einem viereckigen Hof, der auf lauter Gewölben ruht, die königlichen Wein aufbewahren. Der Hof ist mit Steinplatten gepflastert und in gleichen Entfernungen mit Linden bepflanzt, die im Frühjahr höchst angenehm duften und einen heiteren Anblick gewähren. In der Mitte ist ein Brunnen, mit bewundernswerter Kunst aus rotem Marmor gearbeitet, mit den Bildnissen der Musen geziert. Auf der Spitze sitzt Cupido auf einem marmornen Gefäß, aus dem er Wasser gießt, welches, ebenso schmackhaft wie kalt von einer Quelle des nahen Berges durch Kanäle hingeleitet, mit fröhlichem Geräusch in das Bassin rauscht. Dieser Brunnen ist von Matthias Corvinus gebaut, wie alle Gebäude,

Das ist geblieben von dem stolzen Palast auf dem Burgberg in Buda. Einst in gotischem Stil erbaut, von italienischen Architekten während der Renaissance aufs Prachtvollste gestaltet, hielt das hoch über der Donau liegende Schloß den Stürmen des Krieges nicht stand.

die ich beschreibe. Die Alten haben mir erzählt, daß Matthias, wenn er Triumphe feierte, aus diesem Brunnen abwechselnd roten und weißen Wein fließen ließ, der kunstreich auf dem Berg in Kanäle geleitet wurde.

Im Frühjahr und Sommer, wenn die Bäume blühten, pflegte der König sich hier zu ergehen, zu speisen und auch Gesandte zu empfangen. An der Seite des Hofes gegen den Berg zu, etwas erhöht, ist eine sehr angenehme Kapelle, in Mosaikarbeit gepflastert, wie meistenteils die Gebäude. In der Kapelle ist ein kostbares musikalisches Instrument, welches man Orgel nennt. Die Pfeifen sind von Silber; der Tabernakel und die Altäre, mit allem, was dazu gehört, sind vom reinsten Alabaster und Gold. Von hier gegen Morgen erstreckt sich in zwei Reihen die Wohnung des Königs, das Getäfel vergoldet und mit vieler Kunst gearbeitet...«

Die ganze Herrlichkeit hatte nur den einen Fehler, daß sie bis in unser Jahrhundert weder lokalisierbar noch nachprüfbar war. Trotz recht genauer Ortsangaben (die Ruine der alten Burg auf dem Berg über der Donau und der Salomonturm an der Donau entsprachen durchaus der Schilderung) war und blieb der Palast selbst verschwunden. Erst 1934 erfuhr Johann Schulek, der Sohn des Erbauers der Budapester Fischerbastei zufällig, daß bei Arbeiten in einem Keller ein Gewölbe eingebrochen sei. Als sich dann auch noch Marmorplatten fanden, gab es keinen Zweifel mehr: Die Spur zum verschollenen Königspalast war gefunden. Nun bekamen die Archäologen den Vortritt, und was sie nach und nach ans Tageslicht beförderten, war tatsächlich mehr als erstaunlich. Aus dem teils landwirtschaftlich genutzten, teils wild überwucherten Hang über der Donau schälten sie Mauer für Mauer, Raum für Raum genau das heraus, was Erzbischof Oláh als Palast von Matthias Corvinus geschildert hatte.

Dabei war Matthias nicht der erste, der in Visegrád (der Name ist slawisch und bedeutet hohe Burg) an einem Königspalast gebaut hatte. Bereits 1316 hatte Karl Robert von Anjou hier seine Residenz aufgeschlagen und die bereits vorhandene Burg an der Donau zu einem spätgotischen Palast umbauen lassen. Im Jahre 1335 trafen sich hier Kasimir, der König von Polen, Johann, der König von Böhmen, Rudolf, der Kurfürst von Sachsen und Heinrich von Wittelsbach, der Kurfürst von Niederbayern. Auch Vertreter des Deutschen Ritterordens waren dabei, als der Gebietsstreit zwischen Polen und dem Deutschen Ritterorden beigelegt wurde.

Später bauten Ludwig von Anjou und Sigismund von Luxemburg ihren Sommersitz in Visegrád zielstrebig weiter aus, obwohl sie ihre eigentliche Residenz längst wieder in Buda hatten.

Matthias Corvinus benutzte den Palast ebenfalls vorwiegend als Sommersitz und Erholungsaufenthalt, dennoch tat er alles, um ihn noch prunk- und eindrucksvoller auszustatten. Gegen Ende seiner Regierungszeit erreichte die Gesamtanlage immerhin eine Ausdehnung von 600 auf 300 Meter.

Obwohl bis heute bei weitem nicht der gesamte Palast ausgegraben ist, vermitteln die freigelegten Reste doch eine sehr lebendige Vorstellung davon, wie der Komplex

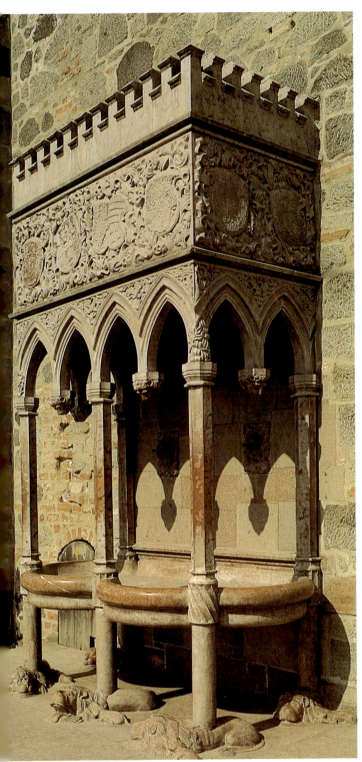

Den gotischen Löwenbrunnen ließ König Matthias 1473 errichten. Seine beiden Marmorschüsseln werden von fünf liegenden Löwen getragen, die Wasserspender sind zwei weitere Löwenköpfe. Bei festlichen Gelegenheiten ließ der König aus ihnen Rot- und Weißwein fließen.

einmal ausgesehen haben mag. Vor allem zeigt sich jetzt auch der Zusammenhang zwischen der ältesten unteren Burg, von der nur der wuchtige Salomonturm mit seinen bis zu acht Meter dicken Mauern übriggeblieben ist, der Hochburg auf der Felsennase an der Donau und dem eigentlichen Wohnschloß, dem Marmorpalast von Matthias Corvinus.

Im Unterschied zu so vielen anderen Palästen besticht dieser weder durch außergewöhnliche Bauformen noch durch besonders ausgefallenen Schmuck, sondern vielmehr durch das perfekt gelungene Zusammenspiel von Baustil, Ausstattung und Landschaft. Die Verbindung intimer Innenhöfe mit in Stufen angeordneten Terrassen gibt immer wieder neue überraschende Perspektiven frei und läßt eine Ahnung von dem Weltbild entstehen, mit dem die Herrscher von einst hier vor der Kulisse des europäischen Stromes gelebt haben.

Türkische Schludrigkeit, selbst in der Zerstörungswut, sorgte dafür, daß außer Grundmauern Kostbares ausgegraben werden konnte. So blieb die Bergseite des gotischen Kreuzganges ebenso erhalten wie einzelne Tafeln vom Renaissance-Relief aus rotem Marmor, das einst den Herkules-Brunnen in der Mitte des Kreuzganges schmückte. Die Renaissance-Balustrade an der Terrasse über dem Kreuzgang ist ein lebendiges Beispiel dafür, wie hervorragend es den Künstlern am Hofe von König Matthias gelungen war, Renaissance-Elemente mit gotischer Bausubstanz zu vereinen. Wie eng die gefühlsmäßige Bindung zur Gotik damals noch war, beweist der 1473 entstandene Wandbrunnen aus rotem Marmor mit einem überaus prächtigen gotischen Baldachin. Seine beiden Marmorschüsseln werden von fünf liegenden Löwen getragen, zwei weitere Löwenköpfe sind die Wasserspender. Daß daraus nicht nur Wasser floß, ist in zeitgenössischen Quellen belegt: Hatte Matthias Grund zum Feiern, dann floß aus den beiden Löwenköpfen Rot- und Weißwein, der über eine Pumpanlage unmittelbar aus den Fässern im Keller herauffloß.

DAS ESZTERGOM DER BISCHÖFE

Als Béla IV. nach dem Mongoleneinfall Mitte des 13. Jahrhunderts seine Residenz von Esztergom nach Buda verlegte, zog das Oberhaupt der katholischen Kirche in Ungarn nicht mit um, sondern übernahm den alten königlichen Palast. Bis zum Beginn der Türkenherrschaft blieb Esztergom das Zentrum der katholischen Kirche Ungarns und der alte Königssitz der Hof des Fürsterzbischofs.

Kaum einer der verschiedenen Inhaber des erzbischöflichen Stuhles beschränkte sich auf die rein kirchliche Aufgabe des Primas von Ungarn. Sie alle strebten vielmehr danach, ihren Hof auch zum Mittelpunkt des kulturellen Lebens zu machen und in der weltlichen Prachtentfaltung dem König in Buda möglichst wenig nachzustehen.

So bahnte János Vitéz den Ideen des Humanismus in Ungarn den Weg und huldigte den Künsten der Renaissance. Die von den Archäologen freigelegten Fresken mit den Allegorien der Kardinaltugenden hatte er als Schmuck seines Arbeitszimmers in Auftrag gegeben. Die 1494 wahrscheinlich von Meister Albert aus Florenz geschaffenen Fresken symbolisieren die Klugheit, die Mäßigkeit, die Stärke und die Gerechtigkeit. Das Gewölbe selbst ist mit den Symbolen des Tierkreises geschmückt.

Sein Nachfolger Primas Tamás Bakócz stand seinem Vorgänger in nichts nach. Er gab 1506 die Kapelle in Auftrag, die heute zu den schönsten Beispielen toskanischer Renaissance-Baukunst außerhalb Italiens gezählt wird. Das aus rotem Marmor gestaltete Kunstwerk war als Grabkapelle des Fürstprimas gedacht. Ihren Altar aus weißem Marmor meißelte der Florentiner Andrea Ferrucci im Jahre 1519.

Glückliche Umstände sorgten dafür, daß diese Kostbarkeit aus der Zeit der Renaissance selbst die Türkenzeit überlebte. Als man im 19. Jahrhundert begann, die neue, große Kathedrale zu bauen, war die Zeit immerhin dafür reif, den unschätzbaren Wert dieser Grabkapelle zu erkennen. Um sie in den neuen Kathedralbau einfügen zu können, wurde die Kapelle in über 1600 einzelne, numerierte Stücke zerlegt und als südliche Seitenkapelle in der neuen Basilika wieder eingebaut. Heute ist sie mit ein Beweis dafür, daß es Zeiten gab, in denen Ungarn in Sachen Kunst »moderner« war als Wien.

Natürlich trug auch die Zeit zwischen Mongoleneinfall und Türkensturm das ihre zur Füllung der fürsterzbischöflichen Schatzkammer bei. Geistliche Pokale wie der Suki-Kelch oder der Széchy-Kelch, weltliche Pokale wie die Trinkhörner von König Sigismund und König Matthias gehören ebenso dazu wie das absolut einmalige Corvinus-Prunkkreuz aus dem frühen 15. Jahrhundert.

Die insgesamt 72,5 Zentimeter hohe, mit Perlen und Emaille reich verzierte Goldschmiedearbeit entstand in zwei Etappen. Der obere Teil kam 1424 als Geschenk der französischen Königin Isabeau an den ungarischen Königshof nach Buda und ist das Werk eines Pariser Meisters. Den unteren Teil schuf ein aus der Lombardei stammender und in Buda ansässiger Goldschmied im Auftrag von Matthias. Diesen Sockel zieren drei Sphinxe, die zwischen ihren Krallen nicht nur das Rabenwappen des Königs hochhalten, sondern in ihrer ganzen Weltlichkeit auch die Lebenslust der Renaissance in diesem einmaligen Kunstwerk zum Ausdruck bringen.

Ungarn und die Habsburger

Auf dem Stich von Matthaeus Merian von Buda aus dem Jahre 1638 wimmelt es nur so von Minaretten und byzantinischen Kuppeln, alle natürlich gekrönt vom türkischen Halbmond. Nichts könnte deutlicher die damalige absolute Vorherrschaft der Türken in Buda dokumentieren wie dieser Kupferstich. Doch darf dabei nicht übersehen werden, daß die Türken mit der Herrschaft über Buda noch keineswegs damit auch die Herrschaft über Ungarn hatten.

Bereits 1515 war der Habsburger Ferdinand I. aufgrund des Wiener Erbvertrages zum König von Böhmen und Ungarn gewählt worden. Daß mit dieser Wahl Teile des ungarischen Adels nicht einverstanden waren, führte mit dazu, daß Pascha Süleiman 1541 Buda besetzen konnte. Nicht unter türkischen Einfluß dagegen kamen das Großfürstentum Siebenbürgen im Osten von Ungarn und ein Streifen westlich von Esztergom, der den Habsburgern blieb und zu dessen Hauptstadt sie Preßburg machten. Bis 1784 sollte es dauern, bis Buda wieder Hauptstadt der Ungarn wurde.

Nach dem Abzug der Türken hatten es die Habsburger leichter. Schon 1687 – die letzten Türken waren noch lange nicht aus ungarischen Landen vertrieben – wurde ihnen auf dem Preßburger Landtag die Erblichkeit der ungarischen Krone für das Haus Habsburg anerkannt, und nur vier Jahre später wurde sogar ganz Siebenbürgen zum habsburgischen Kronland erklärt. Prinz Eugen schließlich beseitigte mit seinem erfolgreichen Türkenkrieg von 1716 bis 1718 endgültig die Türkengefahr.

Die Türken hinterließen weitgehend verödete, menschenleere Gebiete – Grund genug für das Kaiserhaus, sich Gedanken um die Füllung des Vakuums zu machen. Auf die Versprechungen von Maria Theresia hin machten sich ganze Scharen von Auswanderern donauabwärts auf den Weg, um den Süden Ungarns neu zu besiedeln. Weil viele aus dem schwäbischen Raum kamen und sich in Ulm für die lange Reise einschifften, gingen sie als Donauschwaben in die Geschichte des Stromes ein. Kaiser Joseph II. schließlich, der Anhänger eines aufgeklärten Absolutismus und der Idee von einem einheitlichen Staat mit deutscher Staatssprache, brachte den Ungarn nicht nur 1781 die Abschaffung der Leibeigenschaft, sondern auch drei Jahre später die Einführung der deutschen Verwaltungssprache. Das und die Aufhebung der Autonomie der Komitate reizte den ungarischen Adel so zum Widerstand, daß auch andere seiner Reformen fraglich wurden.

Erfolgreicher war da schon der Fürst aus dem eigenen Land: Stephan Graf Széchenyi. In ihm sehen noch heute nicht wenige seiner Landsleute den größten Ungarn, da er als erster für den Wandel vom Agrarstaat zu einem modernen Ungarn kämpfte. Er erkannte die Notwendigkeit, aus Buda auf der rechten und Pest auf der linken Donauseite eine moderne Hauptstadt zu bauen.

Erste Voraussetzung dafür schien ihm der Bau einer festen Donaubrücke zu sein. Zur Verwirklichung dieses Planes gründete er 1832 einen Brückenbauverein als Aktiengesellschaft. Sie beauftragte den britischen Architekten William Thierny Clark mit der Planung und 1839 Adam Clark mit der Bauausführung. Zehn Jahre später war Budapests schönste Brücke, die Kettenbrücke, fertiggestellt.

Doch der Graf, der einer der reichsten ungarischen Familien entstammte, wollte mehr. Zur Finanzierung der Brücke wurde eine Brückenmaut festgesetzt, und dabei erreichte es Széchenyi, daß diese Gebühr ausnahmslos von jedem Benutzer gezahlt werden mußte. Mit dieser uns heute selbstverständlich erscheinenden Regelung gelang ihm ein erster Einbruch in das bisher herrschende Feudalsystem, in dem der privilegierte Adel von jeglicher Art von Steuern oder Abgaben befreit war.

Das edle Gewand eines Königs, gefertigt aus reinen Goldfäden, übersät mit Schmuck und Edelsteinen. Viele fleißige Hände und wohl noch viel mehr Zeit waren im 17. Jahrhundert erforderlich, dieses Kunstwerk zu schaffen – mit Werkzeugen, die uns heute unvorstellbar sind.

Der österreichische Kaiser Franz Joseph auf einem seiner Staatsbesuche in Budapest, hier in einem Gemälde des 19. Jahrhunderts. Sorgenvoll blickt der Herrscher von der Terrasse des königlichen Schlosses zur Kettenbrücke. Ob er wohl das Ende seiner Regierungszeit voraussahnte?

Bei solcher Grundeinstellung war es nur natürlich, daß der liberale Großgrundbesitzer auch gegen andere Privilegien seiner Standesgenossen und vor allem auch für die Befreiung von der Leibeigenschaft kämpfte. Daß es ihm dabei stets um den Vorteil des Staates ging, zeigt allein sein Angebot, die Gründung einer ungarischen Akademie der Wissenschaften mit einer Jahreseinnahme seiner Güter zu unterstützen. Bei so viel Engagement für das öffentliche Wohl verwundert es nicht, daß auf sein Betreiben die erste Entschärfung der Donau im Eisernen Tor in Angriff genommen und die Theiß reguliert wurde.

Dennoch war der Graf in allen seinen Handlungen nie radikal. Stets stand er treu auf der Seite der Habsburger, eine Treue, die von keiner Seite honoriert wurde, weil er den einen zu liberal, den anderen zu konservativ war. Im Freiheitskampf von 1848 konnte auch er den offenen Bruch zwischen der kaiserlichen Regierung und Ungarn nicht verhindern. Als der Nationalheld Sandor Petöfi sein Revolutionslied unter die Massen brachte und Fürst Windisch-Graetz eine kaiserliche Armee gegen die rebellierenden Städte Buda und Pest führte, stand die Existenz der noch nicht einmal ganz fertiggestellten Klammer zwischen beiden Städten bereits zum ersten Mal auf des Messers Schneide. Glückliche Umstände sorgten dafür, daß zunächst nur der Belag entfernt wurde und ein späterer Sprengungsversuch fehlschlug. So gelang es erst deutscher Gründlichkeit, an der Jahreswende 1944/1945 die riesigen Trageketten der Brücke in die Donau zu werfen.

Weil er sein Werk vernichtet sah, stürzte sich der liberale Graf im Herbst 1848 in die Donau. Wenige Monate später, im April 1849, als der ungarische Landtag das Haus Habsburg entthronte, rief Franz Joseph I. aus ähnlichen Gründen die verbündete zaristische Armee zu Hilfe, um die Ungarn zur »Ordnung« zu zwingen. Bis 1866 wurde Ungarn als Bestandteil Österreichs zentralistisch verwaltet. Danach bildete es bis zum großen Erdrutsch 1918 die selbständige zweite Reichshälfte.

Das Zeitalter des Dualismus brachte vor allem der Stadt unterm Donauknie den großen Aufschwung. Äußeres Zeichen war die Vereinigung von Óbuda, Buda und Pest im Jahre 1873. Der immense Aufschwung ließ die heute noch zum großen Teil das Stadtbild dominierenden Bauten, wie den königlichen Palast, die Matthiaskirche, die Basilika, das Opernhaus, das Parlament, die Fischerbastei und das System der Ringstraßen entstehen.

DIE HAUPTSTADT DES KLEINEN UNGARN

Die Burg des Preslawas auf dem letzten Ausläufer der Kleinen Karpaten, 80 Meter über der Donau, war zu allen Zeiten ein Bollwerk für oder gegen etwas. Im frühen Mittelalter war sie für die einwandernden Bayern Stützpunkt gegen die Ungarn; für die Ungarn war sie zwischen Mongoleneinfall und Türkenherrschaft die wichtigste Festung an der Westgrenze. Im 15. Jahrhundert war ihre Lage so gesichert, daß Matthias Corvinus 1467 hier sogar die Akademia Istropolitana, die erste ungarische Universität, gründen konnte.

Den Türken schließlich ist es zu verdanken, daß aus dieser ersten Blüte wesentlich mehr wurde. Nach der Schlacht von Mohács im Jahre 1526, als vom alten Ungarn nur ein schmaler Streifen im Nordwesten übriggeblieben war, als König und Hof von Buda geflohen waren, ahnte zunächst niemand, daß damit Preßburg nicht nur vorübergehend, sondern für volle 258 Jahre Sitz des Königs und damit Hauptstadt Ungarns bleiben sollte. 1572 fanden sogar die ungarischen Kronjuwelen (nach einem Umweg über die Wiener Schatzkammer) den Weg in den Kronturm der Preßburger Burg.

Bis 1784 waren sie dort bestens aufgehoben – und eifrig in Gebrauch. Nicht weniger als zehn Könige und sechs Königinnen ließen sich bis 1830 im Preßburger St. Martinsdom vom Primas von Ungarn die Zeichen ihrer Würde segnen und die Krone aufs Haupt setzen. Maximilian II. machte 1564 den Anfang, und Maria Theresia lieferte im Juni 1741 den glanzvollen Höhepunkt.

Das große Ereignis beschrieb ein Zeitgenosse der auch schon damals aktiven Regenbogenpresse in den schönsten Tönen:

»Einige, die Maria Theresias Krönung beiwohnten, haben mir versichert, daß sie eine der schönsten Frauen Europas war. Sie war von feinem Wuchse und majestätischer Haltung. Ihr Auge, obgleich hellgrau, war ausdrucksvoll und mild. Sie war eben vom Kindbett aufgestanden, und das Matte, Schmachtende verlieh ihr neue Reize. Die Krone war ihr zu weit, als man sie ihr anvertraute, man mußte sie ausfüttern. Da sie ihr zu schwer ward, legte sie sie ab, als sie sich zur Tafel setzte. Das heiße Wetter und die Bewegung bei dieser Feier, die ziemlich lang dauerte, verbreiteten eine Röte im Gesicht, die den Glanz ihrer Schönheit erhöhte. Ihre Haare fielen in Locken über ihre Schultern, und sie war ganz bezaubernd...«

Der bei weitem älteste Bauplatz in Bratislava ist der Burgberg. Aus dem Jahre 907 stammt die älteste urkundliche Erwähnung einer Burg; König Sigismund von Luxemburg baute bereits 1430 eine steinerne Burgmauer und schuf den noch heute vorhandenen, etwas trapezförmigen Grundriß. 1635 bis 1646 entstanden die beiden Ecktürme und ein drittes Geschoß. Maria Theresia schließlich ließ die Burg zu einem der Kaiserin angemessenen Schloß umbauen. Diese ganze Herrlichkeit ging dann allerdings 1811 in Flammen auf. In der heute wiederaufgebauten Burg hat das Slowakische Nationalmuseum eine Heimat gefunden.

Nicht das älteste, wohl aber das bedeutendste Bauwerk der alten Königsstadt ist die dreischiffige Kathedrale St. Martin aus dem 14. Jahrhundert. Weil sie einst unmittelbar an der Stadtmauer stand, wurde ihr Turm gleichzeitig als Bastei benutzt. Die Krönungskirche der Habsburger besticht durch ihre zahlreichen Kapellen, die in unterschiedlichsten Stilen gestaltet sind. Am eindrucksvollsten ist die von Georg Raphael Donner 1732 gestaltete Barockkapelle für den hl. Johannes, den Almosengeber. Obwohl Preßburg nie offizieller Sitz des katholischen Primas von Ungarn war, birgt der Domschatz der Martinskathedrale so manche Kostbarkeit.

Die älteste Kirche der Stadt gehört den Franziskanern. Das frühgotische Bauwerk wurde im 13. Jahrhundert errichtet, die angebaute, besonders sehenswerte Johanneskapelle ist hochgotisch (um 1380).

Aus dem 15. Jahrhundert stammt das ursprünglich gotische alte Rathaus, das im Innenhof mit einer prächtigen Renaissance-Loggia aus dem Jahre 1581 überrascht. Sein barocker Turm entstand 1732, nachdem ein Erdbeben den alten Turm zum Einsturz gebracht hatte. Im Ratssaal ist eine prächtige Kassettendecke, im alten Gerichtssaal Stuck- und Freskenschmuck erhalten (heute Stadtmuseum). Ebenfalls aus dem 15. Jahrhundert stammt das Michaelertor, der einzige noch erhaltene Turm von der alten Stadtbefestigung.

Zeugnisse aus der Renaissance sind der Rolandsbrunnen aus dem Jahre 1572 und die 1638 fertiggestellte Jesuitenkirche. Sie war zunächst als protestantische Kirche erbaut, dann aber während der Gegenreformation 1672 von den Jesuiten übernommen worden. Bestechend sind vor allem ihr reicher Barockschmuck und die prächtige Kanzel.

Daß Preßburg in neuerer Zeit eine Art Vorstadt von Wien war (zur Verbindung gab es sogar eine Straßenbahn; in Preßburg fuhr 1895 die erste elektrische Straßenbahn Europas), das beweisen noch heute die zahlreichen größeren und die vielen kleinen Stadtpaläste des Adels, die meist im Barock- oder Rokokostil, einige auch mit klassizistischem Anhauch im 18. Jahrhundert errichtet wurden.

Den Anfang machte das Pálffy-Palais aus dem Jahre 1747 (in ihm konzertierte der sechsjährige Mozart), es folgten das Eszterházy-Palais und das Balász-Palais (beide 1762). Das Csáky-Palais (1775) schließlich zeigt bereits schön den Übergang zum Klassizismus. Er fand seine schönste Form in dem von Viktor Hefele erbauten Primatial-Palais (1781), das nicht nur mit einem schönen Äußeren besticht, sondern vor allem auch mit einem prächtigen Treppenhaus. In seinem Innenhof überrascht zudem ein dem hl. Georg gewidmeter Renaissance-Brunnen aus dem 17. Jahrhundert.

Schon beim Bau der Melker Stiftskirche war dem Vatikan das Konkurrenzstreben der Stiftsherren ein Dorn im Auge. Wäre es ihnen nur möglich gewesen, hätten die Kurienkardinäle sicher selbst den Teufel eingespannt, um den prachtvollen Bau, mit dem erklärtermaßen die Peterskirche übertroffen werden sollte, zu verhindern. Wie schlecht ihnen der Verhinderungsversuch gelungen ist, davon kann sich noch heute jeder Donaureisende genauso überzeugen wie gut 400 Kilometer stromab, wo im 19. Jahrhundert noch einmal der Versuch stattfand, Rom zumindest äußerlich den Rang abzulaufen.

DAS UNGARISCHE ROM

Ungarischer Nationalstolz, fürstbischöflicher Machthunger und habsburgische Prunksucht wirkten zusammen, als es darum ging, dem Primas von Ungarn die angemessene Amtskirche zu schaffen. Nach Plänen des Eisenstädter Baumeisters Johann Baptist Pakh sollte eine Barockanlage entstehen, mit der alles Bekannte übertroffen werden sollte. Allein der Platz vor der Kathedrale sollte um fast ein Drittel größer werden als der Petersplatz in Rom. Daß diese ehrgeizigen Pläne nur im Modell Wirklichkeit wurden, ist weniger die Folge der Intervention der Kurie als der Einsicht in reale Gegebenheiten zu verdanken. Immerhin entstand ab 1822 eine 118 Meter lange und 40 Meter breite Kathedrale mit einer über 100 Meter hohen Kuppel, die allein einen Durchmesser von 33,5 Meter hat. Welche Dimension das wirklich ist, merkt der Besucher erst so richtig, wenn er in luftiger Höhe außen um die Kuppel herumgeht und die Aussicht auf die Bischofsstadt, die Donau und die Weite des Umlandes genießt.

Zur Grundsteinlegung für den Prachtbau hatten die Habsburger immerhin ihren Kronprinzen Ferdinand geschickt, damit das Werk auch wirklich zu ihrem Ruhme gedeihe. Entsprechend war das Kaiserhaus auch 1848 sehr schnell dabei, für die Einstellung der Bauarbeiten zu sorgen, weil der damalige Primas von Ungarn Johann Ham nicht nur mit allen Mitteln die Stärkung der nationalkirchlichen Bemühungen der Ungarn förderte, sondern sich sogar noch offen auf die Seite der freiheitlichen Revolutionäre schlug. Erst als wieder klare Verhältnisse herrschten und Ungarn von Wien aus verwaltet wurde, durfte in Esztergom weitergebaut werden. 1856 schließlich konnte Franz Joseph I. die Donau hinunterfahren und im damaligen Gran der Einweihung der ungarischen Peterskirche den glanzvollen äußeren Rahmen geben.

Die Kirche mit der eindrucksvollen klassizistischen Fassade und dem einem griechischen Kreuz nachempfundenen Grundriß birgt zahlreiche wertvolle Ausstattungsstücke. Das alles andere zunächst zurückdrängende Altarbild ist mit seinen 13 x 6,5 Metern das wohl größte

177

auf Leinwand gemalte Altarbild der Welt. Der Italiener Grigoletti malte es nach dem Vorbild von Tizians Mariä Himmelfahrt. Auch verschiedene andere Altarbilder sind von ihm. Die Fresken des Chorgewölbes dagegen sind von dem Münchner L. Moralt. Die südliche Seitenkapelle birgt die herrliche Bakócz-Kapelle; die nördliche ist dem heiligen Stephan geweiht, ihr Altarbild stammt von István Ferenczy. Das Grabmal von Primas Karl Ambrosius schuf Guiseppe Pisani aus Mantua.

Welcher Geist in der Residenz des Primas von Ungarn Mitte des 19. Jahrhunderts herrschte, zeigt nichts besser als das Beispiel des Fürsterzbischofs János Simor. Er krönte nicht nur Franz Joseph I., sondern legte auch den Grundstein für das Christliche Museum, dem heute nicht nur Ungarn europäischen Rang beimessen. Seine Sammlung italienischer Kunst aus dem 13. bis 18. Jahrhundert ist heute eine ausgesprochene Rarität, sind doch darin die berühmten Meister des Trecento und Quattrocento 'vertreten. Das älteste Stück ist ein Altarbild aus der Werkstatt des Meisters des Magdalenenaltars (um 1270); die schönste spätgotische Schöpfung der mittelalterlichen Holzschnitzkunst in Ungarn ist das »Heilige Grab«.

DIE HAUPTSTADT DES GROSSEN UNGARN

Wurde in Esztergom Rom nachgeeifert, so versuchte man schon zu Maria Theresias Zeiten in Buda und später in der Doppelstadt Budapest, in allem Wien nachzueifern und, wo immer möglich, es zu übertreffen. So entstand unter Maria Theresia nach den Plänen von Jean-Nicolas Jadot, Franz Anton Hillebrandt und Ignác Oracsek bis 1770 jener große Palast auf dem Budaer Burgberg, in dem die Kaiserin so gerne weilte und in dem am 3.3.1800 Joseph Haydn zum ersten Mal seine »Schöpfung« dirigierte. Während der großen Bautätigkeit unter Franz Joseph I. wurde zwischen 1869 und 1903 der Palast noch einmal in Neobarock erweitert, ohne das jemand geahnt hätte, daß nicht einmal fünfzig Jahre später all das schon wieder in Schutt und Asche liegen würde, Mauer um Mauer zusammengeschossen von den russischen »Befreiern«. Heute sind in den wieder aufgebauten Mauern die Sammlungen der ungarischen Nationalgalerie untergebracht.

Der eigentliche ungarische Nationalismus jedoch konzentrierte sich schon nicht mehr auf die Burg, sondern mehr und mehr auf die auf Béla IV. zurückgehende Liebfrauenkirche. Man besann sich darauf, daß sie die Königskirche von Matthias Corvinus war und baute sie im 18. Jahrhundert barock wieder auf. Das 19. Jahrhundert erkannte ihre gotischen Elemente, und Frigyes Schulek durfte mit viel Aufwand das Symbol ungarischer Größe in romantischer Form regotisieren und damit in die heutige Form bringen. Im nationalen Überschwang wurde sogar der Versuch unternommen, aus der Krönungskirche gleichzeitig die Grabeskirche der ungarischen Könige zu machen. Allerdings blieb es bei dem Grab für Béla III. (1173 bis 1196), dessen Gebeine 1898 in die Matthiaskirche gebracht wurden und dessen Grabmal ebenfalls von F. Schulek stammt.

In Krypta und Galerie der Matthiaskirche ist zusammengetragen, was Kirche und Staat einst wichtig war: Kelche und Monstranzen ebenso wie eine Nachbildung der ungarischen Königskrone und des Reichsapfels.

Weil die romantisierende Neugotik so schön in das Konzept paßte, durfte Schulek nach der Fertigstellung der Matthiaskirche gleich weiterbauen. So entstand zwischen 1901 und 1903 die Bastei, die zwar nach den Fischern benannt ist, die aber weder mit Fischern noch mit Kämpfen zu tun hatte. Ihren Namen hat sie davon, daß unterhalb der Kanzeln einst Fischer wohnten und ein Fischmarkt abgehalten wurde. Die neugotischen Mäuerchen, Türmchen und Durchlässe als kitschiges Zuckerbäckerwerk abzutun, fiele nicht schwer, wäre aus dem romantischen Sammelsurium nicht inzwischen so eine Art zweites Wahrzeichen von Budapest geworden.

Auch die gewaltige, über 200 Meter lange Zitadelle auf dem Gellértberg hat keine blutrünstige Vergangenheit. Sie entstand erst 1850 im Auftrag der Habsburger, als diese gerade mühsam den Aufstand von 1848 niedergeschlagen hatten. Der Ring aus 6 Meter hohen und teilweise 3 Meter dicken Mauern diente als Kaserne und sollte den Ungarn lediglich zeigen, wer Herr in Budapest ist. Mit dem gleichen Anspruch schossen vor Kriegsende 1945 die Deutschen über die Donau auf die Häuser von Pest und 1956 die Russen auf die ungarischen Bürger. Zum Trost der Touristen darf deshalb heute eine die Friedenspalme schwingende Göttin aus 36 Meter Höhe von denen künden, die den »endgültigen« Frieden gebracht haben.

Vom »endgültigen« Glauben dagegen kündet die riesige Statue des heiligen Gellért (Gerhard) vom Hang über der Donau. Er war es gewesen, der nach dem Tod von König Stephan verhindern wollte, daß die nach königlichem Vorbild katholisch gewordenen Ungarn nach dem Tod des Königs wieder vom Glauben abfielen. Daß das Bestreben, dem König zu gefallen, stärker war als die Gefühle für den neuen Glauben, mußte der Heilige schmerzlich erfahren: Seine Landsleute steckten ihn in ein mit langen Nägeln gespicktes Faß und rollten ihn damit vom Gellértberg in die Donau hinunter.

Das dominierendste Gebäude auf der Pester Seite der Donau ist das Parlament. Emmerich Steindl baute den 268 Meter langen und 123 Meter breiten Koloß von 1880 bis 1902 in neugotischem Stil und als optisches Pendant zum Burgberg auf der anderen Donauseite. Da mit dem

Bau nicht nur das Parlamentsgebäude in Wien, sondern möglichst alle ähnlichen Bauten der Welt übertroffen werden sollten, war den Bauherren jeder Superlativ willkommen. So hat der Bau nicht weniger als 10 Höfe, 27 Tore und 29 Treppen. Die Außenwände sind mit 88 Statuen ungarischer Herrscher, Heerführer und nationaler Helden geschmückt. Und damit niemand auch nur den geringsten Zweifel bekommen kann, wo der ganze Komplex steht, wurde nicht irgendein großer Turm errichtet, sondern der große Repräsentationssaal gleichsam als Reverenz an Byzanz mit einer riesigen, 96 Meter hohen byzantinischen Kuppel überwölbt.

Das Parlamentsgebäude auf der Pester Seite der Donau wurde als optisches Pendant zum Burgberg von 1880 bis 1902 im neugotischen Stil von Emmerich Steindl erbaut. Die Außenwände des Gebäudes sind mit 88 Statuen ungarischer Herrscher, Heerführer und nationaler Helden geschmückt.

Die Dreifaltigkeitssäule vor der Matthiaskirche ziert den altehrwürdigen Marktplatz von Buda. Die mit barocken Figuren und Reliefs reich verzierte Säule wurde anläßlich der in den Jahren 1710 bis 1713 in Buda herrschenden Schwarzen Pest errichtet.

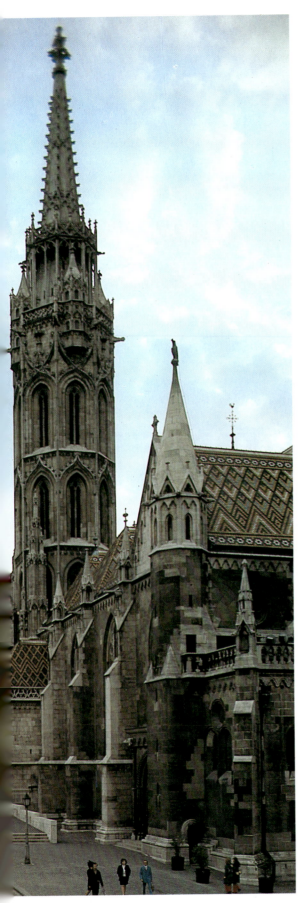

Weil die Liebfrauenkirche wie kein anderes Gebäude von Budapest mit Matthias Corvinus verbunden ist, wird sie allgemein nur Matthiaskirche genannt. Sie war die Krönungs- und Grabeskirche ungarischer Könige. Ihr gotisches Gepräge erhielt sie im 19. Jahrhundert zurück.

Die Fischerbastei auf dem Burgberg wurde nach der Fertigstellung der Matthiaskirche von F. Schulek zwischen 1901 und 1903 errichtet. Sie hat weder etwas mit Fischern noch mit Kämpfen zu tun. Ihren Namen erhielt sie nach einem unterhalb abgehaltenen Fischmarkt.

Entlang der großen Tiefebene

»Meine Heimat, wo ich einst geboren, sind des Tieflands meeresflache Weiten, frei wird meine Seele wie ein Adler, seh' ich dieser Welt Unendlichkeiten« – so besang Sándor Petöfi seine Heimat in der großen Tiefebene zwischen Donau und Theiß. Kaum sind die letzten Häuser von Budapest zurückgeblieben, verflachen sich auch noch die letzten Hügel. Die Ebene gewinnt Raum. Bäume, Sträucher, Strommasten oder Wassertürme werden geradezu zu Blickfängen, sind sie doch das einzige Hindernis in der Unendlichkeit der Ebene.

Die heute so fruchtbare Ebene war bis in nicht allzu ferne Vergangenheit eine Ebene aus Sand und Sumpf, Heimat der schnellen Reiter in mehr oder weniger großen Scharen. Von den Hunnen des 5. Jahrhunderts bis zu den Räuberhorden des letzten Jahrhunderts reicht hier die Spannweite, doch mit Sand und Sumpf sind auch sie verschwunden. Längst ist der Sand bewässert, sind die Sümpfe trockengelegt, und beides ist zu fruchtbarstem Ackerland gemacht worden. Kilometerweit dehnen sich die Felder, drei Kilometer Sonnenblumen wechseln mit fünf Kilometer Mais.

Hält man sich vor Augen, daß es in Ungarn die Regel war, daß etwa ein Drittel des Landes der Kirche, ein weiteres Drittel wenigen Adelsfamilien und das restliche Drittel Millionen von Kleinbauern gehörte, wen wundert es da noch, daß aus diesen gewiß nicht gesunden Verhältnissen bei der ersten Gelegenheit eine Bewirtschaftung auf genossenschaftlicher Basis eingeführt wurde. Mehrere hundert Familien bewirtschaften heute zusammen Tausende von Hektar und ermöglichen so erst die rationelle Nutzung dieser Weite.

Noch auf dem Südzipfel der Insel Csepel gibt es den ersten Hinweis auf die, die einst Sumpf und Sand den Kampf angesagt hatten. In Ráckeve – in dem Namen tauchen die Raizen = Serben auf – steht noch heute die griechisch-orthodoxe Kirche der einst nach Ungarn geflüchteten Serben ebenso wie das 1702 nach den Plänen von Johann Lucas von Hildebrandt für Prinz Eugen von Savoyen errichtete Barockschloß. Beide Gebäude sind geradezu handgreifliche Symbole für die Urbarmachung der großen Tiefebene: Was die Serben begonnen hatten, setzte Prinz Eugen fort, indem er die ersten Schwaben in die Ebene zwischen Donau und Theiß holte.

Während das Jagdschloß des Prinzen kaum etwas von seinem Reiz über die Jahrhunderte retten konnte, ist die griechisch-orthodoxe Kirche auch heute noch ein kleines Juwel. Das eigentlich gotische Kirchlein entstand gegen Ende des 15. Jahrhunderts, sein Turm bekam erst 1758 den barocken Aufbau. Die Kirche selbst und ihre Kapellen sind mit spätbyzantinischen Wandmalereien ausgemalt. Die barocke Ikonostase entstand 1768, das älteste aus Marmor gehauene Grabmal in der Vorhalle stammt aus dem Jahre 1525.

Etwas Abwechslung in die Eintönigkeit der unendlichen Weite kommt in Kalocsa ins Spiel. Auf mehr als 3 500 Hektar wächst hier, was man als Nationalprodukt Nummer Eins der Ungarn in aller Welt kennt: der Paprika. Kaum ein Haus in der ganzen Gegend gibt es hier im Herbst, an dessen Giebel nicht die langen Schnüre mit den tiefroten, würziges Feuer versprechenden Schoten hängen.

Kaum weniger berühmt als ihr Paprika ist die Volkskunst der Leute von Kalocsa. Zum einen sind es die kunstvoll geschnitzten Grabhölzer (die schönsten finden sich auf dem Friedhof der Gemeinde Ordas). Dem Kundigen verraten die nach genauen Regeln gestalteten Formen, Verzierungen und Motive das Geschlecht, das Alter und die Tätigkeit des Toten. Wird Farbe verwendet, hat auch sie stets tiefere Bedeutung. Rot etwa besagt, daß der im Grab Ruhende einen gewaltsamen Tod hat sterben müssen. Zum anderen sind es die mit allergrößter Kunstfertigkeit hergestellten Stickereien und Spitzen und die

In der zweiten Schlacht von Mohács besiegten am 12. August 1687 die Kaiserlichen unter Karl von Lothringen und Ludwig von Baden die Türken. Der meisterliche und farbenprächtige Wandteppich zu diesem Ereignis entstand von 1709 bis 1718 in Nancy in Frankreich.

mit bunten Motiven bemalten Truhen und Schränke der in ganz Ungarn bekannten Kunsthandwerker von Kalocsa.

Bei so viel noch heute praktizierter Kunstfertigkeit übersieht man nur allzu leicht, daß das einst unmittelbar an der Donau gelegene Städtchen schon im 11. Jahrhundert von Stephan I. eine Bistumskirche gestiftet bekam, an deren Stelle heute bereits der vierte Dom steht. Er entstand von 1735 bis 1754 nach Plänen von Andreas Mayerhoffer und enthält eine Krypta, in der 1910 eine ganze Reihe alter Bischofsgräber freigelegt werden konnte. Darunter ist ein Grabstein aus rotem Marmor aus dem Jahre 1203. In dem Ende des 18. Jahrhunderts entstandenen Bischofspalais gibt es im Prunksaal und in der Kapelle prächtige Fresken von Maulbertsch zu entdecken.

Noch einmal ein ganz anderes Bild der Tiefebene bietet das Wasserstädtchen Baja an einem Seitenarm der Donau, der Kamarás-Duna. Westlich von Baja verästelt sich die Donau zu einem wahren Irrgarten von Schlingen, Seitenarmen und blind endenden Kanälen. Hier erstreckt sich auf einer Breite von etwa 5 Kilometer und einer Länge von gut 25 Kilometer das größte ungarische Wildreservat, der Gemencer Wald. Das natürliche Überschwemmungsgebiet der Donau hat hier einen nahezu 20 000 Hektar großen Urwald entstehen lassen, dessen natürlicher Zustand bisher unangetastet blieb. Rehe, Hirsche und Wildschweine in Rudeln leben hier genauso ungestört wie seltene Wasservögel in ganzen Kolonien. Von Szekszárd im Nordwesten des Waldes kann dieses einzigartige Tierparadies mit einer alten Waldbahn besucht werden. Im Gemencer Jagdmuseum, bei Keselyüs, läßt die Geweih- und Waffensammlung die Herzen der Jäger und Fischer ebenso höher schlagen wie die alten Fischerhütten am Rezéter Donauarm mit ihren uralten Geräten und Booten aus durch Wasser steinhart gewordenem Eichenholz.

Letzte Station an der ungarischen Donau ist Mohács, wo der gerade zwanzigjährige König Ludwig II. am 29.8.1526 Sultan Soliman und seinen 100 000 Türken mit 20 000 mühsam zusammengetrommelten und schlecht ausgerüsteten Ungarn den Weg nach Budapest verlegen wollte. Der heldenmütige Versuch endete im Fiasko, die Ungarn wurden völlig aufgerieben, vom König fand man nicht einmal mehr den Leichnam, und für die Türken war der Weg nach Buda und zur 150jährigen Herrschaft über Ungarn frei. Das ehemalige Schlachtfeld, eine von sanften Hügeln eingesäumte Ebene, wurde zum 450. Jahrestag der Schlacht um eine Gedenkstätte bereichert. Daß die Pflüge ab und zu noch Menschenknochen ans Tageslicht befördern, stört in dem verstaubten Dorf schon lange niemanden mehr.

Interessant wird es hier nur einmal im Jahr, am Faschingssonntag. Dann ziehen Gestalten mit phantastischen Masken durch die Straßen, und die Schokazenfrauen und -mädchen holen ihre alten Trachten mit den vielen Röcken aus den Schränken, um das Busó-Fest würdig zu begehen. Am Abend wird dann auf einem gewaltigen Scheiterhaufen eine Puppe verbrannt – die symbolische Verbannung sowohl des gerade überstandenen Winters wie der Ängste vor der Türkengefahr.

Das Barockschloß in Ráckeve wurde 1702 nach den Plänen von Johann Lukas von Hildebrandt für Prinz Eugen von Savoyen, dem Sieger über die Türken und Retter des Abendlandes, errichtet. Es war seinerzeit das erste unbefestigte Schloß in Ungarn.

Die einst große ungarische Pußta ist heute zu kleinen und kleinsten Resten zusammengeschmolzen. Wo jahrhundertelang auf der ausgedörrten Grassteppe Rinder- und Schafherden weideten, ist heute die Wasserzufuhr reguliert, wird Landwirtschaft im großen Stil betrieben.

Kalocsa wurde bereits im 11. Jahrhundert von Stephan I. gegründet und zum Bischofssitz gemacht. Das barocke erzbischöfliche Palais wurde 1770 bis 1776 gebaut. Der Prunksaal und die Kapelle sind mit Maulbertsch-Fresken von 1785 geschmückt.

Herz-Jesu-Tag in Kalocsa. Das ganze Dorf ist auf den Beinen. Jung und alt lassen es sich nicht nehmen, an diesem katholischen Feiertag in Festtagskleidung zu prozessieren. Wen kümmert es schon, daß es dabei zu Ehren des Herrn barfuß recht unsanft über die Felder geht?

Lebensfreude und Sinn für Schönheit und Farben dokumentieren die Ungarn nicht nur in ihren berühmten Trachten, sondern auch in der Gestaltung ihrer Umwelt. Dieses Haus in Ketchkem muß Betrachter und Bewohner fröhlich stimmen. Verspürt man nicht Lust einzutreten?

Welchen Großstadtmenschen könnte diese Idylle bei Keeskemet unbeeindruckt lassen? Die muntere Gänseschar weiß nichts von dem historischen Boden, auf dem sie schnattert. Die Sonne ist wichtig und das saftige Grün, nicht der weithin sichtbare alte Kirchturm.

DIE JUGOSLAWISCHE DONAU

Von der Batschka
bis zum Eisernen Tor

In der Weite der jugoslawischen Batschka fließt die Donau nicht einfach nur zwischen Äckern, Wiesen und Weiden. Meist ist sie von mehr oder weniger leicht zugänglichen Auwäldern eingerahmt, die auch heute noch die Heimat unterschiedlichster Wildarten sind.

**Wo Balkan und Karpaten zusammentreffen, hatte
die Schiffahrt einst die schwierigste Strecke
des gesamten Stromes zu bewältigen. Heute sorgt
der Staudamm beim Eisernen Tor dafür, daß
selbst große Schiffe die früher so gefürchtete Enge
gefahrlos befahren können.**

189

Mit über 150 Kilometer Länge ist das Eiserne Tor einerseits das gewaltigste Durchbruchtal des Stromes, andererseits bildet es die Grenze zwischen Jugoslawien und Rumänien. Trotz Staumauer und einiger neuer Straßenabschnitte ist die großartige Landschaft noch weitgehend unberührt.

Aus der Batschka in die Berge

Wären nicht Stacheldrahtverhaue, Laufgräben und Wachtürme, die Landschaft selbst würde keine Grenze verraten. Aus der ungarischen Weite wird die jugoslawische Weite, aus der träge dahinfließenden Duna wird die genauso träge fließende Dunav, deren Temperament sich längst der Endlosigkeit der Batschka angepaßt hat.

Kaum 100 Kilometer weiter jedoch bekommt die Landschaft einen Rahmen. Hinter Vukovar tauchen am rechten Stromufer Hügel auf. Zunächst sind sie so flach, daß das Auge sie kaum wahrnimmt, doch reicht das bereits, den Eindruck der Unendlichkeit zu brechen. Dann wachsen die Hügel, bilden gegen die Donau hin dann und wann ein regelrechtes Steilufer und erreichen schließlich stolze Höhen von beinahe 600 Meter. Auf rund 120 Kilometer Länge begleiten sie die Donau am rechten Ufer, ohne auch nur ein einziges Mal den Versuch zu wagen, auch nur den kleinsten Ausläufer auf das andere Ufer hinüberzuschicken. Bis hinunter zur Mündung der Theiß bildet so die Donau die natürliche Südgrenze der Batschka.

Nach nur kurzer Unterbrechung wiederholt sich an der Mündung der Sava das gleiche Bild: am rechten Ufer die Höhen der Šumadija, am linken Ufer die Grenzenlosigkeit der großen pannonischen Tiefebene. Das ändert sich erst nach der Mündung der Morava. Nun tauchen auch am linken Ufer erste Hügel auf, aus denen auf beiden Seiten recht schnell handfeste Berge werden: Die Ausläufer von Balkan und Karpaten melden ihre Rechte an und beginnen, dem Strom den Weg zu versperren. Auf über 150 Kilometer Länge bilden sie die Kulisse für das längste und großartigste Durchbruchtal des gesamten Donaulaufes, dessen Schönheit auch nicht dadurch gemindert wird, daß heute keine Stromschnellen und tückischen Wirbel mehr das Bett beherrschen, sondern die weiten Wasserflächen des am Eisernen Tor gestauten Stromes.

DIE BATSCHKA

Die Weite der großen Tiefebene wird vom oberflächlichen Betrachter nicht selten als eintöniges Flachland mißverstanden. In Wirklichkeit ist die große Ebene zwischen Donau und Theiß eher ein aus vielfältigsten Einzelkomponenten zusammengesetztes Mosaik, das zwar vornehmlich mit Pastelltönen und nie laut wirkt, für den Geduldigen dafür aber umso nachhaltigere Eindrücke bereithält. Ob es im Frühjahr die Blüten von Millionen von Obstbäumen oder die grenzenlosen Rapsfelder sind, ob es im Sommer die Farbenpracht der Sonnenblumenfelder oder das Gold der Weizenmeere ist, ob es im Herbst der Duft von Rebensaft oder Holzkohlenrauch ist, stets macht die Grenzenlosigkeit ein besonderes und unvergeßliches Erlebnis daraus.

Selten nur fließt die Donau zwischen Äckern, Wiesen und Weiden. Meist ist sie eingerahmt von mehr oder weniger großen Auwäldern, die auch heute noch die Heimat für unterschiedlichste Wildarten bieten. Nieder- und Federwild und natürlich vor allem alle möglichen Sumpfvögel sind hier noch besonders stark vertreten.

Berühmt ist das Sumpf- und Auwaldgebiet Kopačevska bara im Dreieck zwischen Donau, Drava und Osijek als Zufluchtsort für Sumpfvögel aller Art. Die größte Fasanenkolonie befindet sich in Ristovača, in der Nähe von Bačka Palanka. Die Fischer finden ihr Paradies auf Erden westlich von Apatin, an den zahlreichen Seitenarmen der Donau. Zander, Hecht und Wels haben hier noch einen kaum beeinträchtigten natürlichen Lebensraum.

Westliches Zentrum der einst von den Schwaben zur Kornkammer gemachten Batschka ist Sombor am Veliki-Kanal. Der jetzt nur noch »große Kanal« genannte Wasserweg zur Verbindung der Donau mit der Theiß ist ein Relikt aus der Zeit der Monarchie und hieß einst Franzenskanal. Auch im Zentrum des heute zur Industriestadt gewachsenen Sombor erinnert vieles noch an vergangene Zeiten. Ob es die Präfektur aus dem Jahre 1884 mit ihren 365 Räumen oder das klassizistische Rathaus ist - stets ist Alt-Österreich präsent.

Als die Batschka noch ganz zu Ungarn gehörte, waren Sombor wie das benachbarte Apatin nahezu ausschließlich von Deutschen bewohnt. Erst 1945 kassierte Jugoslawien nicht nur den südlichen Teil der Batschka, sondern auch den Besitz der Donauschwaben. Wer nicht schon freiwillig mit den abziehenden deutschen Truppen das Feld geräumt hatte, wurde ebenso vertrieben wie die restlichen Ungarn. Vor allem deutsche Familien sind deshalb kaum noch zu finden. Neben wenigen Ungarn sind es jetzt vor allem orthodoxe oder manchmal auch katholische Serben und Slowaken, die das Donauufer in der Batschka bevölkern.

DIE WELTABGESCHIEDENHEIT DER FRUŠKA GORA

»Der ganze von der Donau bespülte Landstrich von Ilok bis Peterwardein ist ein hohes und rauhes Gebirge.

**Die Abgeschiedenheit der Fruška Gora
mit ihren dicht bewaldeten Bergkuppen ist noch
verschont von modernen Kultivierungsversuchen.
Nur wenige Straßen erschließen das äußerst
dünn besiedelte Gebiet. Die Wälder sind noch
weitgehend im Naturzustand.**

Das Kloster Krušedol war lange Zeit das Zentrum des religiösen Lebens der Serben und zeitweise Residenz serbischer Patriarchen. Das Innere der Kirche enthält sehenswerte Fresken aus der Mitte des 16. Jahrhunderts und Ölmalereien aus dem Jahre 1756.

Oft kommt man in ein Tal, das ringsum mit hoch aufge-türmten, steilen Bergen umgeben ist, so daß der Reisende auf allen Seiten eingeschlossen zu sein glaubt, bis sich un-vermutet ein Berg öffnet, der einen schmalen Ausgang gewährt. Bisweilen läuft die enge Poststraße auf dem Abhang eines steilen Berges hart am Ufer der Donau hin, die man in der Tiefe von einigen Hundert Klaftern dicht neben sich erblickt.«

Auch wenn die Beschreibung der Fruška Gora von Georg Karl Borromäus Rumy (von 1826) eher höhere Ber-ge vermuten ließe, so weist sie doch deutlich auf die be-sondere Form der Nordkante dieses Höhenzuges hin. Nicht selten nämlich reichen die Berge bis unmittelbar an die Donau heran und brechen mit dunklen, urwaldartig überwucherten Nordhängen zum Fluß ab.

Wer zwischen Ilok und Beočin über die schmale Land-straße in Richtung Petrovaradin fährt, könnte sich auf die Hochfläche der Schwäbischen Alb versetzt fühlen. Sanfte Hügel mit nach den alten Regeln der Dreifelderwirtschaft bearbeiteten Kleinparzellen steigen gegen Süden beinahe tafelartig an und enden als dunkle Waldkuppen. Nach Norden dagegen ist es von der Straße aus nicht selten nur eine einzige Ackerlänge bis zum Horizont. Geht man die etwa 100 Meter hinüber, steht man bereits auf der Nord-kante der Fruška Gora, hat an die vielleicht 150 bis 200 Höhenmeter unter sich die Donau und dahinter die Unendlichkeit der Batschka.

Natürlich durfte eine strategisch so günstige Lage nicht ungenutzt bleiben. Burg und Kloster Ilok sind dafür das beste Beispiel:

Hoch über der Donau entstand bereits im 14. Jahrhun-dert eine erste Festung, die als typische Donauburg bei-nahe alle hundert Jahre Herren aus anderen Völkern be-kam. Zuerst waren es die ungarischen Herzöge aus Ujlak, deren Macht immerhin ausreichte, einen König von Bosnien zu stellen und sich gegen die ungarischen Köni-ge aufzulehnen.

Noch aus der Zeit der ungarischen Herren stammt die Franziskanerkirche, denn schon damals gehörte zur Burg ein Kloster. In der Kirche, die als einziger Bestandteil der gesamten Anlage noch einigermaßen intakt ist, findet sich das Grabmal des Herzogs Lorenz von Bosnien und Syr-mien aus dem Jahre 1525, nur ein Jahr bevor die Türken auch diese Festung erobern konnten.

Dabei war gerade sie nur siebzig Jahre vorher die Wahlheimat des eifrigsten Wanderpredigers gegen die Türkengefahr. Der streitbare Franziskanerpater Johannes Capistran hatte schon beinahe hundert Jahre vor dem Fall der Burg unermüdlich vor der Türkengefahr gewarnt und es sogar geschafft, 1456 ein Kreuzfahrerheer zur Be-kämpfung der Türken zu mobilisieren. Diesem Heer ge-lang es immerhin, das von Sultan Murad belagerte Bel-grad wieder zu befreien. Der streitbare Wanderprediger und Vorgänger von Abraham a Santa Clara starb kurz darauf in Ilok.

Von 1526 bis 1691 regierten die Türken hier. Nach ihrer Vertreibung erhielt ein Neffe des Papstes, Fürst Odescalchi, von Leopold I. das Schloß und die Herr-schaft als Belohnung für treue Dienste am Wiener Hof.

Doch zu einer richtigen Blüte sollte es nie mehr kom-men. Heute ist das Schloß verfallen, die weiten Anlagen sind mangelhaft gepflegt, und sogar die Scheinwerfer zur Beleuchtung der Mauerzinnen über der Donau sind längst wieder blind geworden. Wohl weil Ilok zu sehr von ungarischer Vergangenheit und Größe zeugen könnte – schließlich entstand die Burg zu einer Zeit, als Belgrad noch Ungarisch-Weißenburg hieß –, rührt sich hier keine Hand für einen Erhalt, geschweige denn für eine Restau-rierung.

Die Fruška Gora hat aber mehr zu bieten als Zinnen-reste alter Schlösser. In einem alten Buch über die öster-reichisch-ungarische Monarchie heißt es: »In den Tälern des Fruška Gora Gebirges sind an die dreizehn grie-chisch-orientalische, serbische Klöster eingenistet, in de-nen fromme Mönche des Sankt-Basilius-Ordens ein be-schauliches Leben führen, für das Seelenheil der from-men Stifter und opferfreudigen Spender beten, ihren ein-stigen Leibeigenen und Häuslern Pfarrdienste verrichten, den müden Wanderer mit Speise und Trank laben, den zur Verehrung der Heiligtümer heranströmenden Pilgern eine gastfreundliche Aufnahme bereiten; das sind ihre heiligen und erhabenen Zwecke, und um diesen entspre-chen zu können, verfügen die Klöster über namhafte Lie-genschaften, Donationen von einstigen serbischen Herr-schern und Heerführern.«

Wer heute nach den vom Chronisten aus dem vorigen Jahrhundert gepriesenen Klöstern sucht, erlebt positive wie negative Überraschungen. Zum einen sind von den im 15. und 16. Jahrhundert von serbischen Mönchen errichteten rund zwanzig Klöstern kaum eine Handvoll übriggeblieben, und diese liegen so versteckt, daß man schon beinahe pfadfinderische Fähigkeiten entwickeln muß, um überhaupt zu ihnen zu finden. Das wundert nicht weiter, wenn man dann erlebt, daß keines der erhal-tenen Klöster mehr aus eigener Kraft lebt. Nach dem letz-ten Krieg wurden die Mönche verjagt, in ihren Häusern Erinnerungen an eine Zeit gesehen, die man möglichst schnell überwinden wollte. Lediglich ein Rest kunsthisto-rischen Gewissens verhinderte die völlige Schleifung der alten Fluchtburgen serbischer Frömmigkeit.

Mit zunehmender Normalisierung wuchs die Einsicht, daß die Kostbarkeiten serbischer Freskenmalerei nicht deshalb verloren gehen dürften, nur weil sie nicht so recht in das gegenwärtige Weltbild passen wollten. So entstand

Das Kloster Hopovo entstand im Jahre 1576 im Marava-Stil. Serbische Bürger waren die gläubigen Stifter. Sehenswert ist die außen zwölfeckige, innen aber runde Kuppel. In dem versteckten Hopovo in der Fruška Gora fanden die orthodoxen Serben Zuflucht vor den Türken.

Auch das Innere des Klosters zwingt den Betrachter zu Einkehr und Besinnlichkeit. Farbenfroh und mit viel Sinn auch für die kleinsten Einzelheiten haben die Maler und Künstler der damaligen Zeit ihre Heiligen und Herrschenden für die Gläubigen dargestellt.

197

In den klösterlichen Gärten der Fruška Gora scheint die Zeit stehengeblieben zu sein. Alte Menschen halten in den ehemaligen Ordensbereichen, die heute Museen sind, freiwillig Wache. Dafür dürfen sie hier säen und ernten, was sie für ihren Lebensunterhalt brauchen.

das kleinere Übel: Die Klöster wurden zu Museen, gehütet von einem fromm gebliebenen Alten oder von einigen Nonnen, offiziell zwar toleriert, aber nicht so recht zum Vorzeigen gedacht. Wer den Weg dennoch findet, braucht die Mühe nicht zu bereuen.

Dem Kloster Krušedol sieht man es von weitem nicht an, daß es lange Zeit das Zentrum des religiösen Lebens der Serben und zeitweise sogar Residenz serbischer Patriarchen war. Von außen schäbig und verkommen, verrät nur ein barock angehauchtes Glockentürmchen, daß mehr hinter den abweisenden Mauern der Gründung des serbischen Despoten Dorde Brankovič aus dem Jahre 1509 stecken könnte.

Umso größer ist dann die Überraschung, wenn sich die Kirchentür öffnet. Bis auf den letzten Fleck ist der gesamte Innenraum mit einer verwirrenden Fülle unterschiedlichster Motive ausgemalt. Erst beim zweiten Blick heben sich dann verschiedene Schichten voneinander ab, wird sichtbar, daß sich der Bogen der Entstehungszeit über Jahrhunderte spannt. An den Säulen, in der Kuppel und an der westlichen Außenwand sind die frühen Fresken aus der Mitte des 16. Jahrhunderts freigelegt und restauriert worden. Die restlichen Flächen zeigen die Ölmalereien von 1756, mit denen die Kirche nach den Beschädigungen durch die Türken wieder renoviert worden war.

Das Kloster Hopovo entstand 1576 als Stiftung serbischer Bürger im Morava-Stil. Seine Kirche besticht durch die außen zwölfeckige, innen aber runde Kuppel, die mit leichten Säulen auf einem quadratischen Tambour ruht. Die aus Bruchsteinen errichteten Kirchenmauern sind außen mit Blendbögen geschmückt. Im Innern wurden wunderschöne Naos-Fresken aus dem Jahre 1608 freigelegt. Vor allem im Kindermord von Bethlehem verraten sie den Einfluß der kretischen Malschule.

Auch das dritte der heute noch interessanten Fruška Gora-Klöster ist eine Stiftung des letzten Despoten aus dem Stamme der Brancovičs. Die heutige Kirche des Klosters Jazak entstand 1736 nach den Vorbildern der Raška-Schule. Ihr barocker Glockenturm stammt aus dem Jahre 1753, und die Malerei im Inneren schuf 1763 der Serbe Dimitrije Bačević.

DER KAMPF
MIT BALKAN UND KARPATEN

»Der stolze Strom, der bei normaler Bettfülle die mächtigsten Flußschiffe auf seinen Wellen schaukeln sieht, wird bei fallendem Wasser, eben in Folge dieser Felsenhemmnisse, zum ohnmächtigen kleinen Fluß, dem sich beinahe das unbedeutendste Schiffchen nicht mit Sicherheit anvertrauen kann. Und wenn, hervorgerufen durch trockene Witterungsverhältnisse, der Wasserstand einen solchen Tiefpunkt erreicht hat, daß jeder Schiffsverkehr zur Unmöglichkeit wird und Tausende von Reisenden bemüßigt sind, die Kataraktenstrecke mit Landfuhrwerken zu durcheilen, da treten sie hervor, diese Felsenhemmnisse, über den tobenden und brausenden Wasserspiegel, hier in einzelnen Stücken, dort in Gruppen gereiht und dann wieder in einer förmlichen Linie das Strombett durchschneidend und so dem Beschauer einen wildromantischen Anblick gewährend, lassen sie ihn auch gleichzeitig die Gefahren erahnen, welche selbst bei günstigem Wasserstande dem darüber hineilenden Schiffe und seiner Bemannung drohen...«

Die Beschreibung aus dem Jahre 1874 über die Zustände auf der Donau an der Nahtstelle zwischen Balkan und Karpaten hätte noch vor gut zehn Jahren ihre Richtigkeit gehabt. Dann allerdings war es endgültig vorbei mit den Schwierigkeiten, mit denen die Donauschiffer seit Menschengedenken gekämpft hatten. 1972 bei der Einweihung des von Jugoslawien und Rumänien gemeinsam errichteten Stau-, Kraft- und Schleusenwerkes zeigte es sich: Moderner Technik war es gelungen, die Urgewalt des Stromes zu bändigen, ihre Kraft in elektrischen Strom zu wandeln und als »Abfallprodukt« der Schiffahrt freie und sichere Fahrt zu garantieren. Mit dem 35 Meter hohen Sperriegel am Eisernen Tor, am Ostrand der Djerdap-Schlucht, verschwand zwar sicher manches Interessante unter den Fluten, dafür entstand ein über 150 Kilometer langer Stausee, der unmittelbar als Bilderbuchfjord aus Norwegen importiert sein könnte.

Wer heute mit dem Tragflügelboot über den Stausee gleitet, ahnt kaum noch etwas von den Anstrengungen, die in früheren Jahrhunderten zur Erschließung der Schlucht unternommen wurden. Schon die Römer hatten versucht, die schlimmsten Stellen durch einen Umgehungskanal zu sichern, und Kaiser Trajan ging mit der von ihm vollendeten ersten Straße durch den Donauengpaß in die Geschichte ein. Bevor der Wasserpegel stieg, konnte man noch die viereckigen Löcher sehen, die er in die senkrechte Felswand hatte schlagen lassen. In den Löchern staken einst mit Brettern belegte Holzbalken, die einen zwar schmalen, aber dennoch brauchbaren Nachschubpfad für den Feldzug gegen die Daker ergaben. Geblieben ist von der Pionierleistung die inzwischen 40 Meter nach oben gewanderte Tabula Traiana, die vom Ruhm des Kaisers kündet:

»Der Sohn des göttlichen Nerva und regierende Kaiser, Nerva Trajanus Augustus Germanicus, Pontifex Maximus, zum vierten Male Tribun, Vater des Vaterlandes und Konsul, hat Gebirge und Strom überwunden und diese Straße erbaut.«

Erst in unserer Zeit entstand dann die erste richtige Straße durch die Enge. Entlang des heute rumänischen und damals noch ungarischen Ufers wurde im 19. Jahrhundert auf Betreiben des fortschrittlichen Grafen Széchenyi die erste Straße durch die Felsenge gebrochen. Weil er die untere Donau als wichtige Lebensader für sein Land und als einzige Verbindung zum Meer sah, ließ er außerdem 1834 die größten Hindernisse in den Stromschnellen sprengen und aus dem Fluß räumen.

Die erste wirkliche Entschärfung des Eisernen Tores gelang jedoch erst 1896 mit der Eröffnung eines über zwei Kilometer langen und 80 Meter breiten, aus den Felsen gesprengten Kanales. Gut 10 000 Arbeiter hatten acht Jahre lang daran gearbeitet, bevor ihn die Könige von Rumänien und Serbien zusammen mit Kaiser Franz Joseph einweihen konnten. Sein Gefälle und damit die Strömung war jedoch so stark, daß bergauffahrende Schiffe nur mit Hilfe von Treidel-Lokomotiven vorankamen. Dieses mühselige Verfahren wurde erst durch den neuen Staudamm mit seinen Schleusen überflüssig.

Was auf dem Wasser jetzt völlig problemlos ist, hat auf beiden Landseiten noch seine Schwierigkeiten. An keinem der beiden Ufer gibt es bis jetzt eine durchgehende Uferstraße. Auf rumänischer Seite ist sie zwar im Bau, aber noch nicht befahrbar, auf jugoslawischer Seite fehlt ein etwa 30 Kilometer langes Stück, das auf winkliger Straße durch die Berge umfahren werden muß. Das aber bringt den Vorteil, daß man auf eine Höhe von beinahe 800 Meter gelangt, wunderschöne Aussichtspunkte erreicht, Eindrücke von einem Haupttätigkeitsfeld aus Titos Partisanenzeit erlebt und die Einbettung der Donau in die herrliche Landschaft großräumig überschauen kann.

Am eindrucksvollsten ist zweifellos die Fahrt von West nach Ost, weil sich dann die Schönheiten kontinuierlich steigern. Den Auftakt bilden der Babakajifelsen und die Ruinen der Festung Golubac. Auf dem Felsen im Fluß wurde der Sage nach die Geliebte eines türkischen Paschas von ihrem »Herrn« rücksichtslos ausgesetzt, weil sie es gewagt hatte, ein Techtelmechtel mit einem Ungarn anzufangen.

Zu Hause war die Schöne in den wehrhaften Mauern der Burg am Taubenberg (Golub = Taube). Auch wenn im einstigen Burghof heute das Wasser des Stausees schwabbt, so lassen die zinnengekrönten schweren Mauern doch noch viel von mittelalterlicher Burgherrlichkeit ahnen.

Wer sich gar die Mühe macht, durch das Gestrüpp zu den obersten Turmresten hinaufzuklettern, bekommt eine Vorstellung davon, wie es für die Verteidiger ausgesehen haben mag, wenn wieder einmal Angreifer vom Fluß her anrückten.

Nach den Türkenmauern wird es erstmals so richtig eng. Die Berge werden schnell höher und rücken näher zusammen. Daran ändert auch das Ljubcovabecken nichts, denn an seinem Ende steht dafür umso gewaltiger der rote Klotz des Greben. Hier gab es einst nur eine einzige Fahrrinne, und stromauf kamen die Schiffe meist nur mit entsprechend schwerem Vorspann gegen die Strömung an. Heute allerdings ist diese Obere Klissura nur noch durch den nicht ganz so breiten Stausee angedeutet.

Nach dem weiten Becken von Milanovac beginnt dann der eigentliche Donaudurchbruch mit seinen riesigen, meist noch völlig unberührten Berghängen. Wer sich auch nur wenige Meter seitlich von der Straße in die Berghänge hineinwagt, findet häufig auf Anhieb die seltensten Pflanzen und Blumen, von der wilden Tulpe bis zur Felsenschwertlilie, wird vielleicht sogar von einer Landschildkröte überrascht oder von einer der zahlreichen Vipern erschreckt.

Im Cazanele Mari lockt die Veterani-Höhle, in der 1692 fünfhundert österreichische Soldaten unter Hauptmann D'Arnau das linke Donauufer fünfundvierzig Tage lang gegen eine Übermacht von mehreren Tausend Türken verteidigten. Im Cazanele Mici findet sich eine rund zweitausend Jahre alte römische Sonnenuhr, und vom neuentstandenen Orşova bietet sich eine besonders schöne Aussicht über den hier dreieckigen Stausee.

Im Museum von Drobeta-Turnu Severin schließlich ist zusammengetragen, was an interessanten Funden aus der Stein- und Bronzezeit, von den Römern und aus dem Mittelalter auf den rund 150 Kilometern der Djerdap-Schlucht vor der Überschwemmung durch den Stausee gerettet wurde.

Kaiser Trajan ging mit der von ihm vollendeten ersten Straße durch das Eiserne Tor in die Geschichte ein. Von der Militärstraße, die den Nachschub für den Feldzug gegen die Daker sicherzustellen hatte, ist die Tabula Traiana der einzige Überrest.

Menschenbilder aus der Nacheiszeit

Als im Eisernen Tor der Bau des Staudammes für das Kraftwerk begann und das Steigen des Donaupegels in der Djerdap-Schlucht um gut 30 Meter abzusehen war, besannen sich die Archäologen auf eine kleine Siedlung aus der Jungsteinzeit, die sie vor der Überflutung noch vollends auswerten wollten. Niemand ahnte damals, daß ausgerechnet auf der absolut unzugänglichen Donauterrasse Lepenski Vir der Mittelpunkt einer der großartigsten und glänzendsten Kulturen der Vorgeschichte seine Geheimnisse versteckt hielt. Unter den Resten der jungsteinzeitlichen Siedlung von Ackerbauern fanden sich sieben große nacheinander von Fischern, Jägern und Sammlern angelegte Niederlassungen mit Resten kunstvoll angelegter Bauten, mit Gräbern, Werkzeugen, Schmuckgegenständen und Steinskulpturen.

Die Funde entpuppten sich schnell als echte Sensation, konnte doch nachgewiesen werden, daß es sich um die Zeugnisse einer rund achttausend Jahre alten Kultur und um die frühesten Werke europäischer Bildhauerkunst überhaupt handelte. Nach dem heutigen Kenntnisstand schufen die Siedler auf der Terrasse von Lepenski Vir als erste in Europa eine Architektur ganz eigenartigen Stils, modellierten als erste bis heute nicht eindeutig gedeutete Monumentalskulpturen und lebten in komplexen wirtschaftlichen und sozialen Verhältnissen.

Bald schon vermuteten die Forscher, daß auf der Terrasse das Zentrum einer ganzen Kultur bestanden haben müsse. In kürzester Zeit wurden denn auch zehn weitere ähnliche Ansiedlungen im Bereich der Djerdap-Schlucht freigelegt und damit nachgewiesen, daß die Terrasse tatsächlich das Zentrum einer rund zweitausend Jahre lang blühenden Kultur gewesen war, die heute zu recht den Namen ihres Fundortes trägt.

VON DER HÖHLE ZUR HÜTTE

Das Unverständlichste an der Siedlung auf der Terrasse Lepenski Vir ist zunächst ihre Lage. Sie scheint so denkbar unlogisch zu sein, daß man beinahe am Verstand ihrer Bewohner zweifeln möchte. Dabei war es gerade dieser Verstand, der sie vor weit über achttausend Jahren erstmals gerade diesen Platz aussuchen ließ. Das ist allerdings nur verständlich, wenn man die »Zeitumstände« mit berücksichtigt. In der Nacheiszeit, dem Holozän, also in der Zeit zwischen 8 500 und 5 500 v. Chr., gab es enorme Klimaschwankungen und in deren Folge tiefgreifende Veränderungen des Landschaftsbildes. Gerade sie zwangen die kleinen menschlichen Gemeinschaften in ganz Europa, sich immer wieder neuen Lebensbedingungen anzupassen.

Vor allem in den weiten Ebenen des südlichen Donauraumes änderten sich diese Lebensbedingungen besonders stark. Die Flüsse änderten noch häufig ihren Lauf, und der aus diesem Grund sehr stark schwankende Grundwasserstand sorgte für öde Strecken ohne jeden Pflanzenbewuchs. Natürlich paßte sich das jagbare Wild dieser Situation an und verließ die unwirtlichen Regionen. Das allein ist der Grund, weshalb in den Ebenen des gesamten südlichen Donauraumes bisher kein einziger Fund auf die Anwesenheit von Menschen in dieser Zeit gedeutet hat.

Ganz andere Verhältnisse herrschten in dieser Zeit in den Schluchten des Djerdap. Die Südhänge der Karpaten bildeten mit ihren geschützten Sonnentälern und der ausgleichenden Wirkung des Donauwassers beständige mikro-ökologische Nischen, die den Klimaschwankungen kaum oder wenigstens nur in gemilderter Form unterworfen waren. Diese geschützte Lage sorgte dafür, daß im Djerdap die Natur sich nahezu ungestört behaupten und der Mensch deshalb hier seinen besten Zufluchtsort finden konnte: der Donaudurchbruch als Arche Noah der Eiszeit.

In einer Höhle neben der bekannteren großen Veterani-Höhle, in der Höhle Climente I, fanden sich denn auch Hinweise, daß die Djerdap-Schlucht bereits um 20 000 v. Chr. Höhlenbewohnern Schutz bot und daß die Menschen bis etwa um das Jahr 8 000 v. Chr. dort hausten. Dann allerdings war die Zeit reif für den Auszug aus der Höhle und den Bau erster eigener Häuser und damit für das Phänomen Lepenski Vir.

Bei der Ausführung ihrer Bauten konnten die Menschen nur ihre Erfahrungen aus dem Leben in Höhlenräumen nutzen, in Gewölben also mit halbkreis- oder dreiecksförmiger Basis und Lichteinfall vom weiten Eingang her. Diese Elementarerfahrung ist in sämtlichen Siedlungen der Lepenski Vir-Kultur in doppeltem Sinne umgesetzt. Zum einen zeigt jedes einzelne »Haus« den aus dem Kreissegment oder dem Dreieck abgeleiteten Grundriß. Das unmitelbar über dem Fundament anschließende Dach ergab eine zeltartige Konstruktion: die Fortführung des Höhlenerlebnisses. Zum anderen zeigt die Gesamtanlage der besiedelten Terrassen ebenfalls das nachwirkende Höhlenerlebnis. Die »Verkehrswege« sind radial angeordnet, und die Siedlungsfläche ist nur zum

Strom hin geöffnet. Die seitlichen Flanken haben natürliche Begrenzungen, und den Hintergrund bilden Berghänge.

Wurden bei den ältesten Bauten noch trichterförmige Vertiefungen mit dreieckigem oder trapezförmigem Grundriß ausgenutzt, entstanden als nächstes bereits Bauten mit ebenem Boden und hochgezogenen Wänden aus Steinen. Beibehalten aber wurde die Grundrißform des gekappten Kreisausschnittes mit Winkeln um die 60 Grad. Der relativ breite Grundriß erlaubte es nun, die Feuerstelle auf der Mittelachse des Grundrisses in Form eines rechteckigen Steintroges zu errichten.

Der nächste Fortschritt zielt bereits auf das, was die Lepenski Vir-Kultur vor allen anderen so auszeichnet: den Bau von Hausheiligtümern. Jetzt wurden um die Herdanlage Steintische und dahinter Bildwerke aus großen bearbeiteten Geröllsteinen aufgestellt. Alle Elemente der »Inneneinrichtung«, wie der Herd, die Tischplatten und die Bildwerke, waren nun in festen Boden aus zerstoßenem roten Kalkstein eingebaut und hatten stets die gleiche geometrische Beziehung zueinander und innerhalb des gekappten Kreisausschnittes beziehungsweise zu dem ursprünglich zugrundeliegenden gleichseitigen Dreieck. Genau im Schnittpunkt der Symmetrieachsen des gleichseitigen Dreiecks wurde jetzt ein Geröllstein mit kreisförmiger Vertiefung in der Mitte eingebaut, bei dem es sich wahrscheinlich um einen Opferstein handelte. In der Verlängerung der Mittelachse hinter diesem Opferstein wurden dann die monumentalen Steinskulpturen aufgestellt, die den Gelehrten aller Welt bis heute so viel Kopfzerbrechen bereiten.

Alle Häuser der Siedlung hatten ohne Rücksicht auf ihre Größenunterschiede und über mehr als ein Jahrtausend hinweg stets die gleiche Form des Grundrisses. Da zu seiner Ableitung geometrische Grundkenntnisse notwendig waren, liegt die Vermutung nahe, daß nur ein kleiner Personenkreis – vielleicht sogar nur ein einziger »Priester« der Gemeinschaft – den Grundriß für ein neues Haus legen konnte. Er mußte zumindest in der Lage sein, ein gleichseitiges Dreieck zu bestimmen, den Zirkel zu schlagen sowie den Mittelpunkt des Dreiecks zu ermitteln.

Über diese rein geometrische Fähigkeit hinaus scheint aber auch noch eine mystische Größe im Spiel gewesen zu sein. Nur das nämlich würde ein Grab erklären, das ganz exakt in den Dimensionen der Wohnbauten gehalten ist und damit eine klare Beziehung zwischen der Innenraumgliederung und den Gliedern des menschlichen Körpers herstellt: Das Rückgrat liegt auf der Mittelachse des Dreiecks, der Schädel und der Oberkörper befinden sich dort, wo im Haus sonst die Skulpturen stehen. Der Nabel markiert die Lage des Opfersteines und damit den Mittelpunkt des Dreieckes. Das Becken liegt an der Position des Herdes und die horizontal angewinkelten Beine bezeichnen die Eingangsschwelle. Sieht man in dem Grab das eines Magiers des Stammes, könnte das die Erklärung sein, warum eine einzige architektonische Form über mehr als ein Jahrtausend beibehalten wurde.

Der Schlüssel zu dieser »Religion« ist noch keineswegs endgültig gefunden, dürfte aber bei den Skulpturen zu suchen sein. Sie alle wurden aus mehr oder weniger eiförmigen Geröllsteinen aus grobkörnigem Sandstein herausgearbeitet. Ihre Größe richtete sich nach der Größe des Raumes, in dem sie aufgestellt waren, und schwankte zwischen 16 und 70 Zentimeter. Die Bearbeitung erfolgte durch Abschlagen der ursprünglichen Gesteinsoberflä-

Weil die Südhänge der Djerdap-Schlucht warme Sonnentäler schufen und vor rauhen Winden von außen schützten, konnte der Mensch gerade hier einen idealen Zufluchtsort vor allzu großen Temperaturschwankungen finden. Bereits vor rund 20 000 Jahren wohnten hier Höhlenmenschen.

che, wobei die »Arbeitsschicht« häufig kaum mehr als 5 bis 10 Millimeter betrug. Von der eindeutig gegenständlichen Darstellung bis zur eindeutig abstrakten Arabeske sind alle denkbaren Zwischenstufen gestalterischer Möglichkeiten ausgeschöpft. Nicht selten zeigt sogar ein einziger Stein gleichzeitig die verschiedensten Gestaltungsmöglichkeiten.

Vor allem die gegenständlichen Skulpturen beweisen, daß es den frühen Künstlern keineswegs um eine Nachahmung der Natur oder die Schaffung einer realen Menschengestalt ging. Die Überbetonung des Gesichtes und seiner Details, die Vergrößerung des Kopfes auf Kosten des Körpers und die Überschreitung der Grenzen der Realität beweisen klar, daß mit den Bildsteinen eine »religiöse« oder zumindest magische Botschaft ausgedrückt werden sollte. So verstanden wären die Steine mit gegenständlichen Darstellungen erst die Vorstufe der nur mit rein abstrakten Ornamenten gestalteten Steine. Zumindest die zeitliche Folge spricht für diese Auslegung, denn die ältesten Steine haben nur gegenständliche Darstellungen; je jünger die Beispiele dagegen werden, desto mehr tritt die gegenständliche Darstellung in den Hintergrund, und desto größeren Raum nimmt die abstrakte Symbolik ein. Da ist es zu der Vermutung nicht mehr weit, daß die damaligen Künstler allmählich begriffen hätten, daß die sinnliche Wahrnehmung allein das Wesen der Dinge noch nicht enthülle, daß hinter den sichtbaren Oberflächen die innere Form entdeckt werden müsse.

Vor etwa 8000 Jahren entstand die Kultur der Menschen von Lepenski Vir. Ihre Heiligtümer waren in eigenartiger Weise an Fischgötter erinnernde Skulpturen, deren Bedeutung bis heute noch nicht in allen Einzelheiten gänzlich geklärt werden konnte.

Serbien in alten Zeiten

Die jugoslawische Donau ist eigentlich eine serbische Donau. Auch wenn heute sicher nur noch jeder zweite Anrainer wirklich Serbe ist, so drücken die wenigen noch heute mit ihrem ganzen Erscheinungsbild um so auffälliger den in tausendjähriger Geschichte dokumentierten Machtanspruch aus. Dem aus dem Streben nach Selbständigkeit und Macht gewachsenen Stolz ist es dabei nicht mehr anzusehen, daß für ihn einst wirklich kein Grund gegeben war.

Wie die anderen Balkanvölker stöhnten auch die Serben unter dem Joch der byzantinischen Kaiser, deren Herrschaft nationalen Wunschträumen wenig Raum ließ. Unter Basilios I. (867 bis 886) erreichte ihre Macht einen ersten Höhepunkt, unter Basilios II. (976 bis 1025), der nicht umsonst den Beinamen »der Bulgarentöter« erhalten hatte, zeigte sich ihre ganze Grausamkeit. Basilios II. ließ immerhin im Jahre 1018 ein von ihm geschlagenes Heer der Bulgaren nur deswegen blenden, um gegen zukünftige nationalistische Betrebungen ein Exempel zu statuieren. Selbst das hinderte jedoch die Serben nicht, genau in dieser Zeit die Bildung eines eigenen serbischen Staates unter einer Führung zu versuchen. Wohl zerfiel das Gebilde schnell wieder in einzelne Sippenverbände, doch die Zielrichtung des Kampfes war festgelegt, das Entstehen eines selbständigen serbischen Königreiches nur noch eine Frage der Zeit.

Die für die Serben entscheidende Hilfe kam von völlig unerwarteter Seite. Im Jahre 1071 vermochte sich das Söldnerheer des Kaisers Romanos Diogenes nicht gegen die Seldschuken unter ihrem Sultan Arp Arslan durchzusetzen. Der daraus resultierende Bürgerkrieg schwächte die byzantinische Herrschaft im Inneren so, daß ihr Einfluß auf den Balkan nicht mehr ausreichte, die Serben an der Gründung ihres eigenen Staates zu hindern. Die dreihundert Jahre währende Selbständigkeit der Serben konnte beginnen.

DAS SERBIEN DER ŽUPANE

Fürst Michael von Zeta (1051 bis 1081) war der erste offiziell als König der Serben anerkannte Herrscher. Daß er im Jahre 1077 von Papst Gregor VII. die Königskrone erhielt, zeigt bereits, daß die Serben nicht nur den Kampf gegen Byzanz auszufechten hatten, sondern sich stets auch im Spannungsfeld zwischen Byzanz und Rom wußten. Freilich schloß dies nicht aus, daß die Serben diese Rolle zum eigenen Vorteil zu nutzen wußten.

Bereits Bodin, der Sohn von König Michael, beherrschte dieses Spiel vorzüglich. Aus taktischen Gründen schlug er sich zunächst auf die byzantinische Seite, wartete, bis diese von den Normannen arg bedrängt wurde und nutzte dann die allgemeine Unsicherheit, um ganz Rascien in seinen Einflußbereich zu bekommen. So gestärkt wandte er sich gegen Byzanz und fand es nur korrekt, dabei von Rom wieder entsprechend unterstützt zu werden. Daß nur wenig später, um das Jahr 1125 herum, der damalige Župan von Rascien sich neuerlich der byzantinischen Oberhoheit beugen mußte, zeigt lediglich, daß sich zu dieser Zeit Byzanz wieder mehr gegen Rom durchsetzen konnte.

Ganze vierzig Jahre später schlug das Pendel dann wieder nach der anderen Seite aus, und die Serben nutzten neuerlich die alte Taktik. Während Byzanz vereint mit Deutschland und Venedig sich gegen das mit den Normannen und Ungarn vereinigte Frankreich stellte, nutzten die Serben diese Situation für ihr eigenes Süppchen: 1168 wurde Stephan Nemanja erster Großžupan von Rascien und damit der offizielle Begründer nicht nur der Nemanjidendynastie, sondern auch des ersten serbischen Reiches.

Sehr zustatten kam ihm dabei, daß zum einen auch die Bulgaren sich gegen Byzanz erhoben (natürlich unterstützte er sie tatkräftig), zum anderen, daß Barbarossa Byzanz seinem Machtanspruch unterwerfen wollte und es deshalb von Italien her angriff. Sein Kreuzzug war zugleich ein Kampf gegen Konstantinopel, ein Kampf, der Stephan Nemanja so gelegen kam, daß er Barbarossa den Lehenseid schwor und ein Bündnisversprechen abgab.

Im Jahre 1190 gelang Stephan Nemanja über eine Niederlage, was kaum je in der Geschichte so zu gelingen pflegt: Er erreichte von Byzanz die Anerkennung der serbischen Eigenstaatlichkeit und besiegelte diese Anerkennung auch gleich noch durch eine politische Verheiratung seines Sohnes mit Eudokia, der Nichte des byzantinischen Kaisers. Die Annäherung ging so weit, daß Kaiser Andronikus III. nach seiner Abdankung in dem von Stephan 1191 gegründeten Kloster Studenica Mönch werden konnte.

Schon damals mußte dem Sohn nicht gefallen, was die Väter eingefädelt hatten. Der junge Stephan Nemanja vermißte die byzantinische Unterstützung seines Machthungers, besann sich des alten Spieles, verstieß seine byzantinische Frau und ließ sich wieder von Rom unterstützen. Diese Unterstützung wurde um so großzügiger ge-

204

währt, als es Rom auf dem Umweg über Passau inzwischen gelungen war, in Ungarn festen Fuß zu fassen. Da ist es dann nur noch logisch, daß sich Rom beeilte, dem jungen Stephan im Jahr 1217 neuerlich die Königskrone aufzusetzen.

Allerdings übersah Rom dabei, daß die Annahme politischer Unterstützung nicht unbedingt gleichbedeutend mit der Ausweitung des kirchlichen Einflusses sein muß. Auf geistlichem Gebiet sollte vielmehr eine Komponente sowohl dem jungen Stephan wie Rom den Rang ablaufen, mit der bis dahin niemand gerechnet hatte. Sie hatte den Namen Sava, war der jüngere Bruder des jungen Stephan und diente bisher als Mönch auf dem heiligen Berg Athos.

Um dem Einfluß Roms entgegenzutreten, ließ er sich zwei Jahre nach der Königskrönung seines Bruders durch Rom vom byzantinischen Patriarchen zum eigenständigen Erzbischof der Serben weihen. Entgegen den Absichten seines Bruders hatte er damit erreicht, daß Serbien endgültig unter dem Einfluß der byzantinischen Kirche blieb und Rom seinen Einfluß niemals so richtig über Ungarn hinaus nach Südosten ausdehnen konnte. Weil kirchlicher Einfluß zu allen Zeiten weitestgehend auch gleichbedeutend war mit kulturellem Einfluß, blieb Serbien damit trotz allen späteren politischen Entwicklungen geistig ebenfalls stets im Einflußbereich von Byzanz.

Auf der politischen Ebene dagegen entstand ein völlig anderes Bild. Mit ihrer Pendelpolitik zwischen West und Ost erreichten die serbischen Župane eine stetige Vergrößerung ihres Einflußbereiches. Von Skopje (1282) über ganz Bulgarien (1330) bis vor die Mauern von Saloniki (1340) reichte ihre Herrschaftssphäre. Stephan Dušan (1331 bis 1355) ließ sich zum Zaren der Serben und Griechen krönen und versuchte, das byzantinische Kaiserreich durch ein serbisch-griechisches zu ersetzen. Sein Reich erstreckte sich immerhin von der Donau bis zum korinthischen Golf und von der Adria bis zur Ägäis. Ein gewaltiges Heer wurde aufgerüstet und schließlich zum Sturm auf die Mauern der Metropole am Bosporus geblasen.

Was wie der schon besiegelte Untergang von Byzanz aussah, sollte im letzten Moment eine dramatische Wende erhalten. Mitten in den Vorbereitungen zum Angriff auf die goldene Stadt (1355) starb Dušan und damit der Initiator des serbischen Hegemoniestrebens. Für Byzanz hatte sich diese Gefahr in letzter Sekunde von selbst aufgelöst, für Serbien war es der Beginn des Unterganges. In kürzester Zeit zerfiel das größte Serbien aller Zeiten in einzelne autonome Kleinstaaten, die ebensowenig wie das gleichfalls geschwächte Byzanz in der Lage waren, der am Horizont aufziehenden eigentlichen Gefahr entgegenzutreten.

War es bisher im Spiel zwischen West und Ost, zwischen Rom und Byzanz eigentlich nur um die Vorherrschaft in einer einzigen Familie gegangen (schließlich war Byzanz nichts anderes als das östliche Bollwerk des europäischen Christentums), tauchte mit den jetzt andrängenden Janitscharen und ihrem Islam die Gefahr auf, die über Jahrhunderte hinweg Europa in Angst und Schrekken versetzen sollte. Nur 34 Jahre nach dem Tod des mächtigsten Serbenkönigs fällten die Janitscharen 1389 auf dem Amselfeld das Todesurteil nicht nur über das Serbenreich, sondern auch über die Sicherheit in Europa.

Das imponierende Zeichen für das letzte Aufbäumen serbischen Widerstandes gegen Türken und Islam findet sich an der Donau zwischen Belgrad und Golubac. Das Festungsdreieck Smederevo an der Mündung der Jezava in die Donau war die letzte Residenz des mittelalterlichen Serbiens und ist das Werk des Despoten Djuradj Branković, der die Festung auf den Fundamenten des römischen Castrum Vincea 1428 errichten ließ.

Zunächst ließ er auf dem Dreieck zwischen den beiden Flüssen nur ein befestigtes Schloß bauen, das zwei Jahre später mit sechs Wehrtürmen verstärkt wurde. Zwischen 1430 und 1456 entstand schließlich die weitläufige Dreiecksanlage, die zu den imposantesten Beispielen mitteleuropäischer Festungsarchitektur gehört. Ihre Wehrmauern waren immerhin jeweils rund 500 Meter lang und hatten sieben Tore, durch die die größten Donauschiffe an Land gezogen werden konnten. Die systematisch verteilten 24 Türme waren zwischen 20 und 25 Meter hoch.

Die Festung war das letzte Aufbäumen der Serben gegen den Verlust ihres alten Reiches. Doch bereits 1439 eroberten die Türken unter Sultan Murad auch diesen allerletzten Zipfel Altserbiens, ohne die Festung allerdings zu zerstören. Trotz mehrmaligen Wechsels des Herrschers war die Anlage bis zum ersten Weltkrieg unversehrt erhalten geblieben. Erst die Österreicher zerschossen sie, als sie sich im ersten Weltkrieg gerade hier einen Donauübergang einbildeten. Im zweiten Weltkrieg schließlich explodierte gar ein deutsches Munitionslager nach der Bombardierung durch alliierte Flugzeuge. Dennoch sind die Reste auch heute noch beeindruckend genug, vor allem, wenn man sich bei einem Spaziergang um die gewaltigen Mauern vorstellt, daß die Serben die Festung gegen die anrennenden Türken nur mit der blanken Waffe in der Hand verteidigen wollten.

DIE HERRSCHAFT DER OSMANEN

Jahrhundertelang war die Donau die Heerstraße im Kampf zwischen West und Ost, zwischen Christentum und Islam. Unter dem Zeichen des Kreuzes wurde die Ausdehnung der Herrschaft nach Osten versucht, unter

**Die stolze Festung Golubac am Eingang zur
Djerdap-Schlucht war die Residenz eines türkischen
Paschas. Weil eine seiner Geliebten
einem Ungarn unerlaubterweise schöne Augen
machte, setzte er sie auf dem Babakaji-Felsen
mitten in der Donau aus.**

dem Zeichen des Halbmondes diejenige nach Westen. Bei aller Gleichheit des Anspruches gab es dennoch einen Unterschied: Während die einen versuchen mußten, nationalen Eigeninteressen das Kreuz als Vorwand schmackhaft zu machen, genügte bei den anderen der Hinweis auf Allah, um mit dem Einsatz des Letzten eigentlich Unmögliches möglich zu machen.

Das Sendungsbewußtsein des Islam (die Türken glaubten, der westlichen Welt die Freiheit und die wahre Religion bringen zu müssen) erlaubte den Sultanen, dem Traum vom Kaisertum über die ganze Welt nachzuhängen. Nach der Formel »dem einen Herrn im Himmel hat der eine Herr auf der Erde zu dienen« ließ sich dieses Anliegen geschickt definieren. Dem entspricht auch die Fabel, nach der das Haus der Osmanen zum Herrscherhaus über den Rest der Welt erwählt wurde. Ihr zufolge träumte sein Begründer Osman einst, daß aus seinem Nabel ein Baum wachse, der die ganze Welt überschatte, und daß unter ihm ein Berg läge, an dessen Fuß die Flüsse entsprängen, die der Menschheit Wasser spendeten. Natürlich lieferte dazu prompt ein weiser Derwisch die entsprechende Deutung und pries Osman selig.

Die Festung Fetislam wurde 1524 von den Türken erbaut, 1810 von den Serben erobert und 1813 von den Türken unter Sultan Mahmud II. zurückerobert. Die Festung befindet sich in unmittelbarer Nähe der Schiffsstation Kladovo, an dessen Stelle die Römer einstmals ein Kastell errichtet hatten.

Alles Sendungsbewußtsein hätte aber wohl kaum ausgereicht, das gesamte Abendland in Angst und Schrekken zu versetzen, hätte es da nicht noch andere Eigenschaften gegeben. Eine der wichtigsten war sicher die Institution der Janitscharen. Diese Elitetruppe der Sultane bildete innerhalb der Gemeinschaft der Rechtgläubigen den privilegierten Stand derer, die als höchste Auszeichnung ständig Waffen tragen durften und keine Steuern zahlen mußten. Dafür waren sie dem Sultan als dem Vertreter Allahs zu absolutem Gehorsam verpflichtet. Ihre legendäre Tapferkeit verbrämten sie mit unbarmherzigster Grausamkeit, für die eine Tagebucheintragung eines Zeremonienmeisters beim Großwesir sicher nur ein kleines Beispiel ist:

»Zur Zeit des Sonnenuntergangs kamen von der anderen Seite schon Boten mit lebendigen Gefangenen und abgeschnittenen Köpfen und brachten die frohe Kunde, daß die Palanke im Sturm genommen worden sei. Das gemeine Volk, das an Ort und Stelle geblieben war und sich zum Kampf gestellt hatte, ließ man allesamt über die Klinge springen und die Burg wurde besetzt. Vor dem Großwesir rollten die eingebrachten Köpfe in den Staub und auch den lebend vorgeführten Gefangenen wurden die Köpfe abgeschlagen. Allah sei Dank.«

Die Verbindung von Tapferkeit und Grausamkeit ermöglichte den Türken nach dem Überschreiten der Dardanellen im Jahre 1354 den kontinuierlichen Vormarsch donauaufwärts. Da es ihnen außerdem an taktischer Klugheit nicht fehlte, umgingen sie zunächst Byzanz und vereinnahmten dafür zuerst über die Schlacht auf dem Amselfeld im Jahre 1389 die Länder Bulgarien und Serbien.

Dagegen half dann selbst der Kreuzzug von Kaiser Sigismund nichts mehr, dessen Ritterheer die Türken 1396 bei Nikopolis in Bulgarien so aufrieben, daß Sigismund nur noch die Flucht auf der Donau hinunter und hinüber nach Byzanz blieb.

Dennoch sollte es dann bis 1453 dauern, bis sich die Türken unter Sultan Mehmed so stark fühlten, daß sie sich an die Eroberung von Byzanz wagen konnten. Mit dem Fall des oströmischen Bollwerkes war gleichzeitig die eigentliche Entscheidung gefallen. Von da an sollte es nur noch 76 Jahre dauern, bis die Janitscharen zum ersten Mal vor Wien standen.

Am unaufhaltsamen Aufblühen des osmanischen Reiches änderten einzelne Rückschläge selbst dann nichts, wenn sie den Verlust ganzer Flotten bedeuteten, wie es in dem Bericht des Biographen von Sultan Mehmed II. aus dem Jahre 1456 heißt, als die Türken versuchten, Belgrad den Ungarn zu entreißen:

»Auf dem Donaustrom, der nahe den Grundmauern der Festung vorbeifließt, hatte er an die zweihundert Schiffe, Tschaiken; die hatte er gerüstet, damit nicht ein Hilfsheer von oben aus Ungarn anrückte und ihn behindere. Und auf der Landseite begann er, die Burg zu belagern. Aber König Matthias von Ungarn bot gleichfalls sein Heer auf und kam nun am Strom entlang angezogen. Er brachte auch viele Schiffe aus Budun mit, die auf dem Donaustrom gefahren kamen, um die Tschaiken des Sultans anzugreifen, die dieser seinerseits auf dem Strome hatte. Nun kamen sie also herbei und griffen an, es entspann sich eine Schlacht, und der ungarische König besiegte die Armada des Türken; viele weitere ertranken, und die übrigen stießen an Land und retteten sich. Als Sultan Mehmed diese Niederlage seiner Armada sah, ließ er sämtliche Schiffe, die entkommen waren, zusammenholen und Feuer an sie legen und verbrennen, damit die Ungarn sie nicht wegnehmen und wieder aufrüsten konnten.«

Daß trotz dieser Niederlage der Türken ihr Sieg von Mohács nicht aufzuhalten war, erwies sich wenig später.

Dennoch hieße es den Türken arges Unrecht tun, wollte man nur ihre kriegerische Seite sehen. Hatten sie einmal ein Gebiet erobert und gab es keine Aufstände gegen die osmanische Herrschaft mehr, gewährten sie den unterworfenen Völkern durchaus eine gewisse Selbständigkeit. Sie zu nutzen verstanden vor allem die Serben, auch wenn es ihnen nicht möglich war, ihre alte soziale Struktur zu bewahren. So verschwand der alte Stufenbau mit dem Feudaladel an der Spitze. An seine Stelle trat die patriarchalisch organisierte Großfamilie, deren Reste bis heute am Balkan erhalten sind. Wohl ergab sich mit der Zeit zwangsläufig eine gewisse Orientalisierung, allein schon durch den Handel in den Garnisonsstädten. Auch das Beispiel türkischer Lebensart blieb nicht ohne Nachahmung.

Der durchgreifenden Orientalisierung aber stand ein ganz entscheidendes Hindernis im Weg: Zu den türkischen Grundgesetzen gehörte es, daß sich politisch betätigen nur der durfte, der sich zum Islam bekannte. Wer diesen Schritt nicht über sich brachte, war politisch überhaupt nicht existent, wurde dafür auf der anderen Seite aber auch in Ruhe gelassen. Vor die Wahl gestellt, war den Serben die Möglichkeit der politischen Betätigung meist wesentlich weniger wichtig als der Verbleib in der byzantinischen Volkskirche, deren weitere Existenz die Türken tolerierten.

Jetzt kam die Zeit der großen Klöster in den abgelegenen Bergtälern, in denen die Nemanjiden sich gegen den nivellierenden Einfluß des griechischen Patriarchats wehren und die nationale Eigenständigkeit pflegen konnten. Kirchliche und serbische Tradition, Christentum und Volkstum fanden dort zu einer Einheit, die bis heute zuweilen ungebrochen erhalten geblieben ist.

Nur ein Zelt – aber was für eines! Anläßlich der sechzigtägigen Belagerung der Reichs-, Haupt- und Residenzstadt Wien durch die Türken im Jahr 1683 hatte es deren Anführer, der zugleich mutige wie grausame Großwesir Kara Mustapha, bei St. Ulrich aufbauen lassen.

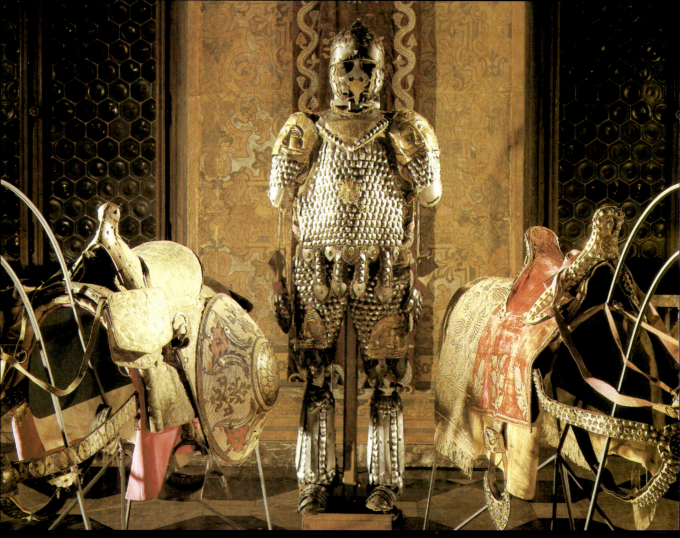

Als die Kaiserlichen am 12. September 1683 das Heer Kara Mustaphas heftigst attackierten, mußte sich dieses fluchtartig zurückziehen. Es hinterließ reiche Beute, unter anderem das Zelt des türkischen Anführers sowie Rüstungen hoher Offiziere.

Auch dieses fürstliche Zubehör türkischer Krieger – Rangzeichen und Schwerter – fiel den Kaiserlichen 1683 in die Hände. Es zeigt, daß selbst im Feindesland die Türken nicht darauf verzichten wollten, sich mit luxuriösen Dingen zu umgeben.

Befreiung vom Türkenjoch

Mit ein Grund für den Erfolg der Osmanen war sicher ihr Prinzip, unterworfenen Völkern ihr eigenes soziales und religiöses System zu belassen, solange sie nur pünktlich ihre Abgaben leisteten. Um diese wichtigste Bedingung möglichst einträglich zu realisieren, übertrugen die Sultane alle mit Macht und Einkommen verbundenen Ämter nicht an den Fähigsten, sondern stets an den Meistbietenden und verpflichteten ihn, eine bestimmte Summe pro Jahr in Istanbul abzuliefern. War er fähig, gerissen oder korrupt genug, über diese Summe hinaus mehr aus seinem Amt herauszuholen, so gehörte dieses Mehr ihm. Daß damit nicht nur Habgier, Neid und Korruption Tür und Tor geöffnet waren, sondern stets auch die Zündschnur zum versteckten oder auch offenen Aufruhr gelegt war, liegt ebenso auf der Hand wie die Tatsache, daß die fähigsten Geldeintreiber keineswegs die besten Diener des Sultans waren.

Sogar das Zentrum der Macht, der Sultan selbst, war nicht frei von Abnutzungserscheinungen. So zog es einen ihrer Größten, Suleyman den Prächtigen, eher in Richtung Harem als in Richtung Generalstab. Um das süße Leben besser genießen zu können, beging er den alle seine Nachfolger gleichermaßen belastenden Kardinalfehler, seine Allmächtigkeit auf den Großwesir zu übertragen. Der scheinbar harmlose Vorgang sollte der Anfang vom Ende der türkischen Vorherrschaft sein, denn jetzt kam die Gehorsamspflicht nicht mehr von Allah direkt, sondern entpuppte sich als etwas sehr Irdisches, ja konnte zum Gegenstand von Parteiengezänk werden.

Auch wenn es bis zum endgültigen Umschwung noch beinahe 150 Jahre dauern sollte, gab es doch bereits 1571 mit der türkischen Niederlage in der Seeschlacht von Lepanto für die Türken das erste Wetterleuchten, für das Abendland den ersten Hoffnungsschimmer. Noch einmal hundert Jahre vergingen dann, bis die Türken von den Hängen des Leopoldsberges vertrieben werden konnten und der Stern des größten Feldherrn der Habsburger kometenhaft aufstieg.

PRINZ EUGEN, DER RETTER DES ABENDLANDES

Runde Kapellen gibt es viele, eine mit je einer Tür in jeder Himmelsrichtung findet sich dagegen nur in Sremski Karlovci, dem alten Karlowitz, wenige Kilometer unterhalb von Novi Sad. Der seltsame Kuppelbau war allerdings ursprünglich nicht als Kapelle, sondern als Konferenzraum gebaut worden. Hier trafen sich 1698 die Unterhändler des Kaisers, des Sultans, des polnischen Königs und des Dogen von Venedig zu Verhandlungen über die von Prinz Eugen auf dem Schlachtfeld geschaffene neue Lage. Weil keiner der vier Seiten einer anderen den Vortritt lassen wollte, entstand die eigenartige Form des Gebäudes, damit alle vier Unterhändler gleichzeitig eintreten konnten.

Der am 26.1.1699 in diesem Konferenzraum unterschriebene Friedensvertrag brachte das vorläufige Ende für einen fast 20jährigen Krieg mit den Türken an der Donau. Was mit dem Gemetzel bei Hainburg 1683 begonnen hatte, was Prinz Eugen systematisch mit Siegen in Mohács (1687), Belgrad (1688) und Zenta (1697) vorbereitet hatte, führte dazu, daß nicht nur der größte Teil Ungarns, sondern auch ein nicht unerheblicher Teil Serbiens wieder an die Habsburger fiel.

Vor allem die Rückeroberung Belgrads wirkte wie ein Signal. Die orthodoxen Serben sahen in den Erfolgen der kaiserlichen Truppen ihre Chance. So kamen allein 1690 unter der Führung des Patriarchen Arsenije Crnojević beinahe 40 000 Familien aus Altserbien in die von den Kaiserlichen freigekämpften Regionen. Den Österreichern war dieser Flüchtlingsstrom höchst willkommen, denn die Serben brachten außer einem soliden Türkenhaß wilden Kampfesmut für die Befreiung ihrer Heimat mit. Der österreichische Generalstab machte daraus ein

Um der Eitelkeit der vier europäischen und orientalischen Unterhändler des Friedensvertrages von 1699 Genüge zu tun, weist der Konferenzbau von Sremski Karlovci je eine Tür in jeder Himmelsrichtung auf. Etikette hin oder her: Der türkische Vormarsch wurde gestoppt.

lebendiges Bollwerk zwischen Sultan und Kaiser, die sogenannte Militärgrenze.

Der »Hofzaun des Reiches« wurde aus einer Art freier Wehrbauern geschaffen. Die Großfamilien wurden angesiedelt, bekamen Land und einen Holzanteil am gemeinsamen Waldbesitz zugewiesen und mußten sich dafür aber zum uneingeschränkten Kriegsdienst verpflichten. Selbst in Friedenszeiten war stets ein Drittel der männlichen Bevölkerung unter Waffen, das zweite Drittel schob Wache an der Grenze, das dritte Drittel war neben dem Straßenbau und sonstigen allgemeinen Aufgaben frei für die Landarbeit. Selbst die Frauen waren im Zweifelsfall zu allen möglichen militärischen Hilfeleistungen verpflichtet, fielen selbstverständlich unter das militärische Oberkommando, und alle zusammen unterlagen der militärischen Gerichtsbarkeit. Auf der anderen Seite gab es dafür weder einen Grundherrn noch Steuereintreiber.

Aus der »Konfin«, wie die Militärgrenze damals genannt wurde, wuchs eine regelrechte Institution der Monarchie. Ihre Privilegien mußten die Serben teilweise sogar mit Einsätzen auf ganz anderen Kriegsschauplätzen des Reiches bezahlen. Erst 1871 sollte diese Institution dem Ausgleich mit Ungarn zuliebe abgeschafft werden.

Heute ist an der Donau von der Konfin allenfalls in dem einen oder anderen Heimatmuseum noch ein Überrest zu finden. Das ehemalige Zentrum selbst ist aber auch heute nicht zu übersehen: die Feste Peterwardein. Sie entstand unter der Leitung von Prinz Eugen nach Plänen des französischen Festungsarchitekten Vauban, sollte eine absolute Donausperre ermöglichen, beherbergte die Kommandantur eines Grenzerregimentes und diente als Befehlsstand für die kaiserliche Donaumarine. Daß der Ausbau der Feste seine Berechtigung hatte, zeigte sich schon 1716, als das Bollwerk aus Ziegel und Kavernen noch keineswegs fertiggestellt war. Nur siebzehn Jahre nach dem Frieden von Karlowitz wollte es Großwesir Damad Ali Pascha neuerlich besetzen und verlangte von Eugen ultimativ die Übergabe der Feste. Mit 120 000 Mann rückte er gegen die nur halb so große Streitmacht der Kaiserlichen und versuchte am 5.8.1716, Peterwardein zu knacken. Trotz der gewaltigen Überlegenheit dauerte der Kampf ganze fünf Stunden. Dann konnte Eugen die »vorgelegene Wagenburg und das auf dem Berge gewesene Hauptquartier und finaliter das ganze Lager mit Artillerie, Munition, Fuhrwesen und allen Zeltern« als Beute übernehmen. Der Großwesir zahlte seine Erfolglosigkeit beim Henker des Sultans mit seinem Leben.

Als 1739 Belgrad neuerlich an die Türken gefallen war, wurde unter Maria Theresia Peterwardein noch einmal weiter ausgebaut. Jetzt entstand das berühmte, über 16 Kilometer lange Netz von Kavernen und unterirdischen Gängen, die es ermöglichen sollten, die Festung bis auf den letzten Platz zu unterminieren und beim Eindringen des Feindes Stück für Stück zu sprengen. Es gab Zeiten, wo die Festung bis zu 5000 Mann Besatzung, mehrere 1000 Zentner Pulver und bis zu 500 Kanonen beherbergte. Gekämpft aber wurde nicht mehr um Peterwardein. Dafür wurde aus der größten Festung der Habsburger eines ihrer größten Gefängnisse. In seinen Kasematten verschwanden Intellektuelle und Revolutionäre ebenso wie Deserteure, Spione oder Anarchisten. Prominentester Häftling war 1914 der junge Sozialist Josip Broz, der später umgekehrt unter dem Namen Tito manch anderen das Fürchten lehrte.

Prinz Eugens stärkstes Bollwerk im Kampf gegen die Türken war die Festung Peterwardein, gegenüber von Novi Sad. Unter Maria Theresia wurde die Festung noch einmal ausgebaut und dabei ein über 16 Kilometer langes Netz von Kavernen und unterirdischen Gängen geschaffen.

Der Kalemegdan in Belgrad ist wohl der am häufigsten umkämpfte Ort an der gesamten Donau. Wer immer dem Strom entlang marschieren wollte, mußte diesen Schlüsselpunkt passieren und damit in der Regel erobern. Von der langen Türkenherrschaft blieben nur einige Mauern.

Entscheidungsschlacht zwischen Prinz Eugen und den Türken am Kalemegdan. So ging der Savoyer Prinz 1717 in die Geschichte ein: Auf einem Umweg über die Tamiš ließ er seine Schiffe von der stromabgelegenen Seite gegen die Festung siegreich vorrücken.

Weit stürmischer ging es dagegen auf der anderen Schicksalsfestung an der serbischen Donau zu. Nur 100 Kilometer stromab ragen die Felsen des Kalemegdan wie seit Jahrtausenden über der Mündung der Sava in den Himmel, doch eine Festung tragen sie nicht mehr. Dabei gibt es an der gesamten Donau kaum einen anderen Ort, der, angefangen von den Kelten bis heute, so häufig umkämpft gewesen und so häufig den Besitzer gewechselt hätte wie dieser Burgberg. Wer immer, sei es stromauf oder stromab, der Donau entlang marschieren wollte, mußte diesen Schlüsselpunkt passieren und, damit dies überhaupt erst möglich war, ihn in der Regel erobern. Allein die Österreicher schlugen sich hier im Abstand von nicht einmal dreißig Jahren gleich zweimal (1688 und 1717) um Sein oder Nichtsein. Besonders die zweite Schlacht im Sommer 1717 war die wohl gewaltigste in der langen Reihe von Kämpfen um den Kalemegdan.

Um von dieser Glanzleistung von Prinz Eugen eine Vorstellung zu bekommen, muß man auf den Felsen der weißen Burg (Belgrad = weiße Burg) hinaufsteigen. Von dort oben hat man das gesamte Aufmarschgebiet der Kaiserlichen beinahe wie einen Sandkasten der Strategen unter sich. Von hier sieht man auf die unteren Befestigungsanlagen im Mündungsdreieck der Sava genauso wie auf die »Kriegsinsel« in der Sava kurz vor ihrer Mündung in die Donau. Von hier erwarteten die 30 000 Türken auf dem Kalemegdan den Angriff, schien das doch der einfachste Flußübergang zu sein. Doch Eugen wäre nicht Eugen gewesen, wäre er auf diese plumpe Weise vorgegangen.

Zum Kern seines Vorstoßes machte Eugen vielmehr seine mit über vierhundert Kanonen bestückten zehn Donauschiffe, die er jedoch kurz unterhalb der Mündung der Theiß über einen Verbindungsarm in die Tamiš fahren ließ. Von dort gelangten sie völlig unbeobachtet bei Pančevo wieder in die Donau, nun aber gut zehn Kilometer unterhalb von Belgrad. Die wenigen türkischen Tschaiken waren schnell versenkt, und bevor überhaupt eine Meldung zum Pascha auf den Kalemegdan gelangen konnte, hatten die Kaiserlichen einen Brückenkopf auf der südlichen Donauseite. Über die dann errichtete legendäre Schiffsbrücke rückte das über 100 000 Mann starke Heer mit seinen über dreihundert Geschützen nach und schloß im Süden den Ring um die Türkenfestung.

Doch die geschickte Eröffnung war noch lange nicht der Sieg. Schließlich galt es, nicht nur die Festung zu erobern; es galt auch, das von Süden heranrückende Hauptheer der Türken zu schlagen, sich also auf einen Zweifrontenkrieg einzurichten. War das schon schlimm genug, so ließen zusätzlich äußere Ereignisse die Situation von Tag zu Tag bedrohlicher werden. Ein Sturm zerriß die Schiffsbrücke über die Donau, und das Sumpffie-

ber dezimierte die Armee des Prinzen. Ende Juli war es dann soweit: Auf den Höhen südlich von Belgrad tauchten 220 000 Türken unter Großwesir Halil Pascha auf und schlossen ihrerseits den Ring um die Kaiserlichen. Die hatten nun vor sich und hinter sich die Türken, links die Sava und rechts die Donau – eine Falle, wie sie perfekter kaum gedacht werden könnte.

Bei einem Verhältnis 3:1 hatten es die Türken natürlich alles andere als eilig, sahen sich als die sicheren Sieger und glaubten sich schon wieder auf dem Marsch in Richtung Wien. Doch sie sollten die Rechnung ohne den Savoyer Prinzen gemacht haben. Der entschloß sich zum Frontalangriff und schaffte das Unwahrscheinliche: Am 16.8.1717 schlug er aus der Umzingelung heraus eine der größten Armeen, die die Türken jemals auf die Beine gebracht hatten, und machte damit aus der größten Gefahr für das Abendland seinen größten Triumph. Daß die Nachfolger von Prinz Eugen das Belgrader Erbe bereits 1739 wieder an die Türken verloren und diese die inzwischen von den Kaiserlichen errichteten Festungsanlagen auf dem Kalemegdan wieder in die Luft jagten, tat dem eigentlichen Sieg des Prinzen keinen Abbruch. Über Belgrad hinaus kamen die Türken nie mehr donauaufwärts voran. Das Abendland war endgültig gerettet.

DER FREIHEITSKAMPF DER SERBEN

Während der vielen Kämpfe zwischen den Habsburgern und den Sultanen waren die Serben allenfalls als »Kanonenfutter« oder für die Rekrutierung in der Militärgrenze gefragt. Das änderte sich auch nicht, als sich die Grenze zwischen Abend- und Morgenland zwischen Peterwardein und Belgrad eingependelt hatte. Belgrad und damit nahezu ganz Serbien blieben türkisch besetzt, und die Serben hatten nur die Wahl, zum Islam überzutreten, als Christen zu kuschen oder zu den Kaiserlichen zu flüchten.

Das änderte sich erst 1804, als sich seit längerem aktive, serbische Partisanen zum gemeinsamen Aufstand entschlossen. Zu ihrem Anführer wählten sie den »Schwarzen Georg«, den Schweinehändler Karadjordje, der zwar weder lesen noch schreiben konnte, dafür aber eine ungeheure Autorität gehabt haben muß. Ihm gelang 1806 die Überwältigung der türkischen Besatzung auf dem Kalemegdan; er setzte damit das Signal für ein neues Serbien, zu dessen ersten Staatsoberhaupt er sich wählen ließ.

Lange allerdings ging das nicht gut. Die Türken schickten eine Strafarmee, und der Schwarze Georg flüchtete zu den Österreichern. Damit schlug die Stunde des größten Rivalen von Karadjordje. Jetzt setzte sich Miloš Obrenović an die Spitze des Widerstandes. Daß es ihm mehr um die persönliche Macht als um das Wohl der

215

Serben ging, bewies er dann 1817, als Karadjordje nach Serbien zurückkehrte. Da er einen Rivalen mit eigenem Anspruch auf den serbischen Thron nicht dulden konnte, ließ er ihn kurzerhand ermorden – ein Rezept, für das es am Balkan bis heute genügend Beispiele gab und gibt.

Miloš gelang es aber immerhin, mit den Türken einen Autonomie-Status mit voller Religionsfreiheit für Serbien zu erhalten. 1833 wurde er vom Sultan sogar als erblicher Fürst anerkannt. Die teilweise Unabhängigkeit hatte allerdings ihren Preis: Serbien blieb den Türken tributpflichtig, und haftbar dafür wurde der serbische Fürst. Dieser allerdings wußte die Sache in seinen Vorteil umzumünzen, ließ bei seinen Landsleuten österreichisches Geld kassieren und zahlte an den Sultan in türkischer Währung. Mit dem Wechselgewinn ließ sich auskömmlich leben, wie die alte Residenz von Fürst Miloš (heute historisches Museum) beweist.

Gut ging das allerdings nur bis 1839, da hatten die Serben endlich genug von der Ausbeutung, schickten Miloš ins Exil und beriefen seinen Sohn Michailo. Als auch er seine Sache mehr schlecht als recht machte, kam sogar wieder ein Sohn von Karadjordje auf den serbischen Fürstenthron. 1867 schließlich räumten die Türken Belgrad endgültig, und elf Jahre später brachte der Berliner Kongreß Serbien die volle Unabhängigkeit.

Prinz Eugen und seine Truppen haben das unmöglich Erscheinende erreicht: Der türkische Feind ist besiegt. Die von Bartolomeo Altomonte festgehaltene Übergabezeremonie des Kalemegdans hängt im Stift St. Florian in Belgrad. Das Abendland war vorerst gerettet.

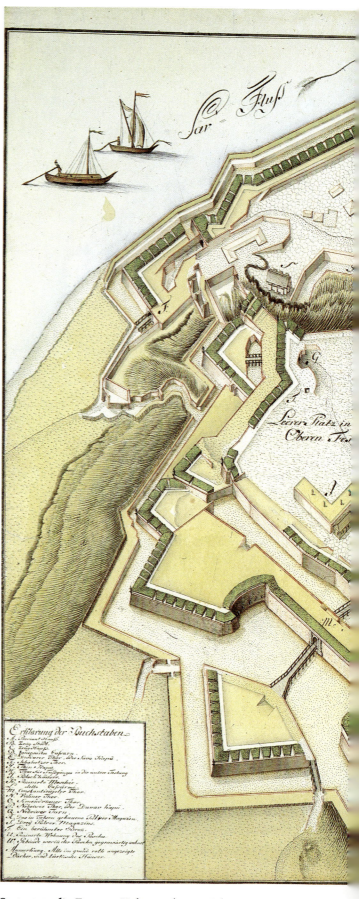

So trutzte die Festung Kalemegdan im Jahre 1794 ihren Feinden. Nach einer wechselvollen Geschichte war sie im 18. Jahrhundert von den Österreichern nach allen Seiten abgesichert worden. Heute dient die weiträumige Anlage als Sport- und Erholungszentrum.

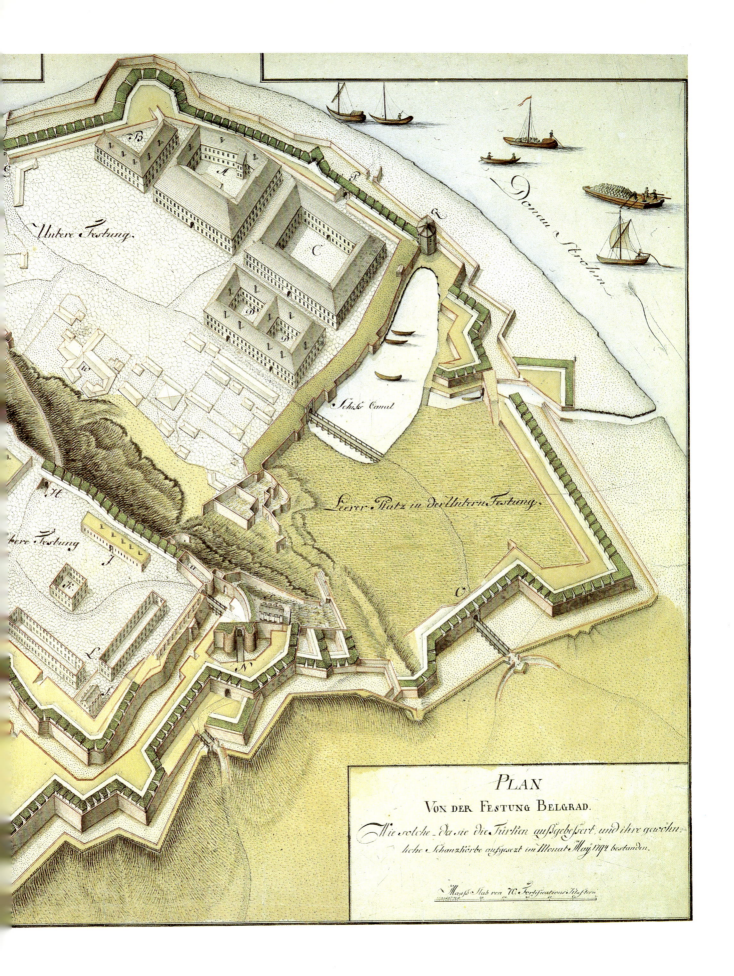

Noch einmal die Festung Kalemegdan. Hier zeigt sie sich der Nachwelt nicht von der kriegerischen Seite. Dieses gewaltige Prunktor ließ der österreichische Kaiser Karl VI. (1685–1740), der Vater der späteren, bis heute unvergessenen Kaiserin Maria Theresia, errichten.

Serbische Weltstadt

Als Fürst Milan 1882 den Königstitel annahm, sollte das noch lange nicht heißen, daß Serbien nun zur Ruhe kommen könnte. Nur sieben Jahre später mußte er seinen Thron an seinen Sohn Alexander abgeben, an jenen Alexander, der mitsamt seiner Königin in der Nacht vom 10. auf den 11. Juni 1903 von wütenden Serben in seinem Palast erschlagen wurde.

Anlaß für das Gemetzel war weniger politische Unzufriedenheit, sondern vielmehr eine hollywoodverdächtige Liebesaffäre. Der König hatte sich nämlich ausgerechnet die Zofe seiner Mutter zur Mätresse ausgesucht. Wäre das noch hingegangen, so stieß seine Absicht, die um zehn Jahre ältere Witwe Draga Maschin sogar zu seiner Königin zu machen, auf absolute Ablehnung. Daß sich der stürmische, junge König darum nicht kümmerte, seine Draga 1900 zur Königin machte und sich auch darüber keine Gedanken machte, daß alle Welt in ihr nur eine Hure sah – dieses zwar ehrliche und heroische, aber eben auch undiplomatische Vorgehen kostete beide auf schändlichste Weise das Leben. Von Pistolenkugeln durchlöchert und von Säbelhieben zerhackt wurden die Leichen aus den Fenstern des Konak in den Vorgarten geworfen. Die Herrschaft der Obrenović war damit beendet.

Aber auch die Karadjordje hatten nicht mehr viel zu bestellen. In den Balkankriegen wurde das jahrtausendelang umkämpfte Belgrad auch nicht gerade ruhiger, die Eroberung durch Deutsche und Russen war nicht dazu geeignet, vieles von den ohnehin nur geringen Resten serbischer Vergangenheit in der alten Stadt unter dem Kalemegdan unzerstört zu lassen. Sehenswürdigkeiten aus alten Zeiten sind deshalb rar in dieser Stadt. Wer auf sie nicht verzichten möchte, ist auf die verschiedenen Museen angewiesen, die allerdings ein vollgültiger Ersatz dafür sind, daß in Belgrad kaum ein Gebäude älter als hundert Jahre ist.

Von den insgesamt 37 Museen der Stadt sind vor allem das Freskenmuseum mit seinen ausgezeichneten Kopien der bedeutendsten mittelalterlichen Fresken aus serbischen und makedonischen Klöstern sowie das Stadtmuseum mit seinen Sammlungen zur Geschichte der Stadt vom antiken Singidunum bis zur Gegenwart erwähnenswert. Wer sich für die stets kriegerische, serbische Geschichte interessiert, sollte das Armeemuseum auf dem Kalemegdan nicht versäumen. Wen dagegen mehr fürstliche Lebensweise reizt, sollte das Schlößchen der Fürstin Ljubica, der Gemahlin von Fürst Miloš, besuchen. Das Palais aus den Jahren 1819 bis 1831 vermittelt einen einmaligen Eindruck vom großen, orientalischen Haustyp, auch wenn deutliche Einflüsse westlicher Architektur nicht zu übersehen sind.

Die orthodoxe Kathedrale zwischen Kalemegdan und Sava ist ein neoklassizistischer Bau mit einem barocken Turm. Das etwas düstere Gebäude entstand zwischen 1836 und 1845 und birgt die Grabmäler der Fürsten Miloš (1780 bis 1860) und Michailo Obrenović (1839 bis 1868). Gegenüber der Kathedrale liegt das Palais des Patriarchen der serbisch-orthodoxen Kirche. In ihm ist das Museum der orthodoxen Kirche untergebracht mit Beispielen schöner Ikonen, Handschriften, Einrichtungsgegenständen und anderem.

Neben der Kathedrale findet sich eines der ältesten Bauwerke von Belgrad, das türkische Kaffeehaus aus dem Jahre 1825. Das in Riegelbauweise errichtete Haus mit seinen symmetrisch angeordneten Erkern trägt statt eines Namens ein stolzes Fragezeichen. Seine Existenz verdankt es dem Widerspruch des Patriarchen, der die Bezeichnung »Café zur Kathedrale« nicht tolerieren wollte. Statt eines anderen Namens pinselte der Besitzer ein Fragezeichen, und dabei blieb es bis heute.

Wer seinen türkischen Kaffee geschlürft hat und dann zum Kalemegdan hinaufwandert, mag ein wenig von dem Belgrad erleben, wie es Ivo Andrić beschreibt: »Der Himmel über Belgrad ist weit und hoch, recht veränderlich, doch immer schön, auch während der winterlichen Klarheit mit ihrer kalten Pracht; auch während der sommerlichen Gewitter, wenn er sich in eine einzige düstere Wolke verwandelt, die gejagt wird von einem tollen Sturmwind, Regen bringt, vermischt mit dem Staub der pannonischen Ebene; auch im Frühling, wenn er zugleich mit der Erde zu blühen scheint; auch im Herbst, wenn er schwer ist von den Schwärmen der herbstlichen Sterne. Immer schön und reich, dieser wunderbaren Stadt ein Ersatz für alles, was sie nicht besitzt, und ein Trost für alles, was nicht sein durfte...«

Blickt man von Bulgarien aus über den Strom, kann man schauen, so weit das Auge reicht: Nichts unterbricht die gerade Horizontlinie. Gut über 500 Kilometer gehen die unendlich erscheinenden Weiten von Wasser und Walachei beinahe unmerklich ineinander über.

DIE RUMÄNISCH-
BULGARISCHE DONAU
Durch die Walachei bis zum Delta

Vom bulgarischen Ufer aus sehen die Balkanberge wesentlich sanfter aus, als sie in Wirklichkeit sind. Auch südlich des Eisernen Tores gibt es am rechten Ufer des Stromes Hügel, die gegen die Donau mit einem mehr oder weniger hohen Steilufer abbrechen.

In der Steppe. Ist das die Ausdruck gewordene
Trostlosigkeit? Wer dieses Land einmal gesehen
hat, weiß: Der Anblick von Verlorenheit täuscht.
Wohl hat die Sonne um diese Jahreszeit
die Erde verbrannt, dennoch ist die Dobruschda
für ihren fruchtbaren Boden bekannt.

In der Walachei gibt es riesige Plantagen mit Sonnenblumen. Neben Getreide sind sie ein wichtiges landwirtschaftliches Produkt. Die Kerne – in der Margarineindustrie verarbeitet – liefern ein wohlschmeckendes, gesundes Öl, sie werden von der Bevölkerung auch gekaut.

Zwischen Karpaten und Dobrudscha

Das Eiserne Tor ist für die Donau nicht nur das letzte große Hindernis, es ist zugleich das Tor zu einer völlig neuen Welt. Jetzt nämlich öffnet sich für den Strom die grenzenlose Weite der südlichen Walachei, die sich im breiten Bogen von der großen Donauschleife südlich von Drobeta-Turnu Severin entlang zum Nordufer der Donau über gut 500 Kilometer Luftlinie bis Galati erstreckt. Bei einer durchschnittlichen Breite zwischen 50 und 150 Kilometer läßt sich erahnen, in welche Weite die Donau sich nun verliert. Bis zum Delta bringt sie es immerhin noch auf beinahe tausend Stromkilometer und das bei einem Gefälle von nur noch weniger als vier Zentimeter pro Kilometer!

So unendlich eben der Streifen auch aussieht, ganz eben ist er eben doch nicht. Da er dem Südrand der Karpaten vorgelagert ist, weist das Ganze ein unmerkliches Nord-Süd-Gefälle auf, das jedoch ausreichte, die Donau an eine ganz klar ausgeprägte Grenze zu schieben: an die nördlichsten Ausläufer der Balkanberge. Anders wie die Karpaten laufen sie nicht flach und immer flacher in die Unendlichkeit aus, sondern sind an ihrem Nordrand beinahe wie mit einem Kuchenmesser abgeschnitten. Auf viele hundert Kilometer schlängelt sich die Donau exakt dieser Grenze entlang, läßt sich im Süden dann und wann hohes Steilufer gefallen und breitet sich dafür im Norden mehr oder weniger weit unter Auwäldern aus.

Selbst bei Cernavodă ändert sich das nicht, obwohl dort die Donau weniger als 50 Kilometer hinüber zum Schwarzen Meer hätte. Die Berge der Dobrudscha ermöglichen, anders als im Eisernen Tor, eben keinen Durchlaß, sondern zwingen vielmehr die Donau in einem Riesenbogen auf eine weite Reise über noch einmal beinahe 250 Kilometer um die Berge herum, bis sich der Strom endgültig im Delta ausbreiten darf.

DIE GÖTTERFELSEN VON BELOGRADČIK

Wer von der weitläufigen Ruine der Türkenfestung Fetislam in Kladovo aus am rechten Ufer stromab fährt, nimmt zunächst gar nicht so viel von den Ausläufern der Balkanberge wahr. Die Straße schlängelt sich entlang des Stromes, nach Westen zu steigt das Gelände sehr langsam, bei genauerem Hinsehen allerdings doch sehr spürbar an.

Um dem auf die Spur zu kommen, was sich hinter dem langsamen Ansteigen verbirgt, muß man sich von der »Hauptstraße« (Eselkarren scheinen hier der Hauptverkehr zu sein) herunterwagen und seinem Auto die »Landstraße« zumuten. Zwar scheint schlagartig die zivilisierte Welt aufzuhören, zwar scheint der Weg nur noch aus Löchern zu bestehen, zwar scheinen sich die Fußgänger hauptsächlich aus Eseln, Ziegen und Schweinen zu rekrutieren, zwar stellen öfter mal irgendwelche Gräben die Bodenfreiheit des Wagens arg auf die Probe, doch taucht dafür dann endlich auf, was man unter Balkanbergen erwartet.

Wer schließlich sein Auto stehen läßt und etwa hinten in Vratna Kapile zu Fuß noch ein wenig weiter in die Berge kraxelt und die Štubik-Schlucht mit ihren natürlichen Felsbrücken unsicher macht, kommt sich vor wie im obersten Durchbruchtal der Donau, etwa in der Gegend von Beuron oder Thiergarten, wo die alten Strudellöcher den Wasserstand von vor Jahrmillionen zeigen, und wo Versteinerungen beweisen, daß auch hier einmal die Fische schwammen.

Zurück auf der Hauptstraße scheint die Welt hinter Negotin dennoch zu Ende zu gehen. Die letzten zehn Kilometer vor der Grenze scheinen Niemandsland zu sein, so verlassen ist alles. Auch an der Grenze selbst gähnende Leere, dafür zwischen den beiden Stationen ein Desinfektionsgraben, als gälte es, die westliche Pest aufzuhalten. Zäune, Maschinengewehre, Wachtürme, Laufgräben für scharfe Hunde – das Paradies der Arbeiter und Bauern erwartet den Besucher mit balkanesischer Geduld. Obwohl das Visum im Paß einwandfrei ist und in vollen drei Stunden ein einziges weiteres Auto auftaucht, dauert die Abfertigung insgesamt beinahe vier Stunden. Zeit scheint sich ähnlich wie die Entfernungen in der Unendlichkeit zu verlieren.

Lebendig wird es dann wieder in Vidin, dem Bononia der Römer und dem Bdin des 14. Jahrhunderts, als hier die Hauptstadt des nordwestlichen bulgarischen Zarenreiches war. Ungarn, Habsburger, Rumänen und Türken stritten sich jahrhundertelang um die Stadt, die sich schließlich mit nicht weniger als sieben Verteidigungsgurteln zu schützen versuchte und einen breiten Graben hatte, in den bei Gefahr die Donau geleitet werden konnte. Die mittelalterliche Burg Babini Vidini Kuli entstand im 13. Jahrhundert auf römischen Mauern im Auftrag eines bulgarischen Fürsten aus dem Geschlecht der Schischmanovzi.

Natürlich eroberten die Türken auch diese Festung, bauten sie aus und machten sie zum Amtssitz des türkischen Befehlshabers. Welches Gefühl der Stärke die Bil-

Die mittelalterliche Festung Baba Vidin, eine von vielen des Landes, geht in ihrer Entstehung bis auf die Römer zurück. Auf den Grundmauern ließ im 13. Jahrhundert ein bulgarischer Fürst aus dem Geschlecht der Schischmanovzi sie wieder auferstehen (oben und rechts).

Ein romantisches Überbleibsel aus der guten alten Zeit. Schon längst ist der alte Radetzky-Schlepper aus dem Verkehr gezogen worden. Auch der sozialistische Osten konnte sich dem technischen Fortschritt nicht verschließen. »Fahrzeuge der Zukunft« flitzen auch hier.

derbuchfestung ihrem jeweiligen Herrn vermittelt haben muß, dafür liefert Osman Pasvantoglu (1792 bis 1807) den besten Beweis. Er lehnte sich im Gefühl der eigenen Stärke sogar gegen seinen Sultan auf und zog gegen ihn zu Felde. Als Zeichen seiner Mißachtung des Sultans ließ er auf dem Minarett der Moschee den Halbmond durch eine herzförmige Spitze ersetzen – ein Beweis für Unabhängigkeit und Stärke, der bis heute zu bewundern ist.

Vielleicht tat sich der Türkenherrscher von Vidin deshalb besonders leicht, weil er noch eine zweite Burg zur Verfügung und als letzte Zuflucht hatte. Sie steht nicht direkt an der Donau, sondern versteckt in den Balkanbergen, ein ideales Raubritternest, wie geschaffen für schnelle Ausfälle und ideale Verteidigungsmöglichkeiten. Wer diese mit Abstand romantischste Burg an der gesamten Donau kennenlernen und auch die wohl interessanteste Felsenlandschaft zwischen Schwarzwald und Schwarzem Meer nicht versäumen möchte, muß von Vidin knapp 60 Kilometer in die Berge von Belogradčik fahren.

Was den Besucher dort erwartet, hat in ganz Europa nichts Vergleichbares. Schon 1841 schrieb der Franzose R. Blanqui in seinem Bericht von einer Reise an die Donau: »Maler und Geologen sollten Belogradčik besuchen. Weder die Anhöhen von Ollioules in Frankreich, noch das Pancorbatal in Spanien können mit den Belogradčiker Steinriesen verglichen werden, die auch nicht in den Pyrenäen oder den Tirolern und den Schweizer Alpen ihresgleichen haben.«

Wie recht der Franzose hatte, zeigt allein schon die Anziehungskraft, die die bizarren Riesen auf sämtliche Filmleute haben. Wann immer es um Inkas oder Indianer geht, bildet diese monumentale Landschaft den idealen Hintergrund. Einzeln, in Gruppen oder zu ganzen Wänden aneinander gereiht, ragen die Kalksandsteinzyklopen in den Himmel, bilden Höhlenlandschaften und freistehende Einzelfiguren. Kein Wunder, daß viele dieser Felsen eigene Namen bekommen haben. Vom »Türken« bis zum »Reiter«, von der »Madonna« über die »Sphinx« bis zur »Hexe« reicht die Palette der dafür gefundenen Bezeichnungen.

Da die Felsen meist senkrechte, wenn nicht überhängende Wände haben, waren ihre meist topfebenen Gipfelplatten leicht zu verteidigende Refugien. So ist es kein Wunder, daß bereits die Römer eine erste Festung in die Steinriesen hineinbauten. Später machten es ihnen die Türken nach. Allerdings verfeinerten sie unter Sultan Mahmud II. das Ganze dadurch, daß sie einen weitläufigen, äußeren Verteidigungsring um Kaleto bauten und den eigentlichen Bergfried wie ein Schwalbennest in die Gipfelregion einiger Zyklopenfinger klebten.

Das Felsennest hatte nur einen einzigen, winzigen Zugang (alle anderen Seiten bestanden aus senkrechten Felswänden), und der war durch die weite Befestigungsanlage im Vorfeld hervorragend geschützt. Beides zusammen, natürliche Felsen und menschliches Bauwerk fanden hier zu einer neuen romantischen Einheit, deren Zauber ihresgleichen sucht. Von den Gipfelplattformen des ehemaligen Bergfriedes bietet sich eine prächtige Aussicht auf die Balkangipfel bis hinüber zu Babin Nos, Midžor oder Vedrenik.

Wenige Kilometer nur von den in den Himmel ragenden Kalksandsteinfelsen befindet sich das unterirdische Gegenstück: die Höhle von Magura. Ihr Zugang liegt am Ufer des kleinen Rabischa-Sees. Die Höhle ist mehr als drei Kilometer lang, erreicht manchmal eine Breite bis zu 800 Meter und hat Hallen, die bis zu 30 Meter hoch sind. Die Zauberwelt aus Stalaktiten und Stalagmiten regt die Phantasie des Besuchers ebenso an wie die Vielzahl von Zeichnungen aus Fledermauskot an den Wänden. Sie stammen aus den unterschiedlichsten Zeiten; die ältesten dürften etwa auf das Jahr 1000 v. Ch. zurückgehen. Ihre Motive reichen von einzelnen Menschendarstellungen

über Jagdszenen bis zu Symbolen für Sonne, Himmel, Wasser und Erde.

Da die Höhle zu allen Zeiten den Einheimischen so gut wie den gerade herrschenden Soldaten, von den Römern über die Türken bis zu den Partisanen unserer Tage, als Unterschlupf diente und nicht wenige von ihnen sich ebenfalls als Felsmaler versuchten, ist es bis heute nicht gelungen, wirklich Altes von Jüngerem exakt zu trennen. Auch ist bis heute nicht geklärt, wie verschiedene afrikanische Motive ausgerechnet an die Wände der Höhle in den Balkanbergen geraten sein können. Möglicherweise waren es nubische Sklaven der Römer, die mit diesen Motiven aus ihrer Heimat ihren Sehnsüchten Luft machen wollten.

BARAGAN UND DOBRUDSCHA

»Eine einsame Wildnis, die das Wasser in ihren Tiefen verborgen hält, und wo nichts von selber wächst. Nichts außer Disteln!« So beschreibt einer, der es wissen muß, den Baragan: Panait Istrati war von dort gebürtig und litt lange genug unter den dort herrschenden Verhältnissen. Von ihm stammt auch die nähere Beschreibung dieser noch bis vor etwa fünfzig Jahren so unwirtlichen Gegend:

»Seit Menschengedenken breitet sich der Baragan zwischen der wehmütigen Jalomiţa und der mürrischen Donau über das sonnenversenkte Land. Das ganze Frühjahr und den Sommer hindurch steht er in tückischem Kleinkrieg mit den arbeitsamen Menschen. Die liebt er nicht und verwehrt ihnen jeglichen Wohlstand – außer vielleicht die Gunst, herumzustreifen und aus vollem Halse zu brüllen. Denn der Baragan ist einsam. Auf seinem breiten Rücken wächst kein Baum, und von einem Brunnen bis zum nächsten hast du reichlich Zeit, vor Durst umzukommen. Auch gegen den Hunger dich zu schützen, ist keineswegs seine Sache. Bist du jedoch, sagen wir, gegen diese beiden Leibesnöte gewappnet und willst mit deinem Herrgott alleine sein, dann begib dich auf den Baragan: Es ist der Ort, den der Schöpfer beschert hat, auf daß der Rumäne hier ungestört seinen Träumen nachhängen kann.«

Wo einst die endlose Steppe unter der Sonne glühte, wo die Bauern mindestens zu gleichen Teilen unter der gnadenlosen Herrschaft der Landschaft wie unter der ihrer Bojaren litten, da dehnen sich heute endlose Weizenfelder, und die wenigen Dörfer sind zur Heimat von Traktoren- und Mähdrescherstationen geworden. Unzählige Kanäle bringen das Donauwasser und damit das Leben bis in den entferntesten Winkel – Ergebnis der Arbeit zahlloser Schwaben aus dem Banat, die nach dem letzten Krieg von den Rumänen nur mit Spaten und Schaufel »bewaffnet« zur Urbarmachung der Steppe gepreßt worden waren.

Auf der anderen Seite der Donau, hinter Silistra, dem Durostorum der Römer, beginnt das genaue Gegenteil des Baragan. Blickt man aus der ehemaligen Steppe etwa über Cernavodă nach Osten, dann überrascht die Vielfalt der dort plötzlich aufragenden Berge. Sicher, besonders hoch sind sie alle nicht, dafür um so rauher, einsamer und abweisender.

Wohl ist die Landschaft auf den ersten Blick alles andere als einladend, und wer sich von den wenigen Hauptstraßen herunterwagt, landet nicht selten recht schnell auf irgendeinem blind endenden Feldweg. Doch selbst das ist dann nicht vergebens. Immer wieder zeigt sich nämlich dann, daß die Dobrudscha ihren ganz eigenen Reiz hat, der wohl kaum allein mit den türkischen Pludergewändern der Bäuerinnen erklärt werden kann.

Da auch die Landschaft den Reiz alleine nicht ausmacht, muß es wohl die eigenartige Mischung vom abweisenden Äußeren sowohl der Landschaft als auch ihrer Bewohner sein, bei denen man häufig ohnehin nicht weiß, ob sie eher Griechen, Türken, Rumänen oder eine Mischung von allen dreien sind.

Ihnen ein wenig näher zu kommen, mag ein Besuch in den Höhlenkirchen von Basarabi-Murfatlar helfen. In den hochinteressanten Gräbern, unterirdischen Kapellen und Gängen aus dem 10. Jahrhundert mit ihren kyrillischen, glagolithischen, griechischen und lateinischen Inschriften, Runen und Ornamenten, mit ihren Drachen, Vögeln, Pferden, Schiffen und Kreuzen wird ein wenig sichtbar, was möglicherweise hinter den verschlossenen Mienen der Bewohner vor sich geht. Die im Friedhof von Cernavodă gefundenen herrlichen Tonfiguren »Der Denker« und »Die hockende Frau« aus dem Neolithikum (beide Museum Constanţa) sind dann zum weiteren Verständnis gar nicht einmal mehr notwendig.

Die Höhle von Magura – sie ist zugänglich von der Uferseite des Rabischa-Sees – enthält neben einer Zauberwelt aus Stalaktiten und Stalagmiten eine Vielzahl von Zeichnungen aus unterschiedlichsten Zeiten. Die ältesten dürften in der frühen Bronzezeit entstanden sein.

Die Festung Kaleto in den Götterfelsen von Belogradčik geht auf die Römer zurück. Später machten es ihnen die Osmanen nach und verfeinerten das Ganze dadurch, daß sie um die Festung einen weitläufigen äußeren Verteidigungsring bauten.

»Die Denkerin« wurde 1956 bei Cernavodă gefunden. Sie entstand Ende des 5. Jahrtausends v. Chr. Diese Skulptur ist einer der Hinweise darauf, daß an der unteren Donau schon zu jener Zeit eine Kultur vorhanden war, die in Griechenland erst sehr viel später entstehen sollte.

Von Dakern, Griechen und Römern

Der »Denker« und die »Denkerin« aus dem 5. Jahrtausend v. Chr., gefunden in Cernavodă, sind keineswegs die einzigen Hinweise darauf, daß an der unteren Donau schon vor sechs und mehr tausend Jahren eine Kultur vorhanden war, die in ähnlicher Form in Griechenland erst knapp zwei Jahrtausende später entstehen sollte. So konnte erst kürzlich nachgewiesen werden, daß die Bewohner der unteren Donau bereits 4000 Jahre v. Chr. in der Lage waren, Gold zu. Schmuck zu verarbeiten und Ton nicht nur zu brennen, sondern auch mit silbrigem Graphit und rotem und gelbem Ocker zu verzieren. Die so kunstfertigen, aber bis heute namenlosen Bewohner des unteren Donauraumes nahmen ab etwa 2000 v. Chr. mykenische Einflüsse an, ab etwa 700 v. Chr. bekamen sie direkte Nachbarschaft durch griechische Siedlungen am Rande der Dobrudscha.

Mit dem Vater der Geschichtsschreibung, dem Griechen Herodot (etwa 490 bis 425) erhielten die Bewohner der unteren Donau nicht nur einen Namen, sondern auch eine erste Beschreibung: »Die Thraker sind das zahlreichste Volk der Welt nach den Indern, und wären sie von einem Mann regiert oder könnten sie sich untereinander besser verständigen, wären sie unbesiegbar und bei weitem das mächtigste aller Völker… Aber sie sind nicht fähig, sich zu einigen, und es scheint unmöglich, daß sie es jemals könnten, und aus diesem Grund sind sie schwach.«

Nur fünfhundert Jahre später merkten dann die Römer, daß es mit der Schwachheit der von ihnen Daker genannten Donauanrainer nicht sehr weit her war. Jahrhunderte heftigster Kämpfe entlang der unteren Donau beweisen das Gegenteil.

DIE ERSTEN
GOLDSCHMIEDE AN DER DONAU

Der bisher älteste Goldschatz der Welt wurde nicht bei den Sumerern oder in Ägypten, nicht in Peru oder in Kolumbien, sondern rund 100 Kilometer seitlich von der Donau, beim bulgarischen Schwarzmeerhafen Varna entdeckt. 1972 sollte dort ein Baggerfahrer einen Graben ausheben. Dabei sah er plötzlich gelbschimmernde Plättchen, grüne Schuppen und Feuersteinsplitter. Schnell stellte sich heraus, daß die grünen Stücke korrodiertes Kupfer waren und ebenso Reste prähistorischer Werkzeuge darstellten wie die Feuersteinbrocken. Beides war leicht datierbar auf die Zeit um 4000 v. Chr.

Die eigentliche Sensation jedoch waren die gelben Plättchen. Sie bestanden aus massivem Gold und mußten, da sie direkt neben den Kupferwerkzeugen lagen, aus der gleichen Zeit stammen. Natürlich löste diese Aussicht bei den Archäologen eine fieberhafte Tätigkeit aus. Und das Ergebnis sollte ihnen recht geben: Insgesamt wurden etwa zweitausend verschiedene Gegenstände aus purem Gold gefunden, die zusammen ein Gesamtgewicht von etwa 5,5 Kilogramm auf die Waage bringen. Darunter sind Halsketten, Armreifen, Ohrringe, Ketten mit Goldperlen, goldverzierte Steinaxtgriffe und Keramikschalen.

Ihr Alter konnte mit der Radiokarbonmethode zwischen 4500 und 4200 v. Chr. datiert werden. Damit ist der Schatz von Varna eindeutig der mit Abstand älteste Goldschatz der Welt. Den von Heinrich Schliemann in Troja gefundenen übertrifft er um immerhin zwei Jahrtausende. Auch wenn die Grabbeigaben von Varna bei weitem noch nicht den hohen Stand der Goldverarbeitung wie bei den Trojanern belegen, so macht doch allein das größere Alter den Fund von Varna mindestens ebenso bedeutsam. Schließlich wird durch ihn bewiesen, daß die Bewohner der unteren Donau bereits vor sechstausend Jahren in der Lage waren, Gold zu schmelzen, es zu bearbeiten und zu Schmuck zu formen.

Darüber hinaus gelang der Nachweis, daß gleichzeitig bereits die Verarbeitung von Kupfer möglich war. Das bedeutet, daß Kupfer an der unteren Donau rund zweitausend Jahre früher gefördert, geschmolzen und bearbeitet wurde als in der Ägäis. Auch wenn der Beweis bisher noch nicht geführt werden konnte, so liegt doch die Vermutung nahe, daß die Griechen die Verarbeitung von Kupfer und später von Bronze an der unteren Donau von den Vorgängern der Thraker gelernt haben.

Daß die »goldenen Zeiten« an der unteren Donau weder räumlich noch zeitlich eng begrenzt waren, zeigt ein anderer Fund in der Nähe von Vraca, rund 70 Kilometer südlich der Donau. Er ist rund dreieinhalb Jahrtausende jünger, aber gerade deshalb besonders interessant. Zum einen beweist er, daß die Thraker die Tradition ihrer Vorgänger übernommen hatten und die Verarbeitung von Gold zu echter Meisterschaft gebracht hatten, zum anderen macht er zumindest die Begräbnissitten der Thraker höchst anschaulich.

Der um 375 v. Chr. entstandene Grabhügel belegt plastisch, was Herodot bereits hundert Jahre vorher beschrieben hatte: »Bei den Thrakern haben die Männer viele Frauen. Stirbt einer der Männer, streiten seine

233

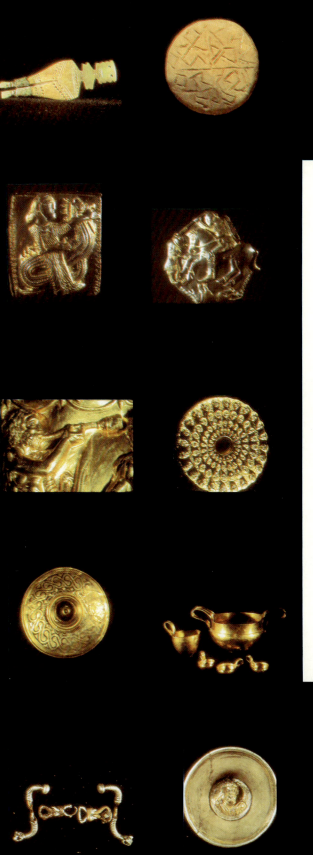

Frauen, von ihren Freunden heftig unterstützt, darum, welche von dem Toten am stärksten geliebt worden war. Welcher diese Ehre zugesprochen wird, ist äußerst stolz. Willig läßt sie sich dann von ihrem nächsten Verwandten auf dem Grab ihres Mannes töten und mit ihm beerdigen. Die anderen Frauen jammern, daß sie nicht so glücklich sind.«

Das in Vraca entdeckte Grab eines Thrakerfürsten belegt all das bis ins letzte Detail. Der etwa 30jährige Fürst war mit allen Zeichen seiner Würde beigesetzt worden. Ein eisernes Schwert, Dolche, ein Köcher und siebzig bronzene Pfeile sowie seine komplette Rüstung waren ihm beigegeben worden. Vom hohen Stand der damaligen Kunst zeugt vor allem ein besonders gut erhaltenes Stück des silbernen Beinschutzes, der mit eingelegten und reich verzierten Goldstreifen die Form eines Gesichtes zeigt und von hoher Kunstfertigkeit des Herstellers zeugt.

Neben dem so prunkvoll ausgestatteten Toten fand sich eine etwa 18jährige Frau, über deren Todesart eine Messerklinge zwischen ihren Rippen keinen Zweifel übrig läßt. Ihr freiwilliger Tod war ihr mit einem wunderschönen Lorbeerkranz aus einzelnen Goldblättern belohnt worden. Beides zusammen, Beinschutz wie Lorbeerkranz, sind Zeugnisse höchster Perfektion sowohl in der handwerklichen Verarbeitung wie in der Gestaltung.

Verschiedene Indizien deuten darauf hin, daß Gold bei den Thrakern keineswegs Seltenheitswert hatte. Natürlich ist es da auch nicht weiter verwunderlich, daß so viel

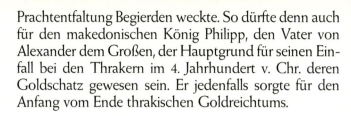
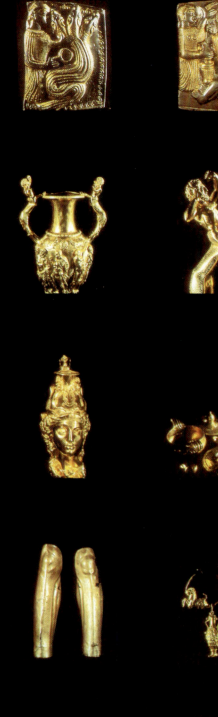

Prachtentfaltung Begierden weckte. So dürfte denn auch für den makedonischen König Philipp, den Vater von Alexander dem Großen, der Hauptgrund für seinen Einfall bei den Thrakern im 4. Jahrhundert v. Chr. deren Goldschatz gewesen sein. Er jedenfalls sorgte für den Anfang vom Ende thrakischen Goldreichtums.

DER KAMPF DER DAKER MIT DEN RÖMERN

Als erste »Eindringlinge« ins Reich der Thraker kamen im 7. und 6. Jahrhundert v. Chr. die Griechen. Die Auswanderer aus Milet ließen sich an der thrakischen Küste des Schwarzen Meeres als friedliche Handelsleute nieder und vertrugen sich mit den Geten (rechts und links von der Donau) und den Thrakern (im Karpatenbogen) ausgezeichnet. In Odessos (Varna), Kallatis (Mangalia), Tomis (Constanţa) und Hîstria (Istria) hatten sie ihre Hauptsiedlungen. Von dort aus trieben sie mit den Geten und Thrakern Handel, von dort aus befruchteten sie Kunst und Handwerk der Donauanwohner. Die in der walachischen Tiefebene ansässigen getischen Stämme pflegten direkte Beziehungen zu den griechischen Kolonisten, trieben mit ihnen Handel und erlangten so Kenntnisse griechischer Kunst und Technik. Auf diesem Wege kam zum Beispiel die Töpferscheibe an die untere Donau. Auch die Gewohnheit, zunehmend in größeren Siedlungen (oppida) zusammenzuleben, geht auf den Einfluß der griechischen Kaufleute zurück.

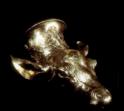

Von der hochstehenden Kultur der Thraker, die seit dem zweiten Jahrtausend v. Chr. das ehemalige Thrakien bewohnten, zeugen zahlreiche Schatzfunde. Vor allem die überaus wertvollen Goldschätze vermitteln einen Eindruck der schon von Homer gerühmten Metallkunst.

Auch wenn Skythen von Osten und Kelten von Westen Thraker und Geten zeitweise arg bedrängten, ließen sie sich doch nie aufreiben. Zu Beginn des dritten Jahrhunderts schafften sie vielmehr die ihnen von Herodot abgesprochene Stamesvereinigung und besiegten daraufhin prompt unter Dromichaites den Makedonierkönig Lysimachos, den Nachfolger Alexander des Großen. Schließlich führte die wachsende Bedrohung von außen zur Bildung des ersten Staates der Daker unter Burebistas (70 bis 44 v. Chr.) - ein erster Versuch, der am Horizont aufziehenden tödlichen römischen Gefahr zu begegnen.

Gebunden war diese Gefahr an das Machtstreben des inzwischen auf Lebenszeit zum Imperator gewählten Gajus Julius Cäsar (100 bis 44 v. Chr.). Ihm war die Stärke der Daker ein Dorn im Auge; sie zu unterwerfen, war für ihn bereits beschlossene Sache. Noch aber war die Stunde der Konfrontation nicht gekommen. Im März 44 wurde Cäsar ermordet, und kurz darauf Burebistas von seinen eigenen Leuten erschlagen. Der römische Vormarsch endete daraufhin am rechten Donauufer. Die Daker gaben sich mit dem linken Donauufer zufrieden, der Friedensschluß sah sogar Hilfeleistungen der Römer für die Daker vor.

Für über hundert Jahre funktionierte diese Lösung ausgezeichnet, dann allerdings trafen wieder zwei zu starke Köpfe aufeinander: Auf seiten der Daker war es König Decebal, auf römischer Seite Kaiser Domitian. Decebal betrieb eine systematische Aufrüstungspolitik, worauf Domitian die Unterstützung der Daker einstellte. Die kamen als Antwort über die Donau, eroberten die Provinz Mösien (Nordost-Bulgarien und die Dobrudscha) und töteten den römischen Statthalter Oppius Sabinus.

Der im Jahre 89 geschlossene Frieden sah die Daker zwar wieder auf »ihrer« Seite der Donau, doch wurde dieser Friede von den Römern für so schmachvoll angesehen, daß der nächste Waffengang nur eine Frage der Zeit sein konnte. Decebal war geschickt genug, den als Freundschaftsvertrag geschlossenen Friedensvertrag in seinem Sinne zu nutzen. Von den im Vertrag vorgesehenen römischen Militärberatern ließ er seine Streitmacht reorganisieren und planmäßig aufrüsten. Bis die Römer die List bemerkten, war die Bedrohung bereits so gewachsen, daß für Domitians Nachfolger Trajan nur noch die Flucht nach vorne blieb. Unter Hinweis auf die drohende Gefahr und auf die Möglichkeit, an die Goldgruben der Daker zu kommen, stimmte der römische Senat einem Angriff zu.

In den Jahren 101 und 102 ereignete sich dann, was noch heute als Bildbericht auf der Trajanssäule in Rom (Kopie im Nationalmuseum in Bukarest) nachvollzogen werden kann. Über stationäre Schiffsbrücken aus fest verankerten Booten drangen die Römer mit etwa 150 000 Mann von Westen (eine Brücke unterhalb von Belgrad, eine zweite bei Orşova mit Zugang über die eigens dafür gebaute Straße durch das Eiserne Tor) und von der Dobrudscha her in Dakien ein und zwangen Decebal rasch zur Kapitulation.

Sein wirkliches Ziel aber erreichte Trajan trotz seiner vierzehn Legionen nicht. Dakien konnte nicht so geschlagen werden, daß es zur römischen Provinz geworden wäre. Der Friede von 102 war eigentlich nur ein Waffenstillstand, die Ruhe vor dem entscheidenden Sturm.

Beide Seiten waren sich dieser Tatsache wohl bewußt, und beide Seiten nutzten die Zeit zu höchsten Rüstungsanstrengungen. Decebal baute seine Verteidigungsburgen wieder auf und kaufte mit dem Gold der Daker jede Waffe, die er nur auftreiben konnte. Kaiser Trajan ließ das Weltwunder jener Zeit bauen: die erste feste Brücke über die untere Donau.

Für dieses Werk holte er aus Damaskus Apollodorus, den berühmtesten Architekten jener Zeit. Der entschied sich für eine Konstruktion mit insgesamt zwanzig steinernen Pfeilern, deren knapp 65 Meter großen Zwischenräume mit hölzernen Bögen und Galerien überbrückt wurden. Als Ort für die Brücke wurde das Lager Drobeta, das heutige Drobeta-Turnu Severin, ausgewählt, damit die Straße durch das Eiserne Tor wiederum optimal genutzt werden konnte. Die ersten Pfeiler seiner Brücke baute Apollodorus am linken Ufer der Donau auf einer vorspringenden Landzunge. Zwischen diesen Pfeilern ließ er dann einen Kanal graben, über den das meiste Donauwasser abfließen konnte. In dem so gezähmten eigentlichen Flußbett wurden dann die restlichen Pfeiler errichtet. Über die insgesamt 1135 Meter lange Brücke marschierte Kaiser Trajan 105 neuerlich in Dakien ein.

Während die Römer mit neuen Mannschaften einen regelrechten Vernichtungskrieg führen konnten, sahen sich die Daker vom ersten Tag an in der Verteidigungsrolle. Stück um Stück ihres Landes wurde erobert, die letzten Reste der Daker eingekesselt und schließlich vernichtet. Decebal selbst stürzte sich in seinen Krummsäbel, viele seiner Führer folgten diesem Beispiel. Dennoch wurde ihm sogar noch nach seinem Tode eine bei den Römern nicht alltägliche »Ehre« zuteil: Sein Haupt und seine rechte Hand wurden in Rom öffentlich zur Schau gestellt.

Natürlich ging auch Trajan nicht leer aus. Er wurde zum Vater der neuen römischen Provinz Dakien ernannt, und vom Senat erhielt er den Titel »Optimus« (der Beste). Selbst auch nicht gerade bescheiden, baute er sich sein Siegesdenkmal in eigener Regie: das Tropaeum Trajani. Die 40 Meter hohe Siegessäule entstand im Jahre 106 am Westrand der Dobrudscha, dort, wo Trajan die Daker im ersten Krieg schwer geschlagen hatte, beim heutigen

Dörfchen Adamclisi, rund 30 Kilometer südlich von Cernavodă.

Bis zum Ende des vergangenen Jahrhunderts hatte niemand mit den Resten des Riesenmonuments so richtig etwas anfangen können. Erst 1895 identifizierten die Archäologen den Hügel aus Sand und Kalkstein, sammelten die weit verstreuten Reliefplatten und Metopen und brachten zunächst alles nach Bukarest. Dort stellte sich heraus, daß auf den Bildtafeln der gesamte Krieg gegen die Daker abgebildet ist und die Taten Trajans verherrlicht sind. Heute sind die 49 erhaltenen Metopen mit der Darstellung der Kämpfe zwischen Römern und Dakern wieder beim Siegesmonument selbst aufgestellt. Außerdem wurde ein Rekonstruktionsmodell der gesamten Anlage errichtet.

Das Tropaeum Trajani ist nicht nur das selbst errichtete Denkmal eines großen Kaisers und Feldherrn, es ist auch eine Art Ausrufungszeichen, vom Imperium Romanum gesetzt in dem Moment, wo das Weltreich die weiteste Ausdehnung in seiner gesamten Geschichte erreicht hatte. Alles, was in den nächsten vier Jahrhunderten folgte, war langsamer, aber unaufhaltsamer Niedergang dieser Herrlichkeit.

Kaiser Trajan war der Bauherr der ersten festen Brücke über die untere Donau. Über die hölzerne Bogenkonstruktion auf zwanzig steinernen Pfeilern marschierte er im Jahre 105 in Dakien ein. Das Relief oben stammt von der Siegessäule, die 106 für Trajan errichtet wurde.

Das Tropaeum Trajani ist nicht nur das selbsterrichtete Denkmal eines großen Kaisers und Feldherrn; es ist auch eine Art Ausrufungszeichen, vom Imperium Romanum gesetzt in dem Moment, wo das Weltreich die weiteste Ausdehnung in seiner Geschichte erreicht hatte.

Von Rumänen und Bulgaren

Ganze 165 Jahre dauerte die römische Herrschaft in Dakien, dann zwangen die Goten die Römer, wieder auf die Südseite der Donau zurückzuweichen. Für die nächsten rund dreihundert Jahre wurde damit die Donau auch an ihrem unteren Teil wieder zum nassen Limes. Von Drobeta (Turnu Severin) über Almus (Lom), Oescus (Gigen), Sexaginta Pristis (Ruse) bis zu Durostorum (Silistra) und Oppidum Tropaeum Trajani (Adamclisi) reicht die Kette römischer Städte, Lager und Verteidigungseinrichtungen. Dennoch konnten Invasionen von Goten, Awaren, Slawen, Kumanen und Magyaren nicht verhindert werden. Die tiefsten Spuren hinterließen dabei auf der Nordseite der Donau die Slawen, auf ihrer Südseite die Urbulgaren unter ihrem Fürsten Khan Kubrat.

Dennoch mußten noch Jahrhunderte vergehen, bis neue Staatsgebilde an der unteren Donau das Vakuum füllen konnten, das nach dem Zerfall des oströmischen Reiches übriggeblieben war. Parallel zur langwierigen Ausbildung neuer Machtzentren verlief die nicht minder langwierige Ausbildung der neuen Sprache und ihrer Gebiete. Eigenartigerweise war bei all diesen Vorgängen die Donau immer dann keine Grenze, wenn es um Machtbereiche, wohl aber wenn es um Sprachbereiche ging. Äußeres Zeichen dafür ist bis heute die Verwendung des kyrillischen Alphabetes ausschließlich auf der Südseite der Donau, obwohl sich zuzeiten Bulgarien weit nach Norden hin ausgedehnt hatte.

Während die Bulgaren schnell zu einem starken Staat fanden, taten sich die Rumänen etwas schwerer. Beiden aber nützte alles nichts, als die Türken kamen. Wie alle Völker litten sie Jahrhunderte unter der Herrschaft der Hohen Pforte, bis deren Machtbereich von selbst zerfiel. Dann erst zeigte sich, daß die untere Donau tatsächlich die Grenze zwischen beiden Völkern und Staaten bildete.

FÜRSTEN UND
KÖNIGE AN DER UNTEREN DONAU

Als um das Jahr 400 das römische Imperium in West- und Ostrom zerfiel, kam natürlich der gesamte Balkan, soweit er noch unter römischer Herrschaft war, zu Ostrom, also zu Byzanz. Es folgte noch einmal eine Phase des Ausbaus der unteren Donau als Limes, während gleichzeitig die Slawen von Nordwesten und die Urbulgaren vom Kaukasus her vordrängten. Unter ihrem ersten Zaren Isperich legten sich die Bulgaren mit Byzanz an, überquerten die Donau und setzten sich im Delta und

in der nördlichen Dobrudscha fest. Im Friedensvertrag von 681 mußte der byzantinische Kaiser nicht nur Isperichs Staat anerkennen und ihm Gebiete südlich der Donau abtreten, sondern sich sogar zu jährlichen Tributleistungen an den neuen Zaren verpflichten.

Die Urbulgaren waren klug genug, sich mit den nördlich der Donau schon länger ansässigen Slawen zu verbinden und sich deren Geschick in Ackerbau, Viehzucht und Handwerk zunutze zu machen. Sie selbst übernahmen als Reitervolk der Steppe die Rolle der Schutzmacht. Nicht umsonst heißt es über sie in einem Bericht an König Theoderich: »Weder Bergmassive noch Ströme, noch der Mangel an Nahrung versetzten sie in Schwierigkeiten, wie man es erwarten sollte, denn sie meinen, es sei Vergnügen genug, Stutenmilch zu trinken. Wer wird einem Gegner widerstehen, der von seinem schnellen Pferd getragen und ernährt wird?«

Um gut miteinander auszukommen, mußten beide Seiten Abstriche machen: Die Bulgaren verzichteten auf ihre angestammte Sprache, die Slawen gaben ihre bisherigen Stammesverbindungen auf. Im neuen gemeinsamen Staat galt fortan die Sprache der Slawen, die später auch zur Schrift- und Kirchensprache wurde, die politische Führung dagegen übernahmen die Bulgaren. Hauptstadt dieses ersten selbständigen Staatsgebildes an der unteren Donau wurde Pliska, nicht weit entfernt vom heutigen Novi Pazar, etwa 100 Kilometer südlich von Silistra.

Das erste bulgarische Zarenreich bestand über dreihundert Jahre und ermöglichte die Entwicklung einer ersten eigenen Kultur. Zeugen davon sind die bei Pliska freigelegten Ruinen der ersten Zarenstadt mit ihren wuchtigen Festungsmauern und Wehrtürmen. Ihre Innenstadt war einst durch eine zusätzliche Festungsmauer aus riesigen Steinblöcken geschützt; im Zentrum befanden sich die Paläste des Zaren und der Bojaren. Freigelegt werden konnten die Fundamente des Großen Palastes, des Kleinen Palastes sowie der Großen Basilika. In einem kleinen Museum geben Modelle der Anlage einen Eindruck von der einstigen Größe der ersten bulgarischen Hauptstadt.

Das schönste und eindrucksvollste Zeugnis aus dieser Zeit findet sich jedoch wenige Kilometer südlich bei Madara. Dort wurde in 25 Meter Höhe aus einer gewaltigen Felswand das Relief eines lebensgroßen Reiters herausgeschlagen, der mit der linken Hand die Zügel seines Pferdes hält und mit der rechten die Lanze gegen einen Löwen schleudert. Umgeben ist das Relief von griechischen

239

Inschriften, die von im 8. und 9. Jahrhundert geschlossenen Verträge zwischen den bulgarischen Zaren und den byzantinischen Kaisern berichten. Sie sind die ältesten Schriftdenkmäler aus dem ersten Bulgarenreich. Auf den insgesamt 34 Meter hohen Felsen sind die Reste der alten Festung Madara zu erkennen, die im 7. Jahrhundert zum Schutz der ersten bulgarischen Hauptstadt entstanden war.

Natürlich konnte die Vereinigung von Slawen und Bulgaren Byzanz nicht gefallen. Erbitterte Auseinandersetzungen zwischen dem byzantinischen Kaiser und dem bulgarischen Zaren waren an der Tagesordnung. Die Bulgaren jedoch schreckte das keineswegs. Unter ihrem großen Zar Krum (802 bis 814) erreichten sie nicht nur eine beträchtliche Erweiterung ihres Gebietes, sondern es gelang ihnen auch, das byzantinische Heer in eine Falle zu locken und es vernichtend zu schlagen. Wie rauh die Sitten damals waren, dafür lieferte der Zar selbst einen plastischen Beweis: Den Schädel des geköpften byzantinischen Kaisers ließ er versilbern und als Trinkschale herrichten. Besonders willkommene Gäste durften dann mit ihm daraus auf gute Freundschaft trinken...

Die größte und bis heute nachwirkende Tat jedoch vollbrachte einer seiner Nachfolger. Langsam nämlich kam die Zeit des Missioneifers der bayerischen Missionare. Da Christentum mit Bildung gleichzusetzen war, brachten die Missionare auch die Gefahr der Abhängigkeit mit sich. Die aber sollte nicht unbedingt in Richtung Westen gehen. Deshalb richtete der mährische Fürst Rastislav an Kaiser Michael III. von Byzanz im Jahre 862 die folgenschwere Bitte: »Durch die Gnade Gottes sind wir gerettet, und es sind viele christliche Lehrer aus Welschland, Griechenland und von den Deutschen zu uns gekommen, die uns verschieden gelehrt haben. Aber wir Slawen sind ein einfaches Volk, und wir haben niemanden, der uns in der Wahrheit unterweisen und uns den Sinn der Schrift erklären könnte. Demnach, Gebieter, schicke uns einen solchen Mann, der uns die ganze Wahrheit aufrichtet.«

Und der Kaiser wußte Rat, hatte er doch zwei gelehrte Brüder, die den Slawen das Evangelium nicht nur in ihrem makedonischen Dialekt verkünden konnten, die vielmehr sogar noch in der Lage waren, in dieser Sprache zu schreiben – mit einem Alphabet, das sie selbst dafür entwickelt hatten. Kyrillos (826 bis 869) und Methodios (815 bis 885) waren damit nicht nur die Begründer einer slawischen Kirchenliteratur, sondern auch des kyrillischen Alphabets.

Der bulgarische Zar Boris (852 bis 888) machte sich die »Errungenschaft« seines Nachbarn Rastislav zunutze, ließ sich 865 in Byzanz taufen und verordnete anschließend die gewaltsame »Bekehrung« seiner Untertanen. Daß

aber offensichtlich nicht nur Schwert, Feuer und Gewalt im Spiel waren, zeigt die tiefe Verankerung der beiden Slawenapostel im Bewußtsein des Volkes. Bis heute war es selbst den kommunistischen Machthabern in Bulgarien nicht möglich, das Fest der beiden Heiligen abzuschaffen. Sie mußten aus der Not eine Tugend machen, und so wird ihr Ehrentag heute als »Tag des slawischen Schrifttums und der Kultur« gefeiert.

Doch nicht nur Schrift und Christentum kamen von Byzanz nach Bulgarien; da galt es auch noch, die Rechnung vom versilberten Kaiserschädel zu begleichen. Zwar dauerte es insgesamt zweihundert Jahre, doch war die Vergeltung dafür um so grausamer. 1018 gelang es Kaiser Basileios II. durch eine List, 14 000 bulgarische Soldaten gefangenzunehmen und endlich die verspätete Rache zu nehmen: Allesamt wurden geblendet, nur jeder Hundertste durfte als Einäugiger seine blinden Kameraden heimführen. Ihr Zar Samuil überlebte den Anblick seiner so geschlagenen Heimkehrer nicht, er starb vor Schreck. Damit übernahm Byzanz für 169 Jahre die Herrschaft über Bulgarien und Serbien.

Der bulgarischen Eigenständigkeit am rechten Donauufer entsprach am linken nichts Gleichwertiges. Zum einen reichte Bulgarien teilweise nicht unerheblich über die Donau hinüber nach Norden, zum anderen breiteten sich die Magyaren immer mehr in der Walachei aus und übernahmen die lokale Wojwodate. Die Abhängigkeit von der Stephanskrone und deutsche Einwohner (Siebenbürger Sachsen) sorgten dafür, daß auf der Nordseite der unteren Donau feudale Organisationsformen entstanden, wie sie damals im Westen Europas üblich waren. Während südlich der Donau Byzanz uneingeschränkt herrschte, konnten nördlich der Donau deutsche Ordensritter ihre Städte gründen.

Unter der byzantinischen Herrschaft waren die Bulgaren einem kaiserlichen Statthalter und einem von Byzanz eingesetzten Bischof unterstellt. Die Zarenfamilie war verbannt, und der Willkür standen Tür und Tor offen. Doch die Bulgaren wären nicht Bulgaren gewesen, hätten sie diesen Zustand allzu lange toleriert. Aufstand folgte auf Aufstand, doch erst 1186 gelang es den beiden Bojarenbrüdern Assen und Peter, Bulgarien von der byzantinischen Herrschaft zu befreien und ihre Heimatstadt Tărnovo, das heutige Veliko Tărnovo zur Hauptstadt des zweiten bulgarischen Zarenreiches zu machen.

Bulgarien erlebte nun eine nie gekannte und später nie wiederkehrende Blüte. Innerhalb von nur fünfzig Jahren erreichte es die größte Ausdehnung seiner gesamten Geschichte: Es grenzte an drei Meere, reichte von Albanien über Nordgriechenland bis beinahe zum Bosporus, umfaßte Teile des heutigen Jugoslawiens sowie die ganze östliche Hälfte von Rumänien. Trotz mancher politischer

240

Wirren blühten nun die Wissenschaften, die Literatur und die schönen Künste. Zum ersten Mal gab es eigene Münzen, und natürlich wurde auch wieder ein eigenes, unabhängiges bulgarisches Patriarchat gegründet.

Auch das geistige Zentrum dieses zweiten Bulgarenreiches lag in dem nur 60 Kilometer südlich der Donau gelegenen Tărnovo. Dort gab es eine literarische Schule, eine eigenständige Kunstschule, und dort arbeiteten die besten Handwerker des damaligen Bulgariens. Die Residenz des Zaren war mit bis zu zehn Meter hohen Festungsmauern geschützt. Der Haupteingang war nur über eine Zugbrücke und drei aufeinander folgende Tore möglich. Die Überreste des alten Hofkomplexes konnten ebenso freigelegt werden wie der ehemalige Patriarchensitz. Auf dem Trapesiza-Hügel wurden die Grundmauern von nicht weniger als siebzehn Kirchen entdeckt, die alle mit Mosaikfußböden und Wandmalereien reich ausgestattet waren. Unten am Ufer der Jantra steht noch die Kirche Sv. Tschetiridesset Matschenizi, die 1230 auf Befehl des Zaren Assen II. erbaut wurde. In ihr zeugt die Inschrift auf einer Marmorsäule davon, daß Bulgarien damals vom Adriatischen Meer bis nach Adrianopel reichte.

Um die alte Hauptstadt herum liegen nicht weniger als zehn alte Klöster. Das malerischste ist das Preobrashenije-Kloster, dessen heutige Bausubstanz zwar nur auf das vorige Jahrhundert zurückgeht, das in seiner Geschichte aber bis zum zweiten bulgarischen Zarenreich zurückreicht.

Das so überraschend aufblühende Riesenreich sollte sich recht schnell als Scheinblüte erweisen. Zar Ivan Assen hatte weder einen direkten Nachkommen, noch fand sich von anderer Seite ein starker Mann. Ein Bauernaufstand brachte den Schweinehirten Ivailo an die Macht, und der versprach sich ausgerechnet von den Tataren Hilfe in der Not. Die nutzten die erste Gelegenheit und ermordeten ihn 1280. Bis zur endgültigen Eroberung des Landes durch die Osmanen im Jahre 1396 wurde das Reich durch Einzelkämpfe seiner Stammesfürsten aufgerieben.

Für die nächsten fünfhundert Jahre war dann gegen die Herrschaft des Volkes kein Kraut gewachsen, das nach Martin Luther »Gott im Zorn erschaffen hat« – als unaufhaltsames Schicksal kam das türkische Joch über die Bewohner der unteren Donau.

NACH DER BEFREIUNG VOM TÜRKENJOCH

Als im Jahre 1866 der von Sigmaringen »importierte« Prinz Carl von Hohenzollern in Turnu Severin landete, war das wenigstens für die Donaugebiete Walachei und Moldau der Beginn des modernen Rumäniens. Zwar war der türkische Einfluß immer noch nicht völlig beseitigt, doch konnte sich Prinz Carl immerhin schon einmal ans Aufräumen machen – und das tat er mit schwäbischer Gründlichkeit. Planmäßig wurde der Aufbau eines modernen Staates nach preußischem Vorbild in Angriff genommen. Gleichzeitig kämpfte der Hohenzollernprinz beim Berliner Kongreß für die nationale Anerkennung des jungen Staates an der unteren Donau, verkündete am 9.5.1877 die staatliche Unabhängigkeit und erhielt ein Jahr später deren Anerkennung auf dem Berliner Kongreß. Zum Lohn dafür wurde er 1881 als Carol I. zum ersten rumänischen König gekrönt.

Während am linken Donauufer zwar langsam, aber dafür stetig ein moderner Staat nach westlichem Vorbild wachsen konnte, herrschten auf der anderen Seite des Stromes nach wie vor die Türken mit ungebrochener Grausamkeit. Dabei hatte schon 1853 Zar Nikolaus I. den britischen Botschafter in Petersburg mit dem inzwischen zum Schlagwort gewordenen Hinweis auf die Gefahr aufmerksam machen wollen: »Wir haben einen kranken Mann am Hals, einen sehr kranken Mann. Es wird ein großes Unglück geben, wenn er in nächster Zeit plötzlich entschlafen sollte, ohne daß vorher die notwendigen Maßnahmen getroffen wären.« Doch nichts geschah, der kranke Mann am Bosporus konnte seine mißratene Herrschaft weiter ausüben. Noch 1870 wurde ein von Vasil Levski organisierter Aufstand der Bulgaren von den Türken buchstäblich in Blut ertränkt.

Gerade diese letzte Grausamkeit war der Hauptgrund dafür, daß die Russen 1877 den Türken den Krieg erklärten. Zusammen mit den schon unabhängigen und mit ihnen verbündeten Rumänen kamen die Russen bei Svištov und Vidin über die Donau, umgingen die bei Ruse konzentrierte Hauptmacht der Türken und standen bereits im Januar 1878 vor Konstantinopel. Der Friede von San Stefano besiegelte nicht nur die endgültige Befreiung vom Türkenjoch, sondern auch eine bis heute andauernde Verbrüderung zwischen Bulgaren und Russen. Als äußeres Zeichen dieser Bruderschaft steht noch heute auf dem schönsten Platz von Sofia das Bronzedenkmal für Zar Alexander II., das wohl heute noch einzige Zarenstandbild im gesamten Ostblock.

Noch aber war Bulgarien keineswegs endgültig frei. Der Friedensvertrag sah lediglich ein Fürstentum zwischen Donau und Balkangebirge vor, das jedoch weiterhin unter der Oberhoheit des Sultans blieb. Erst Prinz Ferdinand von Coburg-Gotha sollte es 1908 möglich sein, die Unabhängigkeit Bulgariens zu verkünden, das Fürstentum zum Zarenreich zu erheben und sich selbst zum Zaren der Bulgaren auszurufen.

Daß beide Königreiche an der unteren Donau bereits das Ende in sich trugen, bevor sie richtig zum Leben kamen, entschied sich schon nicht mehr an der Donau.

Kaum hat das Schaf seine Wolle gelassen, wird sie auch schon versponnen. Muß uns diese ohne viel Aufwand vorgenommene Weiterverarbeitung nicht archaisch vorkommen? Sie darf aber nicht darüber hinwegtäuschen, daß Schafe und Wolle wichtige Wirtschaftsfaktoren Bulgariens sind.

Feierabend. Fischer haben Ried zum Trocknen aufgeschichtet; in den Kesseln wartet schon die Abendmahlzeit.
Überall an der unteren Donau wird Tabak angebaut. Die begehrten Blätter nehmen an der Luft die verheißungsvolle goldbraune Farbe an.

Das Donaudelta ist ein Mittelding aus nicht mehr Land und noch nicht Meer. Häufig ist nur an Bäumen oder Bauten erkennbar, ob wirklich fester Boden vorhanden ist. Fehlt beides, kann der Bewuchs genauso gut auf einer schwimmenden Insel sein.

Ein Meer aus Schilf

Wohl weil sich der Strom bei Cernavodă nach Norden abdrängen lassen muß, scheint es beinahe, als wollte er bereits resignieren. Plötzlich hinter Hîrşova beginnt er, eine Urlandschaft aus Donauseitenarmen, Kanälen, Tümpeln, Sümpfen, Seen, Schilffeldern und schwimmenden Strauchgruppen zu bilden: die Balta. Es ist eine Landschaft wie im Delta. Einzelne, verlorene Dörfer scheinen nahezu auf dem Wasser zu schwimmen. Das Boot ist das wichtigste Verkehrsmittel. Gibt es Hochwasser, wird die Donau zwanzig und mehr Kilometer breit, der einzige »trockene« Platz für die Dorfbewohner ist dann wirklich nur noch das Boot, doch das scheint die Fischer, Jäger und Schilfschneider am allerwenigsten zu stören. Erst auf der Höhe der beiden Hafenstädte Brăila und Galaţi gelingt es der Donau noch einmal, für rund 80 Kilometer ihr Wasser in ein einziges, breites Flußbett zu sammeln. Dann allerdings ist es mit dem Zusammenhalt endgültig vorbei. Der Strom verliert sich in einem selbstgeschaffenen 5 650 Quadratkilometer großen Wunderland aus Wasser, das für Pflanzen und Tiere eine paradiesische Heimat bietet: im Delta.

Wollte man über die Unendlichkeit aus nicht mehr Land und noch nicht Meer Superlative zusammentragen, täte man sich nicht schwer. Man könnte etwa feststellen, daß seine Fläche rund einem Siebtel der Schweiz entspricht und es damit das größte Delta Europas ist (ohne das Delta der Wolga); daß es das größte Vogel- und Fischparadies des Kontinents mit einer absoluten Spitzenzahl an verschiedenen Arten ist; daß jede Sekunde etwa zwei Tonnen Schwemmgut in Richtung Meer hinauswandern und damit das Delta jährlich etwa 40 Meter weiter ins Meer hinausschieben und das mit einer Wassermenge von im Schnitt etwa 6 300 Kubikmeter pro Sekunde, eine Wassermenge, mit der eine Großstadt wie München beinahe eineinhalb Tage reichen würde. Doch was sagen all diese Superlative schon über die eigene Welt aus, die sich innerhalb des Deltas in höchst eigenständiger Form über Jahrtausende hin herausgebildet hat?

Für die Entstehung des Donaudeltas entscheidend war und ist das Meeresniveau, dessen Höhe im Laufe der letzten Jahrtausende um etwa 15 Meter differierte.

Noch in prähistorischer Zeit war es etwa fünf Meter höher als heute, anstelle des Deltas befand sich eine Bucht des Schwarzen Meeres; und noch vor 2500 Jahren lag das Achilles der Griechen, das heute russische Kilija an der Küste des Schwarzen Meeres.

Aber auch als das Delta schon größer geworden war, weckte es nicht gerade das Interesse der Anlieger. Noch im vorigen Jahrhundert galt es als Strafe, in das Delta zu müssen. So ist es nicht weiter verwunderlich, daß in alten Donaumonographien das Delta überhaupt nicht oder nur ganz am Rande erwähnt wird. So heißt es noch in einem Donauführer aus dem vorigen Jahrhundert:

»Zur Zeit der Türkenherrschaft war das Delta die Sammelstätte eines internationalen Gesindels. Übeltäter aller Nationalitäten, welche zu befürchten hatten, den Armen der Gerechtigkeit zu verfallen, flüchteten in die unwirtliche Wildnis. Außerdem bildeten sich Räuberbanden, welche mit den türkischen Milizen unter einer Decke steckten. Die Hohe Pforte vermied es nämlich, angeblich aus klimatischen Rücksichten, in den Städten des Donaudeltas Garnisonen zu erhalten. Als Ersatz hierfür wurden Wachtposten organisiert, aus angeworbenen Milizen bestehend, welche ohne Sold zu erhalten dem Dienstzwang unterlagen und zu Zeiten von den Feldarbeiten weg in die strohbedeckten Blockhäuser einrücken mußten. Willkür und Grausamkeiten bezeichneten ihre Tätigkeit. Um den Gefahren, welche die Verfolgung der Räuber mit sich bringen konnte, zu entgehen, hielten Wachtposten und Wegelagerer gute Freundschaft. So fand sich alsbald in dem Dschungel des Donaudeltas eine bunte Gesellschaft zusammen: Türken und Tscherkessen, Zigeuner und Neger, Bulgaren und Walachen, Russen und Serben, Matrosen aller Nationen, Abenteurer, Verbrecher, Deserteure usw.«

Daneben gab es aber auch seit eh und je die Fischer und Jäger und seit dem 17. Jahrhundert vor allem die Lippowaner, jene strenggläubigen, orthodoxen Russen, die damals aus ihrer Heimat fliehen mußten, weil sie nicht für den Zaren beten wollten. Die besonders strenggläubigen Mitglieder dieser Glaubensgemeinschaft sind noch heute an ihren zottigen Bärten zu erkennen, denn eines ihrer strengen Gesetze verlangt vom verheirateten Mann, daß kein Messer mehr an seinen Bart darf. Wohl behelfen sich inzwischen die Jungen mit dem Rasierapparat, doch gibt es immer noch genügend, die von diesem Trick nichts wissen wollen. Sicher sind viele von ihnen inzwischen in der Partei und fühlen sich als Rumänen, aber so richtig in die Planwirtschaft integriert sind sie dennoch nicht. Die Vermutung liegt nahe, daß nicht zuletzt die Lippowaner der Grund dafür sind, daß das Donaudelta die einzige Gegend in ganz Rumänien ist, in der Touristen Privatunterkünfte beziehen dürfen.

245

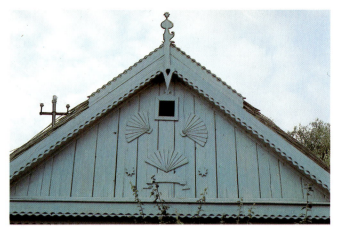

Volkskunst. Kunstvolle, mit viel Liebe aus Holz geschnitzte Giebelformen und schmückende Zutaten. Diese Häuser entdeckt man beim Umherwandern in den Deltadörfern, die zum großen Teil von der russischsprechenden Bevölkerung, den Lipowanern, bewohnt werden.

Bevor der gefürchtete Winter einbricht, ziehen die Fischer der Donau ihre Boote an Land – wie es ihre armen Berufskollegen auf der ganzen Welt tun. Die Nachen müssen ausgebessert und wieder flußfest gemacht werden. Die Rümpfe bekommen einen frischen Teeranstrich.

Insgesamt leben nur etwa 30 000 Menschen im Delta, also nur etwas mehr als fünf auf einem Quadratkilometer. Dennoch ist das, grob gerechnet, etwa 75 mal 75 Kilometer große Gebiet heute bereits wesentlich stärker genutzt, als jedem Naturfreund lieb sein könnte. Anlaß dafür ist das lange Zeit für absolut wertlos angesehene Schilf, das allein etwa 3 000 Quadratkilometer, also rund zwei Drittel des Deltas bedeckt. Solange es nur die Anrainer als Baustoff und Holzersatz verwendeten, gab es keine spürbaren Eingriffe. Das änderte sich schlagartig, als Chemiker und Techniker anfingen, sich den Kopf über die Verwendbarkeit des Schilfes zu zerbrechen. Jetzt tat sich ein Faß ohne Boden auf, denn es zeigte sich schnell, daß es unendlich viele Verwendungsmöglichkeiten gibt: Vom Alkohol bis zum Kunstdünger, vom Futtermittel bis zum Heizmaterial, vom Grundstoff für Farben bis zum Grundstoff für Arzneien reicht die Palette.

Schnell wurde mit planerischer Gründlichkeit festgestellt, wie viele Hektar jährlich abgeerntet und wie viele Tonnen des begehrten Grundmaterials verarbeitet werden können. Die Techniker mußten schnellstens große Erntemaschinen für den wechselnden Einsatz auf festem Boden, auf Sumpf und im Wasser konstruieren und nach Möglichkeiten suchen, wie das Schilf vom Ernteort am günstigsten aus dem Delta transportiert werden könnte. Das Militär wurde mit Landungsbooten eingesetzt, weltweit wurde nach besseren Maschinen gesucht. Im Hydrologischen Institut der Bukarester Universität wurde sogar auf mehr als zwei Hektar ein genaues Modell des Deltas aufgebaut, um zum einen die Auswirkungen der Strömungen und zum anderen die unterschiedlichen Schilfsorten studieren zu können. Mit solch geballtem Einsatz wurde das erste Ziel, etwa ein Zehntel der Gesamtfläche pro Jahr abzuernten, rasch erreicht.

Genauso schnell aber zeigte sich, welch verheerende Folgen diese radikale Schilfernte für das gesamte ökologische Gleichgewicht des Deltas hat. So zerstören die Reifen und Raupen der schweren Erntemaschinen die empfindlichen Wurzelgeflechte des Schilfes und verhindern, daß es in den nächsten Jahren an der gleichen Stelle überhaupt nachwächst. Selbst dort, wo es gelungen ist, infolge besonders schonenden Vorgehens eine Beschädigung des Wurzelgeflechtes zu vermeiden, wächst das Schilf sehr viel langsamer nach, als es die Wissenschaftler »geplant« hatten. Der einfache Grund: Schilf wächst nur auf abgestorbenem Schilf; kann es nicht mehr absterben, fehlt dem nachwachsenden der natürliche Dünger.

Natürlich ist auch jedes abgeerntete Stück Schilf ein Stück zerstörten Vogelparadieses, mit all seinen negativen Folgen für das komplizierte ökologische Gleichgewicht. Sogar Auswirkungen auf das Wetter mußten festgestellt werden. So paradox das klingt, aber das Donaudelta hat ein Steppenklima. Seine häufigen und nicht selten starken Winde, hauptsächlich aus Nord, sorgen für geringe Regenmengen und einen ständigen Austrocknungsprozeß in der Luft. Genau dieser Austrocknungseffekt aber wird durch das Schilf verhindert. Selbst bei starkem Steppenwind herrscht in nur 50 Meter Abstand vom Schilfrand im Innern absolute Windstille. Aufgrund dieser Windstille und der Verdunstung des hier reichlich vorhandenen Bodenwassers entsteht im Schilf selbst eine sehr hohe Luftfeuchtigkeit, und eine relativ hohe Temperatur sorgt für ein geradezu tropisches Mikroklima. Dem abgeernteten Wurzelgeflecht fehlt dieses Mikroklima und damit eine wesentliche Voraussetzung dafür, daß Schilf überhaupt gedeiht.

Bleibt nur zu hoffen, daß es den Wissenschaftlern noch nicht so schnell gelingt, dem Schilf all diese »unangenehmen und unpraktischen« Eigenschaften abzugewöhnen und im Sinne der Erntetechniker »unempfindlichere« Sorten zu entwickeln. Nur solange nämlich, solange das noch nicht gelungen ist, sind die Vögel und ist das Mikroklima im Delta noch einigermaßen sicher vor dem allumfassenden Zugriff der Industrie und damit vor der endgültigen Zerstörung.

Wer das Delta selbst erleben möchte, sollte sich ihm sachgerecht, das heißt von der Donau her zu nähern versuchen und von Galaţi aus mit dem Schiff stromab fahren. Die erste Erfahrung werden dann schon nach wenigen Kilometern die hohen russischen Wachttürme vermitteln. Sie scheinen allein schon von ihrer Größe her den viel kleineren auf der rumänischen Seite des Stromes zeigen zu wollen, wer hier dominiert. Gleichzeitig erinnern sie daran, daß rund 1 500 Quadratkilometer, nämlich das gesamte Gebiet nördlich des Kilija-Armes, zu Rußland gehören und für westliche Besucher absolut unzugänglich sind.

Die eigentliche »Wurzel« des Deltas kommt ganz unbemerkt. Plötzlich, ohne eigentlich ersichtlichen

Auch ein alter Segler hat seinen Ruhestand verdient. Abgetakelt, ist er am Donauufer bei Galaţi vor Anker gegangen und dient jetzt als Restaurant – sehr zur Freude der in der Umgebung wohnenden Menschen, die eine Anreise nicht scheuen, um auf dem Fluß zu speisen.

Grund, teilt sich der riesige Strom. Etwa zwei Drittel von ihm machen einen kleinen Knick nach Norden, der Rest, zwar kaum weniger breit, aber mit wesentlich weniger Wasser, schwenkt ein wenig nach Südosten. Folgt das Schiff dem nördlichen, dem Kilija-Arm, muß man sogar sehr aufpassen, um die Teilung nicht zu übersehen. Nur immer häufiger werdende Vogelschwärme am südlichen Horizont deuten dann darauf hin, daß man sich bereits auf der Höhe des Deltas bewegt. Gedanken daran werden allerdings schnell weggefegt beim Auftauchen der Industrie- und Hafenanlagen der von den Russen aus dem Boden gestampften Großstadt Ismail. Weder von der rumänischen noch von der türkischen Vergangenheit ist hier das Geringste übriggeblieben. Beton und Stahl sind die alleinigen Herrscher, so daß es wirklich kein Fehler ist, wenn das Schiff ohne anzulegen weiter dem Meer entgegenfährt.

Während der ganzen Fahrt zwischen Ismail und Kilija teilt sich die Dunaj, wie die Russen die Donau nennen, zu einem ganzen System von Einzelarmen und Kanälen, die große Schilflandschaft jedoch breitet sich ausschließlich nach Süden aus. Erst in Chilia Veche, dem rumänischen Gegenstück zum russischen Kilija, fängt auch die Dunaj – oder richtiger: der Kilija-Arm der Donau – an, ihr eigenes Delta zu bilden und ihr Wasser auf mehr als zwanzig Mündungsarme zu verteilen. Da die durchschnittliche Wassertiefe weniger als zwei Meter beträgt und die einzelnen Abflüsse hauptsächlich durch schwimmende Schilfinseln, die sogenannten Plauri voneinander getrennt sind, ist selten sichtbar, wo denn eigentlich der feste Boden aufhört und wo nur noch schwimmende Inseln festen Boden vortäuschen. Welche Teile feste Verbindung zum Boden haben, zeigt sich häufig erst bei Überschwemmungen, da die noch nicht verankerten Plauri dann mit dem steigenden Wasser schwimmen, der Rest aber überflutet wird.

Die geringe Wassertiefe ist denn auch die Ursache dafür, daß sich die Abflußarme mit jedem Hochwasser verschieben und daß sogar der Hauptarm mit der russischen Route für die Hochseeschiffahrt unpassierbar wird. Die Russen müssen dann ihren Donauhafen Ismail solange auf dem Umweg über den rumänischen Sulina-Arm und über Tulcea anlaufen, bis die Fahrrinne wieder ausgebessert ist – ein Umweg, der ihnen sicher nicht nur wegen der größeren Entfernung Verdruß bereitet.

Auf rund 50 Kilometer Länge erstreckt sich von Chilia Veche aus das Delta des Kilija-Armes. Immer weiter ziehen sich Landstreifen und Schilfinseln zurück, immer breiter wird die freie Wasserfläche. Wo aber ist das Ende der Donau? Ist es dort, wo man links und rechts des immer breiter werdenden Wassers gerade noch die letzten Schilfhalme erkennen kann? Oder ist es dort, wo der letzte Leuchtturm steht? Oder ist es vielleicht dort, wo das Süßwasser und das Salzwasser aufeinander treffen? Geht man von dem letzteren aus, dann mündet die Donau erst knapp zwei Kilometer hinter dem letzten Leuchtturm bereits mitten im Meer. Dann nämlich erst wechselt plötzlich die Farbe des Wassers. An einer scharf ausgeprägten Trennlinie wird aus dem Lehmbraun der Dunaj das Tintenblau des Schwarzen Meeres.

Folgt man dagegen bei Stromkilometer 97,6 nicht dem russischen, sondern dem rumänischen Arm, taucht nach etwa acht Kilometer das schon zur Zeit der Daker und Griechen existierende Tulcea auf. Die Römer hatten es als Festung ausgebaut und nannten es Aegyssus. Heute ist die Stadt auf den letzten östlichen Ausläufern der Dobrudscha der ideale Ausgangsort zur Erkundung des Deltas. Von hier fahren all die großen und kleinen Passagierschiffe, Fischerdampfer und Privatboote ab, von hier kann jeder nach seiner Vorstellung »sein« Deltaerlebnis vorbereiten und organisieren.

Einen guten Vorgeschmack auf die geheimnisvolle Welt aus Schilf und Wasser bietet das Deltamuseum von Tulcea. Mit seinen fachkundig arrangierten Sammlungen wird all das im »Trockenen« gezeigt, was der Besucher in natura mit etwas Glück selbst erleben kann: über dreihundert Vogelarten, über hundert verschiedene Fischarten und, nicht zu vergessen, die im Delta immer noch vorhandenen Raubtiere vom Otter über den Dachs bis zum Marder und vom Biber bis zu verschiedenen Robbenarten.

Weitere acht Kilometer unterhalb von Tulcea teilt sich der rumänische Donauarm noch einmal. Genauer gesagt: Es zweigt ein künstlich vertiefter Kanal, der Sulina-Arm, von der rumänischen Donau ab, der von der Abzweigung an St. Gheorghe-Arm heißt. Der Sulina-Arm ist die eigentliche internationale Wasserstraße, obwohl über sie nur knapp sieben Prozent des Donauwassers abfließen. Der St. Gheorghe-Arm dagegen ist der hauptsächliche Wasserlieferant für die riesigen Schilfflächen.

Beide zusammen erschließen dem Besucher den vollen Reiz des Deltas und machen eine Bootsfahrt bei Sonnenaufgang zum unvergeßlichen Erlebnis. Während die Kulisse aus Wasser, Schilfwänden, Büschen, Bäumen und Wasserblumen pausenlos wechselt, überbieten sich ganze Schwärme verschiedenster Vogelarten im Versuch, dem Besucher neben dem Erlebnis der räumlichen Unendlichkeit auch das der Unendlichkeit der Zahlen, Formen, Farben und Tönen erlebbar zu machen. Eigentlich Gleiches bietet so ein immer neues Bild, eine Wiederholung gibt es nicht. Sogar im Delta bleibt damit die Donau sich selbst treu: Im Endlichen zeigt sie ihren Freunden die Unendlichkeit.

Am Sulina-Arm. Dieses wunderschöne Stimmungsbild ist wirklich eine Fotografie – keine Impression eines niederländischen Malers. Die Deltalandschaft ist eine der letzten Urlandschaften Europas, ein riesiges Sumpf- und Schilfgebiet, in dem Stille und Einsamkeit geradezu fühlbar werden.

Das Donaudelta ist ein Tierparadies, in dem sich auch sonst selten gewordene Wasservögel wohlfühlen: 1. Löffler, 2. Graureiher, 3. Rallenreiher, 4. Purpurreiher, 5. Krauskopfpelikan, 6. Kormoran, 7. Zwergrohrdommel, 8. Eisvogel, 9. Stelzenläufer, 10. Säbelschnäbler.

253

Nein, das ist keine Aufnahme aus dem tiefsten Dschungel. Es ist nur die gute alte Donau, die sich hier in der Unendlichkeit des weitverzweigten Deltas verliert. Bei den gebrochenen Lichtverhältnissen und dem feuchten Klima haben Schlingpflanzen ein ideales Biotop.

Das Ende einer langen Reise, einer Reise mit einer Gesamtlänge von 2850 Kilometer. Was als kleines Rinnsal begann, ergießt sich als gewaltiger Strom in einem 4300 Quadratkilometer großen Delta in das Schwarze Meer. Eine der drei Donaumündungen bei Sulina.

Vom Schwarzwald bis zum Schwarzen Meer

Sehenswertes entlang des großen Stromes

Donauquelle Die Quelle der Breg in 1078 m über dem Meer hat mit 2888 km die größte Entfernung zur Donaumündung. Die Quelle liegt unterhalb der Schwarzwaldwasserscheide zwischen Donau und Rhein, zwischen Schwarzem Meer und Nordsee. Oberhalb der Quelle steht die Martinskapelle, die auf das 9. Jahrhundert zurückgeht; sie hat einen in seiner Naivität beeindruckenden Renaissancealtar.

Furtwangen Die Siedlung geht auf ein im Jahre 1084 von Hirsauer Benediktinern gegründetes Kloster zurück. Die Hauptsehenswürdigkeit des gemütlichen Schwarzwaldstädtchens ist sein Uhrenmuseum mit Exponaten aus mehreren Jahrhunderten.

Bräunlingen Es taucht als Pruvelingen 1132 in den ersten Urkunden auf. Rudolf von Habsburg gab es 1283 dem Grafen Heinrich II. von Fürstenberg zusammen mit der Gaugrafenwürde über die Baar. Für 200 Jahre wurde die Siedlung damit zum Zankapfel zwischen Österreich und den Fürstenbergern, die Bräunlingen nicht mehr herausgeben wollten. Erst durch Schiedsspruch eines Ulmer Gerichtes aus dem Jahre 1490 kam Bräunlingen wieder zu Habsburg zurück. Knapp unterhalb von Bräunlingen lag einst die Römersiedlung Bregobanne mit Gutshöfen und einer heizbaren Badeanlage. Da die Alemannen damit nichts anzufangen wußten, zerstörten sie die Anlage bis auf die Grundmauern.

Hüfingen Es wurde 1083 erstmals als Hiuvingen genannt und war zunächst im Besitz des Grafen von Sulz. Unter König Rudolf I. gehörte es dem Grafen Heinrich von Fürstenberg, von dem ging es an die Blumberger, bis es 1383 schließlich die Schellenberger erhielten. Erst im 17. Jahrhundert erhielten es schließlich wieder die Fürstenberger. Hier entstand das Heimatbuch »Hieronymus« von Luzian Reich.

Donaueschingen Donauquelle: Schon die römischen Geographen bezeichneten die Quelle im Donaueschinger Schloßpark als Donauquelle. Fürst Karl Egon III. ließ die Quelle 1875 von seinem Baurat Adolf Weinbrenner neu einfassen. Heute hat der Quelltopf einen unterirdischen Abfluß, der das überschüssige Wasser auf kürzestem Wege in die Brigach leitet. Für die heutigen Geo-

graphen beginnt die Donau dort, wo Brigach und Breg unterhalb des Fürstenberger Schlosses in Donaueschingen zusammenfließen.

Fürstlich-Fürstenbergisches Schloß: Der klotzige Bau stammt in seiner heutigen Form aus den Jahren 1893 bis 1896 und ist nur bedeutend durch seine Sammlungen aus den Bereichen Wohnkultur und Kunstgewerbe, die bis in die Zeit von Barock und Renaissance zurückgehen. In der fürstlichen Gemäldegalerie finden sich altdeutsche Meister wie Holbein der Ältere, Lucas Cranach und Mathias Grünewald sowie der Meister von Meßkirch mit seinem Prunkstück, dem Wildensteiner Altar.

Fürstlich-Fürstenbergische Hofbibliothek: Sie wurde weltberühmt durch die hier gehüteten Handschriften wie etwa die Hohenemser Handschrift des Nibelungenliedes, die Handschrift des Parzival von 1336, die Illustrierte Weltchronik von Rudolf von Ems aus dem Jahr 1365, den Schwabenspiegel von 1287, das Donaueschinger Passionsspiel aus dem 15. Jahrhundert oder das Original der Zimmerschen Chronik. Mehr als 500 Inkunabeln werden hier gehütet. Berühmtester Bibliothekar war Joseph Victor von Scheffel.

Pfarrkirche St. Johannes: Der zweitürmige Barockbau stammt aus den Jahren 1724 bis 1747. Neben dem Hochaltar von 1749 ist das kostbarste Ausstattungsstück der Kirche die Donaueschinger Madonna, die 1522 entstanden sein dürfte. Sie wird dem Meister des Breisacher Altars zugeschrieben und ist ein außergewöhnliches Beispiel für den Parallelfaltenstil.

Geisingen Das Dorf des Giso wurde als Chisincas 1764 zum ersten Mal genannt. Interessant ist es vor allem, weil nördlich der Donau die Herren von Wartenberg und gegenüber, auf der Südseite, die Herren von Fürstenberg ihre Stammburgen hatten. Über Jahrhunderte hinweg bekämpften sich die beiden Häuser, bis Graf Heinrich II. von Fürstenberg der Streiterei dadurch ein Ende machte, daß er um 1300 die letzte Wartenbergerin kurzerhand heiratete.

Donauversickerung Kurz hinter Immendingen sorgen Auswaschungen im Kalk dafür, daß die Donau an beinahe zehn Monaten des Jahres völlig versickert. 12 km süd-

lich und 185 m tiefer taucht sie als Deutschlands größte Quelle mit einer Schüttung von 25 000 Liter pro Sekunde im badischen Aachtopf wieder auf. Heute wird über einen 1600 m langen und 2 x 2 m großen Stollen jeweils soviel Donauwasser um die Versickerung herumgeleitet, daß weder Donau noch Aachtopf austrocknen.

Mühlheim Das malerisch an einen Bergrücken geklebte Städtchen kam recht gut über die Jahrhunderte. Von oben her war es sehr schwer zugänglich, von der Donauseite her schützte es sich durch mächtige Mauern, auf denen schmale Fachwerkhäuser wie Zinnen thronten. Das Rathaus geht auf die Stauferzeit zurück, und die kleine Galluskirche trägt romanische Züge. Ihr mit den klugen und törichten Jungfrauen bemalter Chorbogen entstand in der Gotik, während Haupt- und Seitenaltäre von barocker Fröhlichkeit zeugen.

Fridingen In der Pfarrkirche St. Martin gibt es wertvolle spätgotische Figuren zu entdecken, und an der ehem. Obervogtei des Hauses Habsburg prangt noch heute der österreichische Doppeladler, obwohl der Obervogt hier schon seit 1688 zu herrschen aufgehört hat.

Schloß Bronnen Es liegt mitten im schönsten Stück des Durchbruchs der Donau durch die gut 300 m höher gelegene Juraplatte zwischen Fridingen und Beuron. Das Märchenschlößchen Bronnen gehörte einst den Grafen von Zollern, entstand in seiner jetzigen Form um 1750 und dient heute als Ferienheim.

Kloster Beuron Die heutige Benediktinerabtei wurde gegen Ende des 11. Jahrhunderts als Chorherrenstift gegründet. Die Klosterkirche entstand von 1732 bis 1738 als Werk des Rottweiler Baumeisters Scharpf. Die Deckengemälde schuf Johann Ignaz Wegschaider, der Hochaltar stammt von J.A. Feuchtmayer. 1872 beschlossen die Benediktiner die »Reinigung« ihrer Kirche. Unter der Leitung des Malermönches Desiderius Lenz wurde die Kirche mit einer prunkhaft wirkenden, an byzantinische Linienführung erinnernden Malerei völlig neu ausgestaltet. In unseren Tagen wurde die Kirche soweit wie möglich wieder nach dem ursprünglichen Zustand restauriert.

Mauruskapelle Die 1870 fertiggestellte Kapelle bietet ein Musterbeispiel für die Malerei der Beuroner Schule.

Burg Wildenstein Das Paradestück einer mittelalterlichen Trutzburg thront hoch auf dem Felsen über der Donau. Gegen das Hinterland ist sie mit mächtigem Vorwerk und doppeltem Burggraben so gut geschützt, daß sie niemals eingenommen worden ist. Die Burg war der Stammsitz der Grafen von Zimmern. Hier wurde von 1564 bis 1566 die weltberühmte Zimmersche Chronik verfaßt, hier schuf um 1536 der Meister von Meßkirch für die Burgkapelle den berühmten Wildensteiner Altar (heute in Donaueschingen).

Burg Werenwag Die Burg bestand schon um 1100. Auf ihr hauste um 1260 der Dichter und Sänger Hugo von Werenwag, von dem sechs Lieder in der Mannessischen Liederhandschrift enthalten sind. Heute ist die Burg ein Privatquartier der Fürstenberger und nicht zugänglich.

Sigmaringen Fürstlich-hohenzollerisches Schloß: Auf dem letzten Felsen am Ostrand der Juraplatte thront auf steilem Fels unmittelbar über der Donau Schloß Sigmaringen. Auf dem Schloßfelsen entstand im 11. Jahrhundert eine Burg, die im Jahre 1399 an die Grafen von Werdenberg überging. Von ihnen erhielten 1535 die Grafen von Zollern die Herrschaft. Das gesamte alte Schloß ging 1893 in Flammen auf. Emanuel v. Seidl baute es daraufhin in der heutigen Gestalt neu auf. Heute birgt das Schloß eine Waffensammlung von europäischem Rang, ein Marstallmuseum sowie eine Kunstsammlung mit wertvollen oberdeutschen Stükken. Die kostbarsten sind der dreiflügelige Ennetacher Altar, Werke des Meisters von Meßkirch und des Sigmaringers Hans Strüb.
Pfarrkirche St. Johannes: In der heutigen Gestalt entstand sie von 1757 bis 1762. Ihre reiche Rokokoausstattung verdankt sie dem Zusammenwirken von Johann Michael Feuchtmayer (die Stuck-Marmor-Altäre), Meister Schwarzmann (Stukkatur), Meister Weckenmann (die Apostelfiguren) und Meinrad von Aue (die eindrucksvollen Deckengemälde). Die reichgeschmückte Fürstenloge macht deutlich, daß der Patronatsherr der Kirche noch heute der Fürst von Hohenzollern ist. Auf dem Fidelis-Altar steht im verglasten Reliquienschrein die zierliche Holzwiege des hl. Fidelis, der 1577 als Markus Roy in Sigmaringen geboren wurde und 1622 in Seewies als Märtyrer auf der Kanzel starb. Diese Kanzel steht heute im Fidelishaus, dem Geburtshaus des Heiligen. Sein Gedenktag am 24. April ist noch heute ein durch die Stadt begangener Festtag, an dem große Prozessionen durch die Straßen ziehen.

Ehem. Franziskanerklosterkirche Hedingen: Sie entstand um 1680 und wurde 1715 um eine Marienkapelle erweitert. Der mit einer großen Kuppel überwölbte Chor enthält seit 1898 die Familiengruft des Fürstenhauses Hohenzollern-Sigmaringen.

Heiligkreuztal Ehem. Zisterzienserinnen-Abtei: Das Kloster Heiligkreuztal geht auf eine Beginengemeinschaft aus dem 12. Jahrhundert zurück. 1204 traten die »grauen Schwestern« in den Zisterzienserorden ein. Erste Äbtissin wurde die Gräfin Heilwilgilde von Altheim. Bereits im 14. Jahrhundert war es das bedeutendste Frauenkloster von ganz Württemberg. Trotz der Plünderungen während des Schmalkaldischen Krieges 1546, durch die Schweden 1632 und trotz der Säkularisation blieben der ehem. Klosterkirche erstaunliche Schätze erhalten.
Ehem. Klosterkirche: Prachtstück der Ausstattung ist das großartige gotische Glasfenster im Chor. An den Chorwänden finden sich Fresken des Meisters von Meßkirch (1533). Eindrucksvoll ist die mit zarten Farben geschmückte Gruppe »Christus und Johannes« von 1340. Von der »Anbetung der Könige« von M. Schaffner (1515) ist eine Kopie vorhanden (das Original ist im Germanischen Nationalmuseum in Nürnberg).

Ehem. Benediktinerkloster Zwiefalten: Das Kloster wurde 1089 auf Anregung des Abtes Wilhelm von Hirsau von den Grafen Kuno und Luitpold von Achalm gestiftet. Bereits 1109 konnte das Kloster seine erste Basilika weihen. Bis zum 17. Jahrhundert hatte sich das Kloster so entfaltet, daß eine neue Klausur, ein separates Kollegium in Ehingen und eine Propstei in Mochental errichtet werden konnten.
Klosterkirche: Von 1739 an errichtete Johann Michael Fischer das Münster auf den Fundamenten der Vorgängerkirche. Unter Einbeziehung aller Finessen von Illusion und Scheinarchitektur gelang ihm eine der in sich geschlossensten Barockgestaltungen. Der monumentale Hochaltar mit seinen übergroßen Figuren stammt von J. J. Christian, die Fresken von F. J. Spiegler. Die Stukkaturen schuf Johann Michael Feuchtmayer.

Obermarchtal Ehem. Prämonstratenserkloster Obermarchtal: An der Wende vom 8. zum 9. Jahrhundert gab es ein erstes Kloster. 1171 wurde es von Hugo I. von Tübingen neu gestiftet; es kam im 17. und 18. Jahrhundert zur vollen Blüte. Ende des 17. Jahrhunderts entstanden die schloßartigen Klosterbauten unter der Leitung des Vorarlberger Baumeisters Michael Thumb. Im Kloster entstand 1750 die »Schwäbische Schöpfung« von Sebastian Sailer.
Klosterkirche: Sie wurde Ende des 17. Jahrhunderts unter der Leitung der Baumeisterfamilie Thumb gebaut. Der etwas sture

Schematismus des Baues wird durch die gelungene Ausstattung bei weitem aufgewogen. Die überall dominierenden Stukkaturen schuf der Wessobrunner J. Schmuzer, das Gemälde im überreich geschmückten Hochaltar stammt von J. Heiß. Das Chorgestühl schuf P. Speisenegger.

Ehem. Benediktinerabtei Wiblingen: Die Grafen Hartmann und Otto von Kirchberg stifteten 1093 das Kloster, das um die Mitte des 16. Jahrhunderts sein größtes Ansehen genoß. Die heutige Klosteranlage entstand in der Zeit von 1714 bis 1781, sie dient heute als Altersheim.
Klosterkirche: Die 1781 fertiggestellte Kirche entstammt in ihrem Grundriß dem Barock, die Ausstattung ist dagegen schon ganz klassizistisch. So bedeutende Künstler wie Christian Wiedmann, Johannes Michael Fischer und Junuarius Zick waren am Bau und an der Ausstattung beteiligt. Das mächtige spätgotische Holzkruzifix hinter dem Kreuzaltar stammt aus dem Ulmer Münster und wird der Schule von Michel Erhart zugeschrieben (um 1500).
Bibliothekssaal: Die von 1728 bis 1762 errichtete Bibliothek zählt zu den schönsten in Süddeutschland. Die Harmonie von Architektur, Malerei, Plastik und Stuckzierde ist ein seltener Glücksfall. Der Saal hat eine von 32 blaurot marmorierten Holzsäulen getragene Galerie mit balkonartig ausschwingenden Balustraden; das wunderbar heitere Deckenfresko in dem den ganzen Saal überspannenden Muldengewölbe stammt von Franz Martin Kuen.

Ulm Rathaus: Es wurde 1370 als Kaufmannshaus errichtet und dient seit 1419 als Rathaus. Es ist mit reichen Wandmalereien von 1540 und reichhaltigem figürlichen Schmuck verziert. Am Südgiebel finden sich die Wappen der mit Ulm durch Handel verbundenen Städte und Länder und die Darstellung eines Ulmer Handelsschiffes (Ulmer Schachtel). Am Ostgiebel zeigt die astronomische Uhr von 1520 den Stand der Gestirne. Vor der Südseite steht der Fischkasten, der nach seinem Erbauer auch Syrlinbrunnen genannt wird (1482).
Schwörhaus: Das 1613 erbaute Haus wurde nach der Zerstörung im Krieg 1954 wieder aufgebaut. Von seinem Balkon gibt der Oberbürgermeister jährlich am Schwörmontag seinen Rechenschaftsbericht und erneuert den Eid auf die Stadtverfassung nach dem Schwörbrief von 1397. Vor dem Schwörhaus steht der Christopherus-Brunnen von Jörg Syrlin.
Metzgerturm: Der 1345 erbaute Turm, auch der »Schiefe Turm« genannt, hat eine Neigung von 2,05 m. Der Sage nach erhielt er seine Neigung, als die Metzger der Stadt im Turm zusammenkamen, um sich gegen den Vorwurf zu rechtfertigen, immer kleinere Würste herzustellen.

258

Prähistorische Sammlungen: Hier werden Geräte, Werkzeuge, Schmuck und Keramik aus der Urgeschichte des Ulmer Raumes gezeigt. Unter den Funden, die bis zu 75 000 Jahre alt sind, ragt die älteste Selbstdarstellung des Menschen heraus. Die Plastik ist etwa 30 000 bis 35 000 Jahre alt und 28 cm hoch; sie ist aus Mammutelfenbein geschnitzt.

Deutsches Brotmuseum: In der ständigen Ausstellung über die Geschichte und Bedeutung des Brotes sind über 6000 Objekte zu diesem Thema zu sehen.

Fischer- und Gerberviertel: In dem mittelalterlichen Handwerksviertel an der Blau sind malerische Häuser und Winkel erhalten, darunter das Zunfthaus der Schiffleute.

Das Ulmer Münster: Baugeschichte: Am 30. Juni 1377 legte Bürgermeister Lutz Krafft den Grundstein. Zunächst wurde von Heinrich Parler (1377 - 1383) der Chor errichtet. Vom Nachfolger Michael Parler (1383 - 1387) wurden die endgültigen Maße für das Jahrtausendbauwerk festgelegt. Ulrich von Ensingen (1392 - 1419) schließlich legte die Höhen fest und entwarf den Westturm, dessen Höhe er auf 156,85 m berechnete. Bei der Weihe im Jahre 1405 war die endgültige Raumhöhe noch nicht erreicht, und von den drei Türmen standen nur einige Geschosse. Erst Matthäus von Ensingen konnte bis 1449 das Gewölbe des Chores, sein Sohn Moritz bis 1471 das Gewölbe des Mittelschiffes schließen. 1493 drohte der bis zur Glockenstube gediehene Westturm einzustürzen und das Schiff zu zerstören. Von 1543 bis 1856 wurde überhaupt nicht mehr weitergebaut. Erst von 1885 bis 1890 vollendete August Beyer nach den Plänen von Matthäus Böblinger (Münsterbaumeister von 1477 bis 1494) den Westturm, der mit 161,6 m der höchste Kirchturm der Welt ist.

Ausstattung: Das Münster war ursprünglich reich bemalt, hatte mittelalterliche Farbfenster und insgesamt 60 wohl ausgestattete Altäre. Nahezu die gesamte Pracht fiel den protestantischen Bilderstürmern im Jahre 1531 bei der »Reinigung« des Münsters zum Opfer. Vom Fanatismus verschont blieb das Chorgestühl, das Jörg Syrlin in fünfjähriger Arbeit von 1469 an geschaffen hat. Gestalten aus dem heidnischen Altertum sind hier ebenso wiedergegeben wie griechische und römische Dichter, Philosophen und Redner. Offensichtlich wurden dabei Ulmer Bürger porträtiert. Eine besondere Kostbarkeit ist das 26 m hohe Sakramentshaus in feinster Steinmetzarbeit, das 1471 fertiggestellt wurde. Von den Altären sind der Hutzaltar von Daniel Mauch, der Kargaltar von Hans Multscher und der Sebastiansaltar von Ludwig Schongaur hervorzuheben. Am rechten Choreingang wacht Hans Multschers berühmter »Schmerzensmann« über die erhaltenen Kostbarkeiten des Münsters von Ulm.

Günzburg Die Stadt mit österreichischer Vergangenheit wurde 1301 habsburgisch und erst 1806 bayerisch. Die von 1736 bis 1741 erbaute Frauenkirche ist ein Hauptwerk von Dominikus Zimmermann, dem Erbauer der Wieskirche. Die eindrucksvolle Freskenmalerei stammt von A. Enderle. Im 1560 bis 1609 erbauten Schloß residierte der vorderösterreichische Markgraf. Die sehenswerte Schloßkapelle entstand 1754 mit Fresken ebenfalls von A. Enderle. Günzburg besitzt ein sehr schönes, geschlossenes Stadtbild aus dem 14. Jahrhundert.

Lauingen Obwohl nur 20 km von Günzburg entfernt, wurde das ursprünglich staufische Städtchen bereits 1268 bayerisch. Die Heimat von Albertus Magnus besitzt im spätgotischen Martinsmünster eine Hallenkirche von erstaunlicher Großzügigkeit. Die von 1515 bis 1521 entstandene Kirche beeindruckt durch riesige, überschlanke Säulen und Großfresken von 1522. Wahrzeichen der Stadt ist der 1478 errichtete und 1571 aufgestockte Schimmelturm. Er ist reich bemalt, im oberen Teil achteckig; ihn krönt eine welsche Haube.

Dillingen Stadt und Burg der Grafschaft Dillingen kamen 1258 an das Hochstift Augsburg, später wurde es Residenzstadt des Augsburger Bischofs. Von 1554 bis 1804 war es sogar Universitätsstadt und damit ein geistiges Zentrum der Gegenreformation. Die Pfarrkirche entstand von 1619 bis 1628 mit Stuckarbeiten von J. Feistle. Die Konvents- und Universitätsgebäude entstanden ab 1690 (Konvent) und ab 1736 (Priesterseminar). Besonders sehenswert sind der barocke Bibliothekssaal und der Goldene Saal (Aula) mit seinem imposanten Deckenfresko.

Höchstädt Wurde bereits 1268 bayerisch. Berühmt wurde es durch die »Völkerschlacht« vom 13. 8. 1704, in der das bayerisch-französische Heer von den Kaiserlichen (Prinz Eugen) und den Engländern (Lord Marlborough) geschlagen wurde.

Donauwörth Die Stadt an der Kreuzung der Donau mit der Reichsstraße Augsburg – Nürnberg markiert die »Dreistammesecke« zwischen Schwaben, Bayern und Franken. Die uralte Siedlung war erst staufisch, dann bayerisch und schließlich 1301 freie Reichsstadt. Die Anlage der Stadt geht auf das 13. Jahrhundert zurück.

Stadtpfarrkirche: Die spätgotische Hallenkirche entstand von 1444 bis 1461. Ihr mächtiger Turm ist das Wahrzeichen der Stadt. Von der reichen Ausstattung sind die Wandmalereien aus dem 15. Jahrhundert besonders zu erwähnen; das um 1500 geschaffene, spätgotische Sakramentshaus ist ein schönes Beispiel einer Baldachinanlage.

Ehem. Benediktinerklosterkirche: Die barocke Wandpfeileranlage steht auf Fundamenten aus dem 12. Jahrhundert und wurde von 1717 bis 1720 vom Wessobrunner Baumeister J. Schmuzer erbaut. Den prächtigen Hochaltar schuf F. Schmuzer 1724, die Gemälde stammen von J. G. Bergmüller. Unter der Orgelempore befinden sich die sehenswerte Gruftkapelle und der Grabstein für Maria von Brabant, die 1256 hingerichtete Gemahlin des bayerischen Herzogs Ludwig des Strengen.

Gerberhaus: Eines der ältesten Fachwerkhäuser der Stadt, in dem das Heimatmuseum mit Beispielen heimischer Wohnkultur, Votivtafeln und Hinterglasmalerei untergebracht ist.

Fuggerhaus: Es wurde 1543 von den Fuggern errichtet und sah den Schwedenkönig Gustav Adolf und Kaiser Karl VI. als Gäste.

Leitheim: Das Schlößchen wenige Kilometer unterhalb von Donauwörth war der Sommersitz der Äbte des Klosters Kaisheim. Es hat Fresken von 1751 und eine Schloßkapelle von 1696.

Neuburg Der Herzogs- und Königshof war von 742 bis 801 Bischofssitz und kam 1247 zu Bayern. 1505 wurde es Residenz des Fürstentums Pfalz-Neuburg. 1777 kam es an Bayern zurück.

Residenzschloß: Pfalzgraf Ottheinrich, der spätere Kurfürst in Heidelberg, erbaute das Renaissanceschloß zwischen 1530 und 1545. Kurfürst Philipp Wilhelm fügte von 1665 bis 1668 den Osttrakt an. Das Schloß besitzt einen zauberhaften Innenhof mit zweigeschossigen Laubengängen. Die unteren Arkaden haben auf gedrechselten Säulen ruhende Rundbogen und gotische Kreuzrippengewölbe. Der Arkadenhof gilt als frühes Beispiel deutscher Renaissancearchitektur, die Schloßkapelle ist eine der ältesten evangelischen Schloßkapellen Deutschlands. Die von H. Bocksberger geschaffenen Fresken sind ein wichtiges Beispiel protestantischer Monumentalmalerei. Die Sgraffiti der Holzfassade stammen von Hans Schroer (nach 1555).

Ehem. Hofkirche: Die 1607 auf dem Gelände eines alten Benediktinerklosters begonnene Kirche ist nicht nur ein bedeutendes Werk der Spätrenaissance, sondern auch ein prächtiges Beispiel damaliger Regierungs-»Zustände«. Begonnen wurde die Kirche als protestantischer »Trutzmichel« (als Gegenstück zur jesuitischen Gegenreformation). Noch vor der Vollendung kam jedoch wieder ein katholischer Fürst zu Amt und Würden, so daß der Bau im katholischen Sinne vollendet wurde. Die Kirche hat eine frühbarocke Einturmfassade, die Gliederung des Raumes ist spätgotisch, die Ausstattung dagegen ist ganz im Stil der Hochrenaissance gehalten. Den Hochaltar schmückte einst »Das jüngste Gericht« von Peter Paul Rubens. Da der Meister nicht alle seine Figuren sittsam angezogen darstellte, mußte das Meisterwerk 1703 aus der Kirche weichen (heute in der Alten Pinakothek in München)!

Pfarrkirche: Der Barockbau entstand von 1641 bis 1646 am Platz der ersten Kirche Neuburgs (7. Jahrhundert). Die gelungenen Plastiken sind ein Werk von J. M. Fischer.

Ingolstadt Um 800 gab es hier bereits einen fränkischen Königshof, der allerdings 841 samt der Herrschaft an das Kloster Niederalteich verschenkt wurde. Von 1472 bis 1800 war Ingolstadt Sitz der bayerischen Landesuniversität. Seit 1430 ist die Stadt von drei Mauerringen umgeben, die selbst Gustav Adolf im Dreißigjährigen Krieg nicht zu erstürmen vermochte.

Liebfrauenmünster: Die spätgotische Hallenkirche entstand zwischen 1425 und 1536. Ihre über Eck gestellten, ungleich hohen Turmstümpfe sind das Wahrzeichen der Stadt. Der Hochaltar entstand an der Wende der Spätgotik zur Renaissance und ist ein Werk des Münchner Malers H. Mielich, der den 9 m hohen Altar überreich mit Bildern ausstattete.

Maria-Victoria-Kirche: Die Kirche entstand als Betsaal der Marianischen Studentenkongregation von 1723 bis 1736 und ist eines der großartigsten Werke des bayerischen Rokoko. Architekt und Schöpfer der Stuckverzierungen war Egid Quirin Asam, die Fresken schuf Cosmas Damian Asam. Geradezu überwältigend wirkt das riesige Deckenfresko. Den Hochaltar schuf J. M. Fischer um 1763. Besonders wertvolles Ausstattungsstück ist die Türkenmonstranz von 1708, in der in großartiger Weise die Seeschlacht von Lepanto dargestellt ist.

Neues Schloß: Ludwig der Gebartete begann den Bau 1418. Nach mehreren Erweiterungen wurden 1539 die Grabenwälle mit mächtigen Bastionen verstärkt. Heute ist in dem Bau das Bayerische Armeemuseum untergebracht. Es erinnert mit zahllosen Exponaten an die Türkenfeldzüge von Max Emanuel, den »Blauen König«, wie ihn die Türken nannten und der die Türken 1687 bei Mohács vernichtend geschlagen hatte. Eines der schönsten Exponate ist das bei dieser Schlacht erbeutete Prunkzelt von Pascha Süleyman.

Das reichsstädtische Regensburg Die römischen Kaiser Vespasian und Marc Aurel schufen im 1. und 2. Jahrhundert n. Chr. die Grundlage für die heutige Altstadt. Die »Gründungsurkunde« auf 8 m langer Steintafel aus dem Jahre 179 ist im Stadtmuseum zu besichtigen. Im 12. und 13. Jahrhundert hatte Regensburg seine große Zeit, die ihr äußeres Zeichen in der Reichsfreiheit fand. Ab 1663 tagte hier der »Immerwährende Reichstag«.

Altstadt: Auf der Fläche des Castra Regina ist ein noch weitgehend originales Stück Mittelalter erhalten. Trotz der sehr schmalen Gassen spürt man an allen Ecken den einst hier vorhandenen Reichtum.

Steinerne Brücke: Sie galt im Mittelalter als das Wunder der Technik. Der Bayernherzog Heinrich der Stolze ließ sie von 1135 bis 1146 auf Fundamenten aus Eichenpfählen errichten. Diese Pfähle tragen die Brücke noch heute. Von den ursprünglich 3 Brückentürmen ist der südliche erhalten. Das berühmte Brückenmännchen hält auf der Westbrüstung Wache.

Herzogshof: Seine Geschichte geht bis auf das Jahr 988 zurück. Der heutige Bau ist zwischen dem 12. und 13. Jahrhundert auf dem Platz der karolingischen Pfalz errichtet worden. Besonders sehenswert sind die um 1220 entstandenen Fensterarkaden und der großzügige Herzogsaal.

Altes Rathaus: Seine ältesten Bestandteile gehen auf das 11. Jahrhundert zurück. Der Reichssaalbau entstand um 1360, die Hausburg und der achtgeschossige Rathausturm um 1250. Glanzstück ist der ursprünglich als Festsaal für die städtischen Ratsherren errichtete Reichssaal, der dann bis 1806 zum Sitzungssaal des »Immerwährenden Reichstages« wurde. Die wunderbare Balkendecke des Saales entstand 1408, die Bemalung der Decke 1564, der kaiserliche Lehnsessel 1664, der Baldachin 1575.

Schloß der Fürsten von Thurn und Taxis: Vor 1812 gehörten die Gebäude zum ehem. Stift St. Emmeram. Hervorzuheben sind der wunderschöne gotische Kreuzgang aus dem Ende des 13. Jahrhunderts und die Fresken in der Bibliothek von C. D. Asam (1737).

Das kirchliche Regensburg Dom St. Peter: Mit seinem Bau wurde 1250 begonnen, die Fertigstellung dauerte bis 1869, dennoch präsentiert sich der Dom in selten schöner französischer Gotik. Mit seinen 85 m Länge, 32 m Breite und 32 m Höhe liegt ein Vergleich mit dem Straßburger Münster nahe. Besonders prächtig sind die farbigen Glasfenster im Hochchor, in der Südwand und im südlichen Querhaus. Die bekanntesten Steinplastiken sind der Verkündigungsengel und Maria an den beiden westlichen Vierungspfeilern. Der klassizistische Hochaltar aus Silber und vergoldetem Kupfer kam erst 1785 im Zuge barocker Umgestaltung in den Dom. Das 15 m hohe Sakramentshaus entstand bereits 1493. Beeindruckend sind auch die zahlreichen Grabmäler.

Ehem. Benediktinerkirche St. Emmeram: Die Anlage geht auf die Grabeskirche des hl. Emmeram zurück. Im 8. Jahrhundert Gründung des Benediktinerklosters. Das zweigeschossige frühgotische Doppelportal von 1250 schließt die um 1170 entstandene Vorhalle ab. Die Portalplastiken aus der Mitte des 11. Jahrhunderts zeigen den hl. Emmeram, Christus und Dionysius. Sie gehören zu den ältesten deutschen Plastiken. Zahlreiche, teilweise noch romanische Grabmäler. Sehr eindrucksvoll ist der romanische Kreuzgang. Die Emmeramskrypta (entstanden um 740) gilt als die Mutterkirche des Bistums Regensburg und erhielt deshalb den Rang einer päpstlichen Basilika. Die Emmeramskirche selbst erstrahlt heute in der vollen Pracht des strahlenden Rokoko, wie es nur die Brüder Asam zu schaffen vermochten.

Niedermünster: Die Stiftung der Agilolfinger war im hohen Mittelalter ein reichsunmittelbares Stift für adelige Damen. Durch Ausgrabungen konnten ein merowingischer (vor 700), ein karolingischer und ein ottonischer Vorläufer der Stiftskirche nachgewiesen werden. Die heutige Kirche stammt aus der Mitte des 12. Jahrhunderts.

Kassianskirche: Die bereits 885 erwähnte Kirche ist Regensburgs älteste Bürgerkirche. Die romanische Basilika erhielt im 18. Jahrhundert eine Rokokoausstattung.

Straubing Wo im 2. Jahrhundert das Römerkastell Sorviodurum stand, siedelte sich um 550 die bajuwarische Sippe des Strupo an. Ab 788 gab es hier einen Königshof, der 1029 an das Augsburger Domkapitel kam. Mit der Herrschaft von Herzog Ludwig dem Kelheimer wird Straubing 1218 Stadt, von 1353 bis 1425 ist es Hauptstadt des bayerischen Teilherzogtums Straubing-Holland.

Stiftskirche St. Jakob: Sie ist eine der größten Hallenkirchen Bayerns und entstand im 15. Jahrhundert nach Plänen von Meister H. Stethaimer aus Landshut. Ihr Hochaltar ist neugotisch und mit wertvollen Figuren und gemalten Flügeln reich geschmückt. Besonders reizvoll sind die zahlreichen, teilweise mit kunstvollen schmiedeeisernen Gittern abgeteilten Seitenkapellen. Die gelungenste ist die Maria-Tod-Kapelle der Gebrüder Asam (Stuckmarmoraltar).

Karmelitenkirche: Sie geht auf das Jahr 1371 zurück, wurde aber erst von Stethaimer im 15. Jahrhundert fertiggestellt. Ihre heutige barocke Gestalt fand sie von 1700 bis 1710 durch W. Dientzenhofer. Geprägt wird die Kirche von einem der gewaltigsten Hochaltäre Bayerns. Er entstand 1742 und füllt den gesamten Chor bis zur Wölbung aus. Hinter dem Altar die Tumba aus Rotmarmor für Herzog Albrecht II. (gestorben 1397).

Ursulinenkirche: Sie stammt zwar erst aus dem 18. Jahrhundert, verdient ihr Sternchen aber allein schon deshalb, weil sie ein Werk der Brüder Asam ist.

Pfarrkirche St. Peter: Die um 1200 neu erbaute Kirche ist Straubings ältestes Gotteshaus. Die dreischiffige Basilika hat kein Querschiff, dafür drei Apsiden im Osten. Die Portale sind reich mit Figurenreliefs geschmückt. Auf dem die Kirche umgebenden Friedhof steht die Agnes-Bernauer-Kapelle. Sie ist eine Stiftung von Herzog Ernst von Bayern als Sühne dafür, daß er 1435 die Baderstochter Agnes Bernauer in der Donau hatte ertränken lassen, weil sie ihm als Gat-

260

tin seines Sohnes nicht genehm war. <u>Gäubodenmuseum:</u> Sein kostbarster Bestand ist der Straubinger Römerschatz. Er wurde 1950 im Westen der Stadt gefunden und enthält Bronzekessel, Gesichtsmasken und Bestandteile von Paraderüstungen.

Benediktinerkloster Metten Das Kloster geht auf das 8. Jahrhundert zurück, die gesamte heutige Anlage wurde jedoch im 17. und 18. Jahrhundert gebaut, nur der barockisierte Chor stammt noch aus dem 15. Jahrhundert. Die vierjochige Wandpfeileranlage der 1720 vollendeten Kirche ist mit Fresken von J. A. Warathi ausgestattet. Den Hochaltar ziert ein Gemälde von C. D. Asam. Die von F. J. Holzinger gestaltete Klosterbibliothek gehört zu den Glanzleistungen des bayerischen Barock.

Deggendorf Das Städtchen geht auf das 8. Jahrhundert zurück. Karl der Große hatte hier einen Königshof, 1002 waren die Babenberger die Herren, 1246 kam es durch Herzog Otto II. zu Bayern. Er befestigte seinen neuen Besitz mit Wall, Graben und vier Toren. 1337 begannen die Deggendorfer mit dem Bau der Hl.-Grab-Kirche als Sühne für die Vertreibung der Juden im gleichen Jahr. Die spätgotische, dreischiffige Basilika ist eine der ganz wenigen gotischen Basiliken in Bayern. Die in ihrer Schlichtheit beeindruckende Kirche hat einen neugotischen Altar mit einem Vesperbild (um 1400). Die Stadtpfarrkirche stammt aus den Jahren 1241 bis 1250. Nach einem Brand und dem Einsturz des Gebäudes erfolgt die Wiederherstellung 1748. Ihr Hochaltar ist ein Werk von Matthias Seybold, der ihn ursprünglich für den Eichstätter Dom geschaffen hatte. 1884 haben ihn die Deggendorfer gekauft. Ihr Rathaus haben die Deggendorfer 1535 errichtet. Die zwei steinernen Kugeln an seiner Südseite sind die »Schandkugeln«. Sie wurden einst lasterhaften Frauenzimmern mit eisernen Spangen an die Füße oder um den Hals gehängt.

Vilshofen Das altertümliche Städtchen an der Mündung der Vils taucht schon 776 als Vilusa, 1111 als Filshoven auf. Seine gotische Pfarrkirche wurde nach einem Brand 1803 neu gestaltet. Nahezu die gesamte Ausstattung kam aus dem in der Säkularisation aufgehobenen Augustinerstift St. Nikola in Passau. Die Stuckfigur des hl. Nepomuk (1746) stammt von E. Q. Asam.

Passau Das »bayerische Venedig« an der Mündung von Inn und Ilz hat nicht nur eine unvergleichlich schöne Lage, sondern auch eine höchst bedeutsame Geschichte. Auf dem Boden keltischer und römischer Vergangenheit entstand ein bayerischer Herzoghof. Der hl. Bonifatius machte die Stadt zum Bischofssitz, an dem aller Wahrscheinlichkeit nach zwischen 970 und 991

das Nibelungenlied niedergeschrieben worden war. Das mit der Zeit weit nach Osten ausgreifende Bistum übernahm 999 auch die weltliche Macht in der Stadt. Erst 1803 wurde Passau wieder bayerisch.
<u>Dom St. Stefan:</u> Sein Ostchor und das Querhaus sind noch vom ersten Bau (ab 1407) erhalten geblieben. Ab 1668, nach einem Brand, begann der Wiederaufbau unter Einbeziehung dieser gotischen Bauteile. Erst 1896 wurde der Bau mit den beiden achteckigen Obergeschossen der Westtürme beendet. Die Innenausstattung verrät die habsburgisch bedingte Orientierung der Passauer nach Italien. Den Stuck schufen G. B. Carlone und P. d'Aglio, die Fresken stammen von C. Toncalla. Die Decken in den Seitenschiffen wurden von C. A. Bossi ausgemalt. Die Empore in der Westseite trägt die größte Orgel der Welt mit nicht weniger als 16 000 Pfeifen. In der Ortenburgkapelle ist die figürliche Grabplatte des Grafen Heinrich von Ortenburg erhalten (gotisch, 1430).
<u>Veste Oberhaus:</u> Auf dem Felsenrücken zwischen Donau und Ilz errichteten die Fürstbischöfe ab 1219 ihre Zwingburg zum Schutz gegen ihre eigenen Bürger. Nach Erweiterungen im 16. und 17. Jahrhundert wurde Oberhaus im 18. Jahrhundert zur fürstbischöflichen Landesfestung. Heute beherbergt die Festung das Oberhausmuseum (Stadtmuseum, Böhmerwaldmuseum und Filiale der Bayerischen Staatsgemäldesammlungen).
<u>Rathaus:</u> Es entstand ab 1393 und erhielt um 1410 seine gotische Nordfassade. Der Ratssaal enthält eine prächtige Barockausstattung von 1662. Der neugotische Turm wurde erst 1893 vollendet.

Aschach Hier versuchten die aufständischen Bauern Anfang des 17. Jahrhunderts, die Donau mit Ketten zu sperren. Der kleine Ort hat eine spätgotische Kirche, ein Schloß aus dem 16. Jahrhundert und hübsche Giebelhäuser.

Hartkirchen Die Pfarrkirche St. Stefan birgt hochbarocke Illusionsmalerei. Die Fresken stammen von W. A. Heindl und M. Dollinger.

Emlinger Holz Das Bauernkriegsdenkmal ist nach dem Vorbild einer altgermanischen Thingstätte gestaltet und erinnert an die etwa 3000 Bauern, die 1626 hier mitsamt dem Wald verbrannt wurden.

Eferding Der kleine Ort, in dem Kriemhild bei ihrer Reise zu den Hunnen übernachtete, erhielt schon 109 Jahre vor Wien Stadtrecht. Hier lebte zeitweise Paracelsus, und hier fand Kepler seine zweite Frau. Die Stadtpfarrkirche aus der Mitte des 15. Jahrhunderts hat im Süden ein kunstvolles, spätgotisches Doppelportal (auf dem Mit-

telpfeiler Maria mit Kind, auf den Seitenpfeilern die Heiligen Hippolyt und Ägyd). Interessant sind auch die vielen Grabsteine aus dem frühen 17. Jahrhundert. Im Museum im Starhemberger Schloß finden sich viele Erinnerungsstücke an die große Zeit der fürstlichen Familie. Auch der Tisch, an dem Mozarts Zauberflöte entstand, ist hier zu sehen.

Wilhering Die Stiftskirche Mariae Himmelfahrt ist die schönste Rokokokirche Österreichs. Johann Haslinger als Baumeister und Andreas Altomonte als Innenarchitekt schufen dieses Kleinod, an dessen Ausgestaltung die gesamte Familie Altomonte sowie die Wessobrunner Stukkateure Feuchtmayer und Üblherr mitwirkten. Noch aus der Vorgängerkirche stammen die beiden Hochgräber für zwei Schaunberger Fürsten. Beide stammen aus dem frühen 14. Jahrhundert.

Linz Altstadt: Das schönste Museum von Linz ist seine Altstadt. Gruppiert um den 1260 angelegten Hauptplatz (220 x 60 m), nutzt sie die ideale Lage zwischen der Donau und den Osthängen des Freinberges. Optischer Mittelpunkt des Hauptplatzes ist die 26 m hohe Dreifaltigkeitssäule, die 1723 aus Untersberger Marmor errichtet wurde. Am Rathaus ist noch der oktogonale Eckturm vom Vorgängerbau aus dem Jahre 1514 erhalten. Der barocke Umbau von 1659 erbrachte eine Prunkfassade mit wuchtigen Pilastern. Das bischöfliche Palais entstand Anfang des 18. Jahrhunderts unter J. Prandtauer als Hof für das Stift Kremsmünster. Sehr schön sind in der Altstadt die Adels-, Stifts- und Bürgerhäuser, die zu einem großen Teil noch aus dem Mittelalter stammen. Als Beispiel sei hier nur das Feichtingerhaus mit seinem schönen Laubenhof erwähnt.
<u>Martinskirche:</u> Sie ist die älteste Kirche Österreichs, die noch ihre ursprüngliche Form hat. Bereits 788 wurde diese Kirche genannt, und die neuere Forschung hat nachgewiesen, daß die Anfänge auf das beginnende 8. Jahrhundert zurückgehen. Die Fresken (gotische Strahlenmadonna am Triumphbogen und Volto-Santo-Bild an der Nordwand) stammen aus dem 15. Jahrhundert.
<u>Ehem. Deutschordenskirche:</u> Der kleine Rundbau nach Plänen von J. L. v. Hildebrandt entstand zwischen 1717 und 1725. Besonders wertvoll ist das Deckenrelief, das Gottvater umgeben von Putten und feinem Rankenwerk zeigt.
<u>Alter Dom:</u> Die zweitürmige Jesuitenkirche wurde von 1785 bis 1909 als Bischofskirche genutzt. Der einschiffige Bau entstand zwischen 1669 und 1678 mit dem für Jesuitenkirchen typischen Grundriß. Der Hochaltar stammt aus dem Jahre 1683, die Kanzel von 1673 und das Chorgestühl von 1633. Die

261

Orgel ist ein Werk des berühmten Meister Krismann und stammt aus Engelszell. An dieser Orgel wirkte Bruckner von 1856 bis 1868 als Domorganist.

Stadtpfarrkirche: Der ursprünglich gotische Bau wurde 1648 barockisiert. Damals entstand auch der charakteristische Turmhelm. Im Chor ist der gotische Wappenschrein zu entdecken, der darauf hinweist, daß hier die Herzurne von Kaiser Friedrich III. beigesetzt ist (der Leichnam selbst wurde im Wiener Stefansdom beigesetzt).

Schloßmuseum: Die Residenz von Kaiser Friedrich III. bietet nicht nur eine prächtige Aussicht auf Stadt, Donau und Umland, sondern enthält auch die kunst- und kulturgeschichtlichen Sammlungen des Oberösterreichischen Landesmuseums. Die Exponate reichen von der Frühgeschichte bis zur Neuzeit.

Pöstlingberg: Nordwestlich von Linz, über dem Ortsteil Urfahr, thront auf dem 538 m hohen Pöstlingberg das Wahrzeichen von Linz: die doppeltürmige Wallfahrtskirche, die von 1738 bis 1748 erbaut wurde. Sie birgt das Gnadenbild einer holzgeschnitzten Pietà aus dem 18. Jahrhundert, der die wunderbare Heilung von Fürst Gundomer von Starhemberg zugeschrieben wird. Die Fahrt hinauf zu diesem Wahrzeichen lohnt sich allein schon wegen der überwältigenden Fernsicht.

Traun: Das Schloß ist seit dem Jahre 1111 in Besitz der Grafen Abensberg. Im Heimatmuseum ist alles über die Fischerei in der Traun zusammengetragen.

Pucking: Das kleine Leonhard-Kirchlein ist ein einmaliges Beispiel für eine komplette gotische Kirchenausmalung. Die Wandmalereien waren 1946 entdeckt worden. Sie bedecken eine Fläche von rund 300 m² und zeigen neben figürlichen Darstellungen auch die verschiedensten Ornamente sowie Sonne, Mond und Sterne.

St. Florian Augustiner-Chorherrenstift: Im Jahre 304 starb der hl. Florian, ein hoher Beamter der römischen Provinz Noricum, in der Enns den Martertod. Um 300 entstand über seinem Grab das erste Kloster, 1017 übergab Bischof Altmann von Passau das Stift den Augustiner-Chorherren. Der heutige Bau im Barockstil wurde 1686 nach Plänen von Carlo Carlone begonnen, von Jakob Prandtauer weitergeführt und 1751 fertiggestellt.

Stiftskirche Mariae Himmelfahrt: Die mächtige Kirche hat zwei je 80 m hohe Türme. Das einschiffige, überraschend hohe Langhaus hat auf beiden Seiten je vier Kapellen und darüber Emporen. Der Raum erhält seine Wirkung durch wuchtige Halbsäulen mit schon beinahe überladenem Kranzgesims. Die Kuppelfresken stammen von Gumpp und Steidl. Die Einrichtung ist äußerst prunkvoll mit einem gewaltigen Hochaltar, einem kunstvoll geschnitzten

Chorgestühl, seitlichen Chororgeln und einer Kanzel aus schwarzem Marmor. Die große Bruckner-Orgel wurde von Franz Xaver Krismann von 1770 bis 1774 gebaut und zählt zu den klangschönsten überhaupt. Auf ihr spielte Anton Bruckner von 1858 bis 1868 als Organist. Sein Grab liegt in der Krypta unmittelbar unter der Orgel.

Stiegenhaus: Der prunkvolle Zugang zu den Kaiserzimmern wurde noch von Carlone entworfen, fertiggestellt aber von Prandtauer. Die Vasen und Putten stammen von Sattler. Die anschließenden Kaiserzimmer bestehen aus 13 prunkvoll geschmückten Gemächern.

Marmorsaal: Der Prunksaal wurde zwischen 1718 und 1724 von Prandtauer erbaut. Das Deckenfresko von B. Altomonte zeigt den Triumph der Christen über die Türken. Die Stirnseiten schmücken große Porträts von Karl VI. und Prinz Eugen.

Bibliothek: Sie entstand von 1741 bis 1750 unter G. Hayberger. Auch hier stammt das Deckenfresko von B. Altomonte.

Stiftssammlungen: Wertvolle Gemäldesammlung mit den vierzehn Tafeln des Sebastian-Altars von Albrecht Altdorfer, dem Meister der Donauschule.

Enns Ennsmündung: Die strategische Bedeutung der Landzunge zwischen Enns und Donau wußten die Römer von Anfang an zu schätzen. Bereits 50 n. Chr. gab es hier ein römisches Kastell, 180 eine Grenzfestung im Limes für die Legio Secunda und schon 212 das Stadtrecht für die Zivil-Siedlung Lauriacum, dem heutigen Lorch (Vorort von Enns). Für das Jahr 360 wurde der Bau einer christlichen Basilika nachgewiesen und etwa 100 Jahre später, 476, gibt es bereits einen Bischof. 1192 schließlich kommt Enns zu Österreich und erhält 1212 durch Herzog Leopold nach genau 1000 Jahren wiederum das Stadtrecht.

St.-Laurentius-Basilika: Die dreischiffige gotische Pfeilerbasilika erhielt 1970 den Rang einer »päpstlichen Basilika« aufgrund ihrer einmaligen Bedeutung bei der Christianisierung im bayerisch-österreichischen Donauraum. Im Chor wurden die frühen Zeugnisse der Christianisierung freigelegt: die Reste eines Stadttempels, einer frühchristlichen Basilika und einer karolingischen Wallfahrtskirche. Am Karner eine sehenswerte Ecce-homo-Gruppe von 1507, in der Pilatus als türkischer Großwesir dargestellt ist.

Pfarrkirche Maria Schnee: Die ehemalige Klosterkirche der Minoriten stammt aus dem 13. Jahrhundert, wurde aber 200 Jahre später umgebaut. Angebaut ist die Wallseer Kapelle, die mit einer architektonischen Besonderheit aufwartet: Sie hat eine zweischiffige Halle und einen dreischiffigen Chor. Sehenswert ist auch der gotische Kreuzgang aus dem 15. Jahrhundert.

Altstadt: Die alte Stadtbefestigung mit den Resten von mehreren Türmen und Toren

ist weitgehend erhalten. Viele Bürgerhäuser zeigen noch gotische Merkmale und zeugen ebenso vom Selbstbewußtsein der Ennser Bürger wie der große Stadtturm, der von 1564 bis 1568 mitten auf dem Hauptplatz errichtet wurde.

Stadtmuseum: Es enthält zahlreiche Funde aus der Römerzeit und veranschaulicht die Geschichte Lauriacums.

Stift Ardagger Die erste Kirche des Stiftes wurde 1063 geweiht. In der ehemaligen Stiftskirche und heutigen Pfarrkirche gibt es zwei Hauptsehenswürdigkeiten: die Krypta aus der ersten Hälfte des 13. Jahrhunderts, die als dreischiffige Halle mit hochgestellten Säulen gestaltet ist, und das Margarethenfenster im Ostchor aus dem Jahre 1240. Auf wunderschönen Medaillons ist die Legende der hl. Margarethe in der Version des Jakobus de Voragine wiedergegeben.

Grein Die schlimmsten Strudel im gesamten Lauf der Donau brachten den Greinern frühen Wohlstand. Sehenswert ist das im Kern spätgotische Schloß Greinburg mit seinem dreigeschossigen Arkadenhof und seinem Zellengewölbe. Im Schloß ist auch das Oberösterreichische Schiffahrtsmuseum mit wertvollen Exponaten untergebracht. Die Greiner Bürger waren die ersten in Österreich, die sich 1790 ein eigenes Stadttheater leisteten (sonst gab es nur fürstliche Theater). Der intime Raum ist im Original enthalten und wird noch heute bespielt.

Struden Hierher hat das Nibelungenlied die Heimat von Kriemhilds Mutter Ute gelegt. Heute erinnert nur noch die Burgruine Werfenstein an längst vergangene Zeiten.

Ybbs Viele alte Häuser mit frühgotischen Elementen und einige Laubenhöfe aus dem 16. Jahrhundert.

Persenbeug Das Schloß entstand neu von 1617 bis 1621. Hier wurde der letzte Kaiser Österreichs, Karl I., geboren.

Maria Taferl An dem uralten Opfer- und Wallfahrtsplatz entstand von 1714 bis 1718 die von J. Prandtauer errichtete und von A. Beduzzi ausgemalte Wallfahrtskirche. Die fast ganz vergoldete Kanzel wurde nach dem Vorbild der Passauer Domkanzel gestaltet. Von der hoch über der Donau liegenden Kirche bietet sich ein weiter Blick über den Nibelungengau und die Alpen.

Melk Benediktinerstift: Wo heute der weltbekannte Barockbau von Prandtauer und Munggenast vom Herrschaftsanspruch der geistlichen Macht kündet, hatte sich bereits im 9. Jahrhundert die weltliche Macht festgesetzt. Damals hatten die Ungarn hier ihre Grenzfeste, die die Babenberger erst 976 erobern konnten. Bis 1106 hatten sie hier ihren Herrschersitz, holten aber schon 1089 Benediktiner aus Lambach zur Gründung eines Klosters. Seine wechselvolle Geschichte endet mit der völligen Zerstörung im Jahre 1683. Erst unter dem tatkräftigen Abt Berthold Dietmayr beginnt 1702 der Aufbau der heutigen Anlage.

Stiftskirche: Mit ihr sollte die Peterskirche in Rom übertroffen und der Primat des Papstes in Frage gestellt werden. Entsprechend großartig ist der gesamte Raum gestaltet und ausgeschmückt. So hat der Kuppelraum eine Höhe von nicht weniger als 64 m. Die Deckenfresken schuf J. M. Rottmayr, die beiden Hauptmotive sind die Verherrlichung des hl. Benedikt und die Ecclesia Triumphans. Der Marmoraltar stammt von A. Beduzzi.

Kaiserzimmer: Wie alle größeren Donauklöster hielt auch Melk eine Suite für die weltlichen Potentaten bereit. So gibt es auch hier eine mit Putten und Steinplastiken von L. Matielli geschmückte Kaiserstiege und prunkvoll ausgestattete Kaiserzimmer, die heute als Museum zugänglich sind.

Bibliothek: Über 2000 Handschriften und Inkunabeln (darunter auch eine Gutenberg-Bibel) werden hier gehütet. Der mit Fresken von P. Troger geschmückte Bibliothekssaal ist über eine Altane mit dem Marmorsaal verbunden. In seinen Deckenfresken ist das himmlische Reich dargestellt.

Die Wachau Der wohl schönste Stromabschnitt der Donau zwischen Melk und Krems. Genannt wird die Wachau schon zu Zeiten Karls des Großen, doch wurde damals noch das Stromgebiet zwischen Emmersdorf und Tulln darunter verstanden. Karl der Große machte die »Wachowe« dem Passauer Bischof zum Geschenk.

Schönbühel Das Schlößchen war schon im 9. Jahrhundert Eigentum des Bistums Passau. Ende des 14. Jahrhunderts erhielten es die Starhemberger. Der heutige Bau entstand zum größten Teil ab 1819.

Aggstein Gegründet wurde die Burg im 13. Jahrhundert, vermutlich von den Kuenringern. 1429 restaurierte Georg Scheck vom Wald die für damalige Verhältnisse weitläufige Anlage und benutzte sie als Raubritternest. Der Überlieferung nach soll er seine Gefangenen vor die Alternative gestellt haben, sich freiwillig vom ausgesetzten Felsvorsprung, dem »Rosengärtlein«, zu stürzen oder aber zu verhungern. Im 15. Jahrhundert holten sich die Landesherren die Burg, 1529 wurde sie von den Türken verwüstet. Wohl wurde sie 1606 noch einmal aufgebaut, dennoch verfiel sie ab dem 18. Jahrhundert.

Spitz Es entstand als Schenkung Karls des Großen an das Kloster Niederalteich. 1242 ging der Besitz sehr zum Ärger der österreichischen Landesherren als Klosterlehen an die bayerischen Herzöge. Erst 1504 nahm Kaiser Maximilian I. den Bayern diese Herrschaft. In der spätgotischen Pfarrkirche findet sich ein Hochaltar, der aus Niederalteich stammt und 1630 entstanden ist. Er ist mit einem Bild vom Kremser Schmidt geschmückt.

Weißenkirchen Es war einst ebenfalls im Besitz des Klosters Niederalteich und erhielt 1531 Wall und Graben um Ort und Kirche. Von 44 Kanonen wird berichtet, mit denen die Wehranlage bestückt war. Einen guten Eindruck von dieser Wehranlage bietet heute noch die Pfarrkirche, die ein Paradebeispiel für eine alte Wehrkirche ist. Im Schützenhof mit seinen verwinkelten Lauben ist das sehenswerte Wachau-Museum untergebracht.

Burgruine Dürnstein Zwischen 1140 und 1145 entstand die Burg, auf der 1192/1193 König Richard Löwenherz vom Babenberger Herzog Leopold V. gefangengehalten wurde. Der englische König wurde erst 1194 gegen eine Zahlung von 150 000 Mark in Silber freigelassen. Das Lösegeld teilten sich Kaiser Heinrich VI. und Leopold V. Der Babenberger baute mit seinem Anteil Befestigungsanlagen in Enns, Wien, Wiener Neustadt und Heinburg.

Pfarrkirche Mariae Himmelfahrt: Das ehem. Augustiner-Chorherrenstift wurde von 1710 bis 1740 unter Propst Übelbacher völlig umgebaut. Prandtauer, Munggenast und Steinl verwirklichten die Pläne des Propstes. 1733 entstand der mit Putten, Obelisken und Balustraden reich geschmückte Kirchturm. Im Inneren ist der Versuch unternommen, himmlische Gefilde in barocker Manier zu gestalten.

Kellerschlößl: Inmitten der Dürnsteiner Weingärten wurde über dem großen Weinkeller von 1714 bis 1715 von Propst Hyronimus nach den Plänen von Jakob Prandtauer ein schmuckes Schlößchen erbaut, in dem heute wie damals festliche Weinproben abgehalten werden.

Mautern Hier stand das römische Militärlager Favianis, hier setzten sich 1481 die Truppen des Ungarnkönigs Corvinus fest, und 1463 hausten hier die Franzosen. Im Nibelungenlied taucht es als Mutaren bei Kriemhilds Brautfahrt auf.

Margarethenkapelle: Sie hat ein romanisches Langhaus mit einem quadratischen Chor und ist auf römischen Fundamenten erbaut. Im Langhaus sind Fresken von 1260 erhalten. Heute dient die Kapelle als Römermuseum, in dem hauptsächlich Funde aus der Zeit des Castra Favianis ausgestellt sind.

Krems Pfarrkirche St. Veit: Sie wurde von 1616 bis 1630 von C. Biasino erbaut und ist eine der frühesten Barockkirchen Österreichs. Ihre Deckengemälde und die Bilder an den Seitenaltären stammen vom berühmten Sohn der Stadt, dem Kremser Schmidt.

Piaristenkirche: Die gotische Kirche entstand in verschiedenen Bauabschnitten zwischen 1475 und 1515. Die dreischiffige Hallenkirche ist nahezu ausschließlich vom Kremser Schmidt ausgemalt.

Ehem. Dominikanerkirche: In der Kirche des 1785 aufgehobenen Dominikanerklosters haben die Kremser unter Einbeziehung des alten Kreuzgangs, des Kapitelsaals und des Refektoriums des ehem. Klosters ein hervorragendes Stadtmuseum sowie ein Weinbaumuseum eingerichtet.

Altstadt: Das schönste Museum von Krems und seinem Ortsteil Stein ist seine Altstadt. Nicht umsonst gelten die beiden Stadtteile als die schönsten Städte Niederösterreichs. Immerhin sind 400 Bauwerke unterschiedlichster Art aus der Zeit vor 1800 erhalten. Ein Stadtbummel in diesem lebendigen Museum ist eine Reise in tausendjährige Geschichte.

Benediktinerstift Göttweig: Das Augustiner-Chorherrenstift ist eine Gründung des Passauer Bischofs Altmann. Das 1083 gegründete Kloster übernahmen 1094 Benediktiner aus St. Blasien. Ähnlich wie bei den anderen großen Donauklöstern, hat auch Göttweig seine heutige Bausubstanz nahezu ganz barocker Bauwut zu verdanken. Obwohl unvollendet geblieben, hat das Stift doch einige ausgesprochene Kostbarkeiten aufzuweisen. So gilt die Kaiserstiege als eines der schönsten österreichischen Treppenhäuser. Von der Innenausstattung der Kirche sind die gotischen Glasfenster hinter dem Hochaltar (um 1430), das Intarsien-Chorgestühl von 1766 und der prächtige Orgelprospekt hervorzuheben.

Das Tullner Feld Die rund 25 km lange Ebene zwischen Krems und Stockerau zog die Strategen aller Zeiten magisch an. Die Römer hatten in der Nähe von Tulln ihren Donauhafen Comagene als Standort für den größten Teil ihrer Donauflotte. Bei Tulln schlug Karl der Große eine Schiffsbrücke über den Strom. Im 11. Jahrhundert war das heute so verträumt wirkende Städtchen der Herzogshof der Babenberger. Danach war das für offene Feldschlachten so einladende Gelände immer wieder Schauplatz militärischer Aufmärsche: Hier versammelten sich die Ungarn unter Béla zum Marsch auf Wien, hier formierten sich die Böhmen gegen die Habsburger, hier marschierte Matthias Corvinus auf, und hier sammelte Herzog Karl von Lothringen sein Heer, um Wien von den Türken zu befreien.

Tulln Das Nibelungenstädtchen sah die erste Begegnung Kriemhilds mit König

263

Etzel. Die romanische Pfarrkirche St. Stephan ist eine dreischiffige Pfeilerbasilika mit gotischen und barocken Zutaten. Das Westportal ist jedoch noch ganz romanisch. Besonders interessant sind seine beiden Türpfosten, die jeweils mit 6 Halbfiguren in Nischen mit Rundbögen verziert sind. Diese Nischenfiguren erinnern an römische Grabsteine und stellen vermutlich die 12 Apostel dar. Die Dreikönigskapelle, am Übergang von der Spätromanik zur Frühgotik entstanden, ist der wohl schönste Karner von ganz Österreich. Besonders eindrucksvoll sind sein fünfeinhalbstufiges Trichterportal und die Fresken aus der Entstehungszeit des Kirchleins. Auch die Kirche des in der ersten Hälfte des 13. Jahrhunderts gegründeten Minoritenklosters ist sehenswert. Interessant ist vor allem die unterirdische Gruftanlage.

Traismauer Der alte Marktflecken hat einen noch teilweise erhaltenen Mauerring. Beeindruckend ist das stattliche Wiener Tor aus dem 16. Jahrhundert.

Stockerau Der Chronik von Thietmar von Merzeburg zufolge wurde hier am 17. Juli 1012 der hl. Koloman auf der Pilgerfahrt von Irland nach Jerusalem ermordet, weil er als böhmischer Spion angesehen wurde. Markgraf Heinrich II. sah den Irrtum ein und veranlaßte die Überführung der Gebeine des Märtyrers nach Melk. Bis 1663 diente der irrtümlich Gehängte als österreichischer Landespatron. In dem kleinen Städtchen wuchs Nikolaus Lenau auf.

Burg Kreuzenstein Sie entstand bereits um 1140, wurde aber 1645 von den Schweden nahezu vollständig zerstört. Erst 1897 wurde sie von Graf von Wilczek im historischen Stil wieder aufgebaut, um seiner Kunstsammlung einen passenden Rahmen zu geben. Die von weitem sehr beeindruckende Burg hat einen runden Torturm und einen Wehrgang. Im Burghof beeindruckt der Kaschauer Arkadengang.

Korneuburg Die ursprünglich zu Klosterneuburg gehörende Siedlung erhielt im 13. Jahrhundert das Stadtrecht, hatte eine eigene Wehranlage und war nur über vier Tore zugänglich. 1338 wurde hier ein Augustinerkloster gegründet, das von 1745 bis 1748 eine neue Kirche im Stil des Rokoko erhielt. Besonders gelungen ist der Hochaltar, der einmal ganz anders als sonst gestaltet ist: Auf vier Säulen ruht der geöffnete Himmelsglobus. In ihm thront Gottvater und hält die Erde in den Händen. Den Hintergrund bildet eine Abendmahlszene von F. A. Maulpertsch (1770). Das Raaber Kreuz entstand auf Veranlassung des Kaisers 1598. Rudolf II. wollte damit an die Eroberung vom ungarischen Raab durch Graf Palffy und Fürst Schwarzenberg erinnern.

Bisamberg Der 360 m hohe Hügel ist der über die Donau hinübergeschobene »äußerste Vorposten« des Wienerwaldes und damit der östlichste Zipfel der Alpen. Obwohl der Hügel nur knapp 200 m höher als die Donau und die Stadt ist, bietet er eine schöne Aussicht auf den östlichen Wienerwald, auf Klosterneuburg und natürlich auf die Stadt und die Donau.

Das Kaiserstift Klosterneuburg Das Stift: Leopold III. stiftete anläßlich der Verlegung seiner Residenz von Melk nach Neuburg (um 1106) ein Kollegiatsstift und legte 1114 den Grundstein für eine erste Kirche. Sie wurde 1136 geweiht und war als dreischiffige Basilika die größte Kirche des Landes. An der Nordseite der Kirche entstand ein romanischer Kreuzgang und die Gruft der Babenberger Markgrafen (Grab des Nationalheiligen, Markgraf Leopold III.). Anfang des 14. Jahrhunderts wurde der Kreuzgang, zwischen 1634 und 1645 die Kirche weitgehend erneuert; Bruckners Lieblingsinstrument, die Orgel von Johann Freundt, wurde eingebaut. Von 1723 bis 1730 erfolgte die barocke Erneuerung der Stiftskirche.

Das von den Habsburgern über Jahrhunderte etwas vernachlässigte Stift rückte wieder ganz in den Mittelpunkt, als Kaiser Karl VI. aus dem Stift sein Kaiserkloster nach dem Vorbild des spanischen Escorial machen wollte. Es sollte eine riesige Residenz mit vier großen Höfen und neun mächtigen Kuppeln, jede von der Krone des Hauses Habsburg überragt, werden. Die Pläne für das Monumentalbauwerk schufen Donato Felice d'Allio und Joseph Emanuel Fischer von Erlach. Beim Tode Karls VI. waren nur Ansätze verwirklicht. Maria Theresia hatte weder Geld noch Lust, den Bau fortzuführen, so daß es bis 1842 dauerte, bis der heutige Zustand erreicht war.
Die Ausstattung: Die älteste Kostbarkeit ist der siebenarmige Leuchter in der Leopoldskapelle, den Leopold III. in Verona hatte anfertigen lassen. Das kostbarste Stück, der Verduner Altar, entstand 1181 als biblia pauperum und war ursprünglich die Verkleidung einer Kanzelbrüstung. Auf insgesamt 45 kleinen Tafeln sind Szenen aus dem Alten und dem Neuen Testament dargestellt. Unter Probst Stephan von Sierndorf wurden die Tafeln zum heutigen Flügelaltar zusammengestellt. Die plastischen Tafeln (vergoldetes Kupfer mit Emaillierung) von Nikolaus von Verdun gehören zu den bedeutendsten Kunstwerken Österreichs.
Die Stiftsgebäude: Von dem wenigen, was fertiggestellt werden konnte, sind das Stiegenhaus, die Kaiserzimmer, die Bibliothek und der Kaisersaal (mit Fresken von D. Gran von 1749) sehenswert.

Wien: Die innere Stadt: Der Bereich zwischen Tiefem Graben, Graben, Rotenturm-

straße und Donaukanal ist der Platz des römischen Vindobona und der Platz der letzten Babenberger-Residenz. Auf diese Zeit gehen die Ruprechtskirche, die Schottenkirche, die Michaelerkirche und die erste Stephanskirche zurück. Von ihr ist noch das eindrucksvolle romanische Westportal erhalten, weil es aus Kostengründen in den gotischen Bau einbezogen wurde. Unter den Habsburgern wuchs die Kaiserstadt zunächst bis zu dem heute durch den Ring markierten Bereich, an dessen Stelle bis Ende 1857 der gewaltige Befestigungsring der Stadt stand.
Der Stephansdom: Sein hochgotischer Chor entstand von 1304 bis 1340, das spätgotische Langhaus von 1359 bis 1450, der 137 m hohe Turm (der Steffl) von 1350 bis 1433. Das Innere ist geprägt von den über 70 Figurenbaldachinen an den mächtigen Säulen. Auch die Ausstattung war höchst prächtig. Hervorzuheben ist der Wiener Neustädter Altar von 1447 (jetzt im linken Seitenschiff des Chores). Der geschnitzte Altar zu Ehren Marias ist auf seinen Flügeln mit 72 Heiligenfiguren geschmückt. Die prächtige spätgotische Sandsteinkanzel entstand von 1510 bis 1515 und ist ein Werk von Anton Pilgram. Zahlreiche Barockaltäre (Hochaltar aus schwarzem Marmor) vervollständigen die Ausstattung.
Maria am Gestade: Die Kirche stand einst unmittelbar über einem Seitenarm der Donau und ist das schönste Beispiel der Gotik in Wien. Ähnlich wie St. Stephan entstand auch sie in zwei Bauperioden: von 1343 bis 1360 der Chor und von 1394 bis 1414 das siebenjochige Langhaus, das wesentlich schmaler als der Chor und zudem mit einem deutlichen Knick angebaut ist. Die schönsten Details sind die Westfassade über der Treppengasse, die teilweise mit Baldachinen überdeckten Portale, die Glasfenster im Chor sowie der siebeneckige Turm mit seinem in feinstem Maßwerk hergestellten Turmhelm (fertiggestellt 1430).
Kapuzinergruft: In der Kaisergruft der Doppelsarkophag von Maria Theresia und Franz Stephan von Lothringen, ein Glanzstück des Wiener Rokoko.
Albertina: Die wohl bedeutendste graphische Sammlung der Welt.

Wien: Der Ringbereich: Von 1858 bis 1860 wurde der mittelalterliche Befestigungsgürtel um die Kaiserstadt geschleift und das freigewordene Gelände nach einem großzügig angelegten Stadterweiterungsplan bebaut. Das so entstandene Zusammenspiel von Monumentalbauten, Wohnpalästen, Parkanlagen und öffentlichen Plätzen zählt zu den großartigsten städtebaulichen Leistungen des 19. Jahrhunderts. In der »Ringstraßenära« entstanden die Hofoper (1861–1869), das Reichsratsgebäude (1874–1883), die Universität (1873–1884), das Rathaus (1872–1883), das Burgtheater

(1880 – 1886) und die Hofmuseen (Kunst- und Naturhistorisches Museum). Diese neue Prachtstraße wurde 1865 im Bereich zwischen Burgtor und Wollzeile feierlich eröffnet. 1879 wurde die weitgehende Fertigstellung zusammen mit der Silberhochzeit des Kaisers noch einmal gebührend gefeiert.

Burgtheater: Es wurde von G. Semper und K. Hasenauer im Spätrenaissancestil erbaut und nahm das von Joseph II. 1776 gegründete »Hof- und Nationaltheater« auf.

Staatsoper: Sie ist ein Werk von A. von Siccardsburg und E. van der Null. Das prächtige Stiegenhaus und die Loggia mit Fresken von M. von Schwind machen es sehenswert.

Karlskirche: Sie entstand im Auftrag Karls VI. als dynastisches Denkmal für das Haus Österreich. Die beiden Fischer von Erlach bauten sie von 1716 bis 1737 nach genau vorgegebenem »Programm«, das mit barocker Symbolik der Bedeutung des Herrschers Ausdruck verleihen sollte. Deshalb wurde die Grundkonzeption von Salomos Tempel mit einem römischen Portikus und nachempfundener Trajanssäule verbunden. Im Inneren großartiges Fresko von J. M. Rottmayr.

Belvedere: Das schönste Zeugnis der Kunst von J. L. v. Hildebrandt entstand als Sommersitz und »Lusthaus« von Prinz Eugen. Park und Wasserspiele, Unteres und Oberes Belvedere waren zeit seines Lebens die Liebhaberei des erfolgreichsten Feldherrn der Habsburger. Das Barockjuwel wurde später von Maria Theresia gekauft und beherbergt heute das Österreichische Barockmuseum und die Österreichische Galerie des 19. und 20. Jahrhunderts.

Die Hofburg Die mit 18 Trakten, 54 Treppenhäusern, 19 Höfen und weit über 2500 Räumen gewaltigste Anlage ganz Wiens geht auf die Zeit der Babenberger zurück. Von ihren Bauten ist jedoch nichts erhalten. Von der heutigen Anlage ist der älteste Teil der Schweizerhof. Er wurde unter König Ottokar begonnen und von Rudolf von Habsburg vollendet. Bis zum 16. Jahrhundert wurden lediglich eine Burgkapelle und zwei Renaissanceanbauten angefügt. Leopold I. ließ sie mit dem »Leopoldinischen Trakt« (hier wohnten Maria Theresia und Joseph II.; heute Amtssitz des österreichischen Bundespräsidenten) verbinden. Von 1729 bis 1735 schuf J. E. Fischer den Reichskanzleitrakt (hier hatte Kaiser Franz Joseph I. seine Arbeitsräume). Vater und Sohn Fischer schufen von 1723 bis 1726 die Hofbibliothek, deren großer Prunksaal sicher zu den glanzvollsten Raumschöpfungen der Kunst des Barock zu zählen ist. Das Deckenfresko ist ein Meisterstück von D. Gran und zeigt eine Allegorie auf Karl VI., wie er als Friedensbringer der Wissenschaft einen Tempel baut. Der Sohn Fischer

errichtete von 1729 bis 1735 die Winterreitschule für die seit 1572 bestehende Hofreitschule (Lipizzanerzucht). Napoleon schließlich sorgte dafür, daß im Bereich der Hofburg die alten Befestigungsanlagen geschleift wurden. Der so entstandene Platz wurde zur Anlage des Burggartens und des Volksgartens genutzt. Während der Ringstraßenära schließlich entstanden noch die Neue Burg und der Michaelertrakt. In der Hofburg sind zahlreiche Kostbarkeiten zu entdecken.

Die wichtigsten sind:

Silberkammer: In ihr werden kostbare Ausstattungsstücke aus Porzellan, Silber und Gold verwahrt.

Schatzkammer: In ihr werden die Kleinodien und Reliquien des Heiligen Römischen Reiches Deutscher Nation und die österreichische Kaiserkrone gehütet.

Neue Burg: Waffensammlung, Sammlung alter Musikinstrumente (unter anderem Klaviere von Beethoven, Schumann und Brahms).

Schloß Schönbrunn Schloß und Park sind das Paradebeispiel für eine kaiserliche Sommerresidenz des 18. Jahrhunderts. Seit 1559 gehörte das Gelände dem Kaiserhof. J. B. Fischer baute von 1696 bis 1700 das erste Schloß, nachdem sich sein Plan (ein gigantischer Bau auf dem Hügel der heutigen Gloriette) als nicht durchführbar erwiesen hatte. Unter Karl VI. geriet die Anlage in Vergessenheit. Maria Theresia machte ein bewohnbares Schloß daraus. Napoleon sah es als die für ihn passende Residenz an (1805 und 1809). Hier wurde 1830 Franz Joseph geboren, hier starb er 1916. Hier beendete Kaiser Karl I. mit der Unterzeichnung der Abdankungsurkunde die 636jährige Herrschaft der Habsburger, hier wurde einen Tag später, am 12. November 1918, die Republik ausgerufen.

Den Auftrag zum Ausbau von Schönbrunn erteilte Maria Theresia am 25. Februar 1743 dem jungen Nikolaus Pacassi, dem späteren k. k. Oberhofarchitekten. Er ließ nahezu den gesamten Mitteltrakt des Fischerbaues abreißen, um seine Vorstellung von angesehenen Repräsentationsräumen verwirklichen zu können. Die so entstandene Große und Kleine Galerie bilden zusammen mit dem Rundkabinett und dem Ovalkabinett ein »dynamisches Raumensemble« und sind ein Hauptwerk des österreichischen Rokoko.

Ab 1766 übernahm der ebenfalls noch sehr junge Johann Ferdinand Hetzendorf die Leitung für den weiteren Ausbau von Schönbrunn. Seine erste Aufgabe war die Innendekoration des Schloßtheaters. 1775 gestaltete er die Gloriette so geschickt, daß der Besucher von dem klassizistischen Kolonnadenbau einen prächtigen Blick auf Park, Schloß und Wien genießen kann. Er ist auch der Schöpfer des monumentalen

Neptunbrunnens und der Obelisk-Kaskade. 1752 wurde auf Wunsch von Franz Stephan von Lothringen sogar eine »Menagerie« eingerichtet: der älteste Tiergarten der Welt. 1882 kam ein großartiges Palmenhaus dazu.

Heute besticht das Schloß mit seinem großen prächtigen Park, seinen wunderbaren Schauräumen und der großartigen Sammlung kaiserlicher Prunkwagen und Schlitten.

Das Marchfeld Die riesige Ebene im Osten von Wien war, ähnlich wie das Tullner Feld im Nord-Westen, zu allen Zeiten ein ideales Aufmarschfeld für Armeen aller Schattierungen. Hier entschied sich der Kampf zwischen Ottokar II. und Rudolf von Habsburg, der 1278 bei Dürnkrut den Habsburgern die Herrschaft über Österreich sicherte. Heute sind es vor allem die Jagdschlösser, die den Besucher des Marchfeldes interessieren:

Schloß Orth: Das spätgotische Schloß geht auf eine Wasserburg aus dem Jahre 1140 zurück. Das noch von Kaiser Maximilian I. genutzte Schloß mit seinen wuchtigen Ecktürmen kam 1824 in kaiserlichen Besitz und wurde der Lieblingsaufenthalt von Kronprinz Rudolf. Heute sind in einem Teil des Bauwerkes das österreichische Imkereimuseum und ein Fischereimuseum untergebracht.

Schloß Eckartsau: Auch dieses Schloß geht auf eine Wasserburg zurück, wurde dann aber von keinem Geringeren als dem Hofarchitekten J. E. Fischer von Erlach zwischen 1722 und 1732 völlig um- und ausgebaut. Nach 1945 hatten die Russen gezeigt, was sie unter Volkseigentum verstehen: Sie gingen mit der Einrichtung um wie die Vandalen. Heute ist das Schloß weitgehend restauriert.

Niederweiden und Schloßhof: Niederweiden wurde von Fischer von Erlach für Rüdiger von Starhemberg als Jagdschloß gebaut. Schloßhof ließ sich Prinz Eugen von Hildebrandt (der ihm auch sein Belvedere baute) errichten. Prinz Eugen erwarb dann Niederweiden dazu. 1755 ging der Besitz an Maria Theresia, die beide Schlösser gründlich renovieren ließ (Kuppelfresko von Carlo Carlone in der barocken Kapelle von Schloßhof).

Marchegg: Hier hatte schon 1268 König Ottokar II. eine Wehranlage gegen die Ungarn bauen lassen. Der heutige Bau stammt im wesentlichen aus dem 17. Jahrhundert und beherbergt jetzt das Niederösterreichische Jagdmuseum. In der Umgebung sehr interessante Pflanzenwelt und Tierreservate.

Carnuntum Die Stadt am Stein (= keltisch: Carnuntum) entstand schon in illyrokeltischer Zeit an der Kreuzung der Donau mit der Bernsteinstraße (Ostsee – Adria).

265

Für die Römer hatte die Siedlung höchste strategische Bedeutung – bereits im Jahre 6 n.Chr. führte der spätere Kaiser Tiberius von hier aus Krieg gegen die Markomannen. Im Jahre 15 wurde die gesamte XV. Legion hierher verlegt. Zwischen 103 und 107 wird Carnuntum die Hauptstadt der neuen Provinz Oberpannonien und damit Sitz eines Statthalters. 171 zerstörten es die Markomannen. Marc Aurel gelang es, die Markomannen wieder zu vertreiben. Jetzt übernahm die XIV. Legion die Herrschaft und sicherte einen ungeheuren Aufschwung der Zivilstadt. Gegen Ende des 4. Jahrhunderts war die kurze Blüte Carnuntums wieder vorbei.

Heidentor: Es ist das einzige Bauwerk in Österreich, das seit knapp zwei Jahrtausenden als sichtbares Denkmal römischer Baukunst frei in der Landschaft steht. Es war aller Wahrscheinlichkeit nach ein als Vierpfeilerbau ausgeführter Triumphbogen. Unter seinem Kreuzgewölbe dürfte die Statue eines Kaisers oder Gottes gestanden haben.

Amphitheater: Die Bedeutung der Stadt zeigt allein die Tatsache, daß es sowohl für das Militärlager als auch für die Zivilstadt je ein eigenes Theater gab. Das des Militärlagers faßte etwa 8000 Zuschauer, das der Zivilstadt 13 000 bis 14 000 Besucher. Beide waren mit allen Raffinessen römischer Technik ausgestattet und bestanden schon in der ersten Hälfte des 2. Jahrhunderts.

Palastruine: Die Zivilstadt besaß eine riesige Therme mit einer Grundfläche von 104 x 143 m, die alles bot, was zum luxuriösen Badebetrieb notwendig war. Von 308 an wurde die Therme als Palast für eine »Gipfelkonferenz« der römischen Kaiser hergerichtet. Zu diesem Zweck wurde ein Kultbau mit Arkadengang angebaut, der wohl Altäre und Statuen aufgenommen hatte.

Bratislava (Preßburg) Der Burgberg: Die älteste urkundliche Erwähnung der Burg über der Donau stammt aus dem Jahre 907. Anfang des 15. Jahrhunderts baute König Sigismund von Luxemburg auf dem heute noch erhaltenen trapezförmigen Grundriß eine neue Anlage, die erstmals auch eine steinerne Burgmauer aufwies. Von 1635 bis 1646 entstanden die beiden Ecktürme und ein drittes Geschoß. Maria Theresia ließ sie zum kaiserlichen Schloß ausbauen, das allerdings 1811 in Flammen aufging. Heute ist in der wieder aufgebauten Anlage das Slowakische Nationalmuseum untergebracht.

St. Martinsdom: Die Kathedrale stammt aus dem 14. Jahrhundert und war jahrhundertelang die Krönungskirche der Habsburger. Unmittelbar an ihrer Südseite stand einst die Stadtmauer; deshalb wurde ihr Turm gleichzeitig als Bastei benutzt. Die Kathedrale besticht durch ihre zahlreichen Kapellen, deren eindrucksvollste sicher die von Georg Raphael Donner 1732 gestaltete Barockkapelle für den hl. Johannes ist. Beson-

ders interessant ist auch der Domschatz.

Franziskanerkirche: Das frühgotische Bauwerk ist die älteste Kirche der Stadt und stammt aus dem 13. Jahrhundert. Besonders sehenswert ist die um 1380 hochgotische Johannes-Kapelle.

Rathaus: Das ursprünglich gotische Gebäude stammt aus dem 15. Jahrhundert und hat im Innenhof eine prächtige Renaissance-Loggia aus dem Jahre 1581 und einen barocken Turm von 1732. In den alten Räumen (im Ratssaal prächtige Kassettendecke, im Gerichtssaal Stuck- und Freskenschmuck) ist heute das Stadtmuseum untergebracht.

Altstadt: Im alten Stadtkern sind noch zahlreiche im Barock- oder Rokokostil errichtete Stadtpaläste des Adels aus der Zeit der Doppelmonarchie erhalten. Die schönsten sind das Pálffy-Palais, das Eszterházy-Palais und das Balász-Palais.

Györ Der Zusammenfluß von Kis Duna, Rábca und Rába war zu allen Zeiten ein strategisch interessanter Platz. Aus dem römischen Arrabona wurde das kaiserliche Raab und das heutige Györ. Bereits im frühen Mittelalter gab es eine befestigte Burganlage, und im 11. Jahrhundert sorgte Stephan I. dafür, daß die Christen sogar einen Bischof bekamen.

Káptalan-Domb: Der Burgberg über der Mündung der Rába in die Kis Duna ist der älteste Teil von Györ. Mitten auf dem Burgplatz steht die alte, auf die Zeit von König Stephan I. zurückgehende Kathedrale. Der erste, im 11. Jahrhundert begonnene Bau dürfte gegen Ende des 12. Jahrhunderts vollendet worden sein. Um 1404 wurde die gotische Hédérváry-Kapelle angebaut, und im 17. Jahrhundert wurde barock renoviert. Aus dieser Zeit stammt die jetzige Innenausstattung unter der Leitung von F. A. Maulpertsch. Kostbarster Schatz der Kathedrale ist die aus vergoldetem Silber gearbeitete Herme mit der Kopfrelique von König Ladislaus I. (1040 – 1095).

Benediktinerkirche: Die zweitürmige Kirche entstand von 1635 bis 1641 nach den Plänen von Baccio del Bianco. Ihre Fassade ist von 1727. Ihre Einrichtung, die Statuen und die Deckenfresken (von Paul Troger) entstanden ebenfalls im 18. Jahrhundert. Lediglich die Seitenaltäre, der Stuck und die Fresken in den Seitenkapellen gehen auf das Jahr 1662 zurück.

Altstadt: Zwischen dem Hauptplatz und der Rába stehen noch zahlreiche im Barock- und Zopfstil gehaltene Häuser, wie etwa das ehem. Ordenshaus der Benediktiner (Stuckverzierung von 1654), die ehem. Jesuiten-Apotheke (heute Apothekenmuseum) oder das von 1741 bis 1743 entstandene Abtshaus, das Stadtpalais des Erzabtes der Benediktinerabtei Pannonhalma.

Esztergom Königlicher Palast: Auf der Südseite der Kathedrale konnten Teile des

alten Königspalastes freigelegt werden. Es wurden Bruchstücke des Hauptportals der St. Adelbert Kathedrale gefunden und der älteste Wohnraum Ungarns aus dem 12. Jahrhundert freigelegt. Der Wohnraum von Königin Beatrix von Aragonien, der Witwe von König Matthias, ist ebenso zu sehen wie der ehem. königliche Audienzraum, der vom humanistischen Erzbischof János Vitéz zu seinem Arbeitszimmer umfunktioniert und mit herrlichen Fresken ausgestattet wurde. Daneben liegt die im 12. Jahrhundert entstandene spätromanische Königskapelle. Ihr Gewölbe ist bereits frühgotisch und gehört damit zu den ältesten Beispielen dieses Stils. Die Fresken der Kapelle gehen bis auf das Ende des 12. Jahrhunderts zurück.

Kathedrale: Die neue Kirche für den Primas von Ungarn entstand von 1822 bis 1856 nach Plänen von Paul Kühnel und Johann Packh. Das klassizistische Gebäude mit dem Grundriß eines byzantinischen Kreuzes ist von einer über 100 m hohen Kuppel überragt. In die südliche Seitenkapelle wurde die 1507 entstandene Bakocz-Kapelle eingebaut, die zu diesem Zweck in über 1600 numerierte Einzelstücke zerlegt worden war. Ihr Renaissancealtar aus weißem Marmor ist eine Schöpfung des Florentiners Andreas Ferrucci für den damaligen Fürsterzbischof. Die Schatzkammer der Kathedrale birgt die bedeutendste Sammlung sakraler Kunstgegenstände ganz Ungarns. Hier werden unter anderem das Krönungsschwurkreuz aus dem 13. Jahrhundert und das Corvinus-Prunkkreuz aus dem 15. Jahrhundert gehütet.

Christliches Museum: Die Sammlung wurde im 19. Jahrhundert von Bischof János Simor gegründet und später um die Sammlung von Kardinal Arnold Ipolyi erweitert. Wertvoll ist die Sammlung vor allem wegen der vielen italienischen Tafelbilder aus dem Trecento und Quattrocento.

Visegrád Zwischen dem rechten Donauufer und dem Sibrik-Hügel gab es insgesamt drei Baukomplexe. Der älteste Teil war die Burg am Donauufer (begonnen um 1250); die Hochburg auf dem Berg entstand etwa 50 Jahre später. Karl Robert von Anjou machte sie 1316 zu seiner Residenz und begann damit, die Untere Burg im spätgotischen Stil als Königspalast auszubauen. Sowohl Ludwig I. als auch Sigismund von Luxemburg bauten an diesem Palast weiter, seine letzte Vollendung aber bekam er durch Matthias Corvinus.

Untere Burg: Von den Resten der alten Wasserbastei (13. Jahrhundert) führte ein Mauerring zur Unteren Burg und von dort zur Burg hoch auf dem Berg. Von der Unteren Burg ist der ebenfalls aus dem 13. Jahrhundert stammende Wohnturm mit seinen bis zu 8 m dicken Mauern weitgehend erhalten. Der sechseckige, romanische Turm diente der Überwachung des Verkehrs auf der Uferstraße und als Zollstätte.

Hochburg: Die gewaltigen Mauern geben auch in ihrem jetzigen Zustand noch einen lebendigen Eindruck von der einstigen ungarischen Königsburg.

Königlicher Palast: Auch wenn bis heute nur Teile des einst über 300 Zimmer umfassenden Palastes ausgegraben werden konnten, so ist doch das bisher Freigelegte erstaunlich genug. Vor allem das perfekt gelungene Zusammenspiel von Bauformen, Ausstattung und Landschaft beeindruckt von jeder Stelle der Anlage aus von neuem und vermittelt ein Gefühl für das Weltbild der hier lebenden Renaissancefürsten. Die schönsten Stücke der Anlage sind der Herkules-Brunnen, die Renaissance-Balustrade über dem gotischen Kreuzgang sowie der Löwenbrunnen aus Marmor mit seinem prächtigen Baldachin.

Nagy-Villám Aussichtsturm: Südöstlich der Hochburg steht auf 378 m Höhe ein Turm, der eine wunderschöne Aussicht auf das gesamte Donauknie, auf das Börzsöny- und Cserhátgebirge freigibt.

Aquincum Innerhalb von nur zwei Jahrhunderten gelang es den Römern, nicht nur die Kelten von ihrem Stammsitz auf dem heutigen Gellértberg in Budapest zu vertreiben, sondern auch eine der größten Städte an der Donau zu bauen. Schon zu Beginn des 2. Jahrhunderts wurde Aquincum unter Kaiser Trajan Hauptstadt der Provinz Unterpannonien, und im Jahre 194 erhielt es von Kaiser Septimus Severus den Rang einer Colonia.

Das eigentliche Militärlager errichteten die Römer auf dem Gelände des heutigen Óbuda. Die Zivilstadt entstand etwa 2 km weiter nördlich am rechten Ufer der Donau. Dort konnten die Überreste der kompletten Stadt freigelegt werden. Entsprechend ihrer Bedeutung war sie mit allen Annehmlichkeiten, die die römische Baukunst damals zu bieten hatte, ausgestaltet. In den gepflasterten Straßen waren Kanalisation und Wasserleitung eingebaut, die Privathäuser waren einzeln an Wasser und Kanalisation angeschlossen, ihre Toiletten funktionierten schon damals mit Wasserspülung, und die Gebühr für den Wasserverbrauch richtete sich nach der Größe der Wohnung. Am Schnittpunkt der beiden Hauptstraßen lag das Forum und der öffentliche Versammlungsplatz, daneben standen die Markthalle und das große Badehaus. Die Hauptstraßen säumten Geschäfte aller Art und verschiedene öffentliche Räume. Neben den restaurierten Ruinen der Zivilstadt wurde ein Museum errichtet, in dem die wichtigsten Funde aus dem alten Aquincum gesammelt sind. Besonders beeindruckend sind dort etwa das Grabmal des Titus Flavius Constantinus mit seiner gesamten Familie, Details von Wandgemäl-

den (zum Beispiel ein wunderschöner Pfau) oder von Mosaiken, ein fürstlicher Prunkhelm oder die rekonstruierte Orgel der Feuerwehr von Aquincum.

Buda und Burg Der Burgpalast: Beim Wiederaufbau nach dem letzten Krieg konnte das südliche Festungssystem aus dem Mittelalter freigelegt und weitgehend rekonstruiert werden. So erhielten auch der Keulenturm aus dem 15. Jahrhundert, das große Rondell und der gotische Torturm am südlichen Eingang wieder ihre Originalform. Von den Bauten aus dem 14. Jahrhundert konnte die Unterkirche der königlichen Kapelle und das Erdgeschoß des Stephansturmes freigelegt und der riesige Rittersaal des Sigismund von Luxemburg rekonstruiert werden. Im neueren Teil der Burg sind das Burgmuseum sowie die Sammlungen der ungarischen Nationalgalerie untergebracht.

Matthiaskirche: Sie stammt aus dem 13. Jahrhundert und ist eine Gründung von Béla IV. Unter den Türken diente sie als Hauptmoschee, nach deren Vertreibung wurde sie barock wieder aufgebaut. Erst im 19. Jahrhundert erhielt sie unter F. Schulek ihre heutige regotisierte Form. F. Schulek ist auch der Schöpfer des Grabmals für Béla III. und seiner Gemahlin Anne de Châtillon in der Dreifaltigkeitskapelle und des neugotischen Hochaltars in der Kirche selbst. In der Krypta und auf der Galerie ist eine Sammlung wertvoller sakraler Kunstgegenstände sowie eine Nachbildung der ungarischen Königskrone und des Reichsapfels ausgestellt.

Fischerbastei: Sie ist ebenfalls ein Werk von F. Schulek und bietet wohl herrliche Ausblicke auf Donau und Stadt, hat aber mit der Geschichte des Burgberges nichts zu tun.

Wasserstadt: An der Nahtstelle zwischen den Ausläufern der Budaer Berge und der Donau sprudeln zahlreiche natürliche Thermalquellen, die von den Römern, Türken und Ungarn gleichermaßen genutzt wurden. Von der Fischerbastei sieht man direkt hinunter auf das Királybad, das von 1566 bis 1570 unter Pascha Sokoli Mustafa errichtet wurde.

Pest Wo heute die Elisabethbrücke auf das linke Donauufer kommt, hatten die Römer als Schutz vor den Barbaren Contra-Aquincum errichtet. Genau an der gleichen Stelle bauten die Ungarn ihre Handwerks- und Handelsstadt. Ihre Mauern folgten dabei exakt dem heutigen kleinen Ring; an die Donau stießen sie bei der Kettenbrücke und bei der Freiheitsbrücke.

Pfarrkirche: Sie ist das älteste Gebäude von ganz Pest, stammt aus dem 12. Jahrhundert und wurde aus Steinen der römischen Ruinen von Contra-Aquincum erbaut. Ihre Südwand wurde auf der südlichen Grenz-

mauer des Römerlagers errichtet. Im 14. Jahrhundert wurde sie zu einer gotischen Hallenkirche ungebaut, und den Türken diente sie als Moschee. Im 18. Jahrhundert schließlich wurde sie barockisiert. Am interessantesten ist ihr gotischer Chor mit seinen Sitznischen unter den Fenstern. In der jeweils vierten Seitenkapelle finden sich zwei Renaissance-Tabernakelnischen, beide entstanden um 1500. Die eine wurde von einem Pfarrherrn gestiftet, die andere von der Stadt Pest in Auftrag gegeben und deshalb mit dem Stadtwappen und dem Stadtrichter ausgestattet.

Parlament: Der neugotische Riesenkomplex mit 268 m Länge und 123 m Breite und einer beinahe 100 m hohen byzantinischen Kuppel entstand nach Plänen von Emmerich Steindl von 1880 bis 1902. Das Labyrinth hat »nur« 10 Höfe, 27 Tore und 29 Treppenhäuser. Die Außenwände sind mit 88 Statuen ungarischer Herrscher, Heerführer und großer Helden geschmückt. Die Wände des eigentlichen Parlamentssaales sind mit Fresken, Gemälden und Gobelins heimischer Künstler geschmückt. Auf dem Vorplatz stehen Denkmäler ungarischer Freiheitskämpfer. Im Süden ist es das Reiterstandbild des Ferenc Rákóczi, der Anfang des 18. Jahrhunderts gegen die Habsburger kämpfte; im Norden ist es das Standbild von Lajos Kossuth, dem Führer des Freiheitskampfes von 1848.

Ráckeve Hier ließ der Sieger über die Türken, Prinz Eugen von Savoyen, 1702 nach den Plänen von Johann Lucas von Hildebrandt das erste unbefestigte Schloß in Ungarn errichten. Das barocke Jagdschloß hat einen monumentalen, achteckigen Risalit, einen mit einer Kuppel überdachten Mittelteil und eine mit Statuen verzierte Balustrade. Die spätgotische, griechisch-orthodoxe Kirche wurde 1440 von nach Ungarn geflüchteten Serben errichtet. 1758 wurde ihr gotischer Turm mit einem barocken Aufbau versehen. Die Kirche ist im spätbyzantinischen Stil ausgemalt, die barocke Ikonostase stammt aus dem Jahre 1768.

Dunaújváros Auf dem Boden der Römersiedlung Intercisa und der Ungarnsiedlung Dunapentele entstand ab 1950 vom Reißbrett weg die größte Industriestadt Ungarns.

Dunaföldvar Hier gab es schon im ausgehenden Mittelalter einen Donauübergang. Zu seinem Schutz wurde im 16. Jahrhundert eine Burg erbaut, deren viereckiger Turm noch heute steht und jetzt ein Heimatmuseum beherbergt. Die barocke Pfarrkirche stammt von 1725.

Kalocsa Das Städtchen, das einst unmittelbar an der Donau lag, erhielt schon von Stephan I. im 11. Jahrhundert einen Bischof.

Heute ist es berühmt für seinen Paprika und seine Volkskunst. Der bischöfliche Dom ist bereits der vierte an der gleichen Stelle. Die Grundmauern der ersten Bauten aus dem 11. und 13. Jahrhundert konnten schon 1912 freigelegt werden. Der heutige Bau wurde von 1735 bis 1754 nach Plänen von Andreas Mayerhoffer errichtet. In der Krypta finden sich alte Bischofsgräber. Das älteste, ein Stein aus rotem Marmor, stammt aus dem Jahre 1203. Der Prunksaal und die Kapelle des bischöflichen Palais sind mit Fresken von Maulpertsch geschmückt.

Szekszárd Die Siedlung geht auf das römische Alisca zurück. Im Jahre 1061 gründete König Béla I. hier ein Benediktinerkloster, dessen Reste im Hof des klassizistischen Rathauses von 1828 freigelegt werden konnten. Auch die dreischiffige Klosterkirche wurde restauriert. Sie war ursprünglich romanisch und wurde später gotisch umgebaut. Ihr Grundriß verrät byzantinische Einflüsse. Im Heimatmuseum sind überaus schöne Töpfereien und Volksmöbel zu sehen.

Gemencer Wald Das größte Wildreservat Ungarns beginnt bei der Mündung des Sió-Kanals in die Donau und zieht sich dann rund 25 km in etwa 5 km Breite der Donau entlang nach Süden. Das rund 20 000 ha große Reservat ist ein natürliches Überschwemmungsgebiet der Donau, dem bisher sein Urzustand erhalten werden konnte. Um dem großen Wildreichtum näherzukommen, gibt es entweder den Wasserweg oder eine Schmalspurbahn von Szekszárd aus. In einem Jagdmuseum sind prächtige Jagdtrophäen zu bewundern.

Baja Die Siedlung gehört zu den typischen Wasserstädten an der Donau. Die Kamarás-Duna mit ihren Wäldern, ihren Überschwemmungsgebieten und Sandstränden ist ein ideales »Jagdrevier« für den Natur- und Vogelfreund.

Mohács Hier rieben die Türken am 29. August 1526 das Heer der Ungarn unter König Ludwig II. völlig auf; der König und 25 000 seiner Getreuen blieben auf dem Schlachtfeld. Nach dem Abzug der Türken wurde das menschenleere Gebiet mit Schwaben und Serben besiedelt.
Heute erinnert eine Gedenkstätte auf dem Schlachtfeld und ein Museum mit Funden von den Kampfstätten an die für Ungarn so entscheidende Schlacht. Nicht versäumen sollte man einen Besuch der Töpferwerkstatt, in der noch die schwarzen, mit Graphit geschliffenen Tonkrüge hergestellt werden.

Sombor Das westliche Zentrum der Batschka wurde einst von den Schwaben zur Kornkammer Ungarns gemacht. Der Veliki-Kanal, die Verbindung zwischen Donau und Theiß stammt aus der Zeit der Monarchie und hieß einst Franzenskanal. Das klassizistische Rathaus und die Präfektur aus dem Jahre 1884 erinnern noch an die k. k. Monarchie. Der Kula-Turm ist der Überrest einer türkischen Festung aus dem 16. Jahrhundert.

Osijek Das einst schwäbische Esseg in der Nähe der Draumündung geht auf eine Siedlung der Kelten und auf das römische Castrum Mursa Maior zurück. Die neue Festung entstand nach dem Abzug der Türken gegen Ende des 17. Jahrhunderts. Von der alten Festungsstadt sind noch Überreste zu sehen. Im Stadtmuseum werden Funde aus der Kelten- und Römerzeit sowie eine berühmte Münzsammlung gezeigt. Östlich der Stadt, im Dreieck zwischen Donau und Drau, liegt das 70 000 ha große Naturreservat Kopački rit mit seinen reichen Tierbeständen.

Ilok Rund 150 Höhenmeter über der Donau ragen die Mauerreste der alten Burg Ilok in den Himmel. Bereits im 14. Jahrhundert entstand hier die erste Festung, ein Franziskanerkloster und eine Kirche. Letzter Schloßherr vor der Eroberung der Anlage durch die Türken im Jahre 1526 war Herzog Lorenz von Bosnien und Syrmien, dessen Grabmal in der noch intakten Kirche alle Wirren der Zeit überdauert hat. Von Ilok aus organisierte der streitbare Franziskanerpater Johannes Capistran 1456 ein Kreuzfahrerheer zur Bekämpfung der Türken. Nach Abzug der Türken erhielt ein Neffe des Papstes, der italienische Fürst Odescalchi, von Leopold I. Schloß und Herrschaft. Auf der gegenüberliegenden Donauseite, in der Nähe von Bačka Palanka, liegt das große und berühmte Jagdrevier Karadjordjevo.

Novi Sad Die Hauptstadt des autonomen Gebietes Vojvodina hieß einst Neusatz und entstand als Zivilsiedlung zu Füßen der Festung Peterwardein. Die Siedler waren zunächst meist Flüchtlinge aus Serbien, später kamen Österreicher, Ungarn und Schwaben dazu. Erst 1748 dehnte sich die Siedlung auf die linke Donauseite, auf das Gebiet des heutigen Novi Sad, aus. Die kleine Siedlung unter der Burg behielt deren Namen. Daß Burg und Stadt nicht immer gut miteinander auskamen, beweist der 12. Juni 1849, als die Stadt von der Feste aus bombardiert wurde, über 2000 Häuser vernichtet und beinahe 15 000 Einwohner getötet wurden. Deshalb gibt es in Novi Sad keine alte Bausubstanz. Sehenswert sind allenfalls das alte Rathaus und die orthodoxe Kathedrale aus dem vorigen Jahrhundert sowie das in byzantinischem Stil errichtete bischöfliche Palais.

Peterwardein Die strategisch so wichtigen Felsen am rechten Donauufer bei Novi Sad lockten schon Béla IV. zum Bau einer Burg. Danach herrschten die Türken mehr als 160 Jahre auf dem Felsen. Zu einer der größten Festungen an der Donau wurde sie unter Prinz Eugen nach den Plänen des französischen Festungsbauers Vauban ausgebaut. Sie war der Befehlsstand für die kaiserliche Donaumarine und war als Hauptbollwerk gegen die Türken gedacht. Im Jahre 1716 versuchte der Großwesir Damad Ali Pascha mit 120 000 Mann, Prinz Eugen vergeblich zur Übergabe der Festung zu zwingen. Unter Maria Theresia wurde die Festung neuerlich ausgebaut. Bis 1750 entstand ein über 16 km langes Netz von Kavernen und unterirdischen Gängen, die eine Sprengung der Festung bis auf die letzte Mauer ermöglicht hätten. In ihrer Glanzzeit war die Festung Garnison für 5000 Mann Besatzung. In ihren Kavernen lagerten viele tausend Zentner Pulver, und bis zu 500 Kanonen warteten auf ihren Einsatz. Als die Türkengefahr endgültig vorüber war, diente die Feste als größtes Gefängnis der Monarchie.

Sremski Karlovci Zur Zeit der Donaumonarchie war das Städtchen Karlowitz das politische und geistige Zentrum der Serben. Hier war der Sitz des Patriarchen und das Zentrum für die in der Fruška Gora versteckten Klöster. Heute sind noch drei Barockkirchen aus der Mitte des 18. Jahrhunderts sowie die alte Patriarchenresidenz erhalten. In der etwas außerhalb gelegenen, runden Friedenskapelle wurde am 26. Januar 1699 mit den Türken der Friede von Karlowitz geschlossen.

Kloster Krušedol Es entstand im Jahre 1509 als Gründung des serbischen Despoten Đorđe Branković, war lange Zeit Zentrum des religiösen Lebens der Serben und zeitweise auch Residenz des serbischen Patriarchen. Heute ist die abgelegene Kirche teilweise restauriert. An den Säulen, in der Kuppel und an der westlichen Außenwand sind frühe Fresken aus der Mitte des 16. Jahrhunderts freigelegt worden. Die restlichen Flächen sind mit Ölmalereien aus dem Jahre 1756 bedeckt. Im Vergleich der beiden Schichten zeigt sich der Unterschied zwischen rein byzantinischer Tradition und den späteren Einflüssen des westlichen Barock.

Kloster Hopovo Es entstand 1576 als Stiftung serbischer Bürger, ebenfalls im Morava-Stil. Auffälligstes Kennzeichen seiner Kirche ist die nach außen zwölfeckige, innen aber runde Kuppel, die mit leichten Säulen auf einem quadratischen Tambour ruht. Ausgemalt ist die Kirche mit prächtigen Naos-Fresken aus dem Jahre 1608. Die Fresken verraten den Einfluß der kretischen Malschule.

Kloster Jazak Auch es ist eine Stiftung der Familie Branković. Die heutige Kirche des Klosters entstand 1736 im Stil der Raška-Schule. Ihr barocker Glockenturm stammt von 1753, die Malerei im Inneren schuf der Serbe Dimitrije Bačević.

Der Kalemegdan Die untere Festung (Donji Grad) schützte mit ihren gewaltigen Mauern und Türmen die unmittelbar am Wasser gelegene untere Stadt. Erhalten geblieben sind von ihr lediglich das im prunkvollen Barockstil errichtete Prinz-Eugen-Tor sowie Reste der Kanonengießerei aus dem ersten serbischen Aufstand. Der Nebojša-Turm (= Fürchte dich nicht) ist ein Überbleibsel aus der Türkenzeit. Er war damals als Beobachtungsturm errichtet worden und diente gleichzeitig als Gefängnis und Folterkammer. Auch die Reste eines kleinen Badehauses gehen auf die Türken zurück.
In der oberen Festung (Gornji Grad) sind noch einige eindrucksvolle Reste der ursprünglich riesigen Festungsanlage erhalten. Schanzen, türkische Tore und gewaltige Stadtmauern zeugen von der Heftigkeit der Kämpfe, die hier getobt haben. Besonders das Stambul Tor II und das Stambul Tor I, das Dizdar Tor und das Zindan Tor zeugen von den Künsten der Türken, während der Uhrturm ein Werk der Österreicher ist. Auf dem obersten Plateau träumt unter inzwischen auch schon wieder alten Kastanien das Grabmal (Turbe) des türkischen Großwesirs Damad Ali Pascha, der unter Sultan Ahmet III. 1716 die Schlacht um Peterwardein gegen Prinz Eugen verloren hatte. Der römische Brunnen stammt zwar nicht aus der Römerzeit, sondern aus dem 15. Jahrhundert, dafür reicht er aber auch 30 m tief hinunter. Das 14 m hohe Siegerdenkmal von Ivan Meštrović aus dem Jahre 1928 ist all denen gewidmet, die durch die Jahrhunderte hindurch um Belgrad gekämpft haben. Im auf der Südseite gelegenen Militärmuseum sind Zeugnisse der Militärgeschichte aus beinahe 1 1/2 Jahrtausenden zusammengetragen. Auf eindrucksvolle Weise ist hier auch die wechselvolle Geschichte des Kalemegdan und damit Belgrads dokumentiert.

Belgrad Nationalmuseum: In ihm ist zusammengetragen, was an Kunstdenkmälern von den ersten Spuren menschlicher Zivilisation im Gebiet Serbiens gefunden wurde. Die Spannweite reicht dabei vom Neolithikum im 3. Jahrtausend v. Chr. bis zur serbischen Malerei des 20. Jahrhunderts. Aus dem Mittelalter besticht eine Sammlung wertvollster Fresken, Ikonen und Handschriften. Die Münzsammlung enthält nahezu 100 000 Münzen.
Fresken-Museum: Einer der größten Schätze Serbiens sind seine Fresken in den einsamen Bergklöstern. Um einen Überblick zu

bekommen und Vergleichsmöglichkeiten verschiedener Stilrichtungen zu schaffen, wurden hier Kopien der wichtigsten mittelalterlichen Fresken aus serbischen und makedonischen Klöstern geschaffen.
Ethnographisches Museum: Die Sammlung enthält hervorragende Beispiele serbischer Kultur, bäuerlicher Handwerkskunst, Teppiche, Schmuck und Keramik sowie alte Volkstrachten.
Orthodoxe Kathedrale: Der neoklassizistische Bau aus den Jahren 1835 bis 1845 hat einen barocken Turm und enthält die Grabmäler der Fürsten Miloš und Michailo Obrenović. Im gegenüberliegenden Palais des Patriarchen ist das Museum der orthodoxen Kirche mit Ikonen, Handschriften und liturgischen Gewändern untergebracht.
Schloß der Fürstin Ljubica: Das Wohnhaus der Gemahlin von Fürst Miloš entstand von 1819 bis 1831 und zeigt den Typ des großen orientalischen Wohnhauses. Das Türmchen mit seinen 7 Fenstern diente den Wächtern der Fürstin zur Überwachung der Umgebung des Hauses.
Café ?: Das Haus neben der Kathedrale stammt aus dem Jahre 1825 und ist das älteste Kaffeehaus Belgrads. Wie das Schlößchen der Fürstin Ljubica ist es in Riegelbauweise errichtet.

Smederevo Das Festungsdreieck an der Mündung der Jezava in die Donau gehört zu den größten Festungsanlagen am Strom. Das Dreieck mit seinen jeweils etwa 500 m langen Seiten markiert das letzte Aufbäumen serbischen Widerstands gegen Türken und Islam. Die Festung war die letzte Residenz im alten Serbien. In ihren Anfängen entstand sie auf dem römischen Castrum Vincea im Jahre 1428 auf Befehl des Despoten Djuradj Bronković. Das kleine Wasserschloß erhielt zwei Jahre später sechs Wehrtürme, zwischen 1430 und 1456 schließlich entstand die weitläufige Dreiecksanlage. Durch ihre großen Tore an der Donauseite konnten die größten Donauschiffe an Land gezogen werden. Die insgesamt 24 jeweils zwischen 20 und 25 m hohen Türme waren als Verteidigungsplattformen gedacht, da die Serben damals weder eigene Kanonen hatten noch bedachten, daß ihre Angreifer solche haben könnten.
Die Türken eroberten die Festung, ohne sie zu zerstören. Das besorgten die Österreicher im Ersten Weltkrieg und die Alliierten im Zweiten Weltkrieg, als sie ein deutsches Munitionslager in der Festung in die Luft gehen ließen.

Golubac Die stolze Burg am Eingang zur Djerdap-Schlucht wurde 1337 erstmals erwähnt. Die Ruinen ihrer sieben Türme vermitteln noch ein klares Bild der einstigen Anlage, die sich über einen ganzen Felskamm vom Ufer des Stromes bis zum Bergrücken hinaufzog. Heute führt die Uferstra-

ße mitten durch die Festung, im einstigen Burghof schwabbt das Wasser des Stausees, doch muß das der Phantasie keinen Abbruch tun, wenn man sich vom Bergfried aus in die Zeiten versetzt, als die Burg abwechselnd den Byzantinern, den Ungarn, den Serben oder den Türken gehörte.

Lepenski Vir Mitten in der Djerdap-Schlucht wurde die älteste Donau-Siedlung ausgegraben. Wegen ihrer ausgeprägten Kultur gab sie einer ganzen Epoche den Namen. Berühmt wurde sie wegen ihrer Beispielhaftigkeit für den Übergang vom Höhlenleben zum selbstgebauten Haus. Rund 1300 Jahre lang (von 6800 – 5500 v. Chr.) bauten die Leute von Lepenski Vir ihre Häuser und Siedlungen nach ganz bestimmten Regeln, die genauestens eingehalten wurden. So hatten alle Häuser einen in der Proportion stets gleichen Grundriß, der einem an der Spitze gekappten Kreisausschnitt mit einem Winkel von etwa 60° entsprach. Auf der Mittelachse dieses Grundrisses wurde stets die Feuerstelle gebaut, in ihrer Verlängerung fanden die Hausheiligen ihren Platz. Zunächst wurden nur natürliche Vertiefungen genutzt, später wurden regelrechte Wände errichtet. Die Dächer waren zeltartig konstruiert.
Das eigentliche Phänomen sind die in den Häusern gefundenen Skulpturen. Insgesamt wurden 54 bis zu 50 cm hohe Steinskulpturen ausgegraben, die als die ältesten bisher bekannten Großskulpturen Europas gelten. Die Skulpturen haben teilweise Reliefköpfe mit Fischmäulern, mit hervorquellenden Glotzaugen und langgezogenen Nasen. Außerdem fanden sich ausschließlich mit abstrakten Verzierungen geschmückte Skulpturen, deren Bedeutung bis heute noch nicht entziffert werden konnte. Vor allem die gegenständlichen Skulpturen beweisen, daß es den frühen Künstlern keineswegs nur um eine Nachahmung der Natur oder gar der Schaffung einer realen Menschengestalt ging. Die Überbetonung des Gesichtes, die Vergrößerung des Kopfes und die immer wieder zu beobachtende Überschreitung der Grenzen der Realität beweisen, daß mit den Skulpturen eine magische Botschaft ausgedrückt werden sollte.

Das Eiserne Tor Der 1972 als Gemeinschaftsunternehmen von Jugoslawien und Rumänien fertiggestellte Staudamm machte aus dem für die Donauschiffer einst so gefährlichen Eisernen Tor ein mühelos zu befahrendes Betontor. Mit dem 1278 m langen Damm wurde der Donaupegel um 35 m angehoben und damit ein gut 150 km langer Rückstau geschaffen.
In den Staudamm sind zwei Kraftwerke und je zwei Schleusensysteme eingebaut. Bei einer Gesamtleistung von etwa 2,1 MW produzieren die beiden Kraftwerke jährlich etwa 11 Millionen KW-Stunden. Die beiden

Schleusensysteme sind jeweils zweistufig und haben 310 m lange und 34 m breite Nutzkammern, die sogar Hochseeschiffe mit einer Tragfähigkeit bis zu 5000 t bewältigen können.

Tabula Trajana: An der engsten Stelle der Djerdap-Schlucht hatten die Römer unter Kaiser Trajan bei ihrem Feldzug gegen die Daker eine Straße zwischen Felswänden und Donau gebaut. Da die Felsen stellenweise senkrecht in die Donau abfielen, wurde die Straße als freitragende Konstruktion gebaut. Dafür hatten die Römer Löcher in die Felswände geschlagen, Balken hineingesteckt und mit Brettern belegt. Auf einer Marmortafel aus dem Jahre 102 n. Chr. wird diese Tat Kaiser Trajans gerühmt. Damit sie nicht im Stausee versank, wurde die Tafel von ihrer alten Stelle losgelöst und 30 m höher am Fels neu verankert.

Djerdap-Museum: Im Drobeta-Turnu Severin wurde ein Museum für all die Funde eingerichtet, die vor und während des Kraftwerkbaues im Eisernen Tor gefunden wurden. Darunter finden sich Werkzeuge und Schmuckstücke der Daker und der Römer sowie Exponate, die mit dem Kraftwerkbau zu tun haben.

Drobeta-Turnu Severin Drobeta: Lange vor den Römern hatten die Daker auf dem Gelände des heutigen Turnu Severin eine Siedlung angelegt, die sie Drobeta nannten. Im ersten Krieg Kaiser Trajans gegen die Daker wurde diese Siedlung von den Römern erobert, so daß nach Kriegsende der von Trajan herbeigerufene Architekt Apollodorus von Damaskus ungestört durch die Daker die erste feste Brücke an der unteren Donau errichten konnte. Die 1135 m lange Brücke bestand aus 20 Steinpfeilern, die mit hölzernen Bogenkonstruktionen verbunden waren. An den beiden Brückenköpfen waren Triumphbögen errichtet. Über diese Brücke marschierte das Heer von Kaiser Trajan zum zweiten Krieg mit den Dakern in die Walachei ein.
Kaiser Hadrian ließ die Brücke wieder abbauen, da ihm ihre Verteidigung gegen die Barbaren zu aufwendig war. Reste der Pfeiler sind auf beiden Seiten des Stromes noch zu sehen. Von den Anlagen der Römer in Drobeta sind noch Ruinen des Castrums, der Thermen und des Severus-Turmes erhalten.

Balta Bei dem kleinen Ort nördlich von Turnu Severin liegt der Eingang zur längsten Höhle Rumäniens (10 km), außerdem steht dort noch eine Klosterburg aus dem Jahre 1646.

Kladovo Die Ruinen der Festung gegenüber von Turnu Severin stammen nicht von den Römern. Die Festung Fetislam wurde im Jahre 1524 von den Türken erbaut, 1810 von den Serben erobert und 1813 von den Türken unter Sultan Mahoud II. zurückerobert und noch einmal ausgebaut. Südwestlich von Kladovo im Miroč-Gebirge bietet sich die Möglichkeit für herrlich einsame Bergtouren im Karstgebirge. Besonders schön sind die Auswaschungen und Natursteintore bei Vratna.

Vidin Die erste Stadt an der bulgarischen Donau geht auf das römische Bononia zurück; nach der Eroberung durch die Bulgaren hieß sie zuerst Bdin.

Festung Babini Vidini Kuli: Die Burg entstand auf römischen Grundmauern im 12. Jahrhundert unter dem bulgarischen Bojarengeschlecht Schischmanovzi. 1396 eroberten die Türken die Burg und bauten sie im 17. Jahrhundert noch einmal aus. Die Feste wurde damals so autark gemacht, daß der Pascha Osman Pasvantoglu (1792 – 1807) es wagen konnte, sich gegen seinen eigenen Sultan aufzulehnen und sogar Krieg gegen ihn zu führen. Die von ihm errichtete Moschee trägt bis heute statt des Halbmondes eine herzförmige Spitze zum Zeichen der Unabhängigkeit. Sehenswert ist das Derwisch-Kloster Salachadin Baba, das 1738 für den im österreichisch-türkischen Krieg gefallenen gleichnamigen türkischen Pascha errichtet wurde. In den beiden Kirchen Sv. Pantelejmon und Sv. Petka gibt es wertvolle Fresken aus dem 17. Jahrhundert zu entdecken.

Belogradčik Die rötlichen Kalksandsteinfelsen sind einmalig in ganz Europa. Die häufig frei stehenden Felsen haben senkrechte Wände und nicht selten ebene Gipfelplateaus. In die höchsten Felsen haben die Türken unter Sultan Mahoud II. die Festung Kaleto gebaut, deren Bergfried wie ein Schwalbennest in den Gipfeln hängt.

Höhle von Magura Die über 3 km lange Höhle birgt eine Zauberwelt aus Stalaktiten und Stalagmiten sowie eine Fülle von Zeichnungen aus Fledermauskot, die aus den unterschiedlichsten Zeiten stammen. Die ältesten gehen vermutlich auf das Jahr 1000 v. Chr. zurück.

Veliko Tărnovo Das knapp 60 km südlich der Donau in den Balkanbergen gelegene Tărnovo war die Hauptstadt des zweiten bulgarischen Reiches (1185 – 1396). Besonders unter Eftimij, dem letzten Patriarchen dieses Reiches, erlebte Tărnovo eine Blüte der Wissenschaften, der Literatur und der schönen Künste. Zu dieser Zeit gab es auch ein eigenes, unabhängiges bulgarisches Patriarchat, und zum ersten Mal gab es eigene bulgarische Münzen.
Die Residenz des Zaren war mit bis zu 10 m hohen Festungsmauern geschützt. Auf dem Zarevez-Hügel wurden die Reste des alten Hofkomplexes und des Patriarchensitzes freigelegt. Der nordöstlichste Zipfel dieses Hügels wurde als Hinrichtungsfelsen benützt; von ihm wurden die zum Tode Verurteilten kurzerhand in den Abgrund gestürzt.
Auf dem gegenüberliegenden Trapeziza-Hügel wurden die Fundamente von nicht weniger als 17 Kirchen und vielen Wohnbauten der Höflinge und der höheren Geistlichkeit freigelegt. Besonders interessant ist hier die Kirche Sv. Ivan Rilski.

Sv. Tschetiridesset Matschenizi: Die den 40 heiligen Märtyrern geweihte Kirche entstand 1230 auf Befehl des Zaren Ivan Assen II. zum Dank für seinen Sieg über den Despoten Kir Theodor Komnenos von Epirus. In ihr zeugt die Inschrift auf einer Marmorsäule davon, daß Bulgarien damals vom adriatischen Meer bis nach Adrianopel reichte. Zwei weitere Säulen stammen aus den früheren bulgarischen Hauptstädten Preslav und Pliska und weisen Inschriften der Zaren Krum und Omurtag auf.

Preobraschenije-Kloster: Seine Kirche entstand zwar erst im vorigen Jahrhundert, seine Geschichte aber geht zurück bis zum zweiten bulgarischen Zarenreich. Während der osmanischen Fremdherrschaft war es häufig Zufluchtsstätte flüchtiger Kämpfer gegen die Osmanenherrschaft.

Bukarest Die Hauptstadt Rumäniens ist eine junge Stadt, 1659 erst wurde sie die Hauptstadt der Walachei, 1859 wurde hier die Vereinigung der Fürstentümer Walachei und Moldau besiegelt, und 1877 wurde sie Hauptstadt Rumäniens.

Museum für Geschichte der sozialistischen Republik Rumänien: Was immer aus rumänischer Sicht Interessantes an der unteren Donau passierte und was immer für Belege dafür gefunden werden konnten, hier sind sie gesammelt: Weit über 50 000 archäologische Funde und mittelalterliche Kunstgegenstände vermitteln ein eindrucksvolles Bild des Kulturraumes zwischen Drobeta und Sulina. In der Schatzkammer des Museums reichen die ältesten Exponate bis auf das 3. Jahrtausend v. Chr. zurück. Goldene Becher, Schalen, Waffen und Schmuck zeugen gleichermaßen von Leistung und Können der frühen Donauanrainer. In diesem Museum ist auch die Kopie der Trajanssäule aufgestellt, auf deren Reliefbildern der Krieg der Römer mit den Dakern wiedergegeben ist.

Kunstmuseum: Besonders eindrucksvoll ist die Abteilung für mittelalterliche Kunst, da hier die kostbarsten Ikonen, holzgeschnitzte und vergoldete Chorwände und Freskenfragmente aus alten Klöstern zusammengetragen sind.

Biserica Stavropoleos: Die Kirche entstand um 1730 unter dem griechischen Mönch Joanikie, dem späteren Metropoliten von Stavropolis. Ihre mit farbenfrohen Pflanzenornamenten reich geschmückten Außenwände sind eines der schönsten Beispiele für das in der walachischen Architektur immer wieder dominierende Pflanzenornament.

Dorfmuseum: Die Freiluftanlage am Ufer des Sees Lacul Herăsträu unfaßt rund 50 alte bäuerliche Anwesen, in denen über 20 000 einzelne Ausstellungsstücke zur rumänischen Volkskunst gesammelt sind.

Die Dobrudscha Die schmale Hügelkette zwischen Donau und Schwarzem Meer erhält ihren Reiz dadurch, daß dort vor 2 1/2 Jahrtausenden zunächst die Kultur der Daker und Griechen und 500 Jahre später auch noch die der Römer aufeinander trafen.

Cernavodă Das kleine Städtchen an der Donau wurde berühmt, weil sich dort in einem Gräberfeld die neolithischen Statuetten »Der Denker« und »Die Denkerin« fanden. Die aus Ton mit der Hand geformten hockenden Figuren werden auf den Anfang des 4. Jahrtausends v. Chr. datiert (Museum Constanţa).

Adamclisi Etwa 2 km außerhalb des Dorfes zeugen die Überreste des Tropaeum Trajani vom Sieg Kaiser Trajans über die Daker. Die im Jahre 106 entstandene 40 m hohe Siegessäule ließ Trajan selbst zur Verherrlichung seiner Taten errichten. Auf 49 Metopen sind Einzelheiten der Kämpfe zwischen Römern und Dakern dargestellt. Kaiser Trajan selbst ist dargestellt, wie er seine Truppen in die Schlacht führt. Ein Rekonstruktionsmodell zeigt, wie die Anlage einst ausgesehen hat.

Murfatlar Bei Basarabi-Murfatlar wurden Gräber, unterirdische Kapellen und Gänge aus dem 10. Jahrhundert freigelegt. In den Kreidefelsen sind kyrillische, glagolithische, griechische und lateinische Inschriften sowie alle möglichen Runen und Ornamente mit Drachen, Vögeln, Pferden, Schiffen und Kreuzen eingeritzt.

Mangalia Es wurde als Kallatis (= die Schöne) von den Griechen im 6. Jahrhundert v. Chr. gegründet. Hier wurden im 4. Jahrhundert v. Chr. Frauenköpfe und Figurinen aus Ton im Stil griechischer Tanagrafigürchen hergestellt. Auch die Römer benutzten Kallatis als Stützpunkt. Sowohl Griechen wie Römer haben zahlreiche Spuren hinterlassen (Museum). Sehenswert ist auch die Moschee aus der Zeit des Sultans Esma-Chan.

Constanţa Im 6. Jahrhundert v. Chr. siedelten hier Kaufleute aus Milet und gründeten den Handelshafen Tomis (der dann später in der Argonautensage auftaucht). Zur Zeit der Römer lebte hier Ovid in der Verbannung, wo er im Jahre 17 auch starb. Seine Metamorphosen, die Tristia und die Epistulae ex Ponto entstanden hier.

Piaţa Independentei: Der Hauptplatz war ursprünglich die griechische Agora, dann das römische Forum. Die Moschee aus dem Jahre 1910 ist ganz im maurischen Stil errichtet. Ihr Minarett bietet eine prächtige Aussicht auf Stadt und Meer. Zwischen den Grundmauern des »römischen Denkmals« wurde in 5 m Tiefe der bisher größte bekannte römische Mosaikfußboden entdeckt. Das etwa 1700 Jahre alte Mosaik hatte einst eine Größe von etwa 2000 m^2; davon sind heute noch 700 m^2 erhalten.

Archäologisches Museum: Hier sind die bedeutendsten Funde aus der Dobrudscha zusammengetragen. Die berühmtesten Stücke sind die beiden Denker aus Cernavodă, dann 24 in Constanţa gefundene Statuen, darunter Isis, Hekate, Asklepios, Mithras und die Dioskuren. Aus der römischen Zeit besticht die aus Carrara-Marmor gearbeitete Aphrodite mit Diadem, Szepter und Füllhorn mit Pontos zu Füßen, eine der frühesten Darstellungen des Meeresgottes.

Histria Das griechische Istros, nördlich von Constanţa, ist die älteste Gründung der Milesier. Es war einst von bis zu 8 m hohen Mauern geschützt und ist heute ein Freiluftmuseum mit einer bunten Mischung griechischer, römischer und byzantinischer Elemente. Weil es in der Nähe der Donaumündung lag, bekam es seinen Namen nach der griechischen Bezeichnung für die Donau.

Bildnachweis

Bavaria-Verlag, Gauting 247, 248
Dr. Lothar Beckel, Bad Ischl
Titelbild, freigegeben v. BMfLV mit Zi. RAbt B
Motiv: Die Donau, östlich von Krems
80, freigegeben v. BMfLV mit Zi. RAbt B
Klaus Griehl, Vaterstetten 120, 252/253 (Tieraufnahmen)
Fremdenverkehrsamt Krems 113
Rainer Kiedrowski, Ratingen 37
Mauritius, Mittenwald 6/7
Marco Schneiders, Freiburg 21, 30
Toni Schneiders, Freiburg 20, 22, 23 l, 23 r, 34/35
Klammet & Aberl, Germering
50/51, freigegeben durch die Regierung von Oberbayern unter Nr. G 42/1264
59, freigegeben durch die Regierung von Oberbayern unter Nr. G 43/156
102/103, freigegeben durch BMfLV Wien unter Nr. 8372 – RAbt B/74
112, freigegeben durch BMfLV Wien unter Nr. 832 – RAbt B/74

Wilkin Spitta, Zeitlarn/Regensburg
40/41, 42/43, 47, 55, 56 lo, 56 lu, 62, 71, 75, 76/77, 94/95, 97, 98, 100/101, 107, 110
Alle übrigen Bilder: Erich Lessing, Wien.

Autoren, Redaktion und Verlag danken den verschiedenen Institutionen, Archiven, Museen und Kunstsammlungen, die durch ihre freundliche Unterstützung zum Erscheinen des Bandes beigetragen haben.